普通高等学校"十三五"市场营销专业规划教材

郝渊晓　主编

网络营销学教程

主　编：邓少灵
副主编：李　燕　张芳芳　张　鸿

·广州·

版权所有　翻印必究

图书在版编目（CIP）数据

网络营销学教程/邓少灵主编；李燕，张芳芳，张鸿副主编．—广州：中山大学出版社，2015.7

（普通高等学校"十三五"市场营销专业规划教材/郝渊晓主编）

ISBN 978－7－306－05299－5

Ⅰ．①网… Ⅱ．①邓… ②李… ③张… ④张… Ⅲ．①网络营销—高等学校—教材 Ⅳ．①F713.36

中国版本图书馆 CIP 数据核字（2015）第 143797 号

出 版 人：徐　劲
策划编辑：蔡浩然
责任编辑：蔡浩然
封面设计：林绵华
责任校对：杨文泉
责任技编：何雅涛
出版发行：中山大学出版社
电　　话：编辑部 020－84111996，84113349，84111997，84110779
　　　　　发行部 020－84111998，84111981，84111160
地　　址：广州市新港西路 135 号
邮　　编：510275　　　传　　真：020－84036565
网　　址：http://www.zsup.com.cn　　E-mail:zdcbs@mail.sysu.edu.cn
印　刷　者：佛山市浩文彩色印刷有限公司
规　　格：787mm×1092mm　1/16　22.75 印张　526 千字
版次印次：2015 年 7 月 1 版　2020 年 1 月第 3 次印刷
印　　数：5001～7000 册　　定　　价：39.60 元

如发现本书因印装质量影响阅读，请与出版社发行部联系调换

内 容 提 要

本书系统地介绍了网络营销学的概念与理论基础、网络营销的方式与传播途径、微营销、网络消费者购买行为、网络营销调研、网络营销中的目标市场战略、网络营销产品策略、网络营销渠道策略、网络营销促销策略、网络营销的定价与支付策略、客户关系管理策略、网络营销的评估与控制等内容，对网络营销学从理论和实践方面进行了阐述和分析。

本书内容新颖，案例丰富，体现了理论性与实践性的统一，既适合高等学校市场营销、工商管理等专业的本科生做教材，亦适合企业管理人员和营销人员学习使用；对希望了解网络营销知识的读者来说，本书也是一本理想的读物。

普通高等学校"十三五"市场营销专业规划教材
编 写 指 导 委 员 会

学术顾问	贾生鑫	（中国高等院校市场学研究会首任会长，现顾问，西安交通大学教授）
	李连寿	（中国高等院校市场学研究会原副会长，现顾问，上海海事大学教授、教学督导）
	符国群	（中国高等院校市场学研究会副会长，北京大学光华管理学院营销系主任、教授）
主　　任	周　南	（香港城市大学市场营销学系主任、教授，武汉大学长江学者讲座教授）
常务副主任	郝渊晓	（中国高等院校市场学研究会常务理事、副秘书长，西安交通大学经济与金融学院教授）
	张　鸿	（西安邮电大学经济与管理学院院长、教授）
	蔡浩然	（中山大学出版社编审）
副　主　任	王正斌	（西北大学研究生院常务副院长、教授）
	庄贵军	（西安交通大学管理学院市场营销系主任、教授）
	李先国	（中国人民大学商学院教授）
	惠　宁	（西北大学经济管理学院副院长、教授）
	董千里	（长安大学管理学院系主任、教授）
	侯立军	（南京财经大学工商管理学院院长、教授）
	王君萍	（西安石油大学经济管理学院院长、教授）
	马广奇	（陕西科技大学管理学院院长、教授）
	周建民	（广东金融学院职业教育学院副院长、教授）
	靳俊喜	（重庆工商大学教务处处长、教授）
	侯淑霞	（内蒙古财经学院商务学院院长、教授）
	孙国辉	（中央财经大学商学院院长、教授）
	成爱武	（西安工程大学图书馆馆长、教授）
	靳　明	（浙江财经大学《财经论丛》副主编、教授）
	董　原	（兰州商学院工商管理学院院长、教授）
	徐大佑	（贵州财经大学工商管理学院院长、教授）
	胡其辉	（云南大学经济学院教授）
	秦陇一	（广州大学管理学院教授）
	闫涛蔚	（山东大学威海分校科技处处长、教授）
	周筱莲	（西安财经学院管理学院营销系主任、教授）
	张占东	（河南财经政法大学经贸学院院长、教授）

普通高等学校"十三五"市场营销专业规划教材编写委员会

主　编　郝渊晓（中国高等院校市场学研究会常务理事、副秘书长，西安交通大学经济与金融学院教授）

副主编　张　鸿（西安邮电大学经济与管理学院院长、教授）
　　　　董　原（兰州商学院工商管理学院院长、教授）
　　　　杨树青（华侨大学工商管理学院教授）
　　　　费明胜（五邑大学管理学院教授、博士）
　　　　蔡继荣（重庆工商大学商务策划学院教授、博士）
　　　　邓少灵（上海海事大学副教授、博士）
　　　　李雪茹（西安外国语大学教务处处长、教授）
　　　　肖祥鸿（上海海事大学副教授、博士）
　　　　彭建仿（重庆工商大学商务策划学院市场营销系主任、教授、博士）
　　　　李景东（内蒙古财经大学商务学院实践教学指导中心主任、副教授）

委　员　郝渊晓　张　鸿　董　原　杨树青　费明胜　蔡继荣　邓少灵
　　　　李雪茹　刘晓红　肖祥鸿　彭建仿　徐樱华　邵燕斐　赵玉龙
　　　　李　霞　赵国政　郭　永　邹晓燕　薛　颖　梁俊凤　葛晨霞
　　　　常　亮　余　啸　郝思洁　张　媛　何军红　史贤华　王素侠
　　　　薛　楠　吴聪治　许惠铭　李竹梅　崔　莹　王文军　刘　仓
　　　　李　燕　张芳芳　宋恩梅　宋小强　荆　炜　郭晓云　关辉国
　　　　赵　彦　周美莉　高　帆　杨丹霞　周　琳　韩小红　周　勇
　　　　赵春秀　马晓旭　高　敏　崔　莹　蒋开屏　卢长利　符全胜
　　　　祝火生　高维和　赵永全　迟晓英　张晓燕　任声策　甘胜利
　　　　李　琳　陈　刚　李景东　张　洁　唐家琳　胡　强　郝思洁

总　序

　　党的"十八大"以来，我国经济发展逐步告别高增长的发展模式，进入经济增长速度换挡期、结构调整阵痛期、刺激政策消化期的三期叠加的"新常态"的发展阶段，同时将继续"坚定不移地推进经济结构调整、推进经济的转型升级"，努力打造全新的"中国经济的升级版"。随着宏观环境的变化，科学技术的发展，特别是大数据、云计算、电子商务、移动通信技术等广泛应用，出现了诸如微营销、电子商务购物、网络团购等许多新的营销工具，这些新情况需要引起理论界和企业实务界的高度关注。

　　在这样的大背景下，高校市场营销专业如何培养能够适应未来市场竞争的营销人才，就成为理论工作者必须思考的问题。提高营销人才培养质量，增强学生对市场竞争的应变能力和适应能力，一方面必须进行教学方法改革，注重对学生的能力培养；另一方面要加快教材建设，更新教材内容，吸收前沿理论与知识，总结我国企业营销实践经验，以完善营销学教材体系。

　　为实现营销人才培养与指导企业实践融合的目标，为适应高校在"十三五"期间市场营销、贸易经济、国际贸易、电子商务、工商管理、物流管理、经济学等专业的教学需要，在中山大学出版社的建议下，由西安交通大学经济与金融学院教授、中国高等院校市场学研究会常务理事及副秘书长、西安现代经济与管理研究院副院长郝渊晓，牵头组织对2009年出版的"普通高等学校'十一五'市场营销专业规划教材"进行全面修订，出版新版的"普通高等学校'十三五'市场营销专业规划教材"。该系列教材一共10本，分别是：《市场营销学》（第2版）、《公共关系学》（第2版）、《消费者行为学》（第2版）、《现代广告学》（第2版）、《商务谈判与推销实务教程》、《分销渠道管理学教程》、《营销策划学教程》、《网络营销学教程》、《市场营销调研学教程》、《国际市场营销学教程》。

　　本次教材的修订，我们坚持的基本原则和要求是：尽量吸收最新营销理论的前沿知识、方法和工具；更换过时的资料数据，采用最新资料；充实国内外最新案例。本系列教材的编写，汇集了我国30多所高校长期从事营销学教学和研究的专业人员，他们有着丰富的教学及营销实践经验，收集了大量的有价值的营销案例，力图整合国内外已有教材的优点，出版一套能适应营销人才知识更新及能力提升要求的精品教材。

  作为本系列教材的主编，我十分感谢中山大学出版社对教材出版的关心和支持，我也十分感谢每本书的作者为编写教材所付出的艰辛劳动。在教材的编写中，虽然我们尽了最大努力，但由于水平有限，书中难免还有错误和不足之处，恳请同行和读者批评指正。

郝渊晓

2014 年 10 月于西安交通大学经济与金融学院

目 录

第一章 网络营销概述 (1)
第一节 网络营销的概念与职能 (1)
一、网络营销的概念 (1)
二、网络营销的职能 (3)
三、网络营销的方法 (4)
第二节 网络营销的发展趋势 (6)
一、我国网络营销发展的趋势 (7)
二、国外网络营销发展的趋势 (11)
第三节 网络营销的理论基础 (13)
一、整合营销理论 (14)
二、互动营销理论 (16)
三、病毒营销理论 (19)
四、关系营销理论 (22)
本章小结 (25)
关键概念 (25)
思考题 (25)
参考文献 (25)

第二章 网络营销方式与传播途径 (27)
第一节 网络营销方式 (27)
一、网络新闻营销 (27)
二、搜索引擎营销 (28)
三、网络事件营销 (30)
四、博客营销 (33)
五、网络社区营销 (35)
六、网络视频营销 (37)
七、SNS 营销 (39)
八、网络广告营销 (41)
九、IM 营销 (43)
第二节 网络营销的传播途径 (45)
一、网络媒体：专业化传播渠道之刀 (46)
二、网络论坛：口碑化网络传播渠道之钩 (47)
三、网络博客：自媒体传播渠道之剑 (48)

四、搜索引擎：精准传播渠道之刃 ………………………………………… (49)
　　五、网络视频分享网站：立体化传播渠道之拳 …………………………… (49)
　　六、电子阅读物：生动化传播渠道之锏 …………………………………… (50)
　　七、社交网站：框状化传播渠道之叉 ……………………………………… (51)
　　八、网络微博：自媒体传播渠道之鞭 ……………………………………… (52)
　　九、电子邮件：定向直投传播渠道之斧 …………………………………… (53)
　　十、IM（即时通信工具）：客户端传播渠道之戟 ………………………… (54)
　本章小结 ……………………………………………………………………………… (54)
　关键概念 ……………………………………………………………………………… (55)
　思考题 ………………………………………………………………………………… (55)
　参考文献 ……………………………………………………………………………… (55)

第三章　微营销 ………………………………………………………………………… (56)
　第一节　微博营销 …………………………………………………………………… (56)
　　一、微博营销概述 …………………………………………………………… (56)
　　二、玩转 140 字的微博营销技巧 …………………………………………… (61)
　　三、以讲故事等形式做营销 ………………………………………………… (65)
　第二节　微信营销 …………………………………………………………………… (68)
　　一、微信营销概述 …………………………………………………………… (68)
　　二、微信营销的方式 ………………………………………………………… (71)
　　三、微信营销的技巧 ………………………………………………………… (74)
　　四、微信营销的关键 ………………………………………………………… (78)
　案例　史上最贵的一条微博 ………………………………………………………… (80)
　本章小结 ……………………………………………………………………………… (81)
　关键概念 ……………………………………………………………………………… (81)
　思考题 ………………………………………………………………………………… (81)
　参考文献 ……………………………………………………………………………… (82)

第四章　网络消费者购买行为分析 …………………………………………………… (83)
　第一节　网络购物概述 ……………………………………………………………… (83)
　　一、互联网对消费者的影响 ………………………………………………… (84)
　　二、网络营销中的商品和服务 ……………………………………………… (90)
　第二节　网络消费者的购买行为 …………………………………………………… (92)
　　一、网络消费者的购买模式 ………………………………………………… (92)
　　二、网络消费者的购买过程 ………………………………………………… (93)
　　三、影响消费者购买行为的主要因素 ……………………………………… (95)
　第三节　网络集团消费者的购买行为 ……………………………………………… (98)
　　一、企业网上购买行为 ……………………………………………………… (98)

二、政府机构网上购买行为 …………………………………………… (102)
　案例　可口可乐公司网站的网上调查 ………………………………… (107)
　本章小结 ……………………………………………………………… (108)
　关键概念 ……………………………………………………………… (108)
　思考题 ………………………………………………………………… (108)
　参考文献 ……………………………………………………………… (109)

第五章　网络营销调研 …………………………………………………… (110)

　第一节　网络营销调研概述 …………………………………………… (110)
　　一、什么是传统营销调研 …………………………………………… (110)
　　二、什么是网络营销调研 …………………………………………… (112)
　第二节　网络营销调研的内容与方法 ………………………………… (114)
　　一、网络营销调研的内容 …………………………………………… (114)
　　二、网络营销调研的步骤 …………………………………………… (117)
　　三、网络营销调研的方法 …………………………………………… (118)
　　四、网络营销调研软件的功能 ……………………………………… (124)
　　五、网络营销调研的注意事项 ……………………………………… (125)
　第三节　网络信息资源的收集与应用 ………………………………… (126)
　　一、网络信息资源的收集 …………………………………………… (126)
　　二、网络信息资源的应用 …………………………………………… (128)
　案例　艾瑞咨询集团 iUserTracker——网络用户行为研究 ………… (130)
　本章小结 ……………………………………………………………… (132)
　关键概念 ……………………………………………………………… (132)
　思考题 ………………………………………………………………… (132)
　参考文献 ……………………………………………………………… (132)

第六章　网络营销中的目标市场战略 …………………………………… (134)

　第一节　网络市场细分 ………………………………………………… (134)
　　一、网络市场细分的必要性与作用 ………………………………… (134)
　　二、网络市场细分的原则与标准 …………………………………… (136)
　　三、网络市场细分的程序与方法 …………………………………… (140)
　第二节　网络目标市场的选择 ………………………………………… (141)
　　一、网络目标市场的概念 …………………………………………… (141)
　　二、对网络目标市场的评估 ………………………………………… (142)
　　三、网络目标市场的覆盖方式 ……………………………………… (143)
　　四、网络目标市场的选择与营销 …………………………………… (143)
　第三节　网络目标市场的定位与策略 ………………………………… (149)
　　一、市场定位的概念与内容 ………………………………………… (149)

二、网络目标市场定位的出发点 …………………………………… (150)
　　三、网络目标市场定位策略 ………………………………………… (151)
　　四、网络目标市场定位的步骤 ……………………………………… (152)
案例　宝洁P&G公司网络目标市场策略 ……………………………… (153)
本章小结 …………………………………………………………………… (155)
关键概念 …………………………………………………………………… (155)
思考题 ……………………………………………………………………… (155)
参考文献 …………………………………………………………………… (156)

第七章　网络营销战略规划 ……………………………………………… (157)
第一节　网络营销战略目标 ……………………………………………… (157)
　　一、降低成本 ………………………………………………………… (157)
　　二、提高顾客满意度与忠诚度 ……………………………………… (159)
　　三、满足消费者个性化需求 ………………………………………… (160)
　　四、创造市场机会并开拓新市场 …………………………………… (161)
第二节　网络营销的策略组合 …………………………………………… (163)
　　一、企业性质与网络营销的策略组合 ……………………………… (163)
　　二、产品生命周期与网络营销的策略组合 ………………………… (165)
　　三、企业规模与网络营销的策略组合 ……………………………… (166)
第三节　网络营销系统的构架 …………………………………………… (167)
　　一、网络营销系统的功能 …………………………………………… (167)
　　二、网络营销系统的构架 …………………………………………… (168)
案例　麦包包网络营销成功之道 ………………………………………… (171)
本章小结 …………………………………………………………………… (173)
关键概念 …………………………………………………………………… (174)
思考题 ……………………………………………………………………… (174)
参考文献 …………………………………………………………………… (174)

第八章　网络营销产品策略 ……………………………………………… (175)
第一节　网络营销产品 …………………………………………………… (175)
　　一、网络营销产品的整体概念 ……………………………………… (175)
　　二、网络营销产品市场生命周期 …………………………………… (176)
　　三、包装策略 ………………………………………………………… (178)
第二节　网络营销产品策略 ……………………………………………… (179)
　　一、网络适销产品的类型与特点 …………………………………… (179)
　　二、产品品牌内涵 …………………………………………………… (181)
　　三、网络营销产品品牌策略 ………………………………………… (182)
　　四、互联网域名商标策略 …………………………………………… (184)

第三节　网络营销新产品开发 ································· (184)
　　　一、网络营销新产品开发类型 ······························· (184)
　　　二、网络营销新产品开发程序 ······························· (185)
　　　三、网络营销新产品试销与上市 ····························· (187)
　　第四节　网络营销产品支持服务策略 ··························· (187)
　　　一、网络营销产品支持服务的概念与特点 ····················· (187)
　　　二、网络营销产品支持服务需求分析 ························· (189)
　　　三、网络营销产品支持服务的策略 ··························· (191)
　　　四、网络营销产品支持服务成功的要素 ······················· (193)
　　案例　小米手机的网络营销策略 ······························· (193)
　　本章小结 ··· (196)
　　关键概念 ··· (196)
　　思考题 ··· (196)

第九章　网络营销渠道策略 ······································· (197)
　　第一节　网络营销渠道概述 ··································· (197)
　　　一、网络营销渠道及其功能 ································· (197)
　　　二、网络营销渠道的类型 ··································· (198)
　　　三、网络营销渠道的方式与建设 ····························· (198)
　　　四、网络营销渠道的战略思路 ······························· (200)
　　第二节　传统营销渠道与网络营销渠道的比较 ··················· (201)
　　　一、作用的比较 ··· (201)
　　　二、结构的比较 ··· (201)
　　　三、费用的比较 ··· (203)
　　第三节　网络直接营销渠道 ··································· (203)
　　　一、直接营销的含义与特点 ································· (203)
　　　二、网络直接营销渠道的优缺点 ····························· (204)
　　第四节　网络营销的中间商 ··································· (205)
　　　一、网络营销中间商的选择 ································· (205)
　　　二、网络营销中间商的功能 ································· (207)
　　第五节　网络营销中的物流 ··································· (208)
　　　一、网络营销条件下物流体系的模式 ························· (208)
　　　二、物流配送 ··· (213)
　　案例一　戴尔计算机公司：网上直销先锋 ······················· (216)
　　案例二　华为手机拓展社会化营销渠道 ························· (218)
　　本章小结 ··· (220)
　　关键概念 ··· (221)
　　思考题 ··· (221)

第十章　网络营销促销策略 (222)

第一节　网络营销促销概述 (222)
一、网络营销促销的含义 (222)
二、网络营销促销的特点 (222)
三、网络营销促销的功能及作用 (223)
四、网络营销促销的实施程序 (224)

第二节　网络营销广告策略 (225)
一、网络营销广告的概念与特点 (225)
二、网络营销广告的策略 (226)
三、网络营销广告策划 (229)
四、网络营销广告发布 (232)
五、网络营销广告效果评估 (234)

第三节　网络营销公关策略 (239)
一、网络营销公关概述 (239)
二、网络营销公关的内容 (240)
三、基于互联网的事件营销 (247)

案例一　新疆青少年出版社图书"双十一"网络营销促销 (251)
案例二　陕西兴平市2006年农产品网络营销促销 (252)
本章小结 (253)
关键概念 (254)
思考题 (254)
参考文献 (254)

第十一章　网络营销的定价与支付策略 (256)

第一节　网络营销定价概述 (256)
一、网络营销对定价的影响 (256)
二、网络营销定价的特点 (259)
三、网络营销定价的创新 (260)

第二节　网络营销定价的影响因素 (261)
一、市场需求 (261)
二、产品成本 (262)
三、竞争因素 (263)
四、其他因素 (264)

第三节　网络营销定价策略选择 (264)
一、网络营销的定价方法 (264)
二、网络营销的定价策略 (267)

第四节　网络支付 (270)

一、网络支付的特点与分类 ……………………………………………… (270)
　　二、网络支付常用工具与模式 …………………………………………… (272)
　　三、网上银行 ……………………………………………………………… (274)
案例　亚马逊的差别定价试验 ………………………………………………… (274)
本章小结 …………………………………………………………………………… (277)
关键概念 …………………………………………………………………………… (277)
思考题 ……………………………………………………………………………… (277)
参考文献 …………………………………………………………………………… (277)

第十二章　客户关系管理策略 …………………………………………………… (279)
第一节　客户关系管理概述 …………………………………………………… (279)
　　一、客户关系管理的产生、内容与策略 ………………………………… (279)
　　二、客户关系管理与企业战略 …………………………………………… (282)
第二节　客户关系管理的营销策略 …………………………………………… (284)
　　一、数据库营销 …………………………………………………………… (284)
　　二、关系营销 ……………………………………………………………… (285)
　　三、一对一营销 …………………………………………………………… (287)
　　四、基于客户关系管理的营销策略创新 ………………………………… (289)
第三节　网络客户服务 ………………………………………………………… (290)
　　一、网络客户服务概述 …………………………………………………… (291)
　　二、网络客户服务工具 …………………………………………………… (293)
　　三、网络的营销自动化 …………………………………………………… (294)
第四节　客户关系管理系统的构建 …………………………………………… (295)
　　一、客户关系管理系统的结构 …………………………………………… (295)
　　二、客户关系管理系统的网络结构选择 ………………………………… (296)
　　三、客户关系管理系统的功能与组成 …………………………………… (296)
案例一　戴尔计算机公司的客户关系管理 …………………………………… (299)
案例二　美国 State Farm 保险公司客户关系管理的实施 …………………… (300)
本章小结 …………………………………………………………………………… (302)
关键概念 …………………………………………………………………………… (303)
思考题 ……………………………………………………………………………… (303)
参考文献 …………………………………………………………………………… (303)

第十三章　网络营销中的用户体验 ……………………………………………… (304)
第一节　用户体验概述 ………………………………………………………… (304)
　　一、用户体验的含义 ……………………………………………………… (304)
　　二、网络经济环境下的用户体验价值 …………………………………… (307)
　　三、网站信息构建中的用户体验因素 …………………………………… (308)

第二节　用户体验需求 ································· (310)
　　　一、捕获用户体验需求 ······························· (311)
　　　二、用户体验的衡量标准 ····························· (311)
　　　三、用户体验的实施策略 ····························· (313)
　　第三节　基于用户体验的网站设计 ······················· (316)
　　　一、用户体验导向的网站结构层设计 ··················· (316)
　　　二、用户体验导向的网站框架层设计 ··················· (318)
　　　三、用户体验导向的网站表现层设计 ··················· (320)
　　案例一　MidnightTrader.com 的用户体验设计 ············ (322)
　　案例二　亚马逊网站的用户体验设计 ····················· (323)
　　本章小结 ··· (324)
　　关键概念 ··· (324)
　　思考题 ··· (325)
　　参考文献 ··· (325)

第十四章　网络营销的评估与控制 ························ (326)
　　第一节　网络营销评估 ································· (326)
　　　一、网络营销评估概述 ······························· (326)
　　　二、网络营销评估的标准 ····························· (327)
　　　三、网络营销评估的方法 ····························· (332)
　　第二节　网络营销的风险与控制 ························· (333)
　　　一、网络营销风险的概念与特征 ······················· (333)
　　　二、网络营销中的风险 ······························· (334)
　　　三、网络营销风险管理 ······························· (337)
　　　四、网络营销中的安全控制 ··························· (339)
　　案例一　东方钢铁电子商务有限公司在线网络营销绩效评估 ···· (341)
　　案例二　肯德基"秒杀门"网络促销事件的风险分析 ········ (343)
　　本章小结 ··· (345)
　　关键概念 ··· (345)
　　思考题 ··· (345)
　　参考文献 ··· (345)

后　　记 ·· (347)

第一章 网络营销概述

本章学习目标

通过本章的学习,应该掌握以下内容:①了解网络营销的概念与网络营销的发展趋势;②了解整合营销、互动营销、病毒营销、关系营销理论的概念与职能。

第一节 网络营销的概念与职能

计算机网络的发展,使信息社会的内涵有了进一步改变。在信息网络时代,网络技术的应用改变了信息的分配和接收方式,改变了人们的生活、工作、学习和交流的环境。网络营销是以互联网为媒体,以新的方式、方法和理念实施营销活动,更有效地促进个人和组织交易活动的实现。

一、网络营销的概念

网络营销的产生是科学技术的发展、消费者价值观的变革以及商业竞争等综合因素所促成的必然结果。随着市场竞争的日益激烈化,为了在竞争中占有优势,各企业都使出了浑身的解数想方设法地吸引顾客。开展网络营销,可以节约大量昂贵的店面租金,可以减少库存商品资金占用,可使经营规模不受场地的制约,可便于采集客户信息,等等。这些都可以使得企业经营的成本和费用降低,运作周期变短,从根本上增强企业的竞争优势,增加盈利。

(一) 什么是网络营销

广义地说,凡是以网络作为主要手段、为达到一定的营销目标进行的营销活动,都可以称之为网络营销。这里所指的网络不仅仅是互联网,也包括城域网、无线网、卫星网和其他增值网。

目前,对网络营销的定义虽然很多,但其内容基本一致,现择主要方面分列如下:

(1) 网络营销是指利用 Internet 技术,最大程度满足客户需求,以达到开拓市场、增加盈利为目标的经营过程。

(2) 网络营销是企业整体营销战略的一个组成部分,是为实现企业总体经营目标所进行的,以互联网为基本手段营造网上经营环境的各种活动。

(3) 网络营销是企业整体营销战略的一个组成部分,是建立在互联网基础之上,借助于互联网特性来实现一定营销目标的一种营销手段。

（4）网络营销是利用Internet技术提供的各种方便、高效的手段，按照现代营销理论中"一切以满足客户需求为中心"的宗旨，以较低的成本、较高的效率对企业经营过程中所涉及的相关商务活动进行管理，如市场调查、客户分析、产品开发、生产流程安排、销售策略决策、售后服务、客户反馈等，以期进一步开拓市场、增加盈利（电子商务的外延），同时需要完善的电子支付、法律环境、配送系统作为底层支撑点。

以上这些定义实际上都包括了四个主要方面的内容：

第一，利用网络为基础的信息技术，包括利用web技术的网站建设、搜索引擎、E-mail、链接、数据库、数据仓库和数据挖掘、多媒体技术、虚拟现实技术、通讯技术等等，为企业和市场提供了以前无法达到和想象的获得信息和处理信息的技术能力。因此，面对新的营销环境，应该充分利用新的营销手段。

第二，网络营销是对传统营销在互联网上的应用和扩充，是企业整体营销战略的一部分。网络营销就其实质是指利用Internet技术最大程度地满足客户的需求，达到开拓市场、增加赢利的一个经营过程。其目的仍然是千方百计地满足客户的需求和实现企业产品和服务的销售和赢利。因此，无论网络营销还是传统营销，基本的营销目的和原理也是相同的。

第三，网络营销是通过互联网进行信息交换的，它具有许多网络带来的新特点，如空间的虚拟性、全球性、时间无限制性、信息沟通的互动性和廉价性、电子货币等等。可以实现无店面销售，不需要店面租金和营业员；可以实现24小时经营，网上信息搜索，E-mail等。因此，网络营销要特别注意和研究这些网络技术和特性对交易的影响。

第四，网络营销不等同于网上销售，更不是简单的建立企业网站，或者利用网络做一个广告。网络营销也不是独立的，而是企业整体营销策略中的组成部分，包括企业内部和外部信息处理，同时包括网站本身、产品、顾客、网络服务商、合作伙伴、供应商、销售商等因素，共同形成一个营销体系。企业的目标市场可以划分为传统的有形市场和网络虚拟市场；企业的营销手段也可以分为传统营销手段和基于互联网的营销手段，网上营销应与网下营销相结合，与各种营销手段相结合。所以，网络营销是整合营销。

（二）网络营销是研究使用网络虚拟市场的新的营销理论

网络营销是伴随网络市场而诞生的带有很强的实践性的学科。就其本质而言，网上营销仍然属于营销的范畴，是排除或减少障碍，引导商品或服务从生产者顺利转移到消费者的过程。从商品供求的角度来说，这个过程包括商品或服务从设计创新到销售和消费实现的全过程；从营销系统的角度来说，这个过程包括信息传递与沟通、商品与货币价值交换、产品运输与服务的全过程。在这个过程中，存在着种种时间或空间、意识或技术上的障碍。通过市场营销或网络营销的策略和手段，尽可能在一定程度上减少和排除这些障碍，实现企业的价值，树立企业的品牌形象。网络营销由于充分利用了网络手段与技术，面向特殊的网上市场环境，相对传统的市场营销而言，从生产者到消费者的价值交换更便利、更充分、更有效率。例如，企业为了更好地了解市场需求，通过互联网展开充分的市场调查，分析产品的目标受众，设计开发满足顾客要求的产品，了解市场上同类产品的现状和竞争对手的情况，设计有效的经营和营销方案，并将产品信息有效地送达到必要的目标受众，以吸引消费者与使用者足够的注意力，促成和引导交易的实现。

由于网上市场和受众的日益扩大，网络营销的一个突出特点是网络消费者个性化趋势日益突出。

与传统营销相比，网络营销更加关注消费者的变化，以及把握消费者的需求。

首先，网络为消费者充分体现个性化提供了平台。消费者通过网络可以更广泛地选择商品和服务或者向企业直接提出自己的要求；企业可以通过网络及时了解最终用户的需求，使企业能更好地掌握最终客户的需求信息，能为客户提供个性化的服务。网络缩短了企业与消费者之间的时空距离，从而能制定更有效的营销策略，更好地满足顾客的需要。

其次，网络营销使消费者购物过程更加容易和理智。在传统营销中，企业向顾客传递商品的信息是一种单向的传播沟通手段。而网络营销使消费者通过网络非常方便地了解自己想知道的任何有关商品和企业的信息，足不出户便可获取丰富的商品信息，极大地改变了传统市场中信息不对称造成的消费者处于劣势的境况，消费者可以从容对各种商品进行比较，选择合适的产品，选择满意的服务。

同市场营销一样，网络营销的主体并不局限于企业，网络营销在非传统营销领域（如人物营销、地方营销、理念营销以及非营利组织营销等），也大有用武之地，因此派生出人物网络营销、地方网络营销、理念网络营销以及非营利组织网络营销等分支。

二、网络营销的职能

网络营销的职能不仅表明了网络营销的作用和网络营销工作的主要内容，同时也说明了网络营销所应实现的效果，对网络营销职能的认识有助于全面理解网络营销的价值和网络营销的内容体系。概括而言，网络营销的职能包括以下方面。

（一）网络品牌

网络营销的重要任务之一就是在互联网上建立并推广企业的品牌，知名企业的网下品牌可以在网上得以延伸，一般企业则可以通过互联网快速树立品牌形象，并提升企业整体形象。网络品牌建设是以企业网站建设为基础，通过一系列的推广措施，达到顾客和公众对企业的认知和认可。在一定程度上说，网络品牌的价值甚至高于通过网络获得的直接收益。

（二）网站推广

这是网络营销最基本的职能之一，在几年前，网络营销甚至被认为就是网址推广。相对于其他功能来说，网址推广显得更为迫切和重要，网站所有功能的发挥都要一定的访问量为基础，所以，网址推广是网络营销的核心工作。

（三）信息发布

网站是一种信息载体，通过网站发布信息是网络营销的主要方法之一，同时，信息发布也是网络营销的基本职能，所以也可以这样理解，无论哪种网络营销方式，结果都是将一定的信息传递给目标人群，包括顾客/潜在顾客、媒体、合作伙伴、竞争者等等。

（四）销售促进

营销的基本目的是为增加销售提供帮助，网络营销也不例外，大部分网络营销方法都与直接或间接促进销售有关，但促进销售并不限于促进网上销售，事实上，网络营销在很多情况下对于促进网下销售十分有价值。

（五）销售渠道

一个具备网上交易功能的企业网站本身就是一个网上交易场所，网上销售是企业销售渠道在网上的延伸。网上销售渠道建设也不限于网站本身，还包括建立在综合电子商务平台上的网上商店，以及与其他电子商务网站不同形式的合作，等等。

（六）顾客服务

互联网提供了更加方便的在线顾客服务手段，从形式最简单的 FAQ（常见问题解答），到邮件列表，以及 BBS、聊天室等各种即时信息服务，顾客服务质量对于网络营销效果具有重要影响。

（七）顾客关系

良好的顾客关系是网络营销取得成效的必要条件，通过网站的交互性、顾客参与等方式在开展顾客服务的同时，也增进了顾客关系。

（八）网上调研

通过在线调查表或者电子邮件等方式，可以完成网上市场调研，相对传统市场调研，网上调研具有高效率、低成本的特点。因此，网上调研成为网络营销的主要职能之一。

开展网络营销的意义就在于充分发挥各种职能，让网上经营的整体效益最大化。网络营销的职能是通过各种网络营销方法来实现的，网络营销的各个职能之间并非相互独立的，同一个职能可能需要多种网络营销方法的共同作用，而同一种网络营销方法也可能适用于多个网络营销职能。

三、网络营销的方法

下面简要介绍常用的网络营销的方法。

（一）搜索引擎注册与排名

调查表明，搜索引擎仍然是人们发现新网站的基本方法。因此，在主要的搜索引擎上注册并获得最理想的排名，是网站设计过程中就要考虑的问题之一，网站正式发布后尽快提交到主要的搜索引擎，是网络营销的基本任务。现在的搜索引擎优化就是其最有效的方法之一。

（二）交换链接

交换链接或称互惠链接，是具有一定互补优势的网站之间的简单合作形式，即分别在自己的网站上放置对方网站的 LOGO 或网站名称，并设置对方网站的超级链接，使得用户可以从合作网站中发现自己的网站，达到互相推广的目的。交换链接的作用主要表现在几个方面：获得访问量、增加用户浏览时的印象、在搜索引擎排名中增加优势、通过合作网站的推荐增加访问者的可信度等。

（三）网络广告

几乎所有的网络营销活动都与品牌形象有关，在所有与品牌推广有关的网络营销手段中，网络广告的作用最为直接。标准标志广告（BANNER）曾经是网上广告的主流，进入 2001 年之后，网络广告领域发起了一场轰轰烈烈的创新运动，新的广告形式不断出现，新型广告由于克服了标准条幅广告条承载信息量有限、交互性差等弱点，因此获得了相对比较高一些的点击率。有研究表明，网络广告的点击率并不能完全代表其效果，网络广告对那些浏览而没有点击广告的、占浏览者总数 99% 以上的访问者同样产生作用。2007 年底，由 TMTW 国内首家推出 TMTW 来电付费广告，即策划不收费，展示不收费，点击不收费，只有带来有效客户电话才收费的新型网络广告，赢得了广大中小企业的热捧和喜爱，成为有史以来最精准、最有效的网上销售模式。TMTW 来电付费网络营销，将引领网络广告一个新的高潮！

（四）信息发布

信息发布既是网络营销的基本职能，又是一种实用的操作手段，通过互联网，不仅可以浏览到大量商业信息，同时还可以自己发布信息。最重要的是将有价值的信息及时发布在自己的网站上，以充分发挥网站的功能，比如新产品信息、优惠促销信息等。

（五）许可 E-mail 营销

基于用户许可的 E-mail 营销比传统的推广方式或未经许可的 E-mail 营销具有明显的优势，比如可以减少广告对用户的滋扰、增加潜在客户定位的准确度、增强与客户的关系、提高品牌忠诚度等。开展 E-mail 营销的前提是拥有潜在用户的 E-mail 地址，这些地址可以是企业从用户、潜在用户资料中自行收集整理，也可以是利用第三方的潜在用户资源。

（六）邮件列表

邮件列表实际上也是一种 E-mail 营销形式，邮件列表是基于用户许可的原则，用户自愿加入、自由退出。稍微不同的是，E-mail 营销直接向用户发送促销信息，而邮件列表是通过为用户提供有价值的信息，在邮件内容中加入适量促销信息，从而实现营销的目的。邮件列表的主要价值表现在四个方面：作为公司产品或服务的促销工具、方便和用户交流、获得赞助或者出售广告空间、收费信息服务。邮件列表的表现形式很多，常见的有新闻邮件、各种电子刊物、新产品通知、优惠促销信息、重要事件提醒服务等等。

（七）个性化营销

个性化营销的主要内容包括：用户定制自己感兴趣的信息内容、选择自己喜欢的网页设计形式、根据自己的需要设置信息的接收方式和接收时间等等。个性化服务在改善顾客关系、培养顾客忠诚以及增加网上销售方面具有明显的效果。据研究，为了获得某些个性化服务，在个人信息可以得到保护的情况下，用户才愿意提供有限的个人信息。这正是开展个性化营销的前提保证。

（八）会员制营销

会员制营销已经被证实为电子商务网站的有效营销手段，国外许多网上零售型网站都实施了会员制计划，几乎已经覆盖了所有行业。国内的会员制营销还处在发展初期，不过已经看出电子商务企业对此表现出的浓厚兴趣和旺盛的发展势头。

（九）网上商店

建立在第三方提供的电子商务平台上、由商家自行经营网上商店，如同在大型商场中租用场地开设商家的专卖店一样，是一种比较简单的电子商务形式。网上商店除了通过网络直接销售产品这一基本功能之外，还是一种有效的网络营销手段。从企业整体营销策略和顾客的角度考虑，网上商店的作用主要表现在两个方面：一方面，网上商店为企业扩展网上销售渠道提供了便利的条件；另一方面，建立在知名电子商务平台上的网上商店增加了顾客的信任度。从功能上来说，对不具备电子商务功能的企业网站也是一种有效的补充，对提升企业形象并直接增加销售具有良好效果，尤其是将企业网站与网上商店相结合，效果更为明显。

（十）病毒性营销

病毒性营销并非真的以传播病毒的方式开展营销，而是通过用户的口碑宣传网络，信息像病毒一样传播和扩散，利用快速复制的方式传向数以千计、数以百万计的受众。病毒性营销的经典范例是 Hotmail.com，现在几乎所有的免费电子邮件提供商都采取类似的推广方法。

第二节 网络营销的发展趋势

2013年，中国的互联网市场继续以锐不可当的势头向前大步发展。中国网民数量逼近6亿，跃居世界第一，渗透率达到42.1%，其中移动网民占74.5%。网络市场也继续保持高速增长，2013年突破1000亿元。消费者的媒体习惯导致更复杂和更碎片的媒体环境。付费媒体仍然拥有一大部分忠实受众；自有媒体也收获了一批稳固消费者群体，影响力日益扩大；以社交网络为代表的媒体正在不断扩大自己的粉丝群体，日益受到公众关注。搜索、电商、视频、社会化营销等多种渠道已然成为当下热门网络营销利器。其中，社区和移动、网络视频、电商广告、搜索营销成为客户提及率较高的广告渠道。网络营销已经进入了多屏时代，网络营销者更需要关注的是单一用户跨屏的体验。目前，基于屏幕的媒体互动已经达到了90%，而基于非屏幕的仅占10%，也衍生出了一批多屏用户与效果跟踪的数据分析工具。此外，移动网络营销正在构建新的消费者关系，"创意 + 技术 + 空间"的全新模式应运而生。电子商务已经成为品牌网络营销的重要组成部分。C2C平台、B2C平台及品牌官网三者之间的市场份额差距日趋缩小。在微博平台上，通过线上线下相结合的营销模式，一些小品牌利用微博与消费者建立亲密关系，形成话题营销与口碑营销，带来了订单增长。大数据给予了网络营销更精准的消费者细分和定向。预计2020年全球数据容量将达到35.2ZB（1ZB = 10亿TB），涌现出了Double Click AdExchange、Tanx等广告交易平台，还有新浪、百度等一批待上线交易平台。大数据时代将提供给品牌网络营销更多的机遇。

一、我国网络营销发展的趋势

（一）4G的盛宴，移动互联网营销一马当先

2014年4G夜宴拉开盛幕，4G代表速度，更代表能量。4G最大的数据传输速率超过100Mbit/s，是移动电话数据传输速率的1万倍。形象地说，2G是乡间小路可以通人，3G是水泥路可以走车，4G则是柏油国道可以当高速用。4G将引发一场大数据革命。4G来临将改变移动互联网、大数据营销与视频营销。同时需要注意的是移动营销不等于手机营销，而是所有移动屏幕的营销，万物皆屏。4G点燃可穿戴设备市场，可穿戴设备入侵人体。营销的母体是媒体，媒体强则营销强，可以预判移动互联网营销必一马当先。

美国数字营销圈有一句俗语："数字业务创造的是美元，而移动业务带来的只是便士。"2013年中国消费者在移动终端的时间虽然高达22%，广告主投放费用却不到3%，行业预言的"移动广告元年"不仅没出现，多家混得不好的移动广告平台还因资金链断裂纷纷出局。传统移动广告平台一直以Banner广告为核心形式，但受制于图文表现力、广告尺寸和互动方式，其价值空间被长期制约。因此，随着4G产业带来的移动互联网营销价值的核裂变，表现力更强的视频广告成为整个行业角逐的焦点。同时，对移动平台友好的内容将必不可少，无论是创建网站的移动版本，或者是利用响应性的网页设计，在用户通过移动设备浏览网站时提供正面的体验都至关重要。

（二）大数据营销开拓新的营销模式

随着大数据的来临，营销已经变成了技术、商业、艺术三轮驱动。4G将使大数据在采集、传输和应用端发生重大变化。以数据和技术来驱动的广告变得越来越重要。信息技术的发展，包括移动互联网、微信技术，已把我们带入了大数据时代。从大数据中

寻求对客户新的洞察、对市场新的分析，开拓新的营销模式已成为企业在市场中确立自身竞争优势的有力手段。因此，营销行业将来会大幅度提升自身大数据分析能力，以满足企业精准营销的需求，显现科学与营销结合的硕果。

近半个世纪以来，麦迪逊大道的工作流程几乎是一成不变的：广告主讲述品牌形象或产品的诉求，创意团队和执行团队把这个故事变成文案或电视广告片，然后由媒介公司计算如何投放预算才能最好地达到目标并进行监测。而现在，广告公司传统的作业模式也正在被数据所颠覆。奥美广告亚太区总裁韦棠梦就表示说，他们在发布威士忌品牌尊尼获加"语路计划"之后，每隔几天就根据消费者在社交媒体上的热点话题创作出一个新创意："以前我们可能会用三个月的时间做一个海报，但现在可能必须用两天的时间做出来，之后根据这个项目在社交媒体上的表现，不断做出新的创意，项目的作业团队也会更精简。"

这就是大数据带来的变化，基于实时的数据挖掘技术，广告公司可以根据表现不断更换创意，必要时，甚至可以使用上百个不同创意的广告来量身投放针对单独的受众投放定向广告。新的规则出现，新的可能性得以诞生，传统的生产模式到了必须要做出改变的时候了，既熟悉网络媒体特性，还懂得技术和数据挖掘，并且在此基础上提供内容创意，将是传统广告公司的转型方向。

（三）视频营销，移动、多屏交互

作为 4G 时代的"杀手级"应用，移动视频正在酝酿爆发，这不但能为目前缺乏稳定盈利途径的各类视频网站提供收入来源，也会使整个行业迎来期待已久的发展机遇。在桌面向移动快速转移的产业大势中，谁慢了，谁就是下一个诺基亚。早在 4G 尚未到来的 3G 尾巴，缘于"类诺基亚"恐慌的各大视频网站就在移动端做了大量战略布局和投入。视频网站一方面将 PC 端已用的影视剧、综艺节目等 PPC 资源迁移到移动端，进一步提升移动贴片广告的变现能力。

腾讯移动视频社交网络产品微视于 2013 年年底正式上线；2013 年年底 4G 牌照发放后，优酷土豆集团 CEO 古永锵第一时间赴韩国考察当地移动视频行业发展，并表示移动视频将是优酷土豆 2014 年"四屏展露"中的重要一环。在近 9 个月内，优酷移动端日均播放量增长 200%，率先突破 3 亿元；乐视网也表示，2014 年将重点布局移动端。除了上述企业之外，爱奇艺宣布近期与湖北联通达成合作事宜，发布爱奇艺联通沃卡；搜狐视频也表示 2014 年重点支持方向之一就是移动视频；百度视频日前也宣布，其移动客户端日活跃用户数突破 2000 万，未来百度将会在移动视频领域继续发力。

除视频网站和互联网企业外，三大电信运营商也很看好移动视频。中国电信的天翼视讯、中国移动的 i 视界、中国联通的悦 TV 等移动视频业务均已完成布局，并将会在 2014 年围绕 4G 商用进行重点发展。但移动视频行业的前景，仍将取决于未来的 4G 资费水平，高资费或将成为行业发展的巨大阻碍。

随着资费的优化，4G 网络将改变移动用户只在 wifi 环境下联网的"半移动状态"，真正实现 anytime 和 anywhere 的全触点交互。接触时长的增加和卷入程度的深化进一步提升了移动视频的媒介价值，贴片广告、原生广告、互动广告将创造远超 PC 视频时代的收入。

（四）微经济，小时代

1. 大众破碎，微众崛起

《小时代》有很多诟病，很多人说"90后"看《小时代》脑残。有些"90后"就说："你们看金庸才脑残呢。"其实很多人看《小时代》是看郭敬明，《小时代》现象就充分说明粉丝经济的价值。我们的第六代导演很多票房都没有超过2亿的，一个非职业选手进来以后就把中国的电影市场搅了一把。其实这部电影的核心叫"中国第一部类型化电影"，它的主要目标群就是卖给"90后"的。他只给"90后"看，所以其他人骂是对的。

2. 微个体绽放，粉丝经济学上位

品牌不再活在广告牌上，而是活在粉丝中。微营销不再简单地指微信、微博、微视频，而是个体关注的回归与人性的释放。凡关注微个体、洞察微个体、满足微个体、激发微个体、绽放微个体，都是微营销的范畴。对应的是消费者通过微渠道将口碑、体验充分释放，品牌弱化与碎片化，粉丝经济显得更为重要。因此产品、体验式营销和口碑营销越来越重要，售后营销服务将变得跟售前及售中服务同等或者更加重要。

3. 微营销，核裂变

谁掌控了微屏幕，谁就霸占了大未来。2014年微营销将呈现如下七个趋势：

（1）智能服务平台，干掉呼叫系统。微信不是营销工具，而是服务工具。招商银行信用卡中心为了真正做到智能化，引入了"小i机器人"。这个机器人最大的特点是提供Siri那样的自然语义问答，还能进行自我学习。其服务项目每月更新，从最初的消费提醒到如今有基于LBS功能的网店查询、语音识别等功能。头像设置成一个清新活泼的年轻女性形象，拉近和用户之间的距离。据招商银行内部曾经做过的统计数据表明，一个比较熟悉电话银行菜单的用户，从拨通电话到查询信息需要60～80秒的时间，而微信则是3秒钟，大大提高了用户服务效率。智能服务平台的前期成本较高，招商银行信用卡中心光专门维护知识库的团队就有10人，另外还有项目团队、开发团队，才能负荷每天20万次交互以及60多万次交易提醒的量。除了招商银行之外，目前还有南航、东航（微信查询航班号、办理网上登机牌等）、上海大众（微信可预约试驾）等等。对于被各种品牌广告资讯包围的消费者来说，用"便利你生活"这样的理由的确能让他们在一个私密社交平台添加一个企业账号。但常常被忽略的一个前提是，这样的服务必须真正做到足够"智能"，同时又"不打扰"，否则人们会毫不犹豫将其删除。

（2）移动电商，微信买车不是梦。微信5.0更新的一个重要功能是安全支付，用户可以在微信应用内绑定银行卡进行支付。麦当劳推出3元的微信专享版茶点卡。用户可以购买自用或者赠送给微信好友。使用微信安全支付成功后用户会收到一个二维码，在一定期限内到门店刷二维码享受买一送一的优惠。但AKQA执行创意总监JohanVakidis认为支付不一定要小额："我觉得微信的未来是，你在上面可以定制一辆自己的车，分享到朋友圈，大家都留言给你建议，然后你就可以直接在微信上买下来，搜索到附近的4S店，预约好时间去提车就行了。"

（3）自媒体，内容营销决胜利剑。微信时代最稀缺的是内容，最宝贵的是粉丝的眼球与尖叫。当2013年微信公众账号功能化普及后，内容将成为决胜之利剑。自媒体，如传统媒体的盗火者普罗米修斯，用优质的内容子弹反向逆袭。2014年微信营销将进入内容营销、创意为王的阶段。

（4）Mini站或者应用的替代方案。微信5.0新增的菜单功能让企业公共账号变成一个小型官网或者应用程序。这对于一些中小型企业或者创业公司来说尤其实用。与生硬的推送信息相比，把资讯和功能嵌入菜单里让用户自己去探索是一种更加温和有效的形式。不少品牌如今已经在底部放上了菜单功能。而且即便是订阅号，利用微信现有的API你也可以发起一些简单的活动，包括发起话题讨论、在线调研、基于LBS功能的服务、在线预约等等。

（5）视觉营销，触发病毒营销。在移动化、社交化、碎片化状态下的阅读内容更强调图像与视觉。谁会利用精心设计的图片提升内容的吸引力，谁能用漂亮简单明了的信息图表解释调查研究的统计信息或数据，谁更容易抓住用户。传统的文本型内容不会完全过时，但是显而易见的是，与图像的结合更有利于微信病毒式传播。

（6）客户数据管理。在微信上利用双方的数据库进行企业客户管理是所有品牌都在谈论的未来努力方向，基本上是利用微信甚至腾讯的用户数据，结合品牌本身的数据库，对用户进行分类，精准营销，并对特定用户提供特定服务。Facebook也有类似的系统。而且微信加入了支付功能之后，它们的数据也变得更有价值，不仅有线上的，还有线下的部分。对于中小企业来说，自己搭建会员平台成本太高，可以直接用微信作为会员平台。

（7）微视，梦想怪兽青春期成长记。2013年年底腾讯悄然上线了一个产品叫作微视，简而言之，就是一个8秒钟短视频分享手机应用。如果说QQ主要是文字社交工具，微信主要是语音社交工具，那么微视的定位就是视频社交工具，这样看来，微视的上线意义重大。微视让短视频成为下一代社交语言！8秒短视频拍摄应用微视正在做好打一场硬仗的准备。2014年微视上线后面正好有两大背景，背景之一是4G网络的推出。背景之二则是社交手机应用激烈的产品竞争。短信是70个汉字，微博是140个汉字，微信的语音平均也不会超过60秒，而微视是8秒。看似不同的社交工具在内容限制上不同，但是实际上，它们的出发点是一样的：那就是人脑在瞬时能够接受和处理的信息量，这样的限制能够使用户专注于核心内容。

（五）网络营销成本向传统广告成本靠拢的趋势明显

流量将越来越贵，这个趋势只会加剧而不会缓和。流量作为互联网上最根本的"商品"，符合供求关系决定商品价格这一基本经济规律。无论是电商或者非电商，无论是淘宝内还是淘宝外，只有运营的网站具备了基本的日均IP或者日均UV流量，才具备基本的商业价值。上网人数的增长是整体流量供给的增长，而电商群体的壮大则是流量需求增长的表现，显然，在网民绝对数量增长有所放缓，而电商绝对数量却在不断大幅增长的大背景下，流量供不应求的局面只会加剧，流量成本不可能趋降，这就决定网络广告成本的上涨趋势不会改变。

(六）全渠道销售吹响"全域营销集结号"

随着包括手机、平板电脑在内的移动终端进入人们生活的方方面面，网购市场向移动端渗透的趋势越来越变得不可阻挡。一大波"全渠道消费者"正在逼近！地面营销、传统营销、互联网/移动互联网全域营销也将吹响集结号。

传统零售与电商向全渠道零售转型的过程，是各自呼应全渠道消费者需求的过程，也是两者各自弥补劣势的过程，最终将达到相互融合。线上线下融合的全渠道零售，在2014年出现一些尝试性的形态，但全面铺开还需要较长时间的摸索。来自移动端的购物需求占据主导地位，只是一个时间问题。在购物的时候，消费者会使用移动设备去查询相关的信息，比如说商店的具体位置、商品信息、价格对比、优惠和促销活动等。而在移动互联网庞大且精准的数据支持下，通过人群定向、网站定向、关键词定向、行为定向等方式，就能准确寻找到目标客户。在避免为消费者带来诸多不必要的广告困扰的同时，也让商业整体的运营效率得到提高。通过移动互联网，可以实现线上线下信息的实时沟通，消费者也可以自由地实现购买行为在线上线下的转换。因此，在面向未来的全渠道零售时代，移动互联网的作用，很可能将是关键性的。移动互联网、产品设计、数据挖掘、云计算平台，将极大地扩展我们对用户体验的认知。谁能创造性地应用移动的威力，谁就有可能掌握赢得下一场革命的"密码"。

(七）云生态、云思维重构互联网营销"云图"

1. 机构层

营销机构云生态式弥散，庞大营销机构"恐龙"遭遇小微公司"蚂蚁"雄兵。互联网"自发组织"，也叫人人组织，这个特性是指大量的人会因为共同的价值观等因素，自发聚集在一起，这些人可能来自不同的层级、不同的公司、不同的领域，通过互联网化零为整，变成营销组织体系，当然也随时可以化整为零，回到各自的体系中去。这种业态的出现，其实是加剧了网络营销公司的微型化趋势，以云的形态链接。未来组建营销公司，组建投资团队的成本会更低。近年各大营销奖项颁奖舞台上出现了不知名小微公司获奖，微力量正在裂变，未来会有越来越多名不见经传的小微营销公司涌现。

2. 资源层

营销活动的跨界、联盟越来越成为常态。资源整合更为重要，资源整合更为常见。

3. 表现层

万物皆屏，全域营销，媒体融合跨屏联动。2014年将有更多的传统媒体借助新媒体的技术手段和传播优势倒逼改革，并加速向产业上下游延伸，争抢移动互联网入口，向更加开放、更好服务用户的方向转变。

4. 参与层

品牌将成为半成品，分散在全球的用户用云思维、云链接的方式与厂商共同打造品牌。

二、国外网络营销发展的趋势

互联网极大地改变了信息共享的方式，对营销产生了深远的影响。在过去的几年里，相对于日趋过时的出站策略，入站技术已经有了更多的转变。更多的企业不再在外部内容中嵌入广告，而是通过发布原创内容取得成功，因为这种策略能带来品牌和受众成长等额外收益。

国外在网络营销方面呈现出以下趋势。

（一）内容营销空前壮大

公司建立权威和获得消费者信任的一个主要方法，是通过多种渠道不断创造有价值的内容。这通常涉及相关的行业信息，为受众提供见识或娱乐。这样的做法使公司稳步建立起与受众的和谐关系，发展忠实的信众。研究表明，最佳的 B2B 内容营销手段是社交媒体、企业网站上的文章、新闻通讯、案例研究，以及其他网站上的视频和文章。通过使用一个或多个渠道，企业可以在行业内建立正面形象。这一趋势说明通过电视广告和电台广告的大众营销技术正逐渐变得低效，而更应该专注于入站营销，制作为特定受众设计的有价值的、引人入胜的内容。

（二）社交媒体营销需要多样性

短短几年前，企业对于将社交媒体加入到营销活动中的问题，能数出的社交网站仅限于 Facebook、Linkedin 和 Twitter 等大牌。如今，新的社交媒体网站似乎层出不穷。虽然其中一些中途夭折，但是像 Pinterest、Google、Tumblr 和 Instagram 这样的新秀已经流行开来，并为企业提供了数量多到爆棚的新选择，允许他们以各种媒体形式制作吸引人的内容，在更多渠道上建立他们的受众群体。于是乎，企业多路出击、遍地开花，尝试多种网络工具最大程度地与消费者群体进行接触，这已成为一种通用策略。这样的多样化对许多企业是富有成效的，因为它通过使消费者更容易地识别某品牌而建立了品牌资产。

（三）以图像为中心的内容大行其道

随着消费者接触到越来越多的广告，使内容简单而迅速地被消化显得尤为重要。据有关资料统计，四分之三的广告有一个共同特点——强调图像。Buzzfeed 和 Pinterest 的迅速崛起证明了基于图像的内容的力量和病毒般的传播潜力。在社交网络中得到最多分享的博客文章通常也有一个共同的特点：它们利用一些精心放置的图片提升内容的吸引力，并突出了其中的某些要点。另外一个例子是信息图表，它们结合图像与少量的文本来解释一个主题，并提供调查研究的统计信息或数据。显而易见的是，与图像的结合更有利于营销活动。

（四）事以简为上

一个值得注意的趋势是，消费者的偏好从深入的信息变成简化的营销信息。当你想到例如苹果（Apple）和谷歌（Google）等一些世界顶级品牌，它们显然注重简化。Pinterest 的吸引力大多是因为它的干净、简洁和极简的美学。面对竭力争抢注意力的海量信息和广告，消费者感到不胜其烦，一些最有创意的营销者则背道而驰。他们正在努力减轻他们的营销信息，而不是用天花乱坠的广告宣传征服消费者。因此在未来，最成功的营销策略将不仅具有简单性，还要推广那些有助于简化消费者生活，至少是有利于消费者体验的产品和服务。

（五）对移动平台友好的内容将必不可少

由于智能手机和平板电脑的广泛使用，对企业来说有必要为移动用户创建可访问的内容。根据福布斯的报道："到2017年，87%的联网设备销售将来自平板电脑和智能手机。"无论是创建一个网站的备用移动版本，或者是利用响应性的网页设计，在用户通过移动设备浏览网站时提供正面的体验都至关重要。否则，很容易将适应这种趋势的消费者拱手让给竞争对手。

（六）广告重定向将提高效率

概括来讲，广告重定向的工作原理是利用浏览器的Cookies跟踪用户访问的网站。一旦他们离开某个站点，他们浏览过的产品或服务将在不同网站再次以广告形式展示。这项技术有效的原因显而易见。在首次访问时的网站流量转换率仅为2%，而广告重定向可以通过向消费者提醒浏览过的产品或服务来提升整体转换率。这样可以使品牌和产品给消费者留下深刻印象。甚至有心理研究显示，品牌名称和标识的简单曝光可以产生熟悉感及建立信任，使消费者更易于作出购买决定。即使没有立即购买，从长远来看也是可以得到实际回报的。由于许多营销者通过广告重定向取得了成功，因此在未来它也将成为主流。

（七）搜索引擎优化和社交网络信号将更紧密地融合

虽然社交网络信号通常不具有与传统入站链接相同的重要性，但不可否认现在它们在内生搜索排名中发挥着作用。毕竟，他们是搜索引擎优化的三大支柱之一。由于谷歌和其他搜索引擎的目标在于尽可能为用户提供关联度最高的高质量内容，理所当然地，它们会将博客文章或产品页面收到的社会分享数量作为考量的因素。一条内容有越多的人分享，其质量就可能越高，因此它在搜索引擎结果页的位置就应越靠前。排名靠前的搜索结果趋向于拥有大量的社交网络分享，而排名靠后的数量则较少，这绝非巧合。除此之外，对于登录某页面的访客，社交网络分享可以作为认可的标志。如果他们看到内容被分享了成百上千次，这可能是有点价值的东西。很大一个原因是因为许多企业安装了社交网络分享的插件，鼓励消费者尽可能地分享内容。

第三节　网络营销的理论基础

由于网络营销手段的变化，使得传统营销理论需要进一步发展和完善，需要对网络特性和新型消费者的需求和购买行为重新考虑，形成具有网络特色的营销理论。当前的网络营销理论基础主要包括整合营销、直复营销、服务营销、关系营销等理论，这些理论对实践具有一定的指导作用。

一、整合营销理论

(一) 什么是整合营销

整合营销是一种对各种营销工具和手段的系统化结合,根据环境进行即时性的动态修正,以使交换双方在交互中实现价值增值的营销理念与方法。

整合营销就是为了建立、维护和传播品牌,以及加强客户关系而对品牌进行计划、实施和监督的一系列营销工作。整合就是把各个独立的营销工作综合成一个整体,以产生协同效应。这些独立的营销工作包括广告、直接营销、销售促进、人员推销、包装、事件、赞助和客户服务等。

(二) 整合营销的特征

在整合营销传播中,消费者处于核心地位,其核心工作是培养真正的"消费者价值"观,与那些最有价值的消费者保持长期的紧密联系。整合营销以各种传播媒介的整合运用作手段进行传播。凡是能够将品牌、产品类别和任何与市场相关的信息传递给消费者或潜在消费者的过程与经验,均被视为可以利用的传播媒介。

整合营销是对企业市场营销所提出的新要求,有利于配置企业资源,优化企业组合,提高企业经济效益,实现企业的持续发展;有利于企业更好地满足消费者的需求;有利于企业上下各层次的整合,以及从观念到行为的整合;有利于企业各种营销策略的整合。

概括而言,整合营销具有以下特征:

(1) 以整合为中心。以消费者为中心并把企业所有资源综合利用,实现企业的一体化营销。整合既包括企业营销过程、营销方式以及营销管理等方面的整合,也包括对企业内外的商流、物流及信息流的整合。

(2) 讲求系统化管理。整体配置企业所有资源,企业中各层次、各部门和各岗位,与总公司、子公司、产品供应商、经销商及相关合作伙伴协调行动,形成竞争优势。

(3) 强调协调与统一。企业营销活动的协调性,不仅仅是企业内部各环节、各部门的协调一致,而且也强调企业与外部环境协调一致,共同努力以实现整合营销。

(三) 整合网络营销模式

建立在互联网基础上的整合营销,被称为整合网络营销。整合网络营销就是在深入研究互联网资源,熟悉网络营销方法的基础上,从企业的实际情况出发,根据不同网络营销产品的优缺利弊,整合多种网络营销方法,为企业提供网络营销解决方案。整合网络营销也被称为网络整合营销、整合型网络营销、整合式网络营销。简单地说,整合网络营销就是整合各种网络营销方法,和客户需求进行比配,给客户提供最佳的网络营销方法。

在网络营销中消费者处于优势地位,或者说处于中心地位。因为在互联网环境下,网络上信息丰富的特征使顾客的选择余地变得很大,不仅参与的主动性增强,而且选择的主动性也得到加强。产品交易的实现关键在于消费者的选择,归根结底在于企业或产品是否满足消费者的需求,特别是个性化需求的满足。因此,企业必须树立新的营销观念,即在营销中充分考虑消费者的个性化需求,消费者的价值取向,消费者的接受程度,以及如何方便和取悦消费者。以上这些因素,意味着传统强势营销影响力在减弱,"4P"理论不完全适合网络营销;网络营销应该把顾客整合到整个营销过程中来,从他们的需求出发开始并贯穿整个营销过程。

以美国营销专家唐·E. 舒尔兹教授(Don E. Schultz)为首的一批营销学者从顾客需求的角度出发研究市场营销理论,把消费者的需求放到首位,提出了"4C"组合,即 Customer(顾客的需求和期望)、Cost(顾客的费用)、Convenience(顾客购买的方便性)、Communication(顾客与企业的沟通)。简言之,即产品应满足消费者的需求,企业的利润和产品的定价应符合消费者的意愿,产品的分销应考虑消费者的便利性,促销形式应达到企业和消费者真诚有效的双向沟通。

整合网络营销模式应包括以下几个方面。

1. 产品和服务必须以顾客为中心

由于互联网具有很好的互动性和引导性,用户通过互联网络在企业的引导下对产品或服务进行选择或提出具体要求,企业可以根据顾客的选择和要求及时进行生产并提供及时服务,企业的产品和服务必须给顾客带来价值和回报,否则企业的利润难以实现。因为顾客在有很多商品选择余地的情况下,他不会选择对自己没有价值或价值很小的商品。但是,如果企业从"4P"对应的"4C"出发,在此前提下寻找能实现企业利益的最大化的营销决策,则可能同时达到利润最大和满足顾客需求两个目标。

2. 以顾客能接受的成本定价

价格是"4P"中直接影响利润的因素之一,是企业赢利的重要手段。传统的定价方式主要是以生产成本为基准来制定商品的价格。但是,在网络环境下,企业与顾客的合作更为紧密,顾客的中心地位和选择权要求新型的价格制定方法,要求产品的价格水平是顾客能够接收的,要求企业对顾客的需求以及对价格的认同,并依据该成本来组织生产和销售。在互联网上,顾客可以提出可接受的成本,企业根据顾客的成本提供柔性的产品设计和生产方案供用户选择,直到顾客认同确认后再组织生产和销售。所有这一切都是顾客在公司的服务器程序的导引下完成的,并不需要专门的服务人员,因此成本也极其低廉。事实上,会产生双赢的效果。目前,美国的 Dell 公司允许顾客在互联网上,通过公司的网页和网上软件系统,用户可以自己选择、自己设计和组装满足自己需要的电脑,并根据提示来调整价格水平。Dell 公司根据用户的要求生产电脑,并通过用户的价格反馈和市场的情况,灵活地调整价格水平,满足客户的要求。

3. 产品的分销以方便顾客为主

网络营销是一对一的分销渠道,是跨时空进行销售的,顾客可以随时随地利用互联网络订货和购买产品,顾客可以足不出户地得到产品。互联网和现代物流体系形成了良好的直销渠道。如 Amazon(亚马逊书城)公司可以在三天之内将顾客所购书籍送达顾客的手中,并可以通过遍布的连锁组织方便地退货。

4. 将强势营销转变为加强与顾客沟通和联系的营销

传统的促销是企业为主体，通过一定的媒体或工具对顾客进行强制式灌输，从而影响顾客对公司和产品的认知度和接受度。顾客是被动接受的，企业与顾客的沟通和联系是单向的，企业并不知道顾客到底需求什么，或者需要花很大的代价去与客户沟通，因此，公司的促销成本很高。互联网上的营销是一对一和交互式的，顾客可以参与到公司的营销活动中来，因此互联网络更能加强与顾客的沟通和联系，更能了解顾客和需求，更易引起顾客的认同，其沟通方式的特点是双向的和低成本的。

网络的即时交互为实现网络整合营销提供了物质基础。消费者个性消费的复归是网络整合营销的内在动力。个性消费的复归促使企业需要和顾客对话，了解他们的个性需求，而企业必须把顾客整合到传统营销的过程中来。从以上的分析可知，网络整合营销过程的起点是消费者的需求，最终实现的目标是满足消费者需求和企业利润最大化。

二、互动营销理论

（一）互联网的"互动"发展阶段

互动是互联网的核心本质。"互动"这一互联网的核心本质已经能够非常深入地发掘每个用户的潜能，把那些在传统媒体里"沉默的大多数"鲜活地呈现在互联网上，而且是"一个个、分别"地呈现在互联网上。"人"这个最能动的媒体参与者也终于在互联网中第一次改变了被动接受的角色，出现了主动的、外显的特征。中国网民参与互联网上的互动可以分为三个阶段。

1. 网民通过互联网获取信息，此时互联网只是更换了传播渠道和编排形式的传统媒体

在中国互联网肇始期，中国特殊的传统媒体市场环境使得世界上没有哪个国家的网站能够像中国的网站这样，几乎等同于传统媒体的翻版。也因此，海量信息与基础技术共同作用的结果就是内容为主，网站网页数量的多少成为衡量网站资产的一个重要指标。网民们上网的目的明确而单一——获取信息。我们甚至可以在某种程度上把当时的互联网媒体视作更换了传播渠道和编排形式的传统媒体。佐证这一观点的就是网民在互联网的传播过程中完全成为"终结者"。信息传达至这个环节即完成了它的生命周期。

2. 随着社区、论坛、BBS 的逐渐发展壮大，以及搜索技术的成熟，网民开始"索取、问询"了，用户主动性得以提高

随着社区、论坛以及 BBS 等互联网应用工具逐渐发展壮大之后，用户终于得以通过一串数字代表的 ID 开始了自己新的互联网生活。搜索技术，甚至搜索作为一种生活方式无疑是这个阶段的代表，用户第一次主动向海量无边的互联网"索取、问询"了；与搜索相伴的是由于相同搜索兴趣组合在一起的社区大行其道，并且成为链接起互联网上一个个信息孤岛的中继站。即便如此，在这个阶段，ID 组成的群体依旧是一群面目模糊的"群体"，博得盛名的也依旧是那些火爆的论坛，用户的主观能动性在第一阶段的基础上只是被有限地提升，因此，用户的价值也只是被部分地发掘出来。

3. 互联网进入博客、个人空间，以个人为媒体主题的时代到来，用户的自主意识觉醒，个性化表达需求空前强烈

一个价值链中各个环节所产生的价值必然与其获得的资源密切相关。因此，当互联网进入博客和个人空间时，即宣告以个人为媒体主题的时代到来了。历经前两个阶段的用户习惯培养和自主意识觉醒，这个阶段的用户的个性化表达需求空前强烈，他们不愿隐藏，而是乐于主动表达；他们不愿说教，而是乐于在娱乐解构中思考生活。诸如Blog、SNS、RSS、Tag等新技术的出现使得集各种传播与反馈手段于大成的富媒体大行其道，用户也以信息中枢的身份越来越成为互联网的主导。

在门户、论坛"城头变幻大王旗"之后，凸显个人价值的网站无论是作为媒体的传播价值，还是作为媒体的商业价值都获得了极大的发展。

（二）互动营销的定义与特点

所谓的互动，是指双方互相动起来。在互动营销中，互动的双方一方是消费者，一方是企业。只有抓住共同利益点，找到巧妙的沟通时机和方法，才能将双方紧密地结合起来。互动营销尤其强调双方都应采取一种共同的行为。

互动营销具有以下特点。

1. 互动性

互动营销主要强调的是商家和客户之间的互动。一般都是前期的策划，然后对某一话题，网络营销公司的幕后推手开始引导，接着网友就开始参与其中，这是比较常规的互动。互动性是互动营销发展的关键，在企业营销推广的同时，更多信息应该融入目标受众感兴趣的内容之中。认真回复粉丝的留言，用心感受粉丝的思想，更能唤起粉丝的情感认同。这就像是朋友之间的交流一样，时间久了会产生一种微妙的情感连接，而非利益连接。像官网、企业微博、微信公众平台等媒介营销，可称之为泛自媒体营销，它指在自己掌握的"账号"渠道上传播自己的信息，从而获得外界对自己的一个关注及认可的行为。

2. 舆论性

互动营销主要是通过网民之间的回帖活动、间接或直接对某个产品产生了正面的或者负面的评价。但其中意见领袖的作用也在彰显其重要地位。《快乐大本营》的节目主持人杜海涛曾说过："我们微博转什么产品，什么产品就买到脱销。"这正是说明了名人效应对消费者的影响力十分重大，同时也表明在未来市场竞争日益激烈的情况下，舆论领袖的对企业的品牌口碑作用依然不可小觑。

3. 眼球性

互动营销主要就是吸引网民的眼球，如果一起互动营销事件不能吸引眼球，那么无疑这起互动营销事件是失败的。互联网本身就是眼球经济，如果没有网友的关注，就谈不上互动。同时，想要获得很多的互动效果，不应仅仅考虑到眼球经济，更为重要的是定位要精准。假设自己处在广告行业，那么就围绕一些你产品目标顾客关注的相关信息来发布，吸引目标顾客的关注，并且大多是潜在的消费群体。一旦你的"粉丝"质量提高了，对于企业而言，更容易从其身上转化出商业价值。

4. 热点性

互动营销有两种事件模式：一种是借助热点事件来炒作，另一种是自己制造事件来炒作。网络营销公司要想把事件炒作好，引起网民的关注，无疑需要抓住网民内心的需求，也就是网民上网喜欢做的事情，或者他们对什么事情比较感兴趣。

5. 营销性

互动营销一般都是为了达到某种营销目的而进行的事件炒作和互动。一般都是网络营销公司借助互动营销来帮助客户传达企业的品牌或者促进产品的销售。

（三）互动营销的主要形式

互动营销的形式主要有两种：一种形式是由于企业的公关事件或由此引发的话题得到了广大目标群体的共鸣，于是目标群体积极响应、推波助澜，和企业共同把公关事件造成轰动效应。这一形式是公关事件成功的主要方式。另一种方式是通过一个与人们传统价值观念或习惯对立的活动或话题引起人们的批判与讨论，从而将公关事件效果扩大化。

意见领袖在互动营销中起着关键的作用。充满思想、对新鲜事物充满好奇、品质至上、始终走在时尚前沿是意见领袖鲜明的特征。这些特征与互联网新媒体下的文化精神彼此印证、互为促进。尤其具有营销价值的是，除了单个用户与互联网之间的人机交流之外，消费者个体之间不再是信息孤岛，他们之间出现了比传统物理世界中都要便捷和高效的联络。在张扬个性之外，新互联网媒体上的消费者更看重他们之间的认同和组织，以成为某个群体中的偶像、"达人"为目标。

营销专家认为，在越来越多的品牌出现，买方成为市场主导的时候，发掘、调动消费者的主动性成为市场领先的关键。从海量品牌中脱颖而出，唤醒消费者的消费意识，进而建立品牌的长期认知与美誉度；这些步步深入的工作，真正的出发点都是如何才能点燃消费者对品牌的情感，而互联网恰恰量体裁衣地为每一位消费者提供了表达和受尊重的机会与权利。

（四）实施互动营销需要的基本要素

1. 参与互动营销的便捷性

互动营销是要访问者很方便地参与其中，而不是要经过复杂的过程才能参与其中，否则访问者参与互动的概率就会小了很多。人是有惰性的，特别是网民，其惰性更大，参与互动比较复杂，就会点点鼠标离开，不会参与其中。比如申请试用产品、参与调查等，应该要便捷，申请表格应该简单明了、不涉及隐私等。IBM的网站在互动营销方面做得比较好，其互动营销便于访问者参与，需要填写的表格也十分简单，大大方便了访问者的参与。

2. 互动营销对访问者产生一定的好处

比如网络调查，可以进行有奖调查、产品的免费试用。想要访问者参与互动营销，对访问者必须要有利益的驱动。对访问者如果没有产生一定的利益驱动，其参与的概率也会大为降低，因为毕竟无聊的人占少数。

3. 访问者的用户体验要好

互动营销更要注重其用户体验。如果其用户体验不好，是不可能成为企业的潜在客户或准客户，这就会与互动营销的目的相违了。如果企业免费提供免费试用产品，那这个产品的用户体验要好，产品质量要过硬，并在使用过程中不断对其使用情况进行跟踪以及服务（虽然是免费，也一样要提供服务）。就好像 Google 的 Adwords 广告，如果 Adwords 用户体验不好，投放了关键词不产生效果，估计80％以上的广告主都不会续费再进行广告投放，可见，互动营销用户体验要好才可能获得成功。

随着网络营销的不断发展，其互动营销也将会出现更多的创新方式，更深层次地渗透到企业的网络营销当中，互动营销也将会有越来越多的企业来实施。但互动营销的三个基础要素一定要遵循，否则很有可能造成互动营销的失败。

三、病毒营销理论

（一）什么是病毒营销

病毒营销（viral marketing）是指通过用户的口碑宣传网络，信息像病毒一样传播和扩散，利用快速复制的方式传向数以千计、数以百万计的受众。也就是说，通过提供有价值的产品或服务，"让大家告诉大家"，通过别人为你宣传，实现"营销杠杆"的作用。病毒营销已经成为网络营销最为独特的手段，被越来越多的商家和网站成功利用。

病毒营销的核心在于找到营销的引爆点，如何找到既迎合目标用户口味又能正面宣传企业的话题是关键，而营销技巧的核心在于如何打动消费者，让企业的产品或品牌深入到消费者心坎里去，让消费者认识品牌、了解品牌、信任品牌到最后的依赖品牌。病毒营销是网络营销方式中性价比最高的方式之一，深入挖掘产品卖点，制造适合网络传播的舆论话题。

（二）病毒营销的特点

病毒营销是指通过利用公众的积极性和人际网络，让营销信息像病毒一样传播和扩散，营销信息被快速复制传向数以万计、数以百万计的受众。它存在一些区别于其他营销方式的特点。

1. 有吸引力的病原体

天下没有免费的午餐，任何信息的传播都要为渠道的使用付费。之所以说病毒式营销是无成本的，主要指它利用了目标消费者的参与热情，但渠道使用的推广成本是依然存在的，只不过目标消费者受商家的信息刺激自愿参与到后续的传播过程中，原本应由商家承担的广告成本转嫁到了目标消费者身上。因此，对于商家而言，病毒式营销是无成本的。

目标消费者并不能从"为商家打工"中获利，他们为什么自愿提供传播渠道？原因在于第一传播者传递给目标群的信息不是赤裸裸的广告信息，而是经过加工的、具有很大吸引力的产品和品牌信息，而正是这一披在广告信息外面的漂亮外衣，突破了消费者戒备心理的"防火墙",促使其完成从纯粹受众到积极传播者的变化。

网络上盛极一时的"流氓兔"证明了"信息伪装"在病毒式营销中的重要性。韩国动画新秀金在仁为儿童教育节目设计了一个新的卡通兔,这只兔子相貌猥琐、行为龌龊、思想简单、诡计多端、爱耍流氓、只占便宜不吃亏,然而正是这个充满缺点、活该被欺负的弱者成了反偶像明星,它挑战已有的价值观念,反映了大众渴望摆脱现实、逃脱制度限制所付出的努力与遭受的挫折。流氓兔的 Flash 出现在各 BBS 论坛、Flash 站点和门户网站,私下里网民们还通过聊天工具、电子邮件进行传播。如今这个网络虚拟明星衍生出的商品已经达到 1000 多种,成了病毒式营销的经典案例。

2．几何倍数的传播速度

大众媒体发布广告的营销方式是"一点对多点"的辐射状传播,实际上无法确定广告信息是否真正到达了目标受众。病毒式营销是自发的、扩张性的信息推广,它并非均衡地、同时地、无分别地传给社会上每一个人,而是通过类似于人际传播和群体传播的渠道,产品和品牌信息被消费者传递给那些与他们有着某种联系的个体。例如,目标受众读到一则有趣的 flash,他的第一反应或许就是将这则 Flash 转发给好友、同事,无数个参与的"转发大军"就构成了成几何倍数传播的主力。

3．高效率的接收

大众媒体投放广告有一些难以克服的缺陷,如信息干扰强烈、接收环境复杂、受众戒备抵触心理严重。以电视广告为例,同一时段的电视有各种各样的广告同时投放,其中不乏同类产品"撞车"现象,大大减少了受众的接受效率。而对于那些可爱的"病毒",是受众从熟悉的人那里获得或是主动搜索而来的,在接受过程中自然会有积极的心态;接收渠道也比较私人化,如手机短信、电子邮件、封闭论坛等等(存在几个人同时阅读的情况,这样反而扩大了传播效果)。以上方面的优势,使得病毒式营销尽可能地克服了信息传播中的噪音影响,增强了传播的效果。

4．更新速度快

网络产品有自己独特的生命周期,一般都是来得快去得也快,病毒式营销的传播过程通常是呈 S 形曲线的,即在开始时很慢,当其扩大至受众的一半时速度加快,而接近最大饱和点时又慢下来。针对病毒式营销传播力的衰减,一定要在受众对信息产生免疫力之前,将传播力转化为购买力,方可达到最佳的销售效果。

(三) 病毒营销的基本要素与设计策略

美国著名的电子商务顾问 Ralph F. Wilson 博士将一个有效的病毒性营销战略归纳为六项基本要素,一个病毒性营销战略不一定要包含所有要素,但是,包含的要素越多,营销效果就越好。

1．病毒营销的基本要素

(1) 提供有价值的产品或服务。

(2) 提供无须努力地向他人传递信息的方式。

(3) 信息传递范围很容易从小向很大规模扩散。

(4) 利用公共的积极性和行为。

(5) 利用现有的通信网路。
(6) 利用别人的资源。

病毒营销的核心思想是让他人获利，同时宣传了自己。这是典型的双赢。常用方式有免费打折券、免费邮箱、搞笑动画、免费服务等。

2. 开展病毒营销的策略

（1）有内涵的病毒。没有病毒何来传播？病毒本身是引发传播的母体和根本，如何设计信息内容才能让它具备病毒特性？网络整合营销4I原则中的Interests利益原则与Interesting趣味原则可以作为生产病毒的指导标准。

互联网中有一个强大的定律：免费模式。要是你能提供优秀的内容，免费的电子书、免费的试用装、免费的网络服务等，那么用户就会帮你传播，转发给朋友，网络整合营销4I原则中的Interests利益原则：给予用户利益，没人会抗拒。互联网是娱乐经济，是注意力经济。病毒的设置，应该具有娱乐精神，回顾一下火爆网络江湖的内容吧，芙蓉姐姐、贾君鹏……哪个不是娱乐的底色？网络整合营销4I原则的Interesting趣味原则，无娱乐，不病毒。同时不要忘记将病毒巧妙地掩藏起来，合理展示出来，平衡很重要。

（2）病毒传播要容易。就如H1N1流感传播的那样，其只需通过咳嗽或喷嚏就可以在人群中传播。而不是像艾滋病，需要通过血液，性才可以传播。在开展病毒传播之时同样需要考虑：让用户简单就可以传播起来。

简化营销信息，让用户容易复制、传递、转帖、下载、邮件发送等。需要充分考虑用户在使用互联网的习惯和传播成本。病毒传播成本大于传播获得的乐趣，用户将不会去传播，反之，传播成本越低，获得病毒传播的机会就越大。

（3）寻找易感人群。H1N1流感为什么在儿童年龄层次容易爆发？儿童的免疫和抵抗力不如成年人。如果H1N1流感爆发在南极、北极，人烟稀少也将不会爆发传播。进行病毒营销传播也是需要寻找容易感染的人、传播的平台。针对设计的病毒，寻找容易感染、反馈、参与病毒营销的潜在感染者。比如，设计的病毒目标载体是时尚年轻人，那么需要事前进行病毒测试，感染性怎么样，是否容易感染上病毒。寻找开展病毒营销的平台也是很重要，年轻人在互联网上聚集在什么平台，就去这些平台上开展病毒营销。结合之前谈的人群聚集，再加上容易感染，那么这个病毒营销即将爆发。

（4）病毒变种。流感病毒一直在和人类做斗争，积极的变型以保证适应人体这个载体。甲流在香港出现了变种，更具备了传播性。在设计病毒营销的时候，也必须全程监控病毒传播的效果和反应。面对用户的反应，与时俱进地修改，调整病毒，做成一个生命力顽强的病毒。

（四）病毒营销的实施

病毒性营销并不是随便可以做好的，需要遵照一定的步骤和流程。一般而言，成功实施病毒性营销需要五个步骤：

（1）病毒性营销方案的整体规划和设计。

（2）病毒性营销需要独特的创意，病毒性营销之所以吸引人之处就在于其创新性。

(3) 对网络营销信息源和信息传播渠道进行合理的设计，以便利用有效的通信网络进行信息传播。

(4) 对病毒性营销的原始信息在易于传播的小范围内进行发布和推广。

(5) 对病毒性营销的效果进行跟踪和管理。

尽管病毒营销在实施过程中通常无须费用，但病毒性营销方案设计是需要成本的。病毒性营销通常不需要为信息传递投入直接费用，但病毒性营销方案不会自动产生，需要根据病毒性营销的基本思想认真设计，在这个过程中必定是需要一定资源投入的，因此不能把病毒营销理解为完全不需要费用的网络营销，尤其在制定网站推广计划时，应充分考虑到这一点。此外，并不是所有的病毒营销方案都可以获得理想的效果，这也可以理解为病毒性营销的隐性成本。

在成功实施病毒营销五个步骤中的第四步就是关于对病毒营销信息源的发布和推广，因为病毒营销信息不会实现自动传播，需要借助于一定的外部资源和现有的通信环境来进行。这种推广可能并不需要直接费用，但需要合理选择和利用有效的网络营销资源，因此需要以拥有专业的网络营销知识为基础。在传播病毒时，应该选择那些人群集中、互动性强和传播迅速的平台，IM、QQ、论坛、邮箱等是常用的渠道。

四、关系营销理论

（一）关系营销的概念与特征

所谓关系营销，是指把营销活动看成是一个企业与消费者、供应商、分销商、竞争者、政府机构及其他公众发生互动作用的过程，其核心是建立和发展与这些公众的良好关系。

1985年，巴巴拉·本德·杰克逊提出了关系营销的概念，使人们对市场营销理论的研究，又迈上了一个新的台阶。关系营销理论一经提出，迅速风靡全球，杰克逊也因此成了美国营销界备受瞩目的人物。

关系营销的特征可以概括为以下几个方面：

（1）双向沟通。在关系营销中，沟通应该是双向而非单向的。只有广泛的信息交流和信息共享，才可能使企业赢得各个利益相关者的支持与合作。

（2）合作。一般而言，关系有两种基本状态，即对立和合作。只有通过合作才能实现协同，因此合作是"双赢"的基础。

（3）双赢。即关系营销旨在通过合作增加关系各方的利益，而不是通过损害其中一方或多方的利益来增加其他各方的利益。

（4）亲密。关系能否得到稳定和发展，情感因素也起着重要作用。因此关系营销不只是实现物质利益的互惠，还必须让参与各方能从关系中获得情感的需求满足。

（5）控制。关系营销要求建立专门的部门，用以跟踪顾客、分销商、供应商及营销系统中其他参与者的态度，由此了解关系的动态变化，及时采取措施消除关系中的不稳定因素和不利于关系各方利益共同增长的因素。

此外，通过有效的信息反馈，也有利于企业及时改进产品和服务，更好地满足市场的需求。

(二) 关系营销的原则

关系营销的实质是在市场营销中与各关系方建立长期稳定的相互依存的营销关系，以求彼此协调发展。关系营销必须遵循以下原则：

(1) 主动沟通原则。在关系营销中，各关系方都应主动与其他关系方接触和联系，相互沟通信息，了解情况，形成制度或以合同形式定期或不定期碰头，相互交流各关系方需求变化情况，主动为关系方服务或为关系方解决困难和问题，增强伙伴合作关系。

(2) 承诺信任原则。在关系营销中各关系方相互之间都应做出一系列书面或口头承诺，并以自己的行为履行诺言，才能赢得关系方的信任。承诺的实质是一种自信的表现，履行承诺就是将誓言变成行动，是维护和尊重关系方利益的体现，也是获得关系方信任的关键，是公司与关系方保持融洽伙伴关系的基础。

(3) 互惠原则。在与关系方交往过程中必须做到相互满足关系方的经济利益，并通过在公平、公正、公开的条件下进行成熟、高质量的产品或价值交换，使关系方都能得到实惠。

(三) 关系营销的基本要素

在关系营销中，发现顾客需求，满足需求并保证顾客满意，进而营造顾客忠诚，构成了关系营销的基本要素。

(1) 企业要分析顾客需求。顾客需求满足与否的衡量标准是顾客满意程度，满意的顾客会对企业带来有形的好处（如重复购买该企业产品）和无形产品（如宣传企业形象）。一些营销学者提出了使顾客全面满意的七个因素及其相互间的关系：欲望、感知绩效、期望、欲望一致、期望一致、属性满意、信息满意；欲望和感知绩效生成欲望一致，期望和感知绩效生成期望一致，然后生成属性满意和信息满意，最后导致全面满意。

(2) 期望、欲望与感知绩效的差异程度是产生满意感的来源，所以，企业可采取以下方法来取得顾客满意：提供满意的产品和服务，提供附加利益，提供信息通道。

(3) 顾客维系。市场竞争的实质是争夺顾客资源。维系原有顾客，减少顾客的叛离，要比争取新顾客更为有效。维系顾客不仅仅需要维持顾客的满意程度，还必须分析顾客产生满意感的最根本原因，从而有针对性地采取措施来维系顾客。

(四) 关系营销的形态

关系营销是在人与人之间的交往过程中实现的，而人与人之间的关系绚丽多彩，关系复杂。归纳起来大体有以下几种形态：

(1) 亲缘关系营销形态。这是指依靠家庭血缘关系维系的市场营销，如父子、兄弟姐妹等亲缘为基础进行的营销活动。这种关系营销的各关系方盘根错节，根基深厚，关系稳定，时间长久，利益关系容易协调，但应用范围有一定的局限性。

(2) 地缘关系营销形态。这是指以公司营销人员所处地域空间为界维系的营销活动,如利用同省同县的老乡关系或同一地区企业关系进行的营销活动。这种关系营销在经济不发达、交通邮电落后、物流、商流、信息流不畅的地区作用较大。在我国社会主义初级阶段的市场经济发展中,这种关系营销形态仍不可忽视。

(3) 业缘关系营销形态。这是指以同一职业或同一行业之间的关系为基础进行的营销活动,如同事、同行、同学之间的关系,由于接受相同的文化熏陶,彼此具有相同的志趣,在感情上容易紧密结合为一个"整体",可以在较长时间内相互帮助,相互协作。

(4) 文化习俗关系营销形态。这是指公司及其人员之间具有共同的文化、信仰、风俗习俗为基础进行的营销活动。由于公司之间和人员之间有共同的理念、信仰和习惯,在营销活动的相互接触交往中易于心领神会,对产品或服务的品牌、包装、性能等有相似需求,容易建立长期的伙伴营销关系。

(5) 偶发性关系营销形态。这是指在特定的时间和空间条件下发生突然的机遇形成的一种关系营销,如营销人员在车上与同坐旅客闲谈中可能使某项产品成交。这种营销具有突发性、短暂性、不确定性特点,但这种偶发性机遇又会成为企业扩大市场占有率、开发新产品的契机。

(五) 开展关系营销的具体措施

(1) 关系营销的组织设计。为了对内协调部门之间、员工之间的关系,对外向公众发布消息、处理意见等,通过有效的关系营销活动,使得企业目标能顺利实现,企业必须根据正规性原则、适应性原则、针对性原则、整体性原则、协调性原则和效益性原则建立企业关系管理机构。该机构除协调内外部关系外,还将担负着收集信息资料、参与企业的决策预谋的责任。

(2) 关系营销的资源配置。面对当代的顾客、变革和外部竞争,企业的全体人员必须通过有效的资源配置和利用,同心协力地实现企业的经营目标。企业资源配置主要包括人力资源和信息资源。人力资源配置主要是通过部门间的人员转化,内部提升和跨业务单元的论坛和会议等进行。信息资源共享方式主要是利用电脑网络、制定政策或提供帮助削减信息超载、建立"知识库"或"回复网络"以及组建"虚拟小组"等。

(3) 关系营销的效率提升。与外部企业建立合作关系,必然会与之分享某些利益,增强对手的实力,另一方面,企业各部门之间也存在着不同利益,这两方面形成了关系协调的障碍。具体的原因包括:利益不对称、担心失去自主权和控制权、片面的激励体系、担心损害分权。关系各方环境的差异会影响关系的建立以及双方的交流。跨文化间的人们在交流时,必须克服文化所带来的障碍。对于具有不同企业文化的企业来说,文化的整合,对于双方能否真正协调运作有重要的影响。

关系营销是在传统营销的基础上,融合多个社会学科的思想而发展起来的,吸收了系统论、协同学、传播学等思想。关系营销学认为,对于一个现代企业来说,除了要处理好企业内部关系,还要与其他企业结成联盟。企业营销过程的核心是建立并发展与消费者、供应商、分销商、竞争者、政府机构及其他公众的良好关系。无论在哪一个市场上,关系都具有很重要作用,甚至成为企业市场营销活动成败的关键。所以,关系营销日益受到企业的关注和重视。

本章小结

网络营销是指以互联网为主要手段、为达到一定的营销目标进行的营销活动。本章系统阐述了网络营销的概念、内容、理论基础。网络营销的基本职能包括网络品牌、网站推广、信息发布、销售促进、销售渠道、顾客服务、顾客关系、网上调研等。具有网络特色的营销理论有整合营销、互动营销、病毒营销、关系营销等。

关键概念

网络营销　整合营销　互动营销　病毒营销　关系营销

思考题

(1) 何谓网络营销？网络营销有哪些优势？

(2) 简述网络营销与传统营销的区别与联系。请举一个你所了解的网络营销案例，比较同类型产品网络营销与传统营销的异同。

(3) 网络营销的主要内容是什么？请举例说明。

(4) 网络营销理论着重于挖掘网络媒体的哪些营销特性？

(5) 整合营销的核心理念是什么？试说明通过整合网络媒体与传统媒体达到了更好的营销传播效果的案例。

(6) 什么是关系营销？关系营销的实质是什么？

(7) 简述网络病毒营销的特点？并举例子予以说明。

参考文献

[1] 孔伟成. 网络营销学 [M]. 杭州：浙江大学出版社，2002

[2] 冯英健. 网络营销基础与实践 [M]. 北京：清华大学出版社，2005

[3] 司志刚，濮小金. 网络营销 [M]. 北京：机械工业出版社，2005

[4] 刘向晖. 网络营销导论 [M]. 北京：清华大学出版社，2005

[5] 吕英斌，储节旺，等. 网络营销案例评析 [M]. 北京：清华大学出版社，2004

[6] 袁声莉. 网络营销 [M]. 武汉：武汉大学出版社，2004

[7] 黄敏学. 网络营销 [M]. 武汉：武汉大学出版社，2000

[8] 李纲等. 网络营销教程 [M]. 武汉：武汉大学出版社，2005

[9] 李琪等. 网络营销学 [M]. 重庆：重庆大学出版社，2004

[10] 杨树根，等. 网络营销 [M]. 成都：四川大学出版社，2005

[11] 钱旭潮，等. 网络营销与管理 [M]. 北京：北京大学出版社，2002

[12] 拉菲·默罕默德，罗伯特·菲谢尔，等. 网络营销 [M]. 2版. 北京：中国财经出版社，2004

[13] 董丛文. 营销策划原理与实务 [M]. 北京：科学出版社，2005

[14] 张昊天. 营销策划 [M]. 北京：电子工业出版社，2005

［15］庄贵军．企业营销策划［M］．北京：清华大学出版社，2005
［16］邓超明．网络整合营销［M］．北京：电子工业出版社，2012
［17］文丹枫．微营销：指尖上的利器［M］．北京：人民邮电出版社，2013
［18］徐茂权．软文营销［M］．北京：电子工业出版社，2013
［19］王通．网络盈利的秘密［M］．北京：清华大学出版社，2010
［20］王楒楠，王洪波．SEO 网站营销推广全程实例［M］．北京：清华大学出版社，2013

第二章 网络营销方式与传播途径

本章学习目标

通过本章学习,应该掌握以下内容:①掌握互联网上广泛采用的营销方式;②了解网络营销方式的基本概念、特点,以及营销策略;③了解网络营销传播途径及传播效果。

第一节 网络营销方式

网络营销方式是指营销过程中所使用的方法。下面主要介绍目前在互联网上广泛流行的几种营销方式。

一、网络新闻营销

(一) 什么是网络新闻营销

网络新闻营销又叫网络软文营销,它是利用互联网技术,整合多家网站优势资源,把企业、品牌、人物、产品、活动项目等相关信息,快速、及时、准确地向社会公众广泛传播的新型营销方式。

网络新闻营销遵循新闻的本质,以快速、及时、准确为基础,具备一定的社会影响,是政府、企业及个人重要的营销手段之一;它可以将政府、企业、个人的新闻发送至各大新闻媒体,广泛覆盖投资界、政府决策者和消费大众,实现网络新闻营销的最大价值。

(二) 网络新闻营销信息发布的类型

网络新闻营销信息发布大体上可分为正式性发布(新闻发布会模式)和随机性发布两类。在正式性新闻发布时,在进行新闻发布形式上会正规隆重,档次较高,地点经过精心安排,邀请记者、新闻界(媒体)负责人、行业部门主管、各协作单位代表及政府官员。随机性新闻发布是指传媒行业凭借媒体敏锐的新闻嗅觉挖掘出社会中的新闻题材予以发布的信息,这类题材的新闻大多数与百姓的生活密切相关,其轰动性和社会影响较前者会稍逊一些,但对社会的影响同样不可小觑。例如,某公司将上市,公司高层对媒体进行上市前的详细说明。这样的新闻发布采用的是新闻发布会的方式,属行业推广的商业信息发布。

(三) 网络新闻营销的作用

在人们进行社会活动中,新闻是大众社会活动的导向,信息化时代的人们在生活的每一个瞬间都被信息所包围,从消费和生活的各个领域都在关注着媒体所带来的消息。对于新闻发布而言,恰好满足了社会人群对国家发展和社会动态了解的渴求。

新闻营销最大的作用是树立企业的形象,建立产品或服务的公信力,提升客户的信任度。公信力建立起来了,广告的效果就好体现了,也就是所谓的转化率提高了。再多的广告只是能让客户知道有这么一个东西,但是这个东西是不是好,怎么个好法,适合怎么样的人群,那得靠新闻软文一点一点地发掘,往客户的心里去写,想他们之所想,急客户之所急,客户自然会心动。

(四) 网络新闻营销的优势

随着广告的发展,出现了隐性广告。软文写作作为隐性广告的一种形式,被更多的企业所接受。新闻稿写作是软文写作的一种独特的模式,它的特点在于语言的客观性和真实性,也正是由于这一特点,让越来越多的企业开始选择这一宣传形式,进行企业形象宣传。网络新闻营销具有新闻的四大优势。

1. 网络新闻营销具有真实性

网络新闻体现了新闻报道的宗旨,在新闻稿的写作过程中,作者应站在旁观者的角度,客观的进行写作,不能带有任何主观色彩。就这点而言,要求作者有足够的理性和主见重述事实。

2. 网络新闻营销具有时效性

时效性是指信息的新旧程度、行情的最新动态和进展。只有新鲜出炉的新闻才是最具有价值的新闻,新闻稿写作的语言可以不华丽,情感可以不丰富,但一定要保证内容的新鲜,对新闻稿可以用海鲜的"鲜"比喻新闻的"效"。

3. 网络新闻营销具有准确性

任何一篇新闻稿件所描述的内容、概况,以及文章所包含的数字,都必须是准确无误的,不能有任何的人为修改。如果说时效性是对海鲜"鲜"的理解,那么,准确性就是对海鲜品种的判别。

4. 网络新闻营销具有简明性

在新闻稿撰写过程中,语言要简洁明了,不能过于累赘,只要能把事件交代清楚即可,不需要做过多的深入分析。

二、搜索引擎营销

(一) 什么是搜索引擎营销

搜索引擎营销(Search Engine Marketing)是最主要的网站推广手段之一,尤其基于自然搜索结果的搜索引擎推广,到目前为止仍然是免费的,因此受到众多中小网站的重视,搜索引擎营销方法也成为网络营销方法体系的主要组成部分。

随着搜索引擎算法和服务方式（专业图片、视频搜索引擎）等的出现，搜索引擎搜索的内容不断增加。拿 Google 来说，有图片、视频、博客、资讯等等，所以针对搜索引擎所做的营销活动，也应该相应增加内容。过去讲到搜索引擎营销，指的就是竞价排名和第一次提及。搜索引擎营销应该增加更多的内容，如 SEO 服务（搜索引擎优化）。SEO 服务主要是网页 SEO，帮助做到网页搜索时排名靠前，获取自然排名和流量。搜索引擎所提供的地图和导航访问，也可以考虑如何进行搜索引擎优化。

（二）搜索引擎营销的步骤

（1）了解产品/服务针对哪些用户群体。
（2）了解目标群体的搜索习惯，如目标群体习惯使用什么关键词搜索目标产品。
（3）目标群体经常会访问哪些类型的网站。
（4）分析目标用户最关注产品的哪些特性，分析影响用户购买的主要特性，如品牌、价格、性能、可扩展性、服务优势等。
（5）竞价广告账户及广告组规划。创建谷歌及百度的广告系列及广告组，需要考虑管理的便捷，以及广告文案与广告组下关键词的相关性。
（6）相关关键词的选择。可以借助谷歌关键词分析工具、百度竞价后台的关键词分析工具，这些工具都是根据用户搜索数据为基础的，具有很高的参考价值。
（7）撰写有吸引力的广告文案。
（8）内容网络广告投放。
（9）目标广告页面的设计。
（10）基于 KPI 广告效果转换评估。

（三）搜索引擎营销模式

企业对搜索营销越来越重视。国内企业使用搜索引擎营销模式大致分为搜索推广、网盟推广、品牌专区、搜索引擎优化四种。

搜索推广是一种按照效果付费的网络推广方式。

网盟推广是联合众多优质网站共同作为推广平台。

品牌专区是在网页搜索结果最上方为品牌企业量身定制一个资讯发布平台，是一种整合文字、图片、视频等多种展现结果创新的搜索模式。

搜索引擎优化是通过了解各类搜索引擎如何抓取互联网页面、如何进行索引以及如何确定对某一特定关键词的搜索结果排名等技术，对网页进行优化，提高在搜索结果页的排名，从而提高网页访问量，最终提高网站的销售能力或宣传能力。搜索引擎优化不仅可以让企业网站在搜索引擎上有良好表现，而且可以让企业网站与用户沟通取得良好效果。

搜索引擎推广是基于网站内容的推广——这就是搜索引擎营销的核心思想。因为网站内容本身也是一种有效的网站推广手段，只是这种推广需要借助于搜索引擎这个信息检索工具，因此网站内容推广策略实际上也就是搜索引擎推广策略的具体应用。

首先，要进行网站优化。网站优化所考虑的因素不仅仅是搜索引擎，也包括充分满足用户的需求特征、清晰的网站导航、完善的在线帮助等，在此基础上使得网站功能和信息发挥最好的效果。也就是以企业网站为基础，与网络服务商（如搜索引擎等）、合作伙伴、顾客、供应商、销售商等网络营销环境中各方面因素建立良好的关系。搜索引擎会将站点彼此间的内容做一些相关性的数据比对，然后再由浏览器将这些内容以最快速且接近最完整的方式，呈现给搜索者。

其次，将网站提交到搜索引擎。网站被优化后，就可以提交到搜索引擎了。有数千个搜索引擎，其中真正重要的只有很少一部分。这些搜索引擎为其他搜索引擎、门户网站、公司网站提供搜索结果，关键是要在这些搜索引擎上有好的排名。虽然这些搜索引擎中有一些允许用软件自动提交新的网站，但是在越来越多的情况下，手工提交才有可能保证提交成功。所有主要的目录都要求细致的手工提交。

最后，跟踪目标关键词的排名。根据服务器日志分析访问者来自于哪些搜索引擎，用的何种关键词，相应调整网页代码和内容；计算点击收费广告的投资收益率，评价其效果好坏。实际上，搜索结果永远处于激烈的竞争之中。

三、网络事件营销

（一）网络事件营销的概念

网络事件营销（Internet Event Marketing）是指企业通过策划、组织和利用具有新闻价值以及名人效应的人物或事件，以网络为传播载体，吸引媒体、社会团体和消费者的兴趣与关注，以求建立、提高企业或产品的知名度、美誉度，树立良好品牌形象并最终促成产品或服务的销售的手段和方式。

网络事件营销已经是国内外企业在品牌行销过程中经常采用的一种公关传播与市场营销推广的手段了。企业通过精心策划、实施可以让公众直接参与并享受乐趣的事件，并通过这样的事件达到吸引或转移公众注意力，改善、增进与公众的关系，塑造企业、组织良好的形象，以谋求企业的长久、持续发展的营销传播活动。

（二）网络事件营销的基本技能

随着网络互动技术的发展和越来越多的社会热点从网络上爆发，企业正在尝试或者已经利用互联网和消费者进行多种形式的互动，并开展网络事件营销，即组织和利用具有名人效应、新闻价值以及社会影响的人物或事件，引起媒体、社会团体和消费者的兴趣与关注。简言之，网络事件营销就是通过把握新闻的规律，制造具有新闻价值的事件，并通过具体的操作，让这一新闻事件得以传播，从而达到广告的效果。

网络事件营销者应具备以下的基本技能。

1. 丰富的知识储备

进行事件营销，策划者或组织者需要在经济、人文、历史、法律等各方面有所涉猎。对设计判断网络话题能力要求等同于新闻记者，并要时刻保持政治敏锐性，对网络话题的设计不能触犯底线，既要勇敢出击又要能够把握全局，能够从企业、产品、需求以及网友等多重角度中转换工作职能，甚至能够从网友的跟帖中找到灵感和思路，以此突破话题方向。

2. 准确的甄别能力

当前,随着互联网用户的增长,用户成分复杂,利益趋于多元化。SNS、微博等新的沟通工具的出现,网络氛围及话语权已经从精英转移到草根层面,从娱乐需求转向多元利益诉求。一个不起眼的小人物及一个不起眼的小帖子,也能引起轩然大波。据CNNIC报告,2014年我国移动互联网用户数量已达到8.38亿,网络用户可分为政治利益诉求、情感利益诉求以及经济利益诉求等多种心态。

3. 高度的职业敏感

受关注的话题越来越同质化。新浪网总编辑陈彤认为:网络新闻是一种极其容易腐烂的物品。抢时间,抓内容品质是话题保鲜的最好方法。但信息传播借助科技手段,产品更新换代速度迅猛,覆盖群体纵深发展,网站竞争激烈。新闻传播方式已经发生改变,单向传播路径已经发生改变。每一个人的面前都有一个麦克风,大家都是无冕之王。因此,需要时刻保持高度职业敏感性,要在最早最短时间内寻找到最有爆发力的新闻事件,迅速植入客户产品和品牌信息。如2008年汶川地震后王老吉的亿元捐款,就是抓住了一个千载难逢的机会。

4. 培养网络感觉

很多策划者还处在闭门造车的阶段,只会拍脑门进行方案的撰写,却从来不泡论坛,也不写博客。天涯社区总裁邢明说:没有网恋就没有网感。网络感觉需要随时随地进行培养。这种感觉在一定程度上犹如评估一条普通新闻对于网友潜意识的冲击,及网友面对此新闻的第一感觉。网络感觉和新闻素养是一个网络公关从业者谋生的手段。一个新闻工作者一定要具备杂文家的素质,能够从新闻背后挑出骨头,能够看出新闻背后的话题,做好新闻延续报道及深度报道。针对话题炒作,抛出话题仅仅是开端,后续的修剪非常重要,如果没有良好的网感素质,在话题的延续和品牌信息的衔接上就会存在很大难度。

5. 钻研网络世界

百度搜索风云榜、百度新闻关键词,必定代表着当天互联网上最热的事件。我们不仅需要经常访问天涯和猫扑,而且需要经常去灌水,发表看法,一定要成为这些网站的资深用户;要去新浪、搜狐、网易和腾讯的博客看看大家都在写什么,同时自己也试着每周写两到三篇;订阅《华尔街日报》、《联合早报》、《金融时报》和《财经》的新闻,看看这些新锐媒体都在讨论什么,他们的专业文章是怎么写出来的。对于任何一个网络热点事件,要及时进行跟踪。

(三) 网络事件营销的主要方法

1. 情绪感染法

当前社会正处于矛盾频发阶段,消费者日益增长的物质文化需求和落后的生产力以及信息不对称而产生的话题,容易引起网络人群的极大关注。民生类、情感类、励志类等话题最容易引起网民共鸣。网络平台自身的优势在于传播话题的多样性,一段视频、一篇微博,甚至几个字,均能够在互联网上引起轩然大波。

利用美伊战争赚了一回的统一润滑油不仅进入了公众的视野，而且还在众多的消费者心目中有了一个清晰的定位：为减少摩擦而努力！它是怎么做到的呢？原来统一润滑油在报道美伊战争的节目中打出了"多一点润滑，少一点摩擦"宣传语，并在互联网就该话题进行了大量传播，没有多余的解说和图景，和中央电视台反战宣传的语调高度一致，充分利用网民的反战情绪，吸引网民参与话题讨论，使其形象迅速深入人心。

2．"超女"营销法

千篇一律的线上活动缺乏网民深度参与，活动组织者不得不投放大量的广告甚至注册虚假账号来敷衍雇主需求。组织者过分注重页面的设计和主题的策划，并没有对活动进行包装和传播，也就是说只有开头没有过程，认为只要活动页面上线就可以了，最后只需要做一份漂亮的报告而已。

"超女营销法"是指在线上活动传播过程中，对参与活动的网民进行主动包装或者事先预埋参与选手，有针对性地进行话题炒作，从而达到提升整个活动效果的方法。在早期超女比赛中，事先参赛选手的预埋，活动进程的话题炒作，使得"超级（快乐）女生"成为人人梦想出名的大舞台。

3．草船借箭法

草船借箭法是指在事件传播过程中，要善于学会在适当的时机借助其他热点事件达到产品传播的效果。很多经典的案例，都是借助了别人的力量，达到了良好的传播效果。如借助当前热点事件、借助名人参与、借助专家点评、借助传统媒体引导等等。

北京奥运会期间，全球体育明星和金牌得主成为网络热点词汇的时候，一则名为《赤壁之大学泡妞版》在网络上迅速走红，并占据百度搜索风云榜第三名。该视频短片中植入社交网站"爱情公寓"，吸引大量网友的关注与转载，并成为仅次于奥运会的网络热点事件。由于该视频标注是上集，所以众多网友开始期待下集，或许是策划方并未想到能引起这么大的轰动效应和鉴于制作事件的问题，下集迟迟未能公布，而在该视频发布第三天，另一则名为《赤壁之风行版》在网上公开发布，效果不亚于泡妞版的转载率和传播率，其中植入了"风行电影"。原来，风行网站的市场部在看到泡妞版风靡互联网的时候，利用下集未发布的空隙，制作了风行版的视频短片。这正是借助了网络热点关注词汇，利用别人的力量轻松进行了自身产品的传播。

4．概念带动法

企业在传播一个产品的时候，都希望一夜走红，但网络的不可预见性使得众多企业组织者对事件营销望而止步。但概念带动法新的传播方式正在被越来越多的企业尝试。概念带动法开始为自己的产品或服务创造一种"新概念"、"新潮流"。就像全世界都知道第一个造出飞机的是莱特兄弟一样；理论市场和产品市场同时启动，先推广一种观念，有了观念，市场慢慢就会做好。互联网无疑提供了一个良好的平台，从早期的农夫山泉的天然水，到联想彪悍的小Y，诸如蚂蚁族、奔奔族、时彩族，都是先概念、后产品或者概念产品同步推广的经典案例。

"时彩族"指的是一群有着相同爱好的网友，通过网络联络他们所从事的各种各样的工作，其中多数为公司白领，他们利用工作闲暇时间干着同样的事情，聊着同样的话题，也通过网络购买可以时时开奖的彩票等，除了调节工作状态，也可以算是一种赚取外快的好方法。但因为这个彩票玩法很多,中奖概率比较高,游戏性很强,让一些白领把手头的工作放到了一边,严重影响办公效率。时彩族们经常聚集在第一视频、博弈网出现,网络是他们沟通交流的主要渠道,告别了社交网站的插件游戏,他们不再把采菜当作自己的任务,而是另外开辟了一个新的天地,通过网络进行小投资。其实,时彩族是第一视频为了推广自己的彩票网站而进行的概念炒作,该案例的成功之处就是充分对概念进行前期渲染,不仅打造一个全新的概念,还将需要传播的产品进行了有效的结合。

网络事件营销的方法关键在于各种素材的融合以及有效的传播控制,犹如照顾自己的孩子一样传播一个公共事件,不仅能达到客户的传播预期,更能提高自身的成就感。

四、博客营销

(一) 什么是博客营销

博客是一种网络日记的内容,通常是公开发表自己的网络日记,也可以阅读别人的网络日记,因此博客可以理解为一种个人思想、观点、知识等在互联网上的共享。由此可见,博客具有知识性、自主性、共享性等基本特征,正是博客这种性质决定了博客营销是一种基于包括思想、体验等表现形式的个人知识资源,它通过网络形式传递信息。

博客营销是利用博客这种网络应用形式开展网络营销的工具。公司、企业或者个人利用博客这种网络交互性平台,发布并更新企业、公司或个人的相关概况及信息,并且密切关注并及时回复平台上客户对于企业或个人的相关疑问以及咨询,并通过较强的博客平台帮助企业或公司零成本获得搜索引擎的较前排位,以达到宣传目的的营销手段。

与博客营销相关的概念还有企业博客、职业博客、营销博客等,这些也都是从博客具体应用的角度来描述,主要区别那些出于个人兴趣甚至个人隐私为内容的个人博客。其实无论叫企业博客也好还是营销博客也好,一般来说博客都是个人行为(当然也不排除有某个公司集体写作同一博客主题的可能),只不过在写作内容和出发点方面有所区别:企业博客或者营销博客具有明确的企业营销目的,博客文章中或多或少会带有企业营销的色彩。

(二) 博客营销的基本方法

博客的作用与商业价值是建立在一个博客运作成功的基础之上的,试想,如果你的博客粉丝寥寥,关注者非常少,怎么可能达到效果呢。

博客营销有以下几种基本方法:

(1) 简短明了的博客介绍。简短明了的博客介绍可以让访问者清楚地知道你的网站或博客的类型。一般而言,大致有以下三部分内容:第一部分,网站的目标,即网站的主题内容。比如深圳互联创业博客在刚建站时写的一篇介绍:"深圳互联创业博客,是一个以外贸 B2C 网站建设优化推广为主的博客,其目标就是……"。第二部分,网站主的介绍。大致的内容就是我是谁、我现在的职业等,当然也可以更加详细点。第三部分,联系方式和网站说明。这一部分是很重要的,这样读者或访问者可以和你联系,提出意见和自己的想法。

（2）博文求质量而不求数量。访问者访问你的网站是想从你的网站里面得到他们想得到的东西或信息，他们第一次来访你的网站大部分是通过搜索引擎如谷歌等，才知道有这么个网站，所以你一定要珍惜这个机会，有时候即使是同一件事，他们已经在别的网站获知了，但是读者更想知道博主的个人想法，而不是别人说什么，某某网站说了什么，有了想法还要记得定时更新。如果你每一天或每一周都更新，同时又发表不同的看法，访问者就会觉得耳目一新，那么你想没客户都难！

（3）偶尔能带有娱乐（幽默色彩）方式去陈述同一件事。幽默而娱乐的方式能吸引来访者，使访客不会觉得乏味，因为你总能给他们带来惊喜。因此，博主要善于以娱乐的方式给用户带来惊喜，陈述自己对于最近发生事情的想法。

（4）思路清晰，让读者在最短时间知道你要说什么。当读者看到你的博文时不要发现错别字或重复的句子。

（5）每篇博文能做到表达正确、清楚、简单。博客并不是以博主为主角，读者应该是主角，有流量才是王道。博主写出来的文章是给用户看的，是给用户来打分的，所以能以最简单的方式表达博主意思的，就应该最简单的表达。

（6）加强和访客之间的交流。对用户的留言能做到及时的回复，建立一个能时时交流的论坛，对用户的建议要细心考虑，对于不足的要加以改进。

根据一些网络营销策划机构多年的实际操作经验，要经营好一个企业博客营销需要做到以下三点：

第一，强化互动性。博客的魅力在于互动，拥有一群不说话的粉丝是很危险的，因为他们慢慢会变成不看你内容的粉丝，最后更可能是离开。因此，互动性是使博客持续发展的关键。第一个应该注意的问题就是，企业宣传信息不能超过博客信息的10%，最佳比例是3%～5%。更多的信息应该融入粉丝感兴趣的内容之中。

第二，提高博客专业化水平。企业博客定位专一很重要，但是专业更重要。同市场竞争一样，只有专业才可能超越对手，持续吸引关注目光，专业是一个企业博客重要的竞争力指标。博客不是企业的装饰品，如果不能做到专业，只是流于平庸，倒不如不去建设企业博客，因为作为一个"零距离"接触的交流平台，负面的信息与不良的用户体验很容易迅速传播开，并为企业带来不利的影响。

第三，注重方法与技巧。很多人认为，博客就是短信，就是随笔，的确如此；但是对于一个企业博客来说，就不能如此，担当这样使命的企业博客在经营上自然也更困难与复杂。

企业可以在多个人气旺的博客网站同时开博，比如新浪、搜狐、网易、腾讯等，而后一份博文稿可以分别发在各博客上，这样可以大大提高传播效率，摊薄经管成本。

（三）博客营销的优势

1. 细分程度高，广告定向准确

博客是个人网上出版物，拥有其个性化的分类属性，因而每个博客都有其不同的受众群体，其读者也往往是一群特定的人，细分的程度远远超过了其他形式的媒体。而细分程度越高,广告的定向性就越准。

2. 互动传播性强,信任程度高,口碑效应好

博客在我们的广告营销环节中同时扮演了两个角色,既是媒体(blog)又是人(blogger),既是广播式的传播渠道又是受众群体,能够很好地把媒体传播和人际传播结合起来,通过博客与博客之间的网状联系扩散开去,放大传播效应。

每个博客都拥有一个相同兴趣爱好的博客圈子,而且在这个圈子内部的博客之间的相互影响力很大,可信程度相对较高,朋友之间互动传播性也非常强,因此可创造的口碑效应和品牌价值非常大。虽然单个博客的流量绝对值不一定很大,但是受众群明确,针对性非常强,单位受众的广告价值自然就比较高,所能创造的品牌价值远非传统方式的广告所能比拟。

3. 影响力大,引导网络舆论潮流

随着网络多起博客门事件的陆续发生,证实了博客作为高端人群所形成的评论意见影响面和影响力度越来越大,博客渐渐成为网民们的"意见领袖",引导着网民舆论潮流,他们所发表的评价和意见会在极短时间内在互联网上迅速传播开来,对企业品牌造成巨大影响。

4. 大大降低传播成本

口碑营销的成本由于主要仅集中于教育和刺激小部分传播样本人群上,即教育、开发口碑意见领袖,因此成本比面对大众的其他广告形式要低得多,且结果也往往能事半功倍。

如果企业在营销产品的过程中巧妙地利用口碑的作用,必定会达到很多常规广告所不能达到的效果。例如,博客规模赢利和传统行业营销方式创新,都是现下社会热点议题之一,因而广告客户通过博客口碑营销不仅可以获得显著的广告效果,而且还会因大胆利用互联网新媒体进行营销创新而吸引更大范围的社会人群、营销业界的高度关注,引发各大媒体的热点报道,这种广告效果必将远远大于单纯的广告投入。

五、网络社区营销

(一)什么是网络社区营销

网络社区,是指包括 BBS 或论坛、讨论组、聊天室、博客等形式在内的网上交流空间,是由网站所提供的虚拟频道,让网民产生互动、情感维系及资讯分享。同一主题的网络社区集中了具有共同兴趣的访问者,由于有众多用户的参与,不仅具备交流的功能,实际上也成为一种营销场所。社区把具有共同兴趣的访问者集中到一个虚拟空间,达到成员相互沟通的目的,从而达到商品的营销效果。网络社区主要包括综合性的社区和专业性的社区,专业性的社区分为自己建设网络社区和通过其他网站的专业社区。如新浪网的社区内容囊括了社会生活的方方面面,而阿里巴巴的内容定位是网上商人。

网络社区营销,是网络营销的主要营销手段之一,从网站经营者的角度来看,网络社区经营成功,不仅可以带来稳定及更多的流量,增加广告收入,注册会员,更能借此拥有独立的资讯存放与讨论空间,由于其会员多、人气旺,还给社区营造就了良好的场所。

(二) 网络社区营销分类

网络社区营销主要有两种形式：一是利用其他网站的社区，二是利用自己网站的社区。论坛（或BBS）是一个非常有用的场所，你可以了解别人的观点，同时可以帮助他人或者向他人求助，论坛一般都有特定的讨论主题，经常参加论坛的人可能有电子杂志的编辑、企业家、管理人员，以及对某些话题感兴趣的任何人。如果你对某个问题有疑惑，不妨到相关的论坛去看看，说不定有人可以给你提供答案。另外，有些论坛设有专门的广告免费发布区，可以充分利用这些机会宣传自己的产品，也可以参与一些和自己的产品有关的问题的讨论，通过和别人讨论或解答问题，达到间接推广产品的目的。但是，应该尽量避免在非商业性社区内大做广告，否则会招致别人的厌烦甚至被驱逐出去。

网络社区按照功能不同可以大致分为市场型、服务型、销售型社区三类。

市场型社区的产品主要是 B2C（business to customer）的产品，尤其是针对"80后"的企业适合建立市场型网络社区，比如索尼和可口可乐。因为消费受众追求生活和文化，而不是某一个产品。就目前看来这样的企业使命是文化传播和市场推广。

第二类服务型社区主要是提供专业售后服务和技术支持。如西门子的社区，拥有本地化工程师的网上服务支持。

第三类购买型社区目前成功的很少，消费者越来越理性，到了社区只会浏览售前讨论和售后评论，不太会留言，这样就不利于企业辨别用户需求和购买意向。因此，企业网络社区销售功能普遍很难推进。

(三) 网络社区的作用

网络社区主要有如下作用：

（1）可以与访问者直接沟通，容易得到访问者的信任。如果你的网站是商业性的，你可以了解客户对产品或服务的意见，访问者很可能通过和你的交流而成为真正的客户，因为人们更愿意从了解的商店或公司购买产品；如果是学术性的站点，则可以方便地了解同行的观点，收集有用的信息，并有可能给自己带来启发。

（2）参加讨论或聊天。人们愿意重复访问你的网站，因为那里是志趣相投者场所，除了相互介绍各自的观点之外，一些有争议的问题也可以在此进行讨论。

（3）作为一种顾客服务的工具。利用BBS或聊天室等形式在线回答顾客的问题。作为实时顾客服务工具，聊天室的作用已经得到用户认可。

（4）可以与那些没有建立自己社区的网站合作，允许使用自己的论坛和聊天室，当然，那些网站必须为进入你的社区建立链接和介绍，这种免费宣传机会很有价值。

（5）建立了论坛或聊天室之后，可以在相关的分类目录或搜索引擎登记，有利于更多人发现你的网站，也可以与同类的社区建立互惠链接。

（6）方便进行在线调查。无论是进行市场调研，还是对某些热点问题进行调查，在线调查都是一种高效廉价的手段。在主页或相关网页设置一个在线调查表是通常的做法,然而对多数访问者来说,由于占用额外的时间,大都不愿参与调查,即使提供某种奖励措施,参与的人数可能仍然不多。如果充分利用论坛和聊天室的功能,主动、热情地邀请访问者或会员参与调查,参与者的比例一定会大幅增加;同时,通过收集 BBS 上顾客的留言也可以了解到一些关于产品和服务的反馈意见。

(四) 网络社区宣传策略

网络社区宣传虽然要花费精力,但是效果非常好。网络社区宣传要选择自己潜在客户经常活动的网络社区,或者人气比较好的网络社区。网络社区宣传要注意以下几个策略:

(1) 不要直接发广告。这样的帖子很容易被当作广告贴被删除。

(2) 用好头像和签名。头像可以专门设计一个,宣传自己的品牌;签名可以加入自己网站的介绍和连接。

(3) 发帖要求质量第一。发帖不在乎数量多少,发的地方多少,而帖子的质量特别重要。发帖关键是为了让更多的人看,变相地宣传自己的网站,所以追求的是最终流量。所以发高质量的帖子,专注一点,可以花费较小的精力,获得较好的效果。

(4) 适当托一把。在论坛,有时候为了帖子的气氛、人气,你也可以适当地找个托,也可以自己注册两个账号互相托。

网络社区有能力成为一个真正意义上的聚会的场所,在大多数情况下,可以取代人们在现实生活中的聚会场所。随着网络速度的提高,更多的用户开始全新的上网体验,轻松方便的电子商务通过口碑的力量进行大规模的网络营销,会员会在整个过程中努力创建个人及专业的伙伴关系。成功的网络社区甚至会将网下的现有的各种规模的社团加入其中。

六、网络视频营销

(一) 什么是网络视频营销

网络视频营销,是指通过数码技术将产品营销现场实时视频图像信号和企业形象视频信号传输至 Internet 网上。企业将各种视频短片以各种形式放到互联网上,达到一定宣传目的的营销手段。网络视频广告的形式类似于电视视频短片,平台却在互联网上。"视频"与"互联网"的结合,让这种创新营销形式具备了两者的优点。

网络视频营销发展的三大趋势:一是品牌视频化。很多广告主将品牌广告通过视频展现出来,这个趋势非常明显。很多广告客户都希望通过视频营销方式,把自己品牌展现出来。二是视频网络化,这个发展已经成为一种趋势了。三是广告内容化,大家知道我们看电视的时候,一发现广告就拿遥控器调台了,不想看了,因为大家知道这是广告,如果我们发现一个广告成为一个电视节目或电视节目的一个重要组成元素的时候,或者成为一个剧情纽带的时候,大家就愿意去看了。它的一种主要方式是植入式广告。经常看到一些大片,包括冯小刚导演的影片里,会有一些广告穿插在里面,这就是广告的内容化。广告内容化已经成为一种新的营销趋势了。

（二）网络视频营销方式

网络视频营销方式是指"视频"与"互联网"的结合，让这种创新营销形式具备了两者的优点。它具有电视短片的种种特征，如感染力强、形式内容多样等等；同时又具有互联网营销的优势，如互动性、主动传播性、传播速度快、成本低廉等。可以说，网络视频营销方式，是将电视广告与互联网营销两者"宠爱"集于一身。

1. 网络视频直播

将电视直播手段与互联网视频系统相结合的一种传媒或宣传手段，主要由下列元素组成：一是音视频编码工具。用于创建、捕捉和编辑多媒体数据，形成流媒体格式，这可以由音视频编码工作站、音视频切换器、摄像设备组成。二是流媒体软件与数据。流媒体服务器软件系统、编码软件，还有文件格式如 WMV、ASF 等视频流。三是视频服务器网络主机。用于安装流媒体系统，并且存放和控制流媒体的数据。四是接入网络。主要是直播现场网络接入。五是播放端，就是供客户浏览的端口。该端口可以是网络播放器，也可以是网站页面，也可以是户外 LED 视频显示器。

2. 网络流媒体系统

（1）微软的 WMS 流媒体系统（Windows Media Services）。文件格式为 ASF（Advanced Stream Format），文件后缀为 . ASF 和 . wmv，对应的客户端播放器是"Media Player"。其适用于视频点播与直播，且与 P2P 技术容易结合。

（2）Real Networks 公司的 Real Server、Helix Server 流媒体系统。对应的客户端播放器是 Real Player 或 Real One Player，它的文件格式包括 Real Audio、Real Video 和 Real Flash 三类文件。其适用于视频点播与直播，且与 P2P 技术容易结合。

（3）苹果公司的 QuickTime Streaming Server。Darwin Streaming Server 流媒体系统，这类文件扩展名通常是 . mov，它所对应的播放器是"QuickTime"。

（4）Adobe 公司 FMS 流媒体系统，即 Flash Media Server，它已成为视频和实时通信领域业界领先的解决方案，与 Adobe Flash Player 运行时紧密集成，几乎横跨所有操作系统和屏幕，文件格式是 Flv。其优点是占用缓存与带宽小，用于视频分享，缺点是不能运用 P2P 技术。

（三）网络视频营销策略

1. 网民自创策略

中国网民的创造性是无穷的，在视频网站，网民们不再被动接收各类信息，而是能自制短片，并喜欢上传并和别人分享。除浏览和上传之外，网民还可以通过回帖就某个视频发表己见，并给它评分。因此，企业完全可以把广告片以及一些有关品牌的元素、新产品信息等放到视频平台上来吸引网民的参与。例如，向网友征集视频广告短片，对一些新产品进行评价等等，这样不仅可以让网友有收入的机会，同时也是非常好的宣传机会。

2. 病毒营销策略

视频营销的厉害之处在于传播精准，首先会使人产生兴趣，关注视频，再由关注者变为传播分享者,而被传播对象势必是有着和他一样特征兴趣的人,这一系列的过程就是在目标消费者精准筛选传播。网民看到一些经典的、有趣的、轻松的视频总是愿意主动去传播,通过受众主动自发地传播企业品牌信息,视频就会带着企业的信息像病毒一样在互联网上扩散。病毒营销的关键在于企业需要有好的、有价值的视频内容,然后寻找到一些易感人群或者意见领袖帮助传播。

3. 事件营销策略

事件营销一直是线下活动的热点,国内很多品牌都依靠事件营销取得了成功。其实,策划有影响力的事件、编制一个有意思的故事,并将这个事件拍摄成视频,是一种非常好的方式,而且,有事件内容的视频更容易被网民传播,将事件营销思路放到视频营销上将会开辟出新的营销价值。

4. 整合传播策略

由于每一个用户的媒介和互联网接触行为习惯不同,这使得单一的视频传播很难有好的效果。视频营销首先需要在公司的网站上开辟专区,吸引目标客户的关注;其次,应该跟主流的门户、视频网站合作,提升视频的影响力;最后,对于互联网的用户来说,线下活动和线下参与也是重要的一部分,因此通过互联网上的视频营销,整合线下的活动、线下的媒体等进行品牌传播。

七、SNS 营销

(一) 什么是 SNS 营销

SNS 网站全称 Social Network Site,即"社交网站"或"社交网"。SNS 营销是指利用 SNS 网站的分享和共享功能,在六维理论的基础上实现的一种营销。通过病毒式传播的手段,让推销产品被众多的人知道。

(二) SNS 营销的特点

1. 资源丰富

无论是综合的 SNS 还是垂直的 SNS 都没有特定的用户群体,其中的人员分布很广泛,全国各地的、各行各业的都有,所以这就给 SNS 网站以无限的资源,由广大用户在使用中慢慢帮助 SNS 网站积累资源,即积累用户。

2. 用户依赖性高

由于 SNS 网站积累了较多的资源,所以,SNS 用户可以更容易地在网站上找到自己想要的,比如,有些人希望找老乡、找些自己喜欢的东西,通过其他用户提供的资源可以解决这个问题。又如,有些在 SNS 认识了一些志同道合的人,所以每天都想上去交流一番。这样逐渐地形成了一定的用户群体,并有较高的用户黏度。

3. 互动性极强

SNS 网站虽然不是即时通讯工具,但是它的即时通讯效果也是很好的。还有可以写一些消息发给好友,这是极其方便的工具。在 SNS 网站人们可以就自己喜欢的、当下热点的话题进行讨论;可以发起一些投票,发出一些问题,调动所有人的智慧。

4. SNS 网站价值大

丰富的资源是 SNS 的最大价值。用户可以分为好多种,有人是想通过 SNS 来多认识些朋友,有人是想通过在 SNS 上发软文来推广自己的网站,有些人是想写写日志来交到更多志同道合的朋友,有人是想利用 SNS 的丰富人脉找到工作,等等。这些都体现了 SNS 网站的价值所在。

(三) SNS 营销策略

SNS 在情感表达方面比其他的营销手段更加丰富多彩,是一种更加容易增加亲密度的工具。开展 SNS 营销有以下几方面的策略。

1. 了解每个社区的特性

每个社区都会有自己的特点,包括风格、氛围等。要在某个社区做营销,一定要先去了解这个社区的特性是怎么样的,明白什么样的话题能在社区当中能被很好地传播,用户对什么信息反感,等等。当对这些社区的特性有了足够的了解之后,你才可以做针对性的分享,也才能保证你的分享能够得到比较好的传播。

2. 账户的名称要与传播的品牌相呼应

你的账户名称就是你在这个社区里面的名片,你在社区当中进行分享、参与的时候也正是你的名片被传播的过程,所以你的账户名称一定是要能够代表你的品牌,这样你的品牌才能够伴随之被传播。

3. 创建属于你的品牌群组

很多 SNS 社区都是提供了群组板块,比如说豆瓣、蘑菇街等等,这里也建议大家在 SNS 社区进行营销的时候最好选择具有群组模块的社区,因为小组是可以累积到同兴趣的用户的,也会有很多意见领袖的存在,小组是营销的很好资源。

营销人员需要培养属于自己的品牌群组,通过活动的形式添加小组的人气,有了属于自己的品牌群组之后,这个小组的组员都会是你传播品牌最好的渠道。同时,随着你品牌小组的人气的不断上升,你的品牌在整个社区当中的影响力就会得到展现,从而会有更多的人了解到你的品牌,并形成良性循环。

4. 多接触超级用户

任何社区里面都会有一些非常受到关注的用户,我们称之为超级用户,这些用户是营销人员必须去接触的,如果能够得到他们的帮助,品牌传播会非常迅速。接触他们的方式要先了解他们的兴趣点,通过同兴趣的话题来吸引他们的注意力,最好是经常更新他们所关注领域的最新资讯,他们会很愿意去转载给他们的粉丝,这样营销人员与他们的关系就会变得非常的紧密。之后你再对他们进行营销,成功率就会高出很多。

此外,由于现在做 SNS 社区营销的很多,作为社区的普通用户来说,对于很多的营销、广告都有了相当的判断力,所以大众化的营销手段是很难取得效果的,需要进行创新,多思考更新的营销思路。

（四）SNS 营销优势

1. SNS 营销可以满足企业不同的营销策略

作为一个不断创新和发展的营销模式，越来越多的企业尝试着在 SNS 网站上施展拳脚，无论是开展各种各样的线上的活动（如悦活品牌的种植大赛、伊利舒化奶的开心牧场等）、产品植入（如地产项目的房子植入、手机作为赠送礼品的植入等），还是市场调研（在目标用户集中的城市开展调查了解用户对产品和服务的意见）以及病毒营销等（植入了企业元素的视频或内容可以在用户中像病毒传播一样迅速地被分享和转帖），所有这些都可以在这里实现。因为 SNS 最大的特点就是可以充分展示人与人之间的互动，而这恰恰是一切营销的基础所在。

2. SNS 营销可以有效降低企业的营销成本

SNS 社交网络的"多对多"信息传递模式具有更强的互动性，受到更多人的关注。随着网民网络行为的日益成熟，用户更乐意主动获取信息和分享信息，社区用户显示出高度的参与性、分享性与互动性，SNS 社交网络营销传播的主要媒介是用户，主要方式是"众口相传"，因此与传统广告形式相比，无须大量的广告投入；相反，因为用户的参与性、分享性与互动性的特点很容易加深对一个品牌和产品的认知，容易形成深刻的印象，从媒体价值来分析形成好的传播效果。

3. 可以实现目标用户的精准营销

SNS 社交网络中的用户通常都是认识的朋友，用户注册的数据相对来说都是较真实的，企业在开展网络营销的时候可以很容易对目标受众按照地域、收入状况等进行用户的筛选，来选择哪些是自己的用户，从而有针对性地与这些用户进行宣传和互动。如果企业营销的经费不多，但又希望能够获得一个比较好的效果时候，可以只针对部分区域开展营销，例如只针对北京、上海、广州的用户开展线上活动，从而实现目标用户的精准营销。

4. SNS 营销是真正符合网络用户需求的营销方式

SNS 社交网络营销模式的迅速发展恰恰是符合了网络用户的真实需求，参与、分享和互动，它代表了网络用户的特点，也是符合网络营销发展的新趋势，没有任何一个媒体能够把人与人之间的关系拉得如此紧密。无论是朋友的一篇日记、推荐的一个视频、参与的一个活动还是朋友新结识的朋友，都会让人们在第一时间及时地了解和关注到身边朋友们的动态，并与他们分享感受。只有符合网络用户需求的营销模式才能在网络营销中帮助企业发挥更大的作用。

八、网络广告营销

网络广告营销是指利用网站上的广告横幅、文本链接、多媒体的方法，在互联网刊登或发布广告，通过网络传递到互联网用户的一种高科技广告营销方式。

与传统的四大传播媒体（报纸、杂志、电视、广播）广告及户外广告相比，网络广告营销具有得天独厚的优势，是实施现代营销媒体战略的重要部分。

（一）网络广告营销的形式

（1）横幅广告。横幅广告又称旗帜广告（Banner），是以 GIF、JPG、Flash 等格式建立的图像文件，定位在网页中大多用来表现广告内容。一般位于网页的最上方或中部，用户注意程度比较高。同时还可使用 Java 等语言使其产生交互性，用 Shockwave 等插件工具增强表现力，是经典的网络广告形式。

（2）竖幅广告。竖幅广告一般位于网页的两侧，广告面积较大，较狭窄，能够展示较多的广告内容。

（3）文本链接广告。文本链接广告是以一排文字作为一个广告，点击链接可以进入相应的广告页面。这是一种对浏览者干扰最少，却较为有效的网络广告形式。有时候，最简单的广告形式效果却最好。

（4）按钮广告。按钮广告一般位于页面两侧，根据页面设置有不同的规格，动态展示客户要求的各种广告效果。

（5）浮动广告。浮动广告在页面中随机或按照特定路径飞行。

（6）插播式广告（弹出式广告）。访客在请求登录网页时强制插入一个广告页面或弹出广告窗口。它们有点类似电视广告，都是打断正常节目的播放，强迫观看。插播式广告有各种尺寸，有全屏的也有小窗口的，而且互动的程度也不同，从静态的到全部动态的都有。

（7）Rich Media。一般指使用浏览器插件或其他脚本语言、Java 语言等编写的具有复杂视觉效果和交互功能的网络广告。这些效果的使用是否有效，一方面取决于站点的服务器端设置，另一方面取决于访问者浏览器是否能查看。一般来说，Rich Media 能表现更多、更精彩的广告内容。

（8）其他新型广告。如视频广告、路演广告、巨幅连播广告、翻页广告、祝贺广告、论坛板块广告等。

（二）网络广告营销常用计费方式

（1）CPM（Cost per Thousand Impressions）：按每 1000 次广告展示进行计费。

（2）CPC（Cost per Click）：每点击成本，以点击一次广告进行计费。

（3）CPA 广告（Cost per Action）：每行动成本，按广告投放实际效果计费。

（4）CPR（Cost Per Response）：每回应成本，以浏览者的每一个回应计费。

（5）CPS（Cost Per Sale）：以实际销售产品数量来计费。

（6）CPP（Cost Per Purchase）：每购买成本，按产品购买行为进行计费。

（7）CPL（Cost Per Leads）：以搜索潜在客户名单多少来计费。

（三）网络广告营销的功能

（1）品牌推广。网络广告最主要的效果之一就表现在对企业品牌价值的提升，这也说明了为什么用户浏览而没有点击网络广告同样会在一定时期内产生效果，在所有的网络营销方法中，网络广告的品牌推广价值最为显著。同时，网络广告丰富的表现手段也为更好地展示产品信息和企业形象提供了必要条件。

（2）网站推广。网站推广是网络营销的主要职能，获得尽可能多的有效访问量也是网络营销取得成效的基础，网络广告对于网站推广的作用非常明显，通常出现在网络广告中的"点击这里"按钮就是对网站推广最好的支持，网络广告（如网页上的各种BANNER广告、文字广告等）通常会链接到相关的产品页面或网站首页，用户对于网络广告的每次点击，都意味着为网站带来了访问量的增加。因此，常见的网络广告形式对于网站推广都具有明显的效果，尤其是关键词广告、BANNER广告、电子邮件广告等。推广的方式有很多，一般有付费的推广（如百度付费等）和免付费的推广，也有一些功能特别强大的组合营销软件，可以实现多方位的网络营销，功能特别强大，只需要简单地操作，即可让您的潜在用户通过网络主动找到您，特别方便。

（3）销售促进。用户由于受到各种形式的网络广告吸引而获取产品信息，已成为影响用户购买行为的因素之一，尤其当网络广告与企业网站、网上商店等网络营销手段相结合时，这种产品促销活动的效果更为显著。网络广告对于销售的促进作用不仅表现在直接的在线销售，也表现在通过互联网获取产品信息后对网下销售的促进。

（4）在线调研。网络广告对于在线调研的价值可以表现在多个方面，如对消费者行为的研究、对于在线调查问卷的推广、对于各种网络广告形式和广告效果的测试、用户对于新产品的看法等。通过专业服务商的邮件列表开展在线调查，可以迅速获得特定用户群体的反馈信息，大大提高市场调查的效率。

（5）顾客关系。网络广告所具有的对用户行为的跟踪分析功能，为深入了解用户的需求和购买特点提供了必要的信息，这种信息不仅成为网上调研内容的组成部分，也为建立和改善顾客关系提供了必要条件。网络广告对顾客关系的改善也促进了品牌忠诚度的提高。

（6）信息发布。网络广告是向用户传递信息的一种手段，因此可以理解为信息发布的一种方式，通过网络广告投放，不仅可以将信息发布在自己的网站上，也可以发布在用户数量更多、用户定位程度更高的网站，或者直接通过电子邮件发送给目标用户，从而获得更多用户的注意，大大增强了网络营销的信息发布功能。

九、IM营销

（一）什么是IM营销

IM营销又叫即时通讯营销（Instant Messaging），是指企业通过即时工具IM帮助企业推广产品和品牌的一种手段。IM营销主要有两种情况：一是网络在线交流。中小企业建立了网店或者企业网站时一般会有即时通讯在线，这样潜在的客户如果对产品或者服务感兴趣自然会主动和在线的商家联系。二是广告。中小企业可以通过IM营销通讯工具，发布一些产品信息、促销信息，或者可以通过图片发布一些网友喜闻乐见的表情，同时加上企业要宣传的标志。

IM营销是网络营销的重要手段，是进行商机挖掘、在线客服、病毒营销的利器，是继电子邮件营销、搜索引擎营销后的又一种重要营销方式。它克服了其他非即时通信工具信息传递滞后的不足，实现了企业与客户无延迟沟通。

为了工作交流方便，一半以上的用户上班时通过 IM 来进行业务往来。作为即时通信工具，IM 最基本的特征就是即时信息传递，具有高效、快速的特点，无论是品牌推广还是常规广告活动，通过 IM 都可以取得巨大的营销效果。正如有的学者说，即时通信平台有着与生俱来成为营销平台的可能。

（二）IM 的类别

根据即时通讯属性的不同，可以将 IM 分为以下几个类别：

（1）个人 IM。主要是以个人用户为主，非营利目的，方便聊天、交友、娱乐，如 QQ、MSN、雅虎通等及时通信软件。这类软件通常以网站为辅、软件为主，免费使用为辅、增值使用为主。

（2）商务 IM。商务 IM 通常以阿里旺旺贸易通、阿里旺旺淘宝版为代表。商务 IM 的主要作用是为了实现寻找客户资源或便于商务联系，从而以低成本实现商务交流或工作交流。此类 IM 用户以中小企业、个人实现买卖为目的，外企也可以方便地实现跨地域工作交流。

（3）企业 IM。企业 IM 一共有两种，一种是以企业内部办公用途为主，旨在建立员工交流平台；另一种是以即时通信为基础，系统整合各种实用功能，如企业通。

（4）行业 IM。行业 IM 主要局限于某些行业或领域使用的 IM 软件，不为大众所知，例如盛大圈圈，主要在游戏圈内盛行。行业 IM 也包括行业网站所推出的 IM 软件，如化工类网站推出的 IM 软件。行业软件，主要依赖于单位购买或定制软件。

（三）IM 营销的优势

IM（即时通讯）作为互联网的一大应用，其重要性显得日益突出。有数据表明，IM 工具的使用已经超过了电子邮件的使用，成为仅次于网站浏览器的第二大互联网应用工具。

早期的 IM 只是个人用户之间信息传递的工具，而现在随着 IM 工具在商务领域内的普及使得 IM 营销也日益成为不容忽视的话题。最新调查显示，IM 已经成为人们工作上沟通业务的主要方式，有 50% 的受调查者认为每天使用 IM 工具的目的是方便工作交流，49% 的受调查者在业务往来中经常使用 IM 工具，包括更便捷地交换文件和沟通信息。

IM 营销的优势具体表现如下。

（1）互动性强。无论哪一种 IM，都会有各自庞大的用户群。即时的在线交流方式可以让企业掌握主动权，摆脱以往等待关注的被动局面，将品牌信息主动地展示给消费者。当然这种主动不是让人厌烦的广告轰炸，而是巧妙利用 IM 的各种互动应用，借用 IM 的虚拟形象服务秀，也可以尝试 IM 聊天表情，将品牌不露痕迹地融入进去。这样的隐形广告很少会遭到抗拒，用户也乐于参与这样的互动，并在好友间广为传播，在愉快的氛围下加深对品牌的印象，促成日后的购买意愿。

（2）营销效率高。一方面，通过分析用户的注册信息，如年龄、职业、性别、地区、爱好等，以及兴趣相似的人组成的各类群组，针对特定人群专门发送用户感兴趣的品牌信息，能够诱导用户在日常沟通时主动参与信息的传播，使营销效果达到最佳。另一方面，IM 传播不受空间、地域的限制，类似促销活动这种消费者感兴趣的实用信息，通过 IM 能在第一时间告诉消费者。

（3）传播范围大。大部分人上班后，第一件事是打开自己的 IM 工具，随时与外界保持联络。任何一款 IM 工具都聚集有大量的人气，并且以高品质和高消费的白领阶层为主。IM 有无数庞大的关系网，它们的好友之间有着很强的信任关系，企业的任何有价值的信息，都能在 IM 开展扩散传播，产生的口碑远非传统媒体可比。

有强大的用户规模作为后盾，IM 蕴含的巨大市场营销价值已经为越来越多的企业所认可，而 IM 承载的传播形式更是变得越来越丰富。未来的营销战场，IM 营销必不可少。

第二节　网络营销的传播途径

在传统的"渠道为王"的定义中，说的主要是营销渠道，而网络营销的传播途径则是针对更广泛意义上的互联网营销传播渠道，包括了媒体、网络社区、搜索引擎等多种。

采取哪些营销传播渠道，同样取决于目标受众的习惯。例如，企业所面对的受众经常通过上哪些网站、看哪些帖子、在哪些网络社区上参与讨论、经常看一些什么样的网络内容等，对于整个推广的精准和有效性至关重要。掌握了这样的目标受众获取信息的习惯，自然也就能够选出最有效的传播渠道组合。

目前可以利用的网络营销的传播渠道主要有：

（1）网络媒体（如全国性综合、地方区域、行业性垂直媒体）。
（2）网络论坛（如 BBS）。
（3）网络博客。
（4）搜索引擎（如百度、谷歌、搜搜、搜狗）。
（5）网络视频分享网站。
（6）电子阅读物。
（7）社交网站（如博客圈、社交圈）。
（8）网络微博。
（9）电子邮件。
（10）IM（即时通信工具）。

在上述各类营销传播渠道中，又可细分。例如，可分成新闻、家居装饰、房地产、女性、时尚、生活消费/团购、汽车、奢侈品、家电、IT、商业、财经领域等。

以下具体介绍网络营销的传播途径及其功能。

一、网络媒体：专业化传播渠道之刀

网络新闻作为网民的基础应用，已成为网民获取新闻的主要渠道之一，使用率一直保持在较高水平，其使用率增长主要得益于以下几个因素：首先，在移动互联网时代，碎片化时间阅读新闻成为网民的主要活动之一。其次，随着微博、微信等应用的兴起，网民接触新闻的渠道增多，例如，微博对主要新闻事件的快速传播，形成热点话题，并联动主流新闻媒体进行传播，极大地促进网民对网络新闻的接触度。最后，各类新闻媒体纷纷发力移动互联网，制作了大量用户体验较好的新闻APP，极大地提高了手机网民对网络新闻的阅读频率，并且新闻类手机客户端的推送效果远高于传统PC客户端，使更多的手机网民被动阅读了大量新闻。截至2013年6月底，网络新闻的网民规模达到4.61亿，较2012年6月增长了6860万人，年增长率为17.5%；网民对网络新闻的使用率为78.0%。

借助网络媒体系统化、深度传播企业品牌/产品信息，在以下方面组织新闻事件和制定传播途径计划进行营销活动推广：

（1）根据网络新闻读者群体分析，36～40岁年龄段的网民看网络新闻比较多，这一年龄段网民的阅读率已经达到87.3%，28～35岁年龄段的网民同样是网络新闻的庞大受众群体，而且学历越高，看网络新闻的比例越高。高质量网络新闻读者的存在，为众多行业企业的网络传播提供了有利的基础支持。

（2）目前来看，各类网络媒体存在这样的分布。全国性的综合网站主要由新浪、网易、搜狐、腾讯、新华网、人民网、中国网、MSN中国网、凤凰网等构成。

每个省又有两三家主要的地方门户网站，全国近百家比较知名的地方门户网站有：四川的四川在线、四川新闻网，浙江的浙江在线，河南的大河网、商都网，湖南的红网、华声在线，北京的千龙网、北京信息网、京华网、北青网，湖北的荆楚网、汉网，天津的北方网，山东的大众网、舜网、百灵网、半岛网、山东新闻网，江西的大江网、中国江西网，河北的银河网、河北新闻网、长城在线，上海的东方网、上海热线，广东的大洋网、奥一网、南方网、金羊网等。

在每个省的每个地级市、县都有大大小小的地方门户网站，累计达到数百家。例如，南昌新闻网、塘沽在线、九江新闻网、深圳新闻网、广州视窗、巴中网、太原新闻网、青岛新闻网、宜宾新闻网、南充新闻网、自贡在线、资阳大众网、乐山新闻网、武汉热线、黄石信息港、荆州热线、恩施新闻网等。

（3）在家居建材、汽车、体育、户外、服饰鞋帽、日化、酒类、女性、团购等多个垂直领域里，同样存在规模不等的主流网站。家居领域主要包括搜房网、焦点装修家居网、颐家家居网、家宝网、香巴拉家居网、易居网、中国建筑装饰网、中国装饰网、我饰我家、新居网、家天下、喜悦家居网、中装网、居无忧、中国家装网、时尚家居网、家网等数十家，在一些省市还有一些地方性的家居网站，大大小小有几百家之多。

（4）在建材行业里，既有综合型的建材网站，也有陶瓷、涂料等细分建筑行业网站。其主要包括中国建材网、慧聪建材网、九正建材网、全球涂料网、中国陶瓷网、陶瓷网、中国瓷砖网、中国涂料在线、中国涂料信息网、中国油漆网、世界建材网、中洁网、华洁网、中华地板网、华夏地板网、中国木业国际网、中国照明网、阿拉丁照明网、中国灯具网、中国家纺网、中华家纺网等数百家。

（5）女性与时尚类网站。其主要包括：瑞丽女性网、爱丽女性网、妆点女性网、新潮网、太平洋女性网、爱美网、凤网、空姐网、悦己网、乐蜂网、蝴蝶网、闺蜜网、飞呀网、中国妇女网、淑女情缘、走秀网、美丽说等数十家。

（6）汽车类网站主要包括汽车之家、太平洋汽车网、易车网、爱卡汽车网、优卡网、越野e族、che168、汽车中国等数十家。

（7）母婴亲子类网站主要包括小脚印亲子网、摇篮网、宝宝树、中国育婴网、妈妈网、太平洋亲子网、中国亲子网、91baby等数十家，其中还有不少地方性的亲子母婴网站。

根据企业所面向的目标消费群体的不同，制作传播渠道计划时，应仔细分析各类媒体的可行性，最终制定出一个"大名单"，供推广中参考执行。

二、网络论坛：口碑化网络传播渠道之钩

几乎在大多数项目推广中，都会涉及网络论坛上的投放与推广组织，既有综合型的新闻论坛，也会有垂直领域的论坛；一般情况下为50家左右，要求较高的情况下会有500家的覆盖范围。网络论坛主要包括新闻、社会、杂谈、财经、装修装饰、家居建材、大众综合类、女性时尚、生活消费等，基本上覆盖了目标客户群体，同时兼顾了潜在客户群体的培养。

1. 从市场与互联网应用、营销手段的层面讲，网络论坛主要通过把具有共同兴趣的访问者集中到一个虚拟平台，达到成员相互沟通的目的

自20世纪90年代末至今，中国网络论坛几成网络舆论的代名词。例如，天涯社区、西祠胡同、新浪论坛、网易论坛、凯迪社区、搜狐论坛、强国论坛、百度贴吧等综合型论坛，以及搜房装修社区、焦点装修论坛、中国建筑装饰论坛、齐家家居论坛、新浪乐居论坛、阿里巴巴家居论坛、ABBS室内设计论坛、易居论坛等家装/设计论坛、口碑论坛、易趣论坛、爱物论坛、篱笆论坛、齐家论坛、大众点评论坛、58团购社区、饭统网论坛、红网论坛、京华论坛、东湖社区、天府论坛、深圳论坛、北京论坛、中关村网友社区北、天津论坛、北方论坛、东方社区、上海热线论坛、南方论坛、江西论坛、苏州论坛、北国论坛、天府论坛、麻辣社区、成都论坛、19楼、河北论坛、大河论坛、新文化论坛等数百家地方主流综合论坛。

另外，还有众多的亲子、母婴、女性、汽车、娱乐、游戏、财经、军事、小说、手机、旅游、体育、电脑、音乐、教育、宠物等类型论坛，几乎每一个细分领域，都有数十家，甚至上百家、上千家有一定会员量的论坛。

上述论坛，已成为家居、家电、3C、日化、服饰鞋帽等多个行业里企业宣传、推广品牌活动的主流舆论阵地。

2. 从消费者层面讲，随着网民基数的庞大及持续增长、互联网使用与消费习惯的逐渐成熟，网络社区逐渐显示出强大的营销功能

通过网络社区这个平台，企业可以更大范围搜索消费者和传播对象，将分散的目标

顾客和受众精准地聚集在一起。每个消费个体都有可能成为品牌产品的销售人员，消费者之间的经验传授、使用感受分享都可以影响另一批消费者，利用新的互联网通路与工具形成口碑传播效应，并且在日趋明显的消费模式（需求—搜索—行动—共享）中实现及时信息传输和回馈，促成某种传播与销售行为。

某一款产品的购买决策影响因素主要包括通过各种渠道获得的品牌/产品信息、品牌的知名度、熟人圈的介绍与口碑、其他渠道的推荐、价格、购买的便捷度与服务、卖场的推荐、网络口碑等。

对于知识水平较高、相对年轻的消费群体，一般在购买之前喜欢通过互联网查找比较各种品牌，通过网络社区的提问与讨论获得产品质量与使用体会等信息。这种带有目的性的信息搜索与社群讨论一般集中于知名的论坛中或者知名大众综合网络社区的特定板块。同时，同一个消费者倾向于通过多个网络社区参与讨论、发帖咨询与寻求帮助；更多的会通过搜索引擎、特定的论坛去搜索并浏览一些有关该品牌、产品的讨论帖子。这些产品主要包括汽车、化妆品、家居建材、服饰、餐饮、健身、旅游景点、酒、手机、电脑、相机等多种。

三、网络博客：自媒体传播渠道之剑

截至 2013 年 12 月，我国博客和个人空间用户数量为 4.37 亿人，较上年年底增长 6359 万人。网民中博客和个人空间用户使用率为 70.7%，较上年年底上升 4.6 个百分点。2013 年底，博客用户在网民中的占比为 14.2%，相比 2012 年年底下降 10.6 个百分点，用户规模不断减少，且用户活跃度持续下降。根据 CNNIC 中国互联网数据平台（www.cnidp.cn）显示，2013 年下半年，博客总访问次数同比下降 27.2%，总浏览页面下降 22.3%。很长一段时间以来，博客都是自媒体发展的主要推动力量，不断有个人、企业使用博客记录信息、塑造知名度，并且产生了不少成功案例。

近年来，网络博客作为传播渠道这样一种角色，其作用正不断下降，受重视的程度也不是非常高。大量的博客信息泛滥、垃圾广告盛行以及博客推荐位置的有限、明星博客所造成的"马太效应"，已导致挖掘博客营销价值变得比较艰难。

1. 从市场与互联网应用、营销手段的层面讲，博客作为一种营销工具越来越受到关注

（1）2005 年开始不断有企业参与应用，而微博则是在 2010 年风行，面向品牌推广、公关传播、消费者分析、客户服务等方面提供支持。在博客方面，不仅大量的企业开通了博客，同时吸引了一大批企业创始人开通个人博客以提升知名度，像博洛尼的蔡明、SOHO 中国的潘石屹、皇明太阳能的黄鸣等企业创始人也充分利用了博客的价值；尤其是如 Visa USA、Oracle、IBM、Google、通用、微软等知名企业在博客营销上的率先垂范。

（2）从消费者层面讲，浏览他人的博客、写博客、通过博客获取信息已成为大多"三高"（高学历、高职位、高收入）网民与年轻网民的一种习惯。

2. 通过博客营销的引入，通过博客内容可增加搜索引擎的可见性

通过博客可加强与客户、用户、目标受众群体、员工之间的沟通交流，增加竞争优

势，减小被竞争者超越的潜在损失，等等。通过日志的方式来记录产品成长历史或是发布产品新功能、新特点来引起消费者注意，在不知不觉的讨论中接近最终用户，了解用户反馈，很容易对产品的描述和判断达成观点或行为上的认同，最终促进销售。

四、搜索引擎：精准传播渠道之刃

截至2013年12月，我国搜索引擎用户规模达4.90亿，与2012年年底相比增长3856万人，增长率为8.5%，使用率为79.3%。搜索引擎作为互联网基础服务之一，虽然行业已经发展成熟，但行业内部依然存在变化：行业层面上，搜索引擎企业之间整合加速，通过并购或入股等形式提升自身竞争力；企业层面上，手机网民的增长促使移动端入口争夺更为激烈；技术层面上，基于自然语言、语音、图片、二维码等搜索形式的技术发展。在整体搜索行业进入成熟期的背景之下，未来搜索引擎的持续发展还将取决于搜索结果安全性和用户信任度。

与此同时，手机搜索迅速增长，成为企业争夺的焦点。截至2013年12月，我国手机搜索用户数达3.65亿，较2012年底增长7365万人，增长率为25.3%；手机搜索使用率为73.0%，与2012年年底相比提升3.6个百分点。随着移动互联网快速增长，网民部分搜索行为从PC端向移动端转移。

网民手机端搜索行为与PC端有所差异：搜索方式上，手机搜索输入方式更加多样化，除了文字输入外，还有语音、二维码扫描等输入方式，且使用率快速增加。搜索内容上，除娱乐和阅读等内容外，用户在手机端搜索本地生活服务类信息和应用信息的需求更大，手机搜索已成为应用分发的重要渠道之一。

由此可见，一方面，搜索引擎用户规模和渗透率持续增长；另一方面，用户使用搜索引擎的频率增加，生活中各种信息的获取更多地求助于互联网和搜索引擎。在搜索引擎上，我们也能发现，一些品牌、产品的关键词搜索频率相当高，说明有不少用户都在关注这些品牌或产品，通过搜索引擎查询收集详细情况，搜索营销的市场成熟度已经相当高。

此外，搜狗、谷歌、网易有道、必应（Bing）等搜索引擎，同样发挥了一定的传播渠道作用，只是在本土企业与网民的使用中，占有较小的比例。在企业的推广项目中，多数时间是以百度作为核心的效果评估对象，而谷歌作为第二大参考对象。

而其他几家搜索引擎受到的重视相对较低，很少会在营销传播项目中提及，有时候会作为一种辅助的搜索效果营销例证，出现在结案报告上，这种办法主要是为了锦上添花。从这里，我们也有一个想法，其他搜索引擎要提升更高的市场认可度，在第三方营销、公关、广告、策划等机构里，做一些合作方面的工作，也是有必要的。

五、网络视频分享网站：立体化传播渠道之拳

截至2013年12月，中国网络视频用户规模达4.28亿，较上年年底增加5637万人，增长率为15.2%。网络视频使用率为69.3%，与上年年底相比增长3.4个百分点。网络视频用户数继续呈现快速增长趋势，得益于以下几方面的改善：首先，网络建设和视频设备为网络视频提供了更好的使用条件；其次，网络视频内容更为丰富，吸引更多

网民在线收看视频；最后，网络视频与传统电视媒体的深入合作，带动了网络视频的播放。

2013年中国网络视频行业发生了以下变化：①战略层面上，视频网站并购和整合力度加大，出现跨行业、线上线下等方面的整合，不断改变着网络视频行业格局。②产品层面上，视频企业不但加强了PC端和移动端产品的优化升级，而且加强了与客厅娱乐相关的业务推进，围绕"家庭娱乐"推出了与网络视频相关的机顶盒、路由器、互联网电视等硬件产品，力求打赢"客厅争夺战"。③网站内容层面上，不少视频企业一方面加大自制剧的开发，以降低版权购买成本、减少亏损，另一方面加强线下热播剧目的购买力度，以吸引新客户、增加广告收入。

与此同时，手机视频快速增长，成为移动互联网第五大应用。截至2013年12月，我国手机视频用户规模为2.47亿，与2012年底相比增长了1.12亿人，增长率为83.8%。网民使用率为49.3%，相比2012年年底增长17.3个百分点。

手机视频快速增长主要由三方面原因促成：首先，整体网民互联网使用行为正在向手机端转换，庞大的移动网民规模为手机视频的使用奠定了用户基础。其次，手机视频的使用环境逐步完善，具体包括智能手机的发展、WiFi使用率的提升以及未来4G网络的落地，都成为手机视频增长的促进因素。最后，视频厂商在客户端的大力推广，提升了网民对于移动视频的认知，进而吸引更多网民使用手机视频。

经过多年的发展，在视频分享网站中，产生了如优酷、土豆、酷6、六间房、激动网、56网、PPStream、PPLive、中国国家网络电视台、奇艺网、搜狐视频、新浪视频等一大批视频分享、视频直播网站，众视频网站也都纷纷加入到视频内容的制作环节。

从受众结构和特征来看，网络视频媒体的受众具有相当高的营销和广告价值，是一群朝气蓬勃、有购买力的群体。

越来越多新形式的企业推广网络视频内容也随之涌现出来。例如，土豆网的网络自制剧《欢迎爱光临》，以及之前与中影联合投资制作的新媒体短剧《Mr. 雷》，在优酷网上影响比较大的《嘻哈四重奏》（统一绿茶）、《天生运动狂》、《天生爱情狂》，等等。不少企业在视频方面制作的内容、借助视频分享网站展开的传播也赢得了不错的成功，比如澳斯曼卫浴的《卫浴要革命》、《奥巴马减压经》，金牌卫浴的《杨玉环引发的古今大战》、《平凡中的不平凡》等，视频网站营销手段不断创新，广告主对视频网站营销的认同度进一步提升。

在目前50%的项目中，都会涉及在网络视频及视频分享网站上进行推广这样的计划，多数是以点击量、回复量、推荐位置、后期影响等作为评估指标，比如百万、千万的点击量，数百、数千的回复评价，还有比如后期围绕此视频做的整合推广，在媒体上引发的报道、论坛上引发的讨论等。

六、电子阅读物：生动化传播渠道之铜

电子阅读物凭借多样化的表现形式，集照片、文字、声音、动画为一体的内容呈现优势，细分化的目标受众，高速准确的传播方式，广泛的传播范围，开辟出一条全新的多元化信息传播渠道。经过这几年的发展，电子杂志、电子报等电子阅读物用户数急剧

增多，目前用户群体已近亿，大多属于中高端用户。尤其是伴随中国通信业正全面进入4G时代，手机、手持阅读器、平板电脑等移动阅读终端对数字内容的需求与日俱增。移动阅读将成为数字出版越来越重要的发布渠道，相应地将推动数字阅读物市场的扩展。

订阅哪类电子杂志/电子报等读物往往由用户的喜好决定，如体育、娱乐、英语、汽车、美女、美景、休闲等，所以电子杂志营销对目标顾客的定位极其容易，加上其广告多媒体的表现形式，电子杂志营销的效果自然比其他网络营销更出色。

使用数字阅读物这种推广内容形式与传播渠道时，主要涉及了这样一些内容：帮助企业设计制作电子杂志，协调通过第三方发行平台合作的方式解决发行与推广问题，同时开通在线订阅的功能，同步投递部分传播通路。

企业在电子杂志内容上的选择可以是企业的品牌宣传、人物报道、动态与对消费者做出的新承诺、产品革新方面的新成就与新举措，也可以是产品内容、行业咨询、对相关问题的研究、用户指南等，围绕购买者可能感兴趣的关注点组织内容、设计邮件呈现形式。其主要用途包括：一是作为许可邮件的内容；二是通过公司网站与官方博客提供下载；三是通过第三方传播用博客选择性链接，提供在线下载或评论；四是通过其他通路进行传播；五是电子杂志的内容可从许可邮件中摘取。

电子阅读本身是一种传播渠道，但同时又需要更多的传播渠道来扩大效果，主要有这样几种办法：一是在线阅读的形式，多数是翻页，放到一些比较大的网站上，开通杂志的阅读入口，这样会吸引一定的浏览量；二是在投放的一些合适文章里带上电子杂志的链接，或者在一些论坛帖子、博客日志、圈子中带上电子杂志的链接；三是同时做成专题，投放于合适的网站上；四是做成邮件版的电子报，同时带上杂志的阅读链接，进行电子直邮投放，这样也会有不错的效果。当然，一些电子杂志网站也是比较适合发布的，比如 ZCOM、新浪电子杂志、Xplus 等。

以《浴尚》这本电子杂志为例，初期时是为澳斯曼卫浴、金牌卫浴量身打造的，后来发展成一份面向大众及卫浴行业从业者的通用电子阅读物，关注整个卫浴品牌、洁具产品、家居、设计与生活前沿，由品牌故事、卫浴设计、卫浴宝贝、卫浴卫语、卫浴市场以及卫浴营销六大栏目组成。品牌故事主要记载卫浴企业发展的相关历程与故事传奇、卫浴文化，帮助读者更好地认识卫浴品牌；卫浴设计主要是刊登卫浴间设计与装修，给读者提供相关参考意见；卫浴宝贝则是详细介绍具体的卫浴洁具产品；卫浴卫语是卫浴界最新的新闻、访谈等内容；而卫浴市场与卫浴营销，则是记载着卫浴行业的竞争格局以及卫浴的营销手段。《浴尚》第一期首篇《心随水动春暖花开》道出了与《浴尚》邂逅的水样温柔情怀。图文并茂的丰富内容更让读者阅读时心旷神怡。从澳斯曼品牌故事《飞翔的承诺》连载里能读到非比寻常的故事；从《三步打造经济型健康卫浴》里能懂得该如何装修；从《金牌豪华按摩浴缸邀你共享水样温柔》里可以感受到与它的邂逅有如此浪漫享受；想要购买到这些品质卫浴，卫浴市场栏目会告诉你最近的活动动向。

七、社交网站：框状化传播渠道之叉

截至 2013 年 12 月，我国社交网站用户规模达 2.78 亿，使用率为 45.0%，相比

2012 年年底降低 3.8 个百分点。近年来，虽然社交网站用户使用率下降，但社交已发展成为各种互联网应用的基本元素，如网络购物、游戏、视频等服务纷纷引入社交元素以促进发展。这种以 SNS 社会人际交往理论为基础的互联网应用受到了非常广泛的欢迎，其可以提供博客、论坛、视频、游戏等多种互联网服务，而且多为朋友间分享、实名制等方式，将商务活动、生活服务等现实活动引入到社交网站，可以进一步挖掘社交网站潜在的价值。

已有不少企业在充分挖掘其营销价值，从而形成了 SNS 营销，这种营销方式利用 SNS 网站的分享、讨论等功能，在六度关系理论的基础上实现一种病毒式传播，让品牌与产品信息被更多的人分享、传播、了解与记忆。因这种内在关联的存在，使之具备了体验式营销优势明显、口碑传播速度极快、信息再传播性强等优势。

目前这种社交网站主要有综合型、生活型、商务型等，比如人人网、开心网、豆瓣、世纪佳缘、51、麦乐行、阔地网络、yaya 家园、QQ 空间、赛客网、南京族、若邻网、联络家、同学网、我友网、圈网、网友天下、亿聚网、中国缘、百合网、珍爱网、驴友录、战友网、空姐网等。其中，豆瓣网专注于各类生活爱好；开心网基于白领的娱乐；人人网则是白领和学生用户的交流；世纪佳缘、百合网、珍爱网等则是未婚男女的婚恋交友；驴友录则专注旅游咨询交流；战友网是军人及家属的联系交流平台；空姐网上聚集了不少空姐、空乘、民航人士及年轻女孩。

国外的知名社交网站主要有：Facebook，Friendster，Myspace，Twitter，Hi5，Stickam，Gather，43Things，iveMocha，Profilactic，Worlds.com，等等。

在 SNS 网站火起来之后，相继有多家企业开始挖掘其营销价值，包括汉堡王、果缤纷、梦龙、悦活、麦当劳、建设银行、星巴克、欧莱雅、康师傅、三星、联想、金牌卫浴等，其方式主要包括通过广告植入与消费者进行互动，在不影响用户操作体验的情况下传递品牌信息；精准定向的 Banner 广告投放；设计话题，建立圈子，激活用户讨论、分享、传播，在话题中巧妙地引进品牌信息或产品信息。

八、网络微博：自媒体传播渠道之鞭

2010 年，网络传播渠道的热点从博客、SNS 社交网站转向了微博。很快，这股风潮席卷了整个企业推广。其中尤以新浪微博最为显著，腾讯微博、网易微博、搜狐微博、搜房微博、价值中国网微博、凤凰微博、和讯财经微博、天涯微博等平台也占据了一定的份额，在企业营销传播的渠道选择上也有一席之地。由于微博短小精悍、易于记忆和传播、可以植入视频、图片等多种信息，所以国内媒体界、名人明星、政府机构、企业都在积极参与，使得微博的声势愈演愈烈，不少网友每天发布微文，并且参与其他微博的转发、评论等。

根据中金公司的分析，在四大门户中，按照活跃用户数计，新浪占 56% 以上的份额；而未来资产发布报告称，按浏览时间计算，新浪微博的市场份额为 87%，是无可争议的最活跃、最具影响力的社会化网络平台。同时，微博从根本上改变了企业的营销策略：既提供了自媒体平台，也营造了一个交互功能极强的广告营销环境。通过微博平台，企业能够实现用户与品牌，用户与用户之间的互动，同时通过适当的话题引发用户

讨论、主动传播甚至购买行为。

在微博营销的应用中，包括了中粮美好生活、新百伦、欧莱雅中国、七匹狼、ZARA 中国、奔驰 Smart、兰博基尼、OPPO 手机、戴尔中国、漫步者、摩托罗拉、格力空调、海尔家电、招商银行、中国平安、泰康人寿、奥美中国、宜家家居、科宝博洛尼等多个品牌。

在家居建材行业，大部分年度客户都要求微博这一传播渠道的使用，包括金舵陶瓷、特地陶瓷、金牌天纬陶瓷、3A 环保漆、嘉丽士漆、澳斯曼卫浴、金牌卫浴、强牌陶瓷、协进陶瓷、皇朝家私、欧神诺瓷砖、博德瓷砖、顺辉瓷砖、益高卫浴、金迪莎卫浴等，其中既有一线、二线品牌，同时也有区域性的品牌，可见微博这一新的互联网传播工具影响力之广泛。

但到 2013 年，微博发展出现了转折，用户规模和使用率均出现大幅下降。截至 2013 年 12 月，我国微博用户规模为 2.81 亿，较 2012 年年底减少 2783 万，下降 9.0%。网民中微博使用率为 45.5%，较上年底降低 9.2 个百分点。微博发展并不乐观：一方面，基于社交网络营销的商业化并不理想，盈利能力有限；另一方面来自于竞争对手的冲击，导致微博用户量下降。

与此同时，手机微博网民规模下降，用户使用热度下降。截至 2013 年 12 月，我国手机微博用户数为 1.96 亿，与 2012 年年底相比减少了 596 万，下降 2.9%。手机微博使用率为 39.3%，相比 2012 年年底降低了 8.9 个百分点。由于手机端应用的使用独占性较强，类似平台性手机即时通信的快速发展及其对微博功能的高度重合分流了部分手机微博用户。

九、电子邮件：定向直投传播渠道之斧

现在来看，电子邮件这种传播工具貌似杀伤力越来越小，其实这是垃圾邮件泛滥与邮件内容粗糙所导致的结果。只要认真去观察，就会发现我们身边随时都在发生一些通过电子邮件实现了良好传播的事件，有的甚至产生了非常好的销售促动效果。

资料显示，电子邮件的使用率占到了 54.6%，在各种互联网应用中，这个占比在下降。不过一般而言，网民学历越高，电子邮件使用率越高，随着低学历人群不断涌入互联网，短期内会导致电子邮件使用率有所下降，但其用户群体的价值相对较高促动了这种传播渠道仍然广受重视。

有一份报道透露了这样一个数据，2010 年全球电子邮件使用率较前年减少了 8%，在过去一向被视为网络宠儿的电子邮件将逐渐失去往日光环。这个数据应该是行销研究机构 comScore 所公布，该机构认为，电子邮件使用率开始下降，人们转往社群网站与手机简讯来传送即时讯息。但这个报告又有另一项发现，越来越多的中高年龄层的网友开始使用电子邮件，55～64 岁与 65 岁以上的族群各有 22% 与 28% 的成长幅度。

另一份尼尔森的调查发现，美国网友将 25% 的上线时间花费在 Facebook 与 Twitter 等社交网站，线上游戏以 10% 成为花费时间第二多的网络活动，而电子邮件以 8.3% 居于第三，较前一年的 11.5% 出现明显下降，这个情况与国内是一样的。

不过作为一种传播渠道，传统的大批量邮件投放似乎正在过时，这样的策略已经被

一些企业抛弃了。比如以前如果有人说能够投放1000万、100万的邮箱地址时，会有不少人买单，但现在情况已然发生变化，这样的投放大多数企业都不会兴趣，因为这里面的投放成功率可能并不高，大部分邮件可能无法投到对应的邮箱里，而且邮箱可能有不少是失效的，或者投放的邮件被"打"成垃圾邮件，而且用户能否阅读到也是一个问题。

目前还拥有比较大市场的电子邮件营销方式主要是许可式邮件营销与精准直投，这种不仅仅要求分行业、分年龄、分职业、分收入水平等精准收集大批量邮箱地址，还需要在电子邮件的内容方面下足功夫，比如做出精美的电子报，吸引用户关注或订阅。

现在比较常用的邮箱主要有网易邮箱、Gmail、新浪邮箱、搜狐邮箱、QQ邮箱、雅虎邮箱、139邮箱等公共邮箱平台，另外还可以按照所选定的域名设置个性化定制的企业邮箱。

十、IM（即时通信工具）：客户端传播渠道之戟

截至2013年12月，我国即时通信网民规模达5.32亿，比2012年年底增长了6440万，年增长率为13.8%。即时通信使用率为86.2%，较2012年年底增长了3.3个百分点，使用率位居第一。即时通信服务一直是网民最基础的应用之一，其直接创造商业价值能力有限，更多的来自增值服务的开发。

与此同时，截至2013年12月，我国手机即时通信网民数为4.31亿，较2012年年底增长了7864万，年增长率达22.3%。手机即时通信使用率为86.1%，较2012年年底提升了2.2个百分点。手机端即时通信凭借其服务特性与手机特性的高度契合发展迅速。相比于PC端而言，中小手机即时通信工具发展难度更大，造成这种状况的原因一方面由于手机特性的限制导致增值服务开发力度有限；另一方面，排名首位的即时通信工具通过线上线下服务和应用的结合极大提升了用户黏性，平台化竞争壁垒已经形成。

目前应用最普遍的当数微信、QQ，其次为MSN、飞信等，还有阿里旺旺、慧聪发发、Skype、雅虎通、Gtalk等。这种通信工具作为传播渠道，主要作用在于界面背景广告、弹窗广告、窗口广告等；另外，也有一些签名广告，如MSN的"红心中国"事件。在内容广告方面，主要表现在QQ群里的IM内容发布、精彩段子邀请转发、面向大量IM用户的群发等方面；在一些QQ群里，常常会有一些经典的推广段子产生，然后会吸引一些网友去转发，从而产生传播方面的效果。

本章小结

网络营销方式是开展网络营销的具体方法和手段，通过这些手段并借助网络传播渠道，可以达到企业营销的目的。随着网络上各种应用的开发，新的营销方式和传播渠道不断产生。本章主要介绍了网络新闻营销、搜索引擎营销、网络事件营销、博客营销、网络社区营销、网络视频营销、SNS营销、网络广告营销、IM营销等营销方式的概念、特点、作用和优势，并对网络媒体、网络论坛、网络博客等十种网络信息的传播途径进行了详细介绍。

关键概念

网络新闻　搜索引擎　网络事件　网络社区　网络视频　网络广告　SNS 营销　IM 营销

思考题

(1) 网络新闻营销有哪些优势？
(2) 开展网络事件营销应该具备哪些基本技能？网络事件营销的主要方法有哪些？
(3) 请列举几个你熟悉的网络论坛，并谈谈这些网络论坛的主要特点。
(4) 网络社区有哪些类别，其主要作用有哪些？
(5) 在 SNS 网站上开展营销可以采取哪些策略？
(6) 开展 IM 营销有哪些优势？
(7) 网络视频出现哪些新的发展趋势？

参考文献

[1] 邓超明. 网络整合营销 [M]. 北京：电子工业出版社，2012
[2] 文丹枫. 微营销：指尖上的利器 [M]. 北京：人民邮电出版社，2013
[3] 徐茂权. 软文营销 [M]. 北京：电子工业出版社，2013
[4] 王通. 网络盈利的秘密 [M]. 北京：清华大学出版社，2010
[5] 王槿楠，王洪波. SEO 网站营销推广全程实例 [M]. 北京：清华大学出版社，2013

第三章 微营销

本章学习目标

通过本章的学习,应该掌握以下内容:①了解微营销对企业的作用;②掌握微博营销和微信营销的方式和技巧。

第一节 微博营销

社会上流传这样一段话形象地形容微博作为营销利器的威力:"当一家企业的粉丝超过100人,那该企业微博就好像是一本内刊;超过1000人,企业就像是个布告栏;超过1万人,该企业就像一本杂志;超过10万人,企业的影响力像是一份都市报;超过1亿人,该企业的微博就是电视台了。"由此可见,作为微营销的一种手段,单单是微博就已经能够拥有巨大的影响力了,更不用说在其他移动平台上所能汇聚的力量有多么可观。

不论是企业还是个人,如果忽略了这个平台,不重视社会化媒体营销的作用,那么就有可能失去竞争力。反之,如果能顺应时代潮流,把握微博营销利器,就有可能拥有整个营销市场,拥有企业成功的未来。

一、微博营销概述

微博营销是指通过微博平台为商家或个人创造价值的一种营销方式。微博营销的实质并不是要将原有的营销理念全部抛弃,而是将其进一步改进升华。微博营销最大的好处就是能够付出最小的代价,达到最理想的营销效果。在微博上,一条短短140字以内的短消息,就能无形间拉近与听众(即潜在客户)的距离,既能够向广大客户展示企业形象、最新动态和产品信息,也能树立起企业的良好形象,做得好的商家通过微营销的平台,能够尽可能地少花钱甚至不花钱,就将宣传和销售的效果做到最大化。

(一)微博营销中的言论自由

微博营销的魅力所在,就是让广大的消费者有了一个可以表达自己观点的平台,这对商家和网络用户来说,的确是一个好消息。

对商家来说,他们可以通过用户的反馈和咨询,了解当前市场的需求是什么,自己该生产什么样的商品。例如,为了能够从销售势头强劲的童装行业杀出一条差异化道路,某服装公司可以通过与用户的沟通获悉消费者需要什么类型的童装,设定明确的年度或季度经营目标。

对网络用户而言,这种可以发表看法的权利,让他们尽情地在网上寻找自己喜爱的商家——能满足他们需求的,就是好商家。而消费者可以通过自己的评价与沟通,与商家接触,从而获取这种需求被满足的感受。

网络平台的建立,是言论自由的最好载体,而网络同样作为微营销的载体,就可见微博营销和言论自由二者具有怎样密切的关系了。言论自由在微博营销的体现可以分为两大部分,即评论自由和宣传自由。

1. 评论自由

评论自由指的是互联网用户拥有对企业的产品、服务、品牌、文化、制度、营销等各方面进行评价的权利。用户通过评价商家,可以与商家进行进一步交流,从而获取更加详细的企业信息和产品信息,并且根据这些信息做出最客观的评价。同时,这种评价不仅出现在售前咨询中,还体现在售后反馈中。售后消费者的反馈对企业来说非常重要,也是消费者言论自由的另外一种体现,因为绝大部分消费者会相对公正地反馈产品的真实信息。

2. 宣传自由

宣传自由是言论自由的另外一种体现。根据这一权利,消费者享有为企业正面宣传的权利,也有传达负面宣传的权利。至于是正是负,就要看企业提供的产品质量、售后服务等是否能够得到消费者的认可。而对满意的消费经历,消费者是从来不会吝惜自己的宣传能力的,他们会向自己的亲朋好友介绍这次成功的经历,宣传该企业及其产品,无形中这就起到企业想要的营销宣传效果了。

由此可见,言论自由对互联网用户来说是多么重要,企业在营销时应当注意满足网民的这一关键需求。

企业在做微营销的时候必须注意双向交流——网民愿意看企业发布的信息,企业也要允许网民对自己进行评价。在淘宝网上,有的消费者感觉买到的东西与商品信息不符,就会给商家差评,这时候商家急了,又是打电话又是发短信,请求消费者修改评价,这是没有处理好售前服务的表现。

因此,商家在营销之前,必须与消费者进行有效沟通,最关键的是要保证产品质量,才能让消费者的"言论自由权"朝着对企业有利的方向发展。

(二) 微博营销广受青睐的原因

微博营销最注重的是价值的传递和内容的互动,也正是因为这两点的存在,才使得微博火热发展,并且营销效果显著。不管是企业还是消费者,都逐渐爱上了这种营销方式,这自然是有其形成和发展原因的,其原因如下。

1. 微博营销以人为本

以客户为中心的理论在哪里都是正确的,尤其是放到客户群无比庞大的网络平台上。微博营销属于主动式服务营销,非常看重对客户的服务。微博营销的人本理念,也让微博营销朝着人性化、精准化不断发展完善。

2. 微博营销注重互动和情感的建立

企业可以与消费者进行互动，并逐步建立情感关系。这种感情关系看似薄弱，但在很多时候往往是促成购买行为的关键所在。贴心的互动，可以让消费者有更好的消费体验，从而形成满意的消费经历，这种满意的消费反馈，能让企业的品牌价值进一步确立。

这是客户如此青睐微博营销的主要原因，而企业之所以那么热衷做微博营销，也正是因为它能给企业带来以下的好处。

（1）微博营销有利于有效实现品牌建立和价值的传播。无论是企业建立官方微博还是邀请名人为其代言宣传，都能够促使企业的知名度上升，如果传递的价值是正面的，能让企业品牌价值不断加强。

（2）能够树立行业影响力和号召力。企业的影响力是通过价值传播建立起来的，而微博营销是价值传播最有效的手段之一，传播企业的正面信息，传播企业的价值观给广大消费者，能引导行业良性发展。

（3）有利于产品的市场推广。微博营销面向全球互联网用户，范围之广堪称所有营销手段之冠。企业可以通过这一平台，详细介绍企业产品信息，展现自身优势，这本身就是一种最好的市场推广方式，提高市场占有率也就不再如此困难。

（4）微博营销是一种精准的互动营销。微博营销能够让企业的客户自己找上门来，如关注星巴克咖啡的粉丝，必然是其消费者和潜在消费者。这样一来，客户群的定位将会变得无比精准，完成客户转化成消费者这一过程也变得非常简单。

（5）微博营销是一种主动客服。传统营销中，企业只是盲目地在做销售和宣传，不少销售人员提供的服务很多都是资源的浪费。而微博营销则不同，向企业的客服咨询产品信息的，一般是有很大概率成为真实消费者的人，所以微博营销服务的是真实有效的客户，极大地减少了人力资源的浪费。

（6）微博营销能够确保危机公关。微博营销中，企业的官方微博一般都有专门人员随时在线维护，这也就实现了企业外部评价的实时监测。

（三）明星效应引爆关注度

很多人只知道现实生活中有明星效应的存在，却不知道明星效应其实无处不在。明星在电视上的一个简单的动作、一句简短的话，都有可能引发无数人的追捧、跟风和效仿。而在当下火爆的微博圈子内，明星效应更是被演绎到了极致。例如，"微博女王姚晨"的新浪微博粉丝数量高达4000多万人，她的一言一行，都会被无数人关注；李宇春的一个简短的评论或留言，就有数十万人转发或回复；因"不是一个人在战斗"而走红的黄健翔，也被广大球迷和娱乐圈奉若神明；伊能静的爱心微博甚至比很多慈善机构的号召力都要巨大；等等。这些明星效应所引爆的关注度无疑是极为惊人的。营销者应分析明星的这种"微博力量"，敏锐地发现其中所蕴含的巨大商机；想要让企业步入微博营销的行列，就要从以下几个方面着手：

1. 要了解什么是微博营销的明星效应

随着微博的火热发展，使得很多"微博名人"加入到营销当中，他们可以通过短短几行字的微博,从正面或侧面对商家进行褒贬,对商家的形象价值、产品价值等产生影响,营销效果显著。通过一些知名的微博平台、知名微博人物,为商家创造价值的一种新型营销方式,就是明星效应。这种价值,可以用于促进销售产品、服务,用于帮助企业升级改进营销模式,也可以用于提高企业的知名度。

2. 要清楚微博营销最为注重的就是价值的传递

并不是说找了明星发发微博做广告就可以了,商家自己也应该全程参与这种价值传递。在微博平台上,商家可以通过微博内容的互动,通过这些互动给企业的消费对象进行准确定位。微博营销最重要的,就是明确自身所要实现的价值目标。只有找对了方向,在营销过程中才不容易出现偏离。

3. 实现价值的手段同样重要

微博营销的途径有很多,利用微博营销中的明星效应只是其中之一。在利用明星效应的时候,微博营销涉及的范围很广,商家要考虑某明星是否成功认证、有效粉丝的数量、经常发布什么类型的话题、明星所使用的微博平台等因素,综合这些因素考虑,才能选择适合自己的明星为企业"代言"。

明星参与企业的营销,不仅成本低,而且传播速度快、操作简单、互动性强,能够在短时间内为企业攫取较高的知名度和企业价值;相应地,如果企业在使用明星效应时操作不当,也会导致无法挽回的后果。例如,某一明星的微博明显是为了某商家打广告,次数多了,不但会引起该明星粉丝的反感,还会对宣传起到反效果,粉丝不仅不会成为消费者,甚至还会站在企业的对立面,无论对明星本人还是对企业来说,都不是他们所乐见的。

利用明星效应来引发关注是一个好办法,但是也应当注意隐蔽性和适度性。商家可以把自己的产品和服务,与明星的生活挂钩,内容要尽可能做到生动活泼,贴近明星性格,比较容易被粉丝接受。

总而言之,能够巧妙地利用明星效应引爆关注度,对商家来说,带给企业的推进力是无与伦比的。

(四)企业微博要做到平易近人,不打官腔

除了个人和企业之外,我们经常看到某政府、某国有企业或者某行政机构发布微博,内容一般是非常正式的,用词也都是一些"官方"语言,内容涉及某某会议时间、地点、内容等。于是有的商家就有样学样,也把发布的微博信息做得非常正式,但是收到的却是超低人气。

企业微博与政府微博最大的区别就是目的不同。政府部门的微博如此正式是因为他们要给广大民众做出一些关于时事、民政方面的答复。企业做微博是在做营销,要为企业得盈利谋发展,企业经营微博非但不能走官方路线,反而要走平易近人的"亲民"路线。

企业微博内容要坚决抵制回复"大而空"、"打官腔",因为这不是网民喜闻乐见的,他们想知道的是企业的具体信息、最新活动、产品的详细介绍,也想与企业建立畅通亲切的互动沟通过程。只有这样,消费者才能购买到想要的商品,才能打消购买的后

顾之忧。

企业微博平易近人有如下好处。

1. 平易近人的企业微博能够拉近企业与消费者的距离

企业只有与用户近距离沟通，才能了解到用户需要什么类型的商品，企业才能为消费者提供，可以深入探究双方存在的问题并加以解决。这种良好的沟通，会给企业带来意想不到的收入。

2. 可以建立良好的企业口碑

平易近人的企业，是消费者愿意接触和尝试了解的。在消费者与企业接触后会发现，原来这家企业与我们普通人也没有什么区别，也是有情感的。这就是微博营销给企业带来的拟人化效果，这种效果能在消费者中广泛形成良好的口碑，带来正面积极的影响。

3. 平易近人更容易实现消费者的转化

在购买前期，消费者处于购买的观望阶段，企业首先在不厌其烦地介绍其产品、服务而使顾客产生亲切感之后，消费者就很容易产生购买的欲望，当时都会带有这样的心态——"哪怕不知道企业的产品质量到底怎样，就算是冲着商家这么好的态度，我也要试试他们的产品"。

企业想要有亲切感，看起来并不是什么难事，可是说出来容易，做出来又是另一回事了。企业该如何做到平易近人呢？

我们认为可采用如下方法：一是与客户直接接触的是企业员工，要对员工进行专门培训。每位员工都是独立的个人，有着自己的情绪和性格，这就导致企业在安排员工提供线上服务的时候，对他们要有统一的要求。培训必不可少，学习待人接物，面对消费者咨询、疑问甚至刁难，做到不卑不亢，友好问候，如"您好，××企业客服为您服务，希望我能给您提供帮助"等，如此能给消费者留下一个好印象。在回复消费者的评论、留言时，要注意细节，留意问题的核心，耐心解答。在遇到自身解答不了的问题时，要及时向上级反馈，获悉解决方案之后立刻联系消费者。二是微博内容要贴近生活。企业微博的内容不仅宣传企业活动、产品信息等，还要留出一部分空间塑造其人性化形象。如新浪微博上，戴尔就经常发布一些生活小常识，提醒粉丝注意身体健康等，甚至有时提示用户开车时注意安全等，这些注重生活细节的微博内容，无形间拉近了与消费者之间的关系。

（五）个人要主动参与

很多网络用户对微营销怀有抵触心理。毕竟，太多人厌烦了电视上反复出现的广告、商家的无休止的鼓吹和宣传、明星在微博上发一些嵌入式广告等，这些厌烦，都因为用户们没有看到微博营销给作为消费者的我们带来的好处。

微博营销似乎都是企业在做的事情，但实际上不但与消费者有联系，而且在以下方面与消费者的切身利益息息相关。

1. 有营销的地方就有竞争

就拿新浪微博来说，大大小小数以万计的商家入驻进行微博营销，想想那竞争就不会少。如在个人电脑行业，戴尔发布一条官方微博，说购买个人电脑享受九折优惠；竞争对手联想一看到此消息，快速做出反应，紧接着发布一条微博开展"家电下乡、以旧换新"活动。而这些竞争、降价是不需要花费什么宣传成本的，能让更多商家参与其中，价格也会随之调整，这对消费者来说无疑是利好消息。

2. 互联网让沟通更便捷

消费者在网上购买商品时，只要关注企业微博，就能在第一时间了解到该品牌近期有什么优惠活动，了解自己想要的产品的一些详细信息。如果还存在什么疑问或者顾虑，可以选择在线咨询工作人员，方便快捷。比起到店消费，在线支付更方便简单。网上可以交话费、水电费，更能在线购物，决定购买某产品后，直接在该商家的购买链接上进行在线支付，省心省力，省去了跑来跑去的时间和精力；使用支付宝、信用卡、一卡通等，就能买到自己想要的产品。

3. 售后服务更有保障

很多人都有这样的经历：在买了一些家电类产品之后，得到的仅仅是商家的一句口头上的保修保证、一张保修卡和一张收据而已，等到真出了问题，再抱着电器去找商家，不仅费时费力，能不能解决问题更是难说。微博营销的售后则免去了这些烦恼，消费者可以直接联系商家的售后客服，得到他们第一时间的帮助。

微博营销作为一个新生的营销手段，正在不断发展和完善，这就需要企业有专人维护其官方微博，定期更新内容，注意内容的合理性，并且要有一定引人注意的噱头。这样一来，就会形成品牌价值，让更多的消费者通过这一品牌价值了解到企业。

二、玩转 140 字的微博营销技巧

玩微博容易，但想要将微博营销玩得如鱼得水就没那么简单了。

对建立企业的官方微博来说，这是一个既精细又必须做到全面的过程。首先，在网络平台上注册自己的微博账号，经过相应的实名资质认证。其次，上传企业的 Logo 作为头像、使用企业的全称或简称，在注册过程中提供"个体工商户营业执照"或"企业法人营业执照"等有效证件。最后，撰写微博。每条微博都可以有着相当多的呈现形式，如文字、图片、动态图、短视频等。正是因为这些多种多样的形式再配合短短的 140 字，能传递出无比丰富的信息，吸引更多粉丝前来关注。

建议商家多花费些时间和心思从以下方面揣摩每一条微博的发布。

（一）图文结合，文字也会说话

在使用微博众多的技巧中，最常见也是最直接有效的是图文结合的表现手法。图文结合的好处如下：

1. 微博能让人形成立体且具体的想象

经常能在明星的微博中看到类似的博文："今天去了一家不错的餐厅，推荐朋友们去试试看。"接下来附一张照片，涉及餐厅环境、装潢、菜品。看到这一微博的粉丝，不仅可以通过文字说明搜索该明星去了哪家餐厅，还会被照片上精致诱人的菜品吸引得蠢蠢欲动，增加了前去消费的可能性。

2. 图文结合的微博丰富表达方式

雷达蚊香曾发过这样一条广告：广告图为一只蚊子被一道来自雷达电蚊香液的闪电击中，头晕目眩，面露痛苦之色缓缓坠地。而图旁只是短短几句关于产品的介绍，并没有太多蚊香液功效的文字描述。但网友一看到这图，结合蚊子痛苦的表情，就能了然该电蚊香液的强大驱蚊效果。图文结合生动形象，往往能让企业获得意想不到的营销效果。

使用图文结合要注意时宜，过于频繁反而容易招人反感。如果企业微博仅仅为了营销而营销，发的内容全部是产品图片，或者图片与文字内容毫无关联，就容易让网民对商家失去兴趣。

商家在做"图文结合"的时候，要注意以下几点：

（1）图文结合一定要紧密，不要出现二者无关的情况。很多企业微博的内容往往"挂羊头卖狗肉"，明明发的内容是提醒粉丝们注意交通安全，配图却是公司的某产品，粉丝看了博文刚刚被温暖了一下的心，立刻被浇了一盆凉水。企业获悉不少消费者想要了解其产品，这本是一件好事，但附上的产品照片，被发现文字内容与介绍产品毫无关联，也会让消费者大为光火。

（2）文字和图片的内容要贴近生活。企业微博必须要切合实际，贴近生活，切忌大而空。商家发布的文字图片，最好要反应广大用户的需求，而不是自己想发什么就发什么，更不能一味地介绍企业的产品有多好、服务有多优。这些与消费者的生活工作并没有直接联系，很难引起他们的兴趣，更不用说能产生购买行为了。某汽车饰品公司完全可以如此发表微博："朋友们，有过开车时因为坐垫头枕总是跑偏而不舒服的经历吗？有过因为车前吊饰在眼前晃来晃去而想把它一把扯掉的冲动吗？我们可以为你解决这些问题！我们公司下属品牌……"同时，附上产品真实的使用图片，既亲切，又能引起消费者的共鸣。

（3）发图不能过于频繁。如果企业微博的内容全都附带图片，消费者看多了之后，难免会审美疲劳，感到厌烦。有些可以是带有图片的长微博，有些则应该用短短的一两行无图的文字一笔带过。

（二）动起来，美图无须低调

有些商家过于热衷发图，导致不少客户颇有微词——上线就看到企业的产品图片，实在有些厌烦。但是，有些商家则走另一种极端，坚决不发图，只发文字。

大多数商家不敢发图的原因不外乎两种：一是他们对产品、服务质量并不自信，不敢自揭短处；二是过于传统保守，不愿意过多地进行自我展示，生怕消费者对自己产生"王婆卖瓜，自卖自夸"的印象。

产品不过关的企业，只能用一些文字上的信息欺骗消费者，但时间久了，自然会有消费者产生如下怀疑：其他企业都敢把产品图片发到微博上，为什么这家企业不敢？质疑声就会生起。思想保守的企业受到如下很多制约：有的商家认为要保密，不能过多向消费者透露产品信息；有的商家还没有适应微博营销这一开放的模式，认为低调就好；有一部分商家没有认识到图文结合的重要性，明明手上攥有一流的产品和服务，觉得没有必要过多展示，他们坚信"好商品总会有人发现的"。

随着互联网的发展和完善，现在的市场早已不是闭门造车的时代了，依然怀揣"酒香不怕巷子深"这种观点，迟早会被市场淘汰。因此，要做到以下方面：

1. 有图才能有真相，图片是真实的反映

虽然现在的 PS 技术可以将很多图片修到极致，做到零缺陷，消费者明明知道图片被修过，但还是会被自己的第一感觉——视觉所欺骗。眼见为实，耳听为虚。消费者通过看到商家晒出的一张张产品"美图"，第一时间对商家产生认同感——至少该商家提供的产品并不逊色于其他企业。

2. 低调在营销战场并不适用

往往只有主动出击展示优势的企业，才能占领市场高地。低调发展在网络营销出现之前或许可行，但一旦进入微营销时代，再想低调也不行了，因为千万网络用户等着看企业亮出"绝活儿"——让人眼前一亮的产品。通过比较两家实力相近的企业微博，发布内容是一样的，有没有图片，则显出竞争力的高低上下了。

3. 好商机必须尽快转变为营销

就像前文说的上好便利店的营销案例，不仅一字万金的文字能够做起噱头，一张照片也能起到同样的效果。而且比起文字的烦琐（有时营销信息不全，很难用语言表述），照片能将最新的营销信息传达给客户，不用多说什么，让消费者自己去理解，这就是第一时间将商机转变为营销的最好途径。

（三）引人好感的说话方式

有的商家会问：为什么同样做企业微博营销，可是我们做的效果比不上同行呢？明明企业的综合实力很接近，发布的微博内容也差不多，可就是没有别的企业人气高、粉丝多。

在企业实力接近，发布微博内容、频率、方式等都类似的前提下，唯一能影响其受欢迎程度的，就是微博语言的艺术，简单地说，就是说话方式的不同。

很多微博营销做得很出色的企业，在给员工进行线上培训的时候，很大一部分重点放在了说话方式上，可见其重要性。企业微博内容能够引起粉丝共鸣，说话方式能博得他们好感，不用说也能预料到接下来的营销效果会有多么成功。而一个"不会说话"的企业，哪怕活动再吸引人、产品质量再好，都无法让粉丝产生半点好感。

说话方式恰到好处有如下优势：

（1）企业通过引人好感的说话方式，与客户建立起良好的沟通，这种沟通可以是一对一（员工解决售前咨询、售后服务等），也可以是一对多（企业官方发布微博、转发、评论等），而这二者都需要恰到好处的说话方式，微博营销从良好沟通开始。

（2）微博营销中，良好的说话方式能够拉近与顾客的距离。微博营销的一大好处，就是能将原本在客户心中神秘的企业拟人化，给企业赋予人的性格、情感等。如果商家能巧妙利用这点，就能让微博内容看起来像是出自企业之口，从而使消费者产生亲切感。

好处这么多，企业又该怎样努力，才能让其微博看起来"能说会道"呢？要注意解决企业在网络平台上是如何与消费者接触的这一问题。毫无疑问与消费者对话的几乎都是企业员工，发布企业博文的也正是员工。企业微博的说话技巧、客服的语言语气，无不体现出他们的个人素质、性格特点。因此，企业的管理者和员工说话技巧要做到：①说话时必须做足礼节。不论在什么场合，面对客户怎样的质疑和责难，一句"您好"在任何时候都必不可少。礼节虽然不可少，但并不是要企业及员工一味迎合、奉承消费者——虽然也存在有些消费者故意刁难、威胁商家的情况。这时，商家面对恶意诋毁，就应该拿出自己的勇气，与其理论。答复要做到不卑不亢，也可以公开发布微博，发起舆论评价。②竭诚服务。哪怕身处虚拟的网络世界，同样缺少不了真诚。企业、员工必须要怀着一颗真诚的心，切实解决消费者的问题。将心比心，企业做到了真诚，企业员工潜移默化受到正确的价值观和服务准则的影响，在说话技巧、方向上就不容易出现偏差。③多用日常化、口头化用语。这种语言可带给消费者亲切感。

（四）掌握妙招，成功"逆袭"

企业官方微博从建立到做大并不是一朝一夕的事情，尤其对广大中小型企业来说，他们没有那些一线企业早前在传统营销中建立起来的人望和品牌价值，不占优势的中小型企业更需要脚踏实地一步一步用心经营。

对中小型企业来说，最让人头疼的就是前期发展了。刚刚进驻某微博平台，粉丝必定数量不多，哪怕是像戴尔这样强势的品牌，在刚刚进驻新浪微博的时候，前几周也只有数万粉丝，而那些相对不知名的中小型企业只有几百名粉丝，还没有企业某员工个人粉丝多。

如果不是遇到可供炒作内容引爆粉丝注目，企业粉丝数量的增长永远是一个缓慢但持续增长的过程。中小型企业只有通过一点一点的努力，树立大局观，从细节出发，最终才能成功"逆袭"，而这样的例子也是不胜枚举。

企业要成功"逆袭"，要掌握以下五大妙招：

（1）正确定位自己。企业不用妄想刚进驻微博平台就能取得火爆的人气，不要制定大而空的目标，要认清自己所处的位置，给自己制定一个短期目标、长期目标，例如，每个月通过做几次活动粉丝数量突破多少，一年粉丝数量达到多少，努力朝着目标前进。

（2）准确定位微博平台客户群。企业必须主动出击，在目标客户群经常出现的地方进行宣传，才能给自己带来更多的客户资源。

（3）坚持每天发布微博，哪怕目前没有人或极少人关注。坚持不懈是企业做微博营销的第一原则，即便企业进军微博营销的效果并不理想，粉丝数目也不多，但是只要坚持不懈，商家就会发现，粉丝还是会以可见的速度增长。

（4）注意调整自己的关注对象。企业也可以关注其他个人或团体，尤其在新浪微博、腾讯微博等一线网络平台中，"我关注的"这一选项，也可以被其他用户看到。企业如果能够和一些知名微博ID（潜在客户群经常出没的地方）实现互粉，那么这种间接的关注无疑会持续上涨。

（5）走亲民路线。无论是发布微博，还是企业做售前咨询、售后服务（这两点非常重要,即便关注的粉丝不多也必须坚持)的时候,请走亲民路线。亲民路线的好处无须赘述,拉近与消费者的距离,如果交流得当,个体用户有可能将企业推荐给其他圈中好友——经过这种裂变式传播,商家会惊喜地看到企业的关注度飞速上升。

三、以讲故事等形式做营销

与大家分享一则有趣的小故事。有个自称专治驼背的江湖郎中,在招牌上写着:"无论你驼得像虾一样,或像饭锅一样,经我治疗以后,立马妙手回春。"有个驼背的人信以为真,就跑去请那个江湖郎中医治,只见江湖郎中不给驼背者开药方,仅拿两块木板,让驼背者趴在一块木板上,把另一块木板压在驼背的身上,然后用绳子绑紧。接着,自己便跳上板去,一顿乱踩,驼背者连声呼救。结果,驼背者总算给弄直了,可惜人也一命呜呼了。驼背者的儿子找江湖郎中打官司,江湖郎中却说:"我只管治好他驼背,哪能管他死活?"

这则小故事不仅是一个笑话,更是一个著名的营销故事。这个营销故事给企业很大的启示作用。从这个故事中商家应该悟出这样的道理:消费者的需求和偏好是多种多样的,企业营销的目的是要找出解决客户问题的方法,生产出符合客户需求的产品才能盈利,才是成功的营销;如果企业能够在微博营销中,将讲故事和做营销完美地结合起来,起到的作用将是很大的。

(一)撰写微博营销"背后的故事"

经营企业微博不仅要按正常的流程,还要想到一些"背后的故事"。这些"故事"看起来与营销没有直接的关系,却是一家企业做好微博营销必不可少的环节。微博营销"背后的故事"有哪些呢?到底有什么地方值得企业的关注?

"背后的故事"其实可以分为两个方面:一是字面上的故事;二是"故事"背后隐藏的深意。

企业可以在撰写微博时穿插一些小故事,这些故事可以是摘抄的,也可以是自己编纂的,这些故事都是吸引粉丝眼球的利器。撰写故事的方法是:

(1)积极与第三方平台合作。如在新浪微博中,企业不能搞恶性竞争,切忌发布消息刷屏;要与新浪编辑、网站管理等密切联系,展示与网站合作的诚意,争取在用户的登录界面、个人中心等网页界面,滚动播放企业的官方微博链接和动态。如能得到第三方平台的推荐,这是极大的助力。

(2)主动参与微博营销。商家要尽可能地多做微博工作,与第三方平台取得联系,建立良好的关系,才能互利互赢。

(3)注意细节和细节反馈。企业在发布营销故事的时候,不是发布成功就万事大吉了,还要注意粉丝的反应。如果反馈良好,则可以继续使用这一类型的故事;如果反应不佳,则应该去研究一下粉丝们到底喜欢看什么类型的故事,效仿沿用。故事内容不能涉及一些敏感词汇,避免过多的营销内容,故事、营销分别所占的比例最好是六四开或七三开。

(4)合理利用营销小故事。这里的合理是指企业要在适当的情境下使用不同的故事。内容不同，风格也要不同。例如，某蚊香广告"妈妈，我想到月亮上去"。"为什么啊，宝贝？因为月亮上没有蚊子"。该广告词就非常符合其产品内容，可以作为微博故事使用。微博故事和营销内容紧密结合起来，才能让消费者看得懂，想要购买。

（二）微博故事成本低、回报高

一般来说，企业乐意用一些小故事吸引消费者的注意，这些小故事不需要企业费多大工夫就能在网上找到，或者自己编出来，以低成本投入就能够为企业营销打好基础，获得更高的回报。

为什么微博小故事这么受到粉丝们的欢迎，究其原因有以下几点：

（1）以故事开头，可以避免开门见山，增加委婉性。有些企业的官方微博内容属于为了营销而服务的，也就是说，其发布、转发的内容，一般都是以介绍企业概况、宣传最新活动、促销企业产品和服务的。这样的企业微博，粉丝量一般都不会太多，就是因为他们太过开门见山。试想，消费者一刷新页面，就蹦出企业的广告，会觉得高兴吗？有点技术含量的企业微博，以一些故事作为开头则委婉了很多，不仅不需要什么成本，还起到好的作用。

（2）故事可以使营销生动形象，吸引粉丝的注意力。微博用户都知道，一则小故事的出现，会让原本盯着屏幕的人眼睛一亮，从而有兴趣将整条微博看完。看到最后，哪怕发现了这是一家企业在做营销，只要故事足够有趣能打动人，就很难对该企业产生反感心理，反而会把该企业留在自己的关注列表里，期待看到其下一个微博的内容。

（3）隐蔽性强大，不易被认为是直接营销。发一则小故事，可以是虚构的，也可以是描述自身的经历的，要将粉丝的注意力从营销上支开，不能让消费者联想到企业在委托明星做营销。

（4）成本低廉。微博营销本就是低成本营销的代名词，发布的微博中带有小故事，不需要企业花钱，这些故事可以是摘抄或引用的；当然，最好还是原创作品，才能让人眼前一亮。如果内容新颖独特，甚至能在微博上引起轰动效应。

企业在使用小故事做营销中时要注意以下事项：

（1）故事种类。故事的种类有很多，如童话故事、笑话、爱情故事等，这些都是很好的题材。企业在使用的时候，可以根据营销的具体内容决定具体故事类型。值得一提的是，引用一些小动物的故事，不仅亲切感十足，而且在一般环境背景下都能适用，还能与企业营销沾边，可以说是营销故事的"一招鲜"。同时，要避开一些敏感话题和与黄赌毒等不良信息有关的内容。

（2）故事注意实用，最好有内涵。企业微博要注重结合生活，如果使用的故事没有实用性，对企业营销没有深刻的含义，粉丝就会认为是失败的微博了。

（三）利用微博名人为企业代言

微博平台上，很多明星为企业代言都是"明码标价"的。为什么这么说呢？因为企业不仅认识到了用微博名人做营销能够带来的影响力，名人也意识到企业能给其带来的好处和利益——自己动动手指就能赚钱，这不是一种双赢的最方便省事的方式吗？

还有专门为企业做营销的账号，被网民戏称为"营销号"，这些账号拥有大量粉丝。虽然有一部分是他们自己注册的"僵尸号"，但对企业来说，利用名人拥有巨大的粉丝基数是做广告、推产品的最好平台之一，企业也乐于与这样的名人合作。

企业利用微博名人做营销，有如下好处：

（1）成本低廉。根据新浪微博官方统计，平均一个拥有60万有效粉丝的账号，帮一家企业发布一条营销广告的要价一般在150~300元；而一些微博名人代言，收费则是在数千元乃至数万元不等，"微博女王"姚晨微博营销代言一次，收费在6万~8万元。虽然这在中小型企业看来仍是一个不小的数字，但是比起传统营销中的电视、报刊广告动辄数十万、上百万元的代言费来说，这简直就是低成本营销。

（2）无须企业出面，不易影响到企业形象。利用名人代言的另外一个好处就是企业不需要亲自出面做营销，官方微博依旧可以走原来的亲和路线。而营销的任务交给名人，不仅效果更好，也不会招致粉丝反感，因为粉丝关注的名人，一般都是他们在现实中尊重崇拜的对象，更能引发粉丝们的好奇心，继而关注企业的官方微博。在无形中，企业冒很小的风险，就为自己争取到海量的直接或间接粉丝。

请名人代言需要与企业的形象、文化、品牌高度匹配，必须要坚持以下原则：

（1）广泛撒网，重点捕"鱼"。所谓广泛撒网，是指企业不能只请一个名人代言，因为企业不熟悉其说话风格，也不知道其具体的粉丝情况。曾经就有企业遇到过请某名人代言，但是该名人麾下的近百万粉丝几乎90%以上是"僵尸粉"，这就是失败的案例。企业最好要同时聘请3~5位微博名人进行代言，既花不了太大的价格，又可从中选取营销效果最好的那位名人，作为企业的"御用"营销代言人。

（2）注意代言频率。一旦企业选中了某名人，就可以请该名人为企业做营销了。但是，切记不能让名人发布过多、连续的营销信息，否则即便做得再隐蔽，也会被粉丝们察觉。如果粉丝们总是看到该明星发布同一家企业信息的微博，迟早会心生质疑。因此，企业找名人发布微博不能"滥"，而要"精"，往往一条优秀的代言微博，就能起到应有的效果了。

（3）选对企业客户群所关注的明星的微博。例如，某女性服饰企业一般都要选择一线女星代言，因为粉丝关注该女星，就是想了解她的生活方式，甚至模仿她的穿着打扮。企业若是能够选对明星，该明星所穿着的同款服饰销量必然暴增。

（四）要善于利用草根微博的效应

在微博发展的早期，就出现了"草根"这一名词，"草根微博"随之走红。目前，"草根微博"依旧是人们重点关注的对象。如果企业在做营销的时候，能够利用这些草根微博带来的"草根效应"，起到的效果必定会超出想象。

商家在接触草根微博的时候，就要先弄明白，什么是草根，什么是草根微博。"草根"是平凡普通的同义词，代表普通人，而不是那些名人。草根们简单、低调、自信，认为在微博这一舞台上并不会做得比名人逊色。而"草根微博"，就是指具有这种草根精神的网友们使用的微博账号。

近年来，草根们通过自己的努力，让草根微博已经占据了一席之地，有些账号的影响力甚至远超一些国内的一线明星。优秀的草根微博有冷笑话、经典爆笑排行榜、爱讲冷笑话、假装在巴黎、冷笑话精选、微博经典语录等。这些草根微博账号在新浪微博上享有很高的人气，企业注意到他们，就是因为他们通过不拘一格的语言形式和表达方法，博得粉丝们的喜爱，不仅值得企业学习和借鉴，也是企业做微博营销必须重视的对象。

草根微博内容来源有三：一是翻译内容。作者通过精心翻译国外有关故事，加上作者编写与之相关的内容，国内粉丝对此兴趣度高，此微博不容易被他人模仿。二是摘抄引用。他人有什么好内容进行转发。这是在不涉及侵权前提下所采用的一种方式，把一些相关故事加以整合润色用来作为自己的微博内容。三是专题策划。根据企业的品牌、产品等内容策划出一系列营销专题，如曾经红极一时的"杜甫很忙"、"元芳你怎么看"等。

好的草根微博，其账号往往拥有海量粉丝，数量在百万级别以上。企业要学习草根微博吸引粉丝、提高自身人气的方法。这些方法是：

（1）批量注册账号。这一手段虽然看起来没什么作用，也过于费时费力，却是网络推广经久不衰的方法。这种方法只需要在微博注册前期使用，给自己增加基础粉丝。就以"冷笑话精选"为例，其创始人尹光旭在前期先注册了多个微博"马甲"账号，平均每个账号关注5个其他用户，而这些被关注的用户总会有相当一部分反过来关注"马甲"账号，时间一长，当中就会有一部分账号拥有大量的关注者，从而给账号前期的人气奠定了基础。

（2）在微博平台搞好关系，获得编辑的推荐。有了编辑和管理者的推荐，在新用户注册版块、个人账号登录版块、个人微博首页等人们经常光顾的页面，就会出现其微博的简介和关注链接；这是微博获得粉丝最重要的来源。像李开复、卢松松等明星人物得到了推荐之后，就经常出现在新浪微博的IT名人堂里。企业要学习这种做法，争取得到网站的认可和扶持。

（3）买卖粉丝。这其实是一个不得不使用的无奈之举，现在不少网站在做这门生意。有经验的人都知道，在微博私信、留言、评价中，都能频繁接到售卖粉丝的消息。甚至在淘宝上直接搜索，就能看到粉丝价格表。一般来说，这种价格不会太贵，一万个粉丝号只要十几元钱，十万个也只要上百元。这种方法之所以说是无奈之举，就是因为这些用户账号都是"僵尸号"，这就决定了此方法只能用于前期给企业微博打下粉丝数量基础的，如果数量多了，自然会被粉丝识破（评论量、转发量与粉丝数量不成正比），反而不利于企业的长远营销。

第二节 微信营销

一、微信营销概述

目前，微信用户已经突破6亿！人们在惊讶之余不得不面对更惊人的现实：自

2011年1月21日发布第一个微信版本，期间耗时不到四年。其实，微信的普及率一直保持很高水平，并且速度一直在加快，这个跨平台应用的优质软件，几乎可以被所有手机操作系统使用，极大方便了用户，由此说明，操作越便捷的产品，越能受到欢迎，微信中内容并不多，却可以满足用户对通信、信息发布、交友等需求，可见，越贴近生活的产品越受到欢迎。

微信不仅在国内大受关注，也吸引了海外体验者的注意，当客户觉得用着顺手的时候，产品会得到广泛运用。

在微信发布前，也出现过很多交流软件，但都没能"家喻户晓"，这款功能全面却不用花费很多流量的软件，不仅带给用户新鲜感，还带领他们进入"沟通心领域"，同时，随着用户数量的增长，企业还将获得更多利益。

为什么微信可以在短时间里获得大众一致好评呢？原因可以归结为以下两点：①精准定位。作为该产品"灵魂人物"的张小龙一直致力于用简单的规划构造复杂世界，对于微信的精准定位，成为其成功的首要条件。微信给谁用，他们的需求是什么，有无操作上的"习惯"，将各种问题都深思熟虑后的张小龙，才开始着手做。②懂得产品的内涵，甚至可以预计客户的感受。虽然外界对腾讯的评价是"一直在模仿"，但是它"从未被超越"，在模仿其他产品的时候，微信一直保持"本土化"，并且做到一定程度的创新。做好"投入"是微信得以发展的重要因素，在2.0版本发布前后，阅读空间项目组成员全部加入到微信团队来，微信研发团队人数上升到200人，这么大的规模，是行业内较为少数的。腾讯擅长的"微创新"对微信也做出了很大贡献。2012年5月，拥有400万用户的微信出现"疲态"，面对这种情况，微信马上研发了"对讲机"和"邮件提醒"功能，随之而来的结果是用户数量激增。随后，微信又增加了"寻找附近好友"、"摇一摇"和"漂流瓶"等功能，将陌生人的距离迅速拉近，微信的适用范围也越来越广。实际上，创新就是对用户体验的极致追求，正因为腾讯公司一直把创新看成最重要环节，所以他们一定把微信创造得"很好用"，这也是广大用户的心声。

目前，我国有超过6亿多微信用户。在这个群体中，绝大部分是年轻人，他们几乎是消费的主力军，越来越多的商家选择微信营销的方式。

（一）微信营销的优势

（1）在微信平台中，品牌信息可以一对一地发送给用户，产生"专享"感受，这是大众媒体无法达到的"境界"。

（2）信息量大，非常精准，实现百分百推送，用户会主动看。

（3）界面纯净度很高，不像其他界面跳出很多垃圾信息；而微信提供的信息，基本上是客户所需要的，不会产生不适感。

（4）发布信息和组织活动简单，不需要花费任何费用。

（5）多媒体营销顺应时代，新潮新颖。

（6）结合地理位置定位，微信营销可以玩出很多花样。

（7）微信营销让品牌商拥有更加明确的目标，与用户积极互动。

（二）微信营销的功能

1. 分享功能，扩大朋友圈

在互联网世界中，用户获取更多信息的渠道是通过不断添加好友，然后看他们分享的信息，形式多种多样：视频、文字、音频、图片等。人们通常的做法是，在看到有人分享了自己感兴趣的内容，就会去查看对方的资料，这可能是个无意间或是习惯性动作，但是在多次看到某个人分享了自己感兴趣的内容，就会考虑加对方为"好友"，渐渐交际圈就会扩大。

越来越多运营商看准这个功能，纷纷把目光投向"信息分享"，当"分享"按钮嵌入页面中，用户在看到网站中有感兴趣的东西后，就可以点击"分享"按钮，非常简单方便，你可以有选择地分享到新浪微博、人人网等平台，当"粉丝们"看到你的分享，就会到你的个人主页中查看内容，这样便增加了你的访问量。

你也可以在自己的公司网站中添加"分享"按钮，步骤非常简单：①打开分享按钮进行页面设置。在地址栏中输入目标网站的链接方式。②设置选择样式。可以是图标或是按钮等，图标的大小、是否显示分享数等信息都是可以设置的。③再观察右边效果预览区，看看是否满意。④如果以上工作都完成了，可以单击最下方的"获得代码"按钮，将代码复制到你的网站代码中。

现实生活中，我们必须先认识某个人，再了解对方的兴趣爱好，最终成为朋友，网络世界刚好相反，因为你无法找到对方，并与之面对面交流，所以必须通过分享的信息，看出对方的兴趣点。当然，也可以形成一个组织，像"网购俱乐部"、"驴友会议室"那样将类似信息放到一起，你发布的信息量越多，越能够吸引用户的眼球。

如今，出现了不少以分享信息为主的网站，"美丽说"就是其中之一，它先将网站内容进行分类，然后再把相关信息添加进去。在网站首页，用户可以看到包包、饰品、衣服、鞋子等，总之，用户想看什么都可以。当用户看到中意的商品，一定会打开看看详情，还想找到商品出处，在网站没有写明出处的时候，用户会去关注其他用户留言，同时能看到他们的评价，此时，交际圈正在慢慢扩大。

互联网的信息传递功能和信息容量是我们无法想象的，如果能够利用好"分享"按钮，你就能得到想要的信息以及认识更多人。企业和个人的需求都会在互联网上展现出来，在信息交流的过程中，结识更多有共同兴趣和需求的人。从企业的角度说，能够为将来获得利益创造机会；从用户的角度说，可以在实现更优质网络生活体验的同时，实现在网上也能"货比三家"的愿望。

朋友多了，了解的信息量就很大，对企业和用户都有很大好处，当然，这一切都要从点击"分享"按钮开始。

2. 一同参与，互动营销无死角

既然是信息分享和交流软件，微博、微信等信息平台有一个非常重要的功能就是能够实现"互动"，所以才会有"无互动，不微博"的说法。然而，很多企业却因为受到传统观念的束缚，非常不适应微博上的互动，或者说不清楚该如何利用互联网与外界进行交流，继而失去了很多塑造品牌形象和赢得更多客户的机会。当营销出现"死角"，企业的利润就会打折扣。从某种意义上说，互动并不比发布原始信息更简单，也需要花费心思和动脑筋，才能让"互动"内容在打动人的前提下，显示出足够诚意。

人与人交往首先要有诚意，在网络营销中也一样，虽然买卖方式发生变化，但是内涵一样。在互动的过程中，对方可能会问你相关问题，不论多么麻烦都要耐心解决；在和用户的交流中，需要保持礼貌，并且给予对方专业、详细的解答。就像在实体店，客户向商家咨询问题的时候，都会获得耐心的解答。

"态度决定一切"。在互动的时候，要把真诚的一面展现在对方"面前"，即使没有一次性完成销售工作，也可以给对方留下良好的印象，优质的服务是赢得客户的重要环节，营销本身就侧重于品牌推广，只要品牌打响了，还担心会没有客户吗？

当然，互动也需要注重技巧，没有人会喜欢"死板"的交流方式，语气轻松明快，语言幽默诙谐，更能迎合客户的口味。幽默就像润滑剂，能够活跃紧张的气氛，虽然要求企业和用户交流的时候，具备专业性，但是说话太严肃会造成对方的反感。

不论是谁，每天都要面对众多压力，如果连互动都是枯燥的，便很难调动对方的情绪，互动的目的是为了让更多用户了解产品。市面上同类型产品很多，想要赢得客户，必须提升服务质量，让对方拥有愉快的购物体验，便可以在互动方面下功夫。

你是否看到了微博、微信等产品在互动方面的优势？销售人员向客户介绍商品的时候，无法表现出夸张的动作或是表情，如卖萌、亲吻、拍手或是拥抱等，而这些都可以通过网络表情体现出来，如果配上生动的文字，效果会更好。

商家会常推出优惠活动，可能会张贴在橱窗玻璃上，或是在门口立个牌子，让客户了解详情的渠道比较窄，如果在互联网上传播，速度就快多了。

作为互联网产品，其主要功能是将用户"聚集"到一起，人越多，就有利于商家发布产品信息。正因为网络的虚拟性，所以让用户了解产品，并对其产生信任的关键要素便是互动。

二、微信营销的方式

说到通信软件，用户可能会觉得各类产品差别不大，使用哪一种都可以！这时候，品牌便失去了竞争力。微信之所以能够保持用户高速增长，很大原因是拥有强大且难以复制的功能。很多软件都可以进行文字和语言对话，但是无法开启视频模式，或是开启视频模式需要耗费很多流量，微信刚好做到"扬长避短"，既把产品设计得非常简便，又涵盖了很多内容，更重要的是，用户仅需"一点点"流量，就可以做到沟通无障碍。

想要吸引用户，微信还有很多"妙招"。例如，通过"摇一摇"的方式，找到在同一时间做相同动作的人，证明对方也想找朋友；同时，投入"海中"的"漂流瓶"能够被很多人捡到，用户的社交圈就能在短时间里扩大。

做到产品不被取代，就要使其拥有其他产品没有并且非常好用的功能，才会吸引用户的目光，当用户体验感增强，就会推荐给身边的人，用户数量的增加，带来的商机是无可限量的。

（一）从微信开始进行产品先期推广

互联网产品的诞生，不仅满足了人们沟通的需求，还为商家和客户搭建了信息分享的平台，让用户在最短时间里获得更多资讯，及时找到他们想要的产品，同时还能获得一定程度的优惠，对于买卖双方来说，都是很好的。

任何企业想要扩大知名度，完全可以利用互联网资源。例如，很多企业将信息发布在微博上，并且公布经营状况和理念，通过多角度解读，牵引出与产品有关的信息，做到引起用户注意。因为互联网本身就存在虚拟性，会导致客户缺乏安全感，当商家详细说明企业情况后，便容易打消客户的疑虑，简单地讲，就是变无形为有形。

互联网产品可以促进企业新产品发布和推广，这就是很多企业在微博、微信等产品上进行先期推广的原因，用户只要动动手指，就能看到最新一季产品的咨询。从商家的角度说，适当地在互联网上发布产品，并且通过创意十足的方式呈现在客户面前非常重要，这是增加对方兴趣的方式。有了关注产品的人，就要对其进行管理，可以根据用户的性别、年龄、工作、爱好等，将他们进行分类，不妨给他们"贴上标签"，定期给对方发送邮件。

微营销的高明之处，就是将产品的售前与售后工作全部"搬到"网上，如果是一家企业微博，肯定会有客户或是潜在客户向你咨询产品，这说明对方对此很感兴趣。为了留住客户的"兴趣"，不妨把原先存在与企业内部的客服部"搬到"网上来，这也是降低成本的方法，因为一个账号可以同时接待多个客户的咨询，这种交叉服务的方式，大大降低了人力。商家也可以把促销活动搬到互联网产品上来，因为这里存在很多潜在客户，不妨通过打折、抽奖或是派送试用装等活动，吸引他们的注意，不论在微博还是微信上发布此类信息，都只需要花费较少的成本。因为消息一出，用户就会争相"转发"或是"分享"。

可见，商家完全可以把销售活动放到互联网上，虽然减少了与客户面对面交流的机会，却可以通过创意无限的活动和有趣的策划，令对方喜欢你的产品，为实现销售打下基础。

（二）在互联网产品促销活动中开展游戏竞赛

作为大众共享的信息平台，互联网产品能够以其独特的方式，将用户们组织起来，如果商家策划出丰富多彩的活动，对于产品本身来说，可以起到推广作用。

经常发布公益活动的消息会引来不少明星参与，正因为"公益"是全社会都很关注的活动，加之公众人物的助推，会获得很广泛的效应。同时，"公益"也是非常敏感的，所以在操作的过程中，要特别注意细节的处理，如消息简短明了、真实可靠，有条件的情况下要提供相关证明……总之，想要让用户都参与到活动中来，必须让他们建立起信任。

在互联网产品中添加促销活动也很必要，某段时间，某女性门户网站就发布了一次促销活动，利用"造句体"的幽默性和智慧性，让更多人参与到活动中，这也体现了互联网产品"短、平、快、碎、即、开"的基本特点。

如今，网上有不少"五花八门"抽奖活动，在吸引用户的同时，也能变相给予对方一定优惠，抽奖的人越多，就会把消息传递给更多朋友。在进行抽奖活动的时候，方式和规则都必须清楚、严密，以便于整个活动在平稳的状态中有效进行，并且要注意奖品数量、中奖比例和活动的时间跨度等问题，以免引起用户的猜疑。

游戏竞赛活动在互联网产品中也很常见，其组织形式和竞赛方式与微博公益、促销活动很类似，但是还存在一些区别。

首先，要设计一份有创意的策划。例如考虑组织竞赛的目的、要利用哪些题材、活动对象是哪些人等，先将大范围定好，再进行详细的安排。

想要竞赛吸引人，就要以近期发生的事情为"主题"。例如，某品牌曾在情人节做过一次名为"默契大考验"的竞赛，将比赛时间定为情人节前一天（不影响情侣们当天出去庆祝），在规定时间里，参赛中通过网络回答主持人的问题，正确率最高者，将获得比赛礼品。而这个礼品，就是品牌旗下新产品。

其次，要注意活动的评分细则。既然是比赛，大家都盯着比赛是否公平，不妨把评分机制公布出来，并且让用户监督，这也是让广大用户参与进来的有效方式。

很多商家为如何选择评委而烦恼，其实，你完全可以将专业评委和大众评委结合起来，因为这并不是一次很正式的比赛，商家意在宣传品牌，所以既不能过于正式，也不能让比赛结果毫无根据。

最后，竞赛作品的评比也值得商家思考。虽然评比工作很烦琐，你也要尊重参赛者的辛勤劳动，本着"公平、公正、客观"的原则，认真审核参赛者的作品。如果量过大，不如先将它们分类，然后再讨论作品优秀与否。比赛结束后，商家可以在征得选手同意的基础上，对比赛获奖名单及其作品进行公布，这也向用户展示了公司对比赛的重视程度。例如，清时明月官方微博就曾公布了其在"横店Cosplay英雄会平面大赛"中获奖的作品，一时间，引来很多人"围观"。

很多商家还会在"奖品递送"上下文章，如果你"默默无闻"地寄出了礼物，除了获奖者本人外，还有谁知道呢？不妨先告知获奖者：礼物会在3～7天发出，然后"故意"与他们核对地址或是其他个人信息等，这么"高调"是为了吸引其他用户注意。

无论游戏还是竞赛，都是为了吸引用户的关注，目的都是想让用户购买产品，所以任何动作都要围绕产品的品牌进行，还需要在细节上下功夫。也就是说，用户每关注一个细节，都能被品牌影响力感染。

（三）线下活动增加交流

很多企业把线上交流和线下活动结合起来，对巩固活动效果有很大作用。

组织线下活动意在传播企业形象，扩大品牌影响力，推广企业新研发的产品，加强企业与客户的联系，而这一切都是在扩大本企业的知名度。

线下活动分为很多种：①把企业近期重要活动"呈现"在用户眼前；②介绍新产品或是通过活动将试用装分发出去；③通过线下活动组织客户进行交流分享和答谢会；④企业所处领域的论坛或是聚会等；⑤企业或是部门各类庆典；⑥企业年会或是大型活

动等。

将线下活动看成在线活动的延伸，将其分成不同类别进行，例如，新浪微博将线下活动分为同城、线上和有奖活动三大类，统称活动指有具体时间和地点的"聚会"，可以组织很多人参加，让大家有面对面交流的机会。虽然组织方式一样，但商家依然可以用不同形式呈现出来，值得一提的是，越新颖的活动越受到大家的欢迎。例如，举办座谈会、联欢会等，活动形式多样化是吸引客户参加的重要因素，有些人注重内容、有些人乐于享受活动带来的感觉、有些人比较随意，在活动经费允许的情况下，也可以考虑请名人到场，会增加活动的气氛。除了谈话交流，组织者还需要在活动现场准备一些小礼品、试用装，也可以设计抽奖活动，对于参与者来说，都是具有极大吸引力的。

想要让活动发挥应有的效能，必须控制参与者的"背景"。例如，微博平台一般对发起活动的条件是有所规定的，如果发起非有奖活动，必须同时满足这些条件：上传清晰的个人头像、粉丝数量10人以上、发布微博数量超过5条、每天最多只能发起3个活动。当然，有奖活动的"门槛"更高一些。这就"迫使"用户必须在线上"活动"，对商家来说，用户活动越频繁，越能够起到传播信息的作用。当然，主办方肯定要邀请客户参加，邀请的方式有很多种，如在线上直接邀请，通过QQ、邮箱或MSN，商家可以根据实际情况，选择不同邀请模式。

组织线下活动虽然能够促进品牌推广，但是如果管理不好，也会存在问题。商家应当随时了解参加活动的人，还有活动准备和进行情况，以免途中出现问题，影响了整个活动进程。值得一提的是，商家不能忽略了对参与者身份的"认证"，简单地说，要确定所有报名的人，都已经被安排妥当，以免出现人员遗漏的情况。

除了在线活动，线下活动也是吸引用户参与到企业活动中来的重要方式，正因为其特殊性，所以更需要主办方核实其身份，进行有效的活动管理，才能保证活动能够带给你预期效果。

三、微信营销的技巧

把微信变成营销工具，不只是会发消息、发图片就可以的，还得掌握以下技巧。

（一）掌握微信营销基本要素

（1）设计鲜明的头像。头像好比商店的"门面"，你得让客户在第一次看到它的时候，就产生深刻的印象，一般草根的头像都很有个性，有些则非常夸张，而企业头像必须稳重些，才能让客户"放心"。最常用的就是企业Logo的名称、商标、建筑物等，目的就是为了让客户一眼看出这是哪家企业。

（2）利用好"签名"。通过微信，你可以找到"附近的人"，用户可以查找自己所在地附近的微信用户，系统除了显示附近用户的名称外，还会显示对方的个性签名，商家为何不利用这个为企业做宣传呢？这简直是免费"广告牌"。

（3）设定二维码吸引用户关注。如今，大家都在宣传自己的二维码，目的是推广自己的微信，正因为用户可以通过识别二维码身份来添加好友、关注企业朋友，所以商家可以通过设定自己企业的二维码来吸引用户关注，成功开启O2O的营销模式。

（4）用好开放平台。正因为微信是个开放的平台，所以应用开发者可以通过微信开放的接口，让第三方应用接入，还可以把应用的 Logo 放到微信的附件栏目中，目的是让微信用户方便地在会话中使用第三方应用，从而进行内容选择和分享。

（5）利用好"漂流瓶"功能。这个功能涵盖了很多内容——扔瓶子，即用户可以选择把文字信息或是语音信息投入大海中，如果被其他用户捞起来，就可以展开对话。捡瓶子，即去海里把人家"丢"的瓶子捡起来。企业可以通过这种方式传播信息，虽然每天"扔瓶子"和"捡瓶子"的机会只有20次，但是你丢一个瓶子出去，可以同时被很多人捡到。

（6）写广告不如说广告。常常打字，用户也会觉得厌烦，使用视频又会耗费很多流量，既然如此，通过微信发送音频信息，是很多人的理想方式。

（7）使用微信公众平台。近期，微信开放了公众平台，真所谓"毫无门槛"可言，无论企业还是个人都可以用一个 QQ 账号，制造自己的微信公众号，并且在该平台上实现和特定群体的全方位互动。

利用好微信的交流功能，有利于你把企业信息传递给用户，当然，前提是你可以熟练操作微信。

（二）通过漂流瓶寻找客户

使用微信的玩家都了解漂流瓶功能，你可以选择"扔瓶子"或是"捡瓶子"。关于前者，无论瓶子里装的是语音还是文字，都可以被扔到"海里"，并且在短时间里会被人捡起来。很多人惊奇地发现，当自己把瓶子扔出去后，可能同时会被若干人捡到，当然，很多人会回复你的瓶子。

作为企业"玩家"，你完全可以把企业或是产品信息"装入"瓶子里面，不过，你无须担心会被"不需要"的人捡到而错失宝贵机会，虽然每天"扔瓶子"和"捡瓶子"的数量是有限的，因为当人们捡起瓶子并且了解了其中的内容后，可以选择回复或是再次扔进海中，给需要这些信息的人。

企业通过漂流瓶寻找客户的技巧如下：

（1）需要简短地表达想法，意在吸引潜在客户的注意力。每个漂流瓶都只分给你很少的时间与书写空间，所以在发表想法的时候，得做到简明扼要，既要说清楚企业的背景资料和经营项目，还得把联系方式留下来，这就考验了使用者的语言组织能力。当然，你不一定要说满一分钟或是把字打得满满的，内容越简要，客户越有兴趣看。例如，某企业在利用微信宣传新产品时这样说道："还在为送家人和朋友礼物而发愁吗？不如让我帮你解决这个难题，如果你愿意加我为好友，就能看到相册中各种富有创意的礼物，至于价格嘛，也是你满意的。"在微信平台中想要留住更多潜在客户，必须利用好每一项资源。当然，最好不要表现出"希望对方购买的意愿"，而是要把最好的产品"呈现"在他们"眼前"，一旦潜在客户心动了，就会自己找上门，营销过程会变得更加有意义。

（2）通过"捡瓶子"的方式，找寻潜在客户。除了把企业的信息发布出去，商家也可以去寻找有需要的人，"漂流瓶"功能中，你每天可以捡到20个瓶子，也就是说，完全有机会寻找到潜在客户,这也是商家不能放弃的"机遇"。

(3)管理好从漂流瓶中寻找来的客户。捡到漂流瓶的客户也许会回应你的瓶子,但是不一定马上接受你的好友申请,所以要求商家抓住简单的攀谈机会(有些人害怕潜在客户流失,所以在对方回应他的瓶子之后,马上说出希望对方购买产品的想法,反而让客户觉得别扭,毫无新意可言),不妨先与对方建立起"亲密关系",让对方喜欢和你聊天,甚至可以说一些与产品无关的事情。总之,如果你没有激发起用户的足够兴趣,营销工作就很难进行,当他非常喜欢与你聊天的时候,再去申请加对方为好友,就会容易很多。

对商家而言,"漂流瓶"的出现,无疑是给他们提供了寻找潜在客户的另一机会,不妨利用好它,让瓶子帮你漂来更多财富。

(三)利用好微信中"查看附近的人"的平台

当你走在大街上,即便身边有很多人,你都无法走上前去与之交流,而微信却能够克服这一点。在微信平台中,有一项"查看附近的人",可以帮你在几秒钟之内找到那些正在使用微信的用户,很多商家问:"这有什么用呢?"

使用企业或店铺的名字,申请一个微信账户,写明详细的地理位置,当客户需要寻找相关信息的时候,头像就自动显现在他的手机里面了。例如,某酒店申请了一个微信账户,之后接待的客人显然更多,经理做了一个简单的调查,超过20%的客人都是通过微信中"查找附近的人"找到了这家店。

可见,当你选择了微信,并且能够好好利用的时候,商机也在悄然而至。但是,等着客户"上门"总不是最好办法,所以要在恰当的时间,把潜在客户聚集起来。

首先,看看"查找附近的人"当中,是否有固定存在的人,也可以将找到的人分类,这样便于管理。如果某些人固定出现在栏目中,说明他们可能在附近居住或是上班,对这些人,你可以主动找他们聊天,在沟通的过程中,将企业信息传递出去,因为这些在周围生活的人,可能对你的品牌还不熟悉,这是你主动出击的"好时机"。对其他不经常在此栏目中出现的人,可以先把题目记录下来,然后查看出现的次数,再根据实际情况进行分类,如果遇到出现次数比较多的,也可以主动找他们交流。

其次,可以把"附近的人"聚集起来。到店铺聚会,或是找个合适的场所聚会。既然知道了周围有潜在客户,就要想办法将他们引向你的实体店,不妨用聚会的形式,既轻松明快,又能引起参与者的兴趣。如果总是在微信平台聊天,对方可能永远也不会真正参与到品牌活动中来,所以要在时机成熟的时候,把用户聚集到一起,正因为大家都非常在乎这种真实的体验,所以,组织大家进行聚会非常有必要。

最后,商家还可以据此推出优惠活动。前段时间,某餐厅打出活动广告:门店已经开通了微信,将会在每天早上10点和下午4点,准时举行"查找最近客户"的活动,如果谁离门店最近,谁将额外获得一份甜品。之后的几天,该门店一到饭点就引来很多客人,让路过的人觉得这家店人气火爆,加之本身菜肴就非常可口,门店生意蒸蒸日上。

那些从门店前经过,或是常年生活在周围的人,都是你的潜在客户,想要赢得他们的青睐，就看你用什么方式了。

（四）通过二维码了解信息

想要利用二维码为企业做宣传，首先要了解什么是二维码及其用途。二维码是腾讯公司研发的，配合微信使用的查找与添加好友的新方式，既方便快捷又能准确读出对方的信息内涵，所以受到很多人欢迎。其次，二维码是由某种特定几何图案构成的，上面排列着黑白相间的图形，并按照一定规律呈现出来，用于记录数据符号信息。当你看到一个二维码，可以通过特定的扫描方式，得知对方的信息，可以是个人，也可以是商家。

实际上，企业完全可以利用二维码来获得更多信息。传统企业的运营方式极其单一，非常机械化，于是很多商家开始利用微信平台拓宽营销渠道。根据一份调查显示，在城市的一线商圈中，有超过一半的手机用户装有微信终端，因此，这是商家不能错过的良机。电子会员卡的产生，为传统企业创造了新的业务模式，通过利用二维码，充分将日常运营数据与具体工作结合起来，更好地利用运营数据。

二维码是对微信的消息融达能力的良好利用，因为高质量的关系链已经成为推动企业发展的不竭动力，有管理者说："用户在线下扫了二维码之后，都有可能成为企业的潜在客户。"

营销的目的是推广企业品牌，品牌就像商家的"名片"，传统思路中，名片都是呈现在客户眼前的东西，而在互联网日益发达的今天，商家完全可以将微信平台作为一种沟通的媒介，起到"桥梁"的作用，这种做法的效果远远超过分发名片带来的效应。

当商家申请了微信账后，紧接着就要在原来设计名片的基础上，再次添加企业的二维码图案，并且在旁边备注一下，这个账号代表哪个单位，别人就可以通过扫二维码添加你为好友了。

企业除了要关注自己的二维码，还得关注其他人的二维码，特别是你的重要客户，能够让对方产生被尊重的感觉。商家是少数，而"围观"的客户却有很多，试想，如果你是客户受到商家的"关注"，肯定会产生一种被重视的感觉，就好像自己是 VIP，能够接受这种一对一的服务。

当然，让企业关注他们的客户，也是要花费一定时间的，不如在对方关注你之后，马上"扫一扫"对方的二维码，并且加对方为好友，也可以在这个过程中，写一点留言给他们，目的是让客户感受到商家的诚意。

小小的二维码，却涵盖了很丰富的内容，企业要以正确的方式，尽快令二维码呈现在客户面前。此时，问题出现了，如何让更多人了解企业的二维码呢？因为在使用微信的人当中，有一部分用户不会主动去扫企业的二维码。如今，二维码可以通过 PC 平台，被放到互联网或是 QQ 对话框中，这就方便多了，商家可以通过群发的方式，或者在其他互联网产品中发布企业的二维码，用户只要"扫一扫"就可以获得对方的信息了。

正因为二维码中涵盖了大量的内容，所以企业不仅可以让用户发现自己，还能借机寻找合作机会。所以，利用好微信的二维码，是商家吸引客户的另一个技巧。

四、微信营销的关键

微信营销的关键是要做到精、准、稳。

（一）精：查找更快，更精确

所谓精，是指精准。微营销至今，越来越多的商家开始利用微信平台推广企业品牌，并且获得较好的利润，而这些都要归功于微信能够实现精准查找目标和快速读取信息。

（1）企业微信平台要为用户提供服务。很多人讨厌传统广告的原因，是觉得它们在没有得到观众允许的情况下，将信息一股脑塞给他们，其中很多是客户不需要的，这就是一种"扰民"行为，把用户不需要的东西送给他们，反而会引起用户的反感。而微信在这方面处理得非常好，因为公众账号是不会主动添加个人用户的，用户想要添加公众账户，必须使用手动方式。既然人家愿意添加你为好友，说明他肯定很中意这个企业，这就算不上骚扰了，一段时间后，如果用户觉得这个平台发布的东西不好，可以自行删除，不会再接收相关信息了。

（2）企业要借助微信对客户进行营销推广，从而实现扩宽品牌传播渠道的目的。"公众账号"的盛行，不仅满足了企业发布信息的需求，也让微信用户实现"掌中"信息库的愿景。不过，想要利用微信公众平台进行营销，必须获得很多粉丝的关注，这便给企业带来了一个"前提式"的营销难题，即如何推广公众账号。

很多企业在面对大量用户的时候，容易出现"眉毛胡子一把抓"的情况，反而忽略了潜在客户。企业需要用更多的精力和成本进行客户背景分析，通过分类、维护和梳理工作。

初期，企业微信账号主要用于增加用户黏性，而不是急于把产品卖出去；不然，会给用户造成一种错觉，即这个账号就是向我推销产品的，而不是和我交朋友。企业不妨用富有创意和情感的宣传活动，将用户的目光都吸引过来，客户购买产品就是一个与商家互动的过程，其步骤是：①商家和潜在客户分别找到了对方；②商家提供的商品正好是客户所需要的；③取得客户的信任，买卖成为顺其自然的事情。

（3）精准挖掘客户。

第一，使用 QQ 群挖掘用户。商家不妨通过企业自身行业属性，在 QQ 群中进行关键词检索，可以精准地找到潜在用户群。同时，QQ 账号和微信账户互为联系，商家可以通过发送 QQ 邮件、好友邀请等方式，实现短时间里进行用户批量导入，这种方式存在很大可行性。

第二，通过微博群、行业网站或是各大论坛用户导入。在这些平台上聚集的人，都存在共同属性，或是有共同爱好，对某个行业的产品存在很大兴趣，这些都可以从他们在互联网上的表现得出来。如果商家在这里进行公众账号的推广，精准度就能得到保证，并在短时间内取得很好的效果。

第三，把传统介质和新型媒介结合起来。如今，很多人放弃了发宣传单、张贴海报、印刷名片等方式，商家完全可以把微信公众账号和二维码印刷在传统介质上，特别是在线下活动中，这是让用户开展直观体验的最好方法。

微信营销之所以能够成功，在于它可以准确定位需要的用户，并且牢牢把握他们，这是开创良好结果的第一步。

（二）准：麻烦减少，方式更多

所谓准，是指准确。商家选择微营销的另一个原因，就是它能够准确定位你需要的东西，避免出现资源浪费的情况，当麻烦少了、方式多了，企业才有更多精力搞好各种营销活动。当商家拥有了很多粉丝后，还需要做一些动作来巩固自己的粉丝数量。

（1）在恰当的时间发布信息。例如，早上8点、中午12点或晚上6点到8点间，是用户最有可能阅读信息的时候，不妨选择一个时间段，发一条信息，以免频繁发送消息而让用户反感。这就需要商家在了解用户习惯的基础上进行管理，这就给前期准备工作提供了非常精确的方向，诸如商家要了解关于用户的哪些内容、如何对用户进行管理和分类等等。

（2）内容必须"精耕细作"。公众账户上发布的信息，应当是客户需要的，可以涵盖包括生活服务、娱乐风尚等在内的很多行业信息，但是要注意，语言应当简练，并且能充分表达想法。没有"营养"的内容和纯粹的广告，只会令用户反感，甚至他们会删掉这个公众账户。在满足用户需求的基础上，商家不妨用更新颖的形式将内容呈现出来。目前，不少商家的公众平台，还能实现二次开发的应用接入，令该平台更具有灵活性，他们运用文字、视频、音频等方式，将消息推送给用户，极大地满足了对方的好奇心，整个活动的趣味性也在增加。

（3）加强公众平台与用户互动。平台不是只用来发布消息，还要完成与用户的互动。不妨通过自动回复等方式，让这个平台更具有趣味性，也可以设置些有意思的问答题，让用户在轻松的范围中实现与商家的沟通。不要把微信公众平台看成非常严肃的媒介，这样无法令用户产生兴趣，大家都喜欢在轻松的氛围中享受一切，所以，商家可以多和用户"做游戏"，而不是把消息硬邦邦地推给他们。

可见，微信公众平台一点都没"浪费"时间和资源，总是用最短而有效的方式，加深用户对企业的印象。当微信营销的"精"与"准"结合起来，才能在用户面前呈现出最完美的沟通平台，而在商家看来，这又是宝贵的商机。所以，要好好利用微信营销的特性，为企业扩宽销售渠道。

（三）稳：成本更低，效率更高

所谓稳，是指稳定。商家都非常看重"效率"和"利益"，所以越来越多的企业选择稳定的微信营销的方式。这种方式真的很"稳定"，能够让企业在低成本运营的状态下，实现高效率。

（1）要具备精益求精的内容。利用微信来进行营销，最看重内容与题材，如果内容不精彩，怎么能吸引用户的眼球呢？其实，设计一段引人注目的文字，或是来一段创意无限的视频，都可以在低成本的情况下完成，虽然不及商家举办的活动那样华丽，但是能拉近人与人之间的距离，让用户在轻松愉快的气氛下享受商家提供的服务，并且最终实现销售。

（2）要真诚地与粉丝进行交流。如今，营销活动中，客户越来越重视情感上的感受，他们不仅要购买产品，还要获得精神上的慰藉，在实体店的活动中，通常只能允许部分人参加，并且要配备多名组织人员。即便是在日常销售活动中，每个店员也只能和一名客户交流。而微信平台却能够克服这个缺点，商家可以同时为很多用户服务，并且同时将最新消息推送给广大用户，这正是节约成本的地方。当然，在和粉丝交流的过程中，要尽可能表现出真诚的态度，这是打动用户的最好方式，虽然大家并不在一起，但是却可以通过互联网，把双方联系在一起，为后面的销售工作打下基础。

（3）快乐营销是重点。在微信营销中，需要特别注意客户的心理状态，商家首先要有端正而良好的心态，再将用户融入企业活动中来。其实，令对方快乐并不是个难事儿，只要注意语言的表达和图片、视频、音频效果的配合，就可以把用户带入轻松的氛围中。从这个角度来看，快乐营销并不需要花费很大成本，只需要你可以玩转文字、图片等，只要有用户愿意与企业互动，就说明你的方式很成功。

（4）要具备个性。这个时代，谁都讲求个性化，因为大家都不希望自己和别人是一样的，营销方式也不例外，越是新颖有趣的活动，越能够吸引用户的注意力。如果都是千篇一律的活动，凭什么要求用户参加你的呢？只有做到与众不同，用户才会被吸引过来，很多人有这样的误区：觉得新颖有趣就是要花钱。实际并不是这样，平台是否具备个性，在于你如何利用身边的资源，同样一件事情，你可以从不同的角度看，个性便显现出来了。即便是一件普普通通的白色T恤，如果你用颜料在上面画出缤纷的图案，也是非常有个性的，不用花很高的成本，微信营销也是这样。

（5）要互动。如果互联网产品缺少互动，就会像一潭死水，要经常组织线上和线下活动，微信营销不像实体店，必须先租用场地、雇用相关人员、做广告等，作为互联网产品，微信可以在线上发布消息，并且用较低的成本，完成线上活动，对线下活动来说，需要相对较多的经费，但是比其他活动，就要节约很多了，同时会引起更广泛的效应，正因为客户参加活动也非常简单，所以他们更加愿意参加。

可见，微信营销带来的是"稳定"低成本和高效率，这是互联网特有的优势，对商家来说，如果能好好利用这个优势，必定会产生更多的经济效益。

案例 史上最贵的一条微博

2011年，广东省东莞市的一条企业微博吸引了全国各大媒体争相报道。不为别的，就因为这条微博堪称"史上最贵微博"。

"发条微博，获奖10万元，创意10字内广告语，赢10万元大奖。""上好便利店"在其官方微博上发布了这么一条活动信息。这条微博由于其天价奖金，被人们称作一字万金也不为过。该微博一经发布就引起了广泛的关注，无数网友纷纷出谋划策，为企业创意广告语，仅仅数日时间，企业就接到了数以万计的创意。而这次微博营销，从奖金发放到微博运营，总花费不超过12万元，相比较以前的电视宣传已经算是小成本营销了。但效果却出奇好——微博粉丝数量从一个月前不到100人，暴增到近10万人，国内媒体也竞相报道。现在，"上好便利店"在微博上的粉丝已经有110882人，并且还在呈上升趋势。"上好便利店"的董事长周星轲甚至感慨道："到现在我出去派一些名片时，还经常会听到别人提到微博事件，很多人是认识这条微博，不认识我。"

这短短的十几个字，引爆了全国网友的热情，这条微博不仅使得上好便利店在东莞本土的地位更加稳固，也让上好便利店这一品牌在全国范围内打响，有效地进行了品牌传播，这条"史上最贵微博"则成为企业微博营销史上的著名案例之一。

"上好便利店"的成功营销，并不仅仅借助巨额奖金这一噱头，而是他们真心在做微博营销，将其优势完全发挥了出来。

"上好便利店"倡导员工全部参与微博营销。"上好便利店"制定了微博管理办法，要求企业自身"加强微博营销力度，深度去管理微博"。这不仅作为企业的奋斗目标，而且成为每位员工必须履行的工作职责，微博将直接与员工的绩效挂钩——为了鼓励员工参与微博营销，企业设立"微博绩效"考核每位员工为"品牌微博宣传活跃度"所做的工作。企业要求全国"上好"系统每个部门的每位员工开通腾讯微博或新浪微博，员工每天必须上线转发和评论公司的微博，同时担任企业的在线服务人员，为消费者解决售前售后问题。

"上好便利店"的成功营销是值得商家们深思的。他们在很早之前就认识到微博营销的重要性和潜力，义无反顾地将营销重心转移到了网络平台上，这种决心是要做微博营销的企业需要学习的——既然做，就不能是半吊子，必须要与传统营销一样，同制度挂钩，才能起到最好的效果。

本章小结

微营销是以移动互联网为主要沟通平台，配合传统网络媒体和大众媒体，通过有策略、可管理、持续性的线上线下沟通，建立和转化、强化顾客关系，实现客户价值的一系列过程。本章主要介绍了微博与微信的营销价值、微博和微信的营销技巧和策略，为企业开展微营销提供了可供参考的操作策略。

微营销是现代一种低成本、高性价比的营销手段。与传统营销方式相比，微营销主张通过"虚拟"与"现实"的互动，整合各类营销资源，达到以小博大、以轻博重的营销效果。

关键概念

微营销　微博营销　微信营销

思考题

(1) 微博营销广受青睐的原因是什么？
(2) 企业在微博上应该塑造一个什么形象？
(3) 企业应该如何开展微博营销？
(4) 微信产品的哪些特点使它具有较高的营销价值？
(5) 如何利用微信功能开展企业营销活动？

（6）微信营销具有哪些特点？

参考文献

［1］邓超明．网络整合营销［M］．北京：电子工业出版社，2012

［2］文丹枫．微营销：指尖上的利器［M］．北京：人民邮电出版社，2013

［3］徐茂权．软文营销［M］．北京：电子工业出版社，2013

［4］王通．网络盈利的秘密［M］．北京：清华大学出版社，2010

［5］王楗楠，王洪波．SEO网站营销推广全程实例［M］．北京：清华大学出版社，2013

［6］@萧秋水，@秋叶语录，@油杀臭干．微信控，控微信［M］．北京：人民邮电出版社，2013

第四章　网络消费者购买行为分析

本章学习目标

通过本章的学习，应该掌握以下内容：①了解互联网环境下消费者需求的特点；②了解网络消费者的购买模式、购买决策过程，以及影响消费者购买行为的主要因素；③了解企业和政府机构的网上购买特征，了解企业和政府机构的网上购买模式。

第一节　网络购物概述

网上购物，是指用户为完成购物或与之有关的任务而在网上虚拟的购物环境中浏览、搜索相关商品信息，从而为购买决策提供所需要的必要信息并实现决策的购买的过程。

2014年4月，中国互联网络信息中心（CNNIC）发布了《2013年中国网络购物市场研究报告》。该报告显示，2013年网络购物市场交易金额达到18477亿元，较2012年增长40.9%，占社会消费品零售总额的7.9%。表4-1显示了2006—2013年中国网络购物规模及增长率（其中2008—2011年数据为预测数据）。

表4-1　2006—2013年中国网络购物规模及增长率

年份	2006	2007	2008	2009	2010	2011	2012	2013
网络购物交易规模（亿元）	258	542	1208	2500	5231	7566	13110	18477
年增长率（%）	64	110.1	122.9	107	109.2	44.6	73.3	40.9

（数据来源：http://www.cnnic.net.cn/）

2013年网络购物市场稳步快速向前发展，彰显出巨大的市场潜力。具体表现为：一方面，网购交易额在社会消费品零售总额中的占比越来越高；另一方面（截至2013年12月），我国网络购物用户规模达到3.02亿，较上年增加5987万，增长率为24.7%，使用率从42.9%提升至48.9%。网购用户规模的快速扩张为网购市场的发展奠定良好的用户基础，释放出巨大的市场潜力。由于网络购物对实体购物具有较强的替代作用，因此传统零售企业电商化转型迫在眉睫。

一、互联网对消费者的影响

(一) 网络个人用户特征与网络应用情况

与网下消费者市场分布面广、人数众多的特点不同的是，网上消费者市场尽管是覆盖全球的大市场，但它的消费者只是能够上网的个人或家庭。与网下消费者市场相比，目前这部分人数相对较少，而且有着十分鲜明的时代特征。

1. 网络个人用户特征

对于国内网上个人用户的情况，根据中国互联网络信息中心（CNNIC）于2014年7月发布的《中国互联网络发展状况统计报告》表明：截至2014年6月底，中国网民规模达6.32亿，其中手机网民规模5.27亿，互联网普及率达到46.9%。网民上网设备中，手机使用率达83.4%，首次超越传统PC整体80.9%的使用率。

从网民结构特征来看，男性比例占54.5%，女性比例为45.5%，可见在中国网民中购物不是女性的专利，男性用户在网购市场中占据更大的比例。由于男性用户购物多为需求驱动型，对价格不太敏感，对于男性偏爱的商品品类（如电脑、通讯数码产品及配件和家用电器等）商家可以多展示和推荐功能性较强的商品。

从年龄角度分析，中国网民中20～29岁用户人群是网络购物市场的主力军，所占比例高达56.4%；其次是30～39岁的用户人群，所占比例为22.5%。从教育程度角度分析，网购用户受教育水平多为大学本科，所占比例为35.9%。其次是大专学历和高中/中专/技校学历，所占比例分别为25.7%和23.7%。从收入水平角度分析，网购用户的收入水平主要分布在1001～3000元之间，所占比例为34.5%。其次是3001～5000元收入水平，占比27.7%。

2. 网络应用情况分析

在移动互联网的推动下，契合手机使用特性的网络应用进一步增长。即时通信作为第一大上网应用，其用户使用率继续上升，微博等其他交流沟通类应用使用率则持续走低；电子商务类应用继续保持快速发展，网络购物用户规模大量增长；对网络流量和用户体验要求较高的手机视频和手机游戏等应用使用率看涨。网络应用的使用率和用户规模见表4-2。

表4-2 网络应用使用率和用户规模

应 用	2013年		2012年		年增长率（%）
	用户规模（万）	网民使用率（%）	用户规模（万）	网民使用率（%）	
即时通信	53215	86.2	46775	82.9	13.8
网络新闻	49132	79.6	46092	78.0	6.6
搜索引擎	48966	79.3	45110	80.0	8.5
网络音乐	45312	73.4	43586	77.3	4.0

续表 4-2

应用	2013年 用户规模（万）	2013年 网民使用率（%）	2012年 用户规模（万）	2012年 网民使用率（%）	年增长率（%）
博客/个人空间	43658	70.7	37299	66.1	17.0
网络视频	42820	69.3	37183	65.9	15.2
网络游戏	33803	54.7	33569	59.5	0.7
网络购物	30189	48.9	24202	42.9	24.7
微博	28078	45.5	30861	54.7	-9.0
社交网站	27769	45.0	27505	48.8	1.0

（1）高流量手机应用的发展。当前，手机端视频、音乐等对流量要求较大的服务增长迅速，其中手机视频用户规模增长明显，截至2013年12月，我国在手机上在线收看或下载视频的用户数为2.47亿，与2012年年底相比增长了1.12亿人，增长率高达83.8%。手机视频跃升至移动互联网第五大应用。手机端高流量应用的使用率增长主要有三方面原因：首先，用户向手机端的转移，整体网民对于电脑的使用率持续走低；其次，使用基础环境的完善，如智能手机和无线网络的发展；最后，上网成本的下降，如视频运营商和网络运营商的包月合作。

（2）以社交为基础的综合平台类应用发展迅速。2013年，微博、社交网站及论坛等互联网应用使用率均下降，而类似即时通信等以社交为基础的平台应用发展稳定。从具体数字分析，2013年微博用户规模下降2783万人，使用率降低9.2个百分点。而整体即时通信用户规模在移动端的推动下提升至5.32亿，较2012年底增长6440万，使用率高达86.2%，继续保持第一的地位。移动即时通信发展迅速的原因，一方面是由于即时通信与手机通信的契合度较大，另一方面是由于在社交关系的基础之上，增加了信息分享、交流沟通甚至支付、金融等应用，极大限度地提升了用户黏性。

（3）网络游戏用户增长乏力，手机网络游戏迅猛增长。2013年中国网络游戏用户增长明显放缓。网民使用率从2012年的59.5%降至54.7%。网络游戏用户规模为3.38亿，网络游戏用户规模增长仅为234万。与整体网络游戏用户规模趋势不同，手机端网络游戏用户增长迅速。截至2013年12月，我国手机网络游戏用户数为2.15亿，较2012年底增长了7594万，年增长率达到54.5%。整体行业用户的增长乏力以及手机端游戏的高速增长意味着游戏行业内用户从电脑端向手机端转换加大，手机网络游戏对于PC端网络游戏的冲击开始显现。

（4）网络购物用户规模持续增长，团购成为增长亮点。商务类应用继续保持较高的发展速度，其中网络购物以及相类似的团购尤为明显。2013年，中国网络购物用户规模达3.02亿人，使用率达到48.9%，相比2012年增长6.0个百分点。团购用户规模达1.41亿人，团购的使用率为22.8%，相比2012年增长8.0个百分点，用户规模年增长68.9%，是增长最快的商务类应用。商务类应用的高速发展与支付、物流的完善以及整体环境的推动有密切关系,而团购出现"逆转"增长,意味着在经历了野蛮增长后的洗牌,团购已经进入理性发展时期。

通过以上分析可以看出,当前互联网发展重心正在从"广泛"向"深入"转换,各项网络应用深刻改变网民生活。移动金融、移动医疗等新兴领域的移动应用多方位满足了用户上网需求,推动网民生活迈向全面"网络化"。

(二) 网络消费者的类型

网络消费者根据其行为目的与特点可分为以下几种类型。

1. 直接寻求型

这类信息寻求者上网的目的是为了寻觅某类特定信息。比如,想知道 DNA 分子排列方式与肌肉营养不良之间的关系是什么,想阅读一下上个月当地报纸上的一篇关于竞争对手的报道(如果当地报纸有网络版的话)等。你带着这些目的上网,此时你就是直接信息寻求者。对企业站点来说,那些经常访问站点以获得关于产品、投资等信息的网络用户也属于这一类型。对这类冲浪者,企业务必保证站点包含他们所需要的信息。

2. 间接寻求型

这类信息寻求者没有明确的信息寻求目标,只是想在网上寻找有用的信息以及能令他惊喜的信息等。这种心态犹如人们每天早上看报纸,不是目标明确地寻求某个信息,而是通篇浏览,有令人感兴趣的文章就仔细阅读,否则就很快跳过去。间接信息寻求者在网上的冲浪过程与此很相似。

3. 免费品寻觅型

这类网络用户上网时常希望能得到免费品,如免费软件、免费照片、免费旅游、免费书籍等。总之,站点上"free"这类字样对他们很有吸引力,犹如现实生活中,"大减价"、"清仓甩卖"等字样对一些顾客具有吸引力一样。在网络上,"free"是企业站点使用频率很高的噱头词,事实证明效果也不错。所以有可能的话,提供一些额外价值让渡给这类网络用户,这能使他们成为掏腰包买你产品的顾客。

4. 享乐型

很多网络用户在网上漫游仅仅是为了寻找乐趣,或找点刺激。网络包罗万象,无所不有,是一个绝对的"娱乐媒体"。在这里,你可以玩游戏,访问很"酷"的站点和有趣的个人网页,还可以听音乐、看电影、了解占星术、学习烹饪等等。

5. 购买者

购买者上网的明确目的就是购物。可能他的脑子里已有一个明确的购物清单,如他要购买 0.5 千克牛肉,或为他的朋友买件生日礼物。但也有可能他不知道买什么东西合适,他上网先寻求帮助,等有了好主意后再行购买。由于网络市场的虚拟性以及目前网络的发展状况,许多网络消费者对网上购物将信将疑。根据购买者网上购物特点,可将网上购买者分为简单型、冲浪型、接入型、议价型、定期型和运动型六类。企业应将注意力集中在这六类人身上,这样才能做到有的放矢。

(1) 简单型。简单型顾客需要的是方便直接的网上购物。他们每月只花 7 小时上网,但他们进行网上交易的时间却占了他们上网时间的一半。零售商们必须为这一类型的消费者提供真正的便利，让他们感觉到在网站上购买商品会节约更多的时间。

（2）冲浪型。冲浪型顾客虽然只占网民总数的8%，但他们在网上花费的时间却占了所有网民上网总时间的32%，并且他们访问的网页数是其他网民的4倍。冲浪型网民对时常更新的、具有创新设计特征的网站很感兴趣。因此，网络营销者应将其网页设计得新颖别致。

（3）接入型。接入型顾客是刚"触网"的新手，占网民总数的36%。他们很少购物，但喜欢上网聊天和发送免费贺卡。那些拥有著名传统品牌的公司应对这群人保持足够的重视，因为网络新手更愿意相信生活中他们所熟悉的品牌。

（4）议价型。议价型顾客有一种趋向购买便宜商品的本能，他们占网民总数的8%。e-Bay网站里一半以上的顾客属于这一类，他们喜欢讨价还价，并有在交易中获胜的强烈愿望。

（5）定期型。定期型网络使用者是潜在的网络消费者，他们通常都是被网站的内容吸引而定期上网的，常常访问新闻和商务网站。

（6）运动型。运动型网络使用者也是潜在的网络消费者，他们通常都是被网站的内容吸引而上网的，常常访问运动和娱乐网站。

（三）网络环境下消费者角色的转变

1. 顾客观念的转变

在传统营销中，顾客获取产品与服务专业知识的途径和渠道比较有限，同时这种专业知识的获取需要一定的成本，还会耗费大量的时间和精力，此外消化和吸收这些专业知识既是个难题，更多时候也显得没有必要。这些原因打击了顾客对产品与服务专业知识学习与掌握的积极性，导致顾客对产品与服务专业知识匮乏，造成了顾客被动的不利局面。随着互联网络的不断发展，网上信息的开放性使顾客获取产品与服务相关专业知识的渠道更加广阔，上网费用的低廉也极大地降低了相关专业信息的获取成本。上网的快速与全天候、跨地域等优势既提高了顾客信息收集的效率，也克服了传统营销中的诸多不便。随着互联网络上信息与产品的日益丰富与繁荣，顾客不再被动地等待和抱怨，而是积极、主动地参与到营销活动中来，主动地搜集、获取与商品有关的各种信息。这种积极的分析、比较、评价，能减少风险感，降低和避免购买后后悔，并争取心理上的购物满足感与成就感。

2. 顾客心理的转变

在传统营销中，顾客总是被集群服务，工业化和标准化的生产方式以及标准统一化的营销与沟通方式使顾客的个性被淹没和压抑。在当今网络时代，顾客的个性化消费需求与消费行为开始冲击消费的主流。社会物质产品的多样化和生产技术水平的不断提高为个性化消费提供了坚实的产品基础，顾客渴望从个体心理愿望的角度挑选和购买商品与服务，顾客开始定制自己的准则并向商家提出挑战。此外，顾客还追求购物乐趣体验以排解压力，消遣时间，寻找生活乐趣，满足心理需求。

3. 顾客行为的转变

网络营销为顾客挑选商品提供了空前规模的选择余地。在这种情况下，任何宣传、欺骗和误导都不会再起作用，顾客将会理智地考虑各种购买问题。而且，在网络营销环境下，顾客面对的是计算机，没有了嘈杂的环境和各种诱惑，顾客会在以下方面完全理性地规范自己的购买行为。

（1）大范围地挑选和比较。对个体顾客来说，他们在购物时往往会"货比三家"，精心挑选。那种因信息来源和地理位置所限，不得已而为之的"屈尊"购物现象将不复存在。对组织机构的采购人员来说，其进货渠道和视野也不会再局限于少数几个定时、定点的订货会议或几个固定的供应厂家，他们会大范围地选择品质最好、价格最便宜和各方面最适用的产品。

（2）理智地进行价格选择。对个体顾客来说，他们不会再被那些先是高位定价，然后再优惠多少的价格游戏弄得晕头转向了。他们会利用手头的计算机迅速"算出"该商品的实际价格是多少，然后再作横向比较，以决定是否购买。对组织机构的采购人员来说，各类成本分析方法和信息系统技术有了更充分的用途。他们会利用手头的计算机和预先设计好的计算程序，迅速地比较购货价格、运输费用、折扣比率和时间效率等综合指标，并最终选择最有利的购货途径。也就是说，在网络营销环境下，人们有可能更充分地利用各种定量化的分析模型，更理智地做出购物决策。

（3）主动地表达对产品的欲望。在网络营销环境下，顾客不会在被动的方式下接受商家或厂家所提供的某些产品或商品，他们会根据自己的需要主动上网去搜索适合的产品。如果找不到，顾客会通过网络营销系统向厂家或商家表达自己对某种产品的欲望。其结果使得顾客不自觉地参与和影响企业的生产和经营过程。

（四）网络环境下消费者的需求特点

由于互联网商务的出现，消费观念、消费方式和消费者的地位正在发生着重要的变化，互联网商用的发展促进了消费者主权地位的提高；网络营销系统巨大的信息处理能力，为消费者挑选商品提供了前所未有的选择空间，使消费者的购买行为更加理性化。网络环境下消费者需求主要有以下十个方面的特点。

1. 网络消费需求的个性化

在过去相当长的一个历史时期内，工商企业都是将消费者作为单独个体进行服务的。在这一时期内，个性消费是主流。一方面，由于工业化和标准化生产方式的发展，使消费者的个性被淹没于大量低成本、单一化的产品洪流之中。另一方面，在短缺经济或近乎垄断的市场中，消费者可以挑选的产品本来就很少，因而个性不得不被压抑。但是随着21世纪的到来，这个世界变成了一个计算机网络交织的世界，消费品市场变得越来越丰富，消费者进行产品选择的范围全球化、产品的设计多样化，消费者开始制定自己的消费准则，整个市场营销又回到了个性化的基础之上。没有一个消费者的消费心理是一样的，每一个消费者都是一个细小的消费市场，个性化消费也必将再度成为消费的主流。

2. 网络消费需求的差异性

对于不同的网络消费者，因其所处的时代环境不同，会产生不同的需求；即便在同一需求层次上，他们的需求也会有所不同。因为网络消费者来自世界各地，有不同的国别、民族、信仰和生活习惯，因而会产生明显的需求差异性。因此，从事网络营销的厂商要想取得成功，就必须在整个生产过程中，从产品的构思、设计、制造，到产品的包装、运输、销售，认真思考这些差异性，并针对不同消费者的特点，采取相应的措施和方法。

3．网络消费需求的交叉性

在网络消费中，各个层次的消费不是互相排斥的，而是具有紧密的联系，需求之间广泛存在交叉的现象。例如，在同一张购货单上，消费者可以同时购买最普通的生活用品和昂贵的饰品，以满足生理的需求和尊重的需求。这种情况的出现是因为网络虚拟商店可以囊括几乎所有商品，人们可以在较短的时间里浏览多种商品，因此产生交叉性的购买需求。

4．网络消费需求的层次性

网络消费本身是一种高级的消费形式，但就其消费内容来说，仍然可以分为由低级到高级的不同层次。需要注意的是，在传统的商业模式下，人们的需求一般是由低层次向高层次逐步延伸发展的，只有当低层次的需求满足之后，才会产生高层次的需求。而在网络消费的开始阶段，消费者偏重于精神产品的消费；到了网络消费的成熟阶段，等消费者完全掌握了网络消费的规律和操作，并且对网络购物有了一定的信任感后，消费者才会从侧重于精神消费品的购买转向日用消费品的购买。

正因为如此，目前无论是以销售各类产品为直接目的的商业网站还是其他各类非商业性网站，都不约而同地将网络游戏、短信、BBS等精神类消费作为推动网站各项业务发展的基础。

5．网络消费需求的主动性

在社会化分工日益细化和专业化的趋势下，消费者对消费的风险感随着选择的增多而上升。一方面，在许多大额或高档的消费中，消费者往往会主动通过各种可能的渠道获取与商品有关的信息并进行分析和比较。或许这种分析、比较不是很充分和合理，但消费者能从中得到心理的平衡以减轻风险感或减少购买后产生的后悔感，增加对产品的信任程度和心理上的满足感。消费主动性的增强来源于现代社会不确定性的增加以及人类需求心理稳定和平衡的欲望。另一方面，传统的商业流通渠道由生产者、商业机构和消费者组成，其中商业机构起着重要的作用，生产者不能直接了解市场，消费者也不能直接向生产者表达自己的消费需求。而在网络环境下，消费者能直接参与到生产和流通中来，与生产者直接进行沟通，减少了市场的不确定性。

6．网络消费需求的理智性

网络营销系统巨大的信息处理能力，为消费者挑选商品提供了前所未有的选择空间，消费者会利用在网上得到的信息对商品进行反复比较，以决定是否购买。对企事业单位的采购人员来说，可利用预先设计好的计算程序，迅速比较进货价格、运输费用、优惠、折扣、时间效率等综合指标，最终选择有利的进货渠道和途径。

7．网络消费需求的超前性和可诱导性

网络消费者的主流是具有一定超前意识的中青年，他们对新事物反应灵敏，没有条条框框，接受速度很快。网络营销构造了一个世界性的虚拟大市场，在这个市场上，最

先进的产品和最时髦的商品会以最快的速度与消费者见面。具有创新意识的网络消费者必然很快接受这些（包括国内的和国外的）新的商品，从而带动周围消费者新的一轮消费热潮。从事网络营销的厂商应当充分发挥自身的优势，采用多种营销方法，启发、刺激网络消费者的新的需求，唤起他们的购买兴趣，诱导网络消费者将潜在的需求转变为现实的需求。

8. 网络消费需求的娱乐性

在网上购物，除了能够完成实际的购物需求以外，消费者在购买商品的同时，还能得到许多信息，并得到在各种传统商店没有的乐趣。目前，人们对现实消费过程出现了两种追求的趋势：一部分工作压力较大、紧张程度高的消费者以方便性购买为目标，他们追求的是时间和劳动成本的尽量节省；而另一部分消费者，是由于劳动生产率的提高，自由支配时间增多，他们希望通过消费来寻找生活的乐趣。可以预见，这两种相反的消费心理将会在较长的时间内并存。

9. 网络消费需求的价格导向性

从消费的角度来说，价格不是决定消费者购买的唯一因素，但却是消费者购买商品时肯定要考虑的因素。网上购物之所以具有生命力，重要的原因之一是因为网上销售的商品价格普遍低廉。尽管经营者都倾向于以各种差别化来减弱消费者对价格的敏感度，避免恶性竞争，但价格始终对消费者的心理产生重要的影响。例如，最近常见的家用电器的价格战如微波炉的降价战，虽然作为市场领导者的格兰仕拥有技术、质量和服务等多方面的优势，但到最后也被迫宣布重返降价竞争行列，为市场占有率而战。这说明即使在当代发达的营销技术面前，价格的作用仍旧不可忽视。如果价格降幅超过消费者的心理界限，消费者也难免会怦然心动而改变既定的购物原则。因消费者可以通过网络联合起来向厂商讨价还价，产品的定价逐步由企业定价转变为消费者引导定价。

10. 网络消费者中女性占主导

专家通过调查，发现女性在家庭消费中占主导地位。安永会计事务所此前一份数据表明，中国家庭中60%～70%的消费力掌握在女性手中。而具体到消费决策上，女人的话语权更是高得有点可怕。根据《电商者，得女人者得天下》提供的一份数据：小至家庭用品，大至购房、度假计划，女人有90%以上的决策权；在家庭装修、银行开户方面拥有80%以上的决策权；在买车方面，虽然女人们对于车的兴趣天生不如男性，但她们依然拥有60%以上的决策权；电子产品则为50%或以上。

二、网络营销中的商品和服务

以网络技术为基础的网络交易活动，具有时空压缩、双向互动等技术特性，可以节约交易成本，简化交易的复杂程度，满足顾客个性需求。同时，网络营销中的商品和服务也必须与网络交易平台相适应，才能更好地实现网络营销的效果。

网络营销中的商品和服务必须具有以下属性。

（一）作为网络的互补品

需求交叉性理论指出：顾客在消费某一种产品或服务时，往往同时消费与其关联的另一种或多种产品或服务，当一种产品或服务的需求增加时，其他相关产品或服务的需求量也连带按某种比例同时增加，这些产品或服务就构成互补品。例如，汽车与汽油、照相机与胶卷、CD放映机与CD等等。

在网络营销中，网络也有其互补品，主要是与计算机、互联网有关的高科技内容的产品，如计算机软件、各种IT产品、寻呼机与移动电话等。

目前，与网络相关的产品之所以在网上销售活跃，原因主要有三点：①网络用户大多数是计算机爱好者，对于这类信息最为热衷；②计算机技术及产品的更新换代非常快，使这一市场有着永不停息的增长点；③这类产品可以便利地通过网络传递。

（二）知识含量高

通常来说，知识含量高的产品在网上销售易于获得成功。利用信息的传递、声音、图像、动画效果帮助产品展示，采用网络销售可以将其内容数字化，直接以电子形式传递给顾客，而不再需要某种物质形式和一定的包装。因此，这类产品可以充分利用网络信息传递的低成本和高效率进行销售。从统计数据来看，美国10家最有名的网上商店中，除Amazon外，全部集中于软件、光盘、计算机服务等业务。从我国最大的网上商店8848网站上网店的排名可以看出，图书音像、电脑软件等是排在最前面的热门商品。

（三）个性化程度高

个性化产品即满足顾客个性化消费需求的产品。随着科学技术的进步和社会经济的发展，市场的供给越充足，人们的生活水平越高，则需求的差异化就越大，个性化程度越高。在传统的销售方式下，产品或服务早在顾客提出要求之前就已设计好并制造出来，顾客无法按照自己的需求对产品或服务提出要求。

采取网上销售，则可以使买卖双方通过网络进行沟通。针对不同的人、不同的文化素质、不同的偏好、不同的使用目的和不同的服务要求，真正实现"量身定做"。网络营销带来的这一变化实际上是使顾客的权利扩大，顾客不仅可以挑选信息、产品，而且可以自己参与产品设计。以批量生产的成本为顾客提供"量身定做"的产品是网络营销的一大优势，其技术基础就在于买卖双方提供了一种即时互动的低成本的沟通手段和高度自动化的生产。因此，个性化产品非常适合在网上销售。

（四）具有特殊的创意

网络用户大多数年纪较轻、收入在中等以上且教育水平高于平均水平，对新鲜事物的孜孜不倦的追求是这些网络用户的又一特征。他们爱好广泛，对于未知的领域报以永不疲倦的好奇心，更加注重自我，他们往往各自有一些独特的、异于他人的需求偏好。这些都决定了网上销售的产品或服务必须具备创新特征。一些创意独特的新产品或服务利用网络沟通的广泛性和便利性，可以将其新颖、别致之处更主动地向更多的人展示，从而满足网上顾客先睹为快的心理，诱发购买欲望。

(五) 具有时尚性

网络营销的目标顾客集中在 35 岁以下，他们是社会的新生力量，代表了时尚的主流，容易接受新鲜事物。因此，对年轻人有吸引力的时尚产品容易在网上销售。

第二节　网络消费者的购买行为

一、网络消费者的购买模式

对消费者购买行为的研究，关键是弄清消费者在以下一系列问题上的决策：①谁参与购买活动（Who）？②他们购买什么商品（What）？③他们为什么要购买（Why）？④他们在什么时候购买（When）？⑤他们在什么地方购买（Where）？⑥他们准备购买多少（How much）？⑦弄清楚消费者将如何购买整个过程，这样就形成了传统的"6W1H"的消费者购买行为分析框架。

这些决策的做出是消费者在外部刺激下产生的心理活动的结果。各种市场营销外部刺激被消费者接收后，经过一定的心理过程，产生看得见的行为反应，叫作消费者购买行为模式。而对于企业来讲，对消费者购买行为的分析和研究最重要的恰恰是对消费者黑箱中发生的情况的分析和研究，以便安排适当的"市场营销刺激"，使消费者产生有利于企业市场营销的反应。经验表明，消费者心理过程包括两个主要方面：一是"购买者特性"，它会影响购买者对外界刺激的反应；二是"购买者决策过程"，它会直接决定购买者的选择。

根据传统的"6W1H"框架以及互联网用户上网的特点，可构成"5W1H"的网络消费者购买行为分析框架。表 4-3 是对网络消费者提出的六个思考问题，可以帮助营销者对目标市场有更清晰的了解，为营销活动的有效开展奠定基础。

表 4-3　"5W1H"网络消费者购买行为的内容

内容 项目	上网行为	网上购物行为
Who	谁是网民	谁是网上购物者
What	上网查找什么信息	上网购买哪些商品和服务
Why	为什么上网	为什么在网上购物
When	何时上网	送货时间长短
Where	在何处上网	上哪些网站
How	如何上网	如何支付

营销环境的外部刺激进入购买者的意识、购买者的特征和心理购买过程导致了一定

的购买决策的购买模式（见图 4-1）。营销者的任务是要了解消费者受外部刺激和购买决策过程的购买模式，才能做好营销工作。

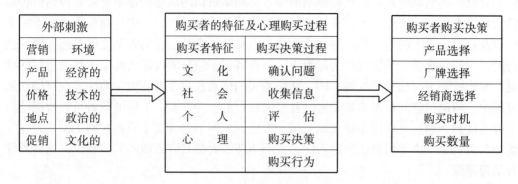

图 4-1 购买者购买行为模式

二、网络消费者的购买过程

电子商务的热潮使网上购物作为一种崭新的个人消费模式，日益受到人们的关注。消费者的购买过程，是消费者需要、购买动机、购买活动和购买后使用感受的综合与统一。网络消费的购买过程可分为以下五个阶段：购买动机产生→收集信息→比较和选择→购买决策→购后评价。

（一）购买动机产生

网络购买过程的起点是诱发需求。消费者的需求是在内外因素的刺激下产生的。当消费者对市场中出现的某种商品或某种服务发生兴趣后，才可能产生购买欲望。这是消费者做出消费决定过程中所不可缺少的基本前提。如若不具备这一基本前提，消费者也就无从做出购买决定。

对于网络营销来说，诱发需求的动因只能局限于视觉和听觉。文字的表述、图片的设计、声音的配置是网络营销诱发消费者购买的直接动因。从这方面讲，网络营销对消费者的吸引具有相当的难度。这要求从事网络营销的企业或中间商注意了解与自己产品有关的实际需求和潜在需求，了解这些需求在不同时间的不同程度，了解这些需求是由哪些刺激因素诱发的，进而巧妙地设计促销手段去吸引更多的消费者浏览网页，诱导他们的需求欲望。

（二）收集信息

在购买过程中收集信息的渠道主要有内部渠道和外部渠道两方面。

内部渠道是指消费者个人所储存、保留的市场信息，包括购买商品的实际经验、对市场的观察以及个人购买活动的记忆等。

外部渠道则是指消费者可以从外界收集信息的通道，主要包括三个渠道：①个人渠道。其主要提供来自消费者的亲戚、朋友和同事的购买信息和体会。这种信息和体会在某种情况下对购买者的购买决策起着决定性的作用。网络营销决不可忽视这一渠道的作用。②商业渠道。如展览推销、上门推销、中介推销、各类广告宣传等，主要是通过厂商的有意识的活动把商品信息传播给消费者。网络营销的信息传递主要依靠网络广告和检索系统中的产品介绍，包括在信息服务商网页上所做的广告、中介商检索系统上的条目以及自己主页上的广告和产品介绍。③公共渠道。商品信息的收集主要是通互联网进行的。一般说来，在传统的购买过程中，消费者对于信息的收集大都出于被动进行的状况。与传统购买时信息的收集不同，网络购买的信息收集带有较大主动性。在网络购买过程中，商品信息的收集主要是通过互联网进行的。一方面，上网消费者可以根据已经了解的信息，通过互联网跟踪查询；另一方面，上网消费者又不断地在网上浏览，寻找新的购买机会。由于消费层次的不同，上网消费者大都具有敏锐的购买意识，始终领导着消费潮流。

当然，不是所有的购买决策活动都要求收集同样程度的信息和信息搜寻。根据消费者对信息需求的范围和对需求信息的努力程度不同，可分为以下三种模式：

1. 广泛的问题解决模式

这是指消费者尚未建立评判特定商品或特定品牌的标准，也不存在对特定商品或品牌的购买倾向，而是很广泛地收集某种商品的信息。处于这个层次的消费者，可能是因为好奇、消遣或其他原因而关注自己感兴趣的商品。这个过程收集的信息会为以后的购买决策提供经验。

2. 有限的问题解决模式

处于有限问题解决模式的消费者，已建立了对特定商品的评判标准，但尚未建立对特定品牌的倾向。这时，消费者有针对性地收集信息。这个层次的信息收集，才能真正直接地影响消费者的购买决策。

3. 常规的问题解决模式

在这种模式中，消费者对将来购买的商品或品牌已有足够的经验和特定的购买倾向，它的购买决策需要的信息较少。

（三）比较和选择

消费者需求的满足是有条件的，这个条件就是实际支付能力。没有实际支付能力的购买欲望只是一种空中楼阁，不可能导致实际的购买。为了使消费需求与自己的购买能力相匹配，比较和选择是购买过程中必不可少的环节。消费者对各条渠道汇集而来的资料进行比较、分析、研究，了解各种商品的特点和性能，从中选择最为满意的一种。一般说来，消费者的综合评价主要考虑产品的功能、可靠性、性能、样式、价格和售后服务等。

网络购物不直接接触实物。消费者对网上商品的比较依赖于厂商对商品的描述，包括文字的描述和图片的描述。网络营销商对自己的产品描述不充分，就不能吸引众多的顾客。而如果对产品的描述过分夸张，甚至带有虚假的成分，则可能永久地失去顾客。

（四）购买决策

网络消费者在完成了对商品的比较选择之后，便进入到购买决策阶段。与传统的购买方式相比,网络购买者的购买决策有以下独特的特点:①网络购买者理智动机所占比重较大,而感情动机的比重较小;②网络购买受外界影响较小,大部分的购买决策是自己作出的或是与家人商量后做出的;③网上购物的决策行为较之传统的购买决策要快得多。

网络消费者在决策购买某种商品时,一般必须具备三个条件:一是对厂商有信任感;二是对支付有安全感;三是对产品有好感。所以,树立企业形象,改进货款支付办法和商品邮寄办法,全面提高产品质量,是每一个参与网络营销的厂商必须重点抓好的三项工作。这三项工作抓好了,才能促使消费者毫不犹豫地做出购买决策。

(五)购后评价

消费者购买商品后,往往通过使用,对自己的购买选择进行检验和反省,重新考虑这种购买是否正确,效用是否理想,以及服务是否周到等问题。这种购后评价往往决定了消费者今后的购买动向。

为了提高企业的竞争力,最大限度地占领市场,企业必须虚心倾听顾客反馈的意见和建议。互联网为网络营销者收集消费者购后评价提供了得天独厚的优势。方便、快捷、便宜的电子邮件紧紧连接着厂商和消费者。厂商可以在订单的后边附上一张意见表。消费者购买商品的同时,就可以同时填写自己对厂商、产品及整个销售过程的评价。厂商从网络上收集到这些评价之后,通过计算机的分析、归纳,可以迅速找出工作中的缺陷和不足,及时了解到消费者的意见和建议,随时改进自己的产品性能和售后服务。

三、影响消费者购买行为的主要因素

影响消费者网上购物的因素很多,但主要是产品的价格、产品的特性、产品的购买时间、产品的挑选范围、产品的新颖性、购物的便捷性、安全和可靠性、网页设计风格及进入网站的便捷性、企业形象等因素。

(一)产品的价格

从消费者的角度说,价格不是决定消费者购买的唯一因素,却是消费者购买商品时肯定要考虑的因素,而且是一个非常重要的因素。对一般商品来讲,价格与需求量之间经常表现为反比关系,同样的商品,价格越低,销售量越大。网上购物之所以具有生命力,重要原因之一就是网上销售的商品价格普遍低廉。例如,世界最大的网络虚拟书店亚马逊书店一般以七到八折的价格出售图书。我国北方国信网络技术发展有限公司推出的"中国酒店预订系统"是我国第一个网上酒店预订系统,它囊括了我国全部的二星级至五星级酒店。利用这一系统预订酒店房间,其价格比店堂登记房间的价格低20%~40%。

此外,消费者对于互联网有一个免费的价格心理预期,那就是即使网上商品是要花钱的,那价格也应该比传统渠道的价格要低。这一方面,是因为互联网的起步和发展都依托了免费策略,因此互联网的免费策略深入人心,而且免费策略也得到了成功的商业运作。另一方面,互联网作为新兴市场,可以减少传统营销中中间费用和一些额外的信息费用,可以大大削减产品的成本和销售费用,这也是互联网商业应用的巨大增长潜力所在。

(二) 产品的特性

首先,由于网上市场不同于传统市场,网上消费者有着区别于传统市场的消费需求特征,因此并不是所有的产品都适合在网上销售和开展网上营销活动的。根据网上消费者的特征,网上销售的产品一般要考虑产品的新颖性,即产品是新产品或者是时尚类产品,比较能吸引人的注意。追求商品的时尚和新颖是许多消费者,特别是青年消费者重要的购买动机。

其次,考虑产品的购买参与程度,一些产品要求消费者参与程度比较高,消费者一般需要现场购物体验,而且需要很多人提供参考意见,对于这些产品不太适合网上销售。对于消费者需要购买体验的产品,可以采用网络营销推广功能,辅助传统营销活动进行,或者将网络营销与传统营销进行整合。可以通过网上来宣传和展示产品,消费者在充分了解产品的性能后,可以到相关商场再进行选购。

(三) 产品的购买时间

这里所说的购物时间包括两方面的内容,购物时间的限制和购物时间的节约。传统的商店,即使是夫妻小店,每天也只能营业 10~14 个小时,有些商店甚至还有公休日。在商店停业的时间里,顾客买不到需要的东西,商店也失去了购物的顾客。网上购物的情况就不一样了。网络虚拟商店一天 24 小时营业,随时准备接待客人,没有任何时间的限制,顾客早上 5 点或晚上 12 点购物都没有问题。电子商务为人们上班前和下班后购物提供了极大的方便。

现代社会大大加快了人们的生活节奏,时间对于每一个人来说都变得十分宝贵,人们用于外出购物的时间越来越少。拥挤的交通、日益扩大的商店门面,延长了购物所消耗的时间和精力;商品的多样性使得消费者眼花缭乱;层出不穷的假冒伪劣商品又使消费者难辨真伪。很多人已没有时间像过去一样去逛商场,从楼上到楼下,从一个商店到另一个商店反复挑选商品。他们迫切需要新的、快速方便的购物方式和服务。网络购物适应了人们的这种愿望。人们可以坐在家中与厂商沟通,及时获得上门服务或得到邮寄的商品。不仅是计算机制造商和信息服务商看准了这个方向,加大了电子商务实用研究的力度和步伐,就是普通产品的销售商也看到建设网上商店是一项高利润的投资方向,纷纷采取各种方式进入这一新兴行业,提供高信誉的全方位服务。在人们对网络商店和网上购物的安全性、可靠性有了充分的认识之后,将会越来越多地选择新型的网上购物方式。

(四) 产品的挑选范围

"货比三家"是人们在购物时常常使用的操作方法。在网络购物中,"货比三家"已不足为奇。人们可以"货比百家"、"货比千家",甚至"货比万家",商品挑选的余地大大扩展。而且，消费者可以从两个方面进行商品的挑选，这是传统的购物方式难以做到的。一方面，网络为消费者提供了众多的检索途径，消费者可以通过网络，方便快速地搜寻全国乃至全世界相关的商品信息，挑选满意的厂商和满意的产品。另一方面，消费者也可以通过公告板，告诉千万个商家自己所需求的产品，吸引千万个商家与自己联系，从中筛选符合自己要求的商品或服务。在这样大的选择余地下，精明的消费者自然倾向于在网上选购价廉物美的商品了。

（五）产品的新颖性

追求商品的时尚和新颖是许多消费者，特别是青年消费者重要的购买动机。这类消费者特别重视商品新的款式、格调和社会流行趋势，而对商品的使用程度和价格高低不太计较。这类消费者一般经济条件比较好，年轻人居多，他们是新式高档消费品、新式家具、时髦服装的主要消费者。电子商务由于本身载体的特点，总是跟踪最新的消费潮流，适时地提供给消费者最直接的购买渠道，加上最新产品全方位的文字、图片和声音介绍，对这类消费者的吸引力越来越大。

（六）购物的便捷性

购物便捷性是消费者选择购物的首要考虑因素之一。一般而言，消费者选择网上购物时考虑的便捷性主要是：其一，时间上的便捷性，可以不受时间的限制并节省时间；其二，可以足不出户，在很大范围内选择商品。

（七）购物的安全性和可靠性

调查表明，网络消费者最担心的问题是交易的安全可靠性问题。由于在网上消费，消费者一般需要先付款后送货，这时过去购物的一手交钱一手交货的现场购买方式发生了变化，网上购物中在时空上发生了分离，消费者有失去控制的离心感。因此，为减低网上购物的这种失落感，在网上购物各个环节必须加强安全措施和控制措施，保护消费者购物过程的信息传输安全和个人隐私保护，以及树立消费者对网站的信心。

（八）网页设计风格及进入网站的便捷性

如果网页的设计不符合消费者的口味，那么，他们在网站停留时间会大打折扣，不易发生购买行为。进入网站以后操作是否便捷也影响着消费者的购买行为。

（九）企业形象

企业形象是企业通过外部特征和经营业绩产生的被公众认同的企业总体形象、知名度、信誉度、美誉度，是传统营销模式的企业资产。在电子商务模式下，其对网络消费者行为同样产生极大影响，网络消费者在网上也偏向购买传统企业的名牌产品。

第三节　网络集团消费者的购买行为

网络集团消费者主要是指在网上购买物品的企业和政府机构。

一、企业网上购买行为

（一）企业网上购买的特征与类型

1. 企业网上购买的特征

在某些方面，企业市场与消费者市场具有相似性，两者都有为满足某种需要而担当购买者角色、制定购买决策等共同点。然而，企业市场在市场结构与需求、购买单位性、决策类型与决策过程及其他各方面，又与消费者市场有着明显差异。与消费者市场相比，企业市场具有以下一些鲜明的特征。

（1）企业市场多为批量采购。企业市场和消费者市场比较，企业市场购买者较少，而购买量较大。消费者作为个人或家庭，为数众多，但购买规模很小。而企业单位，数目虽然比消费者少得多，但购买规模却大得多。企业的主要设备若干年才购买一次，原材料、零配件则根据供货合同定期供应。为了保证本企业生产的顺利进行，企业总是要保证合理的储备，因此每一次总是批量采购。

（2）供需双方关系密切。由于企业购买者人数少，因而大买主对供应商而言更具重要性，更需要密切双方关系。一方面购买者希望供应商能及时提供大量的、高质量的产品和服务；另一方面，供应商也希望自己的产品和服务有市场。现在供应商常常被各个企业顾客要求提供所需要的定制产品，供应商甚至为此改变自己固有的操作方法和程序，而许多购买者也都积极参与并扶持供应商的生产，以便能生产出这种定制产品。例如，东风汽车公司产品许多零配件都在外协配套厂生产，为了保证质量，经常派技术人员与自己选定的一两家外协厂共同解决技术问题。近年来，顾客与供应商之间的关系正走向建立合作与伙伴关系，甚至战略联盟关系。

（3）采购商品具有区域性。企业市场上的购买者在地理区域上集中。例如，美国半数以上的企业购买者都集中在纽约、加利福尼亚、宾夕法尼亚、伊利诺伊、俄亥俄、新泽西和密执安这七个州，因为石油、橡胶、钢铁工业企业在这些地区上更为集中，大部分农产品都是这几个州生产的。这种地理区域集中有助于降低产品的销售成本。

（4）专业性强。由于产业用品特别是主要设备的技术性强，零部件的质量对产品质量产生重大影响，企业通常都雇佣经过训练的、内行的专业人员，负责采购工作。因此，企业采购可以从零部件本身的性能、质量来衡量评价零部件对企业的适用性，而不会过分地依赖广告等外部宣传来做出评价。而且这些参与者多是在某些方面受过专门训练的专家，并承担着自己所在部门的职责，受组织制定的各种政策、制度的限制和指导。企业营销者常把它们的产品、价格和其他信息放在互联网上，以便专业采购者能更容易地获得这些信息。

（5）互惠采购。企业市场既是商品的购买者，又是商品的出售者。这种既买又卖的特殊身份，使企业在购买生产资料时就会考虑未来产品的出售问题，因而往往要求供应商同时购买自己的产品，使买卖双方或多方实现"互惠"交易。

2．企业网上购买的类型

根据采购行为的新旧程度不同，可以将企业网上采购分为全新采购、变更性采购和固定性采购三种类型。

（1）全新采购。全新采购不存在持续长久的买卖双方的关系。在全新采购情况下，买主必须完成采购过程的所有阶段。首先是收集可能成为供货商的信息。在实物交付给买方以前，必须进行各种有效的谈判。在这种情况下，互联网作为双方之间的一种信息资源，能够使买主完成信息采集的任务。在信息采集阶段，互联网作为一项信息资源，充分显示其最强大的影响力。买方可以通过电子邮件向卖方要求提供信息，也可以从卖方的互联网网站上获取信息，与卖方的网站相链接的旗帜广告也可以提供有关信息。

（2）变更性采购。在一场变更性采购中，互联网的主要效用是作为一项信息交流的资源。它促进了谈判的进行，使得买方和卖方能够针对已存协议的某些方面进行修订。例如，互联网的双向互动性使得双方能够进行接近于实时的谈判，以便改变已订购产品的样式、数量、交付期限及交付地点。在这种情况下，互联网使双方能够按规格制作产品订单并使交换过程人格化。然而，对于变更性采购而言，互联网互动能力的一个方面是卖方需要了解买方的期望，确认这种期望并将它融入交换过程中，以便达成规格化的产品协议。变更性采购代表交换发展、建立关系的中间阶段。企业顾客可能希望卖方能将以前与他们交换的经验融入现在和将来的努力中，以巩固他们之间的业务关系。如果能有效利用互联网的技术特性，就能使卖方通过服务器数据和用户数据来追踪并记录买方信息。这种保存关于买方偏好及过去行为信息的能力，能够减少新买卖中相关的交易成本。但是如果在谈判中一定要投入许多精力去向卖方提供本企业的特定需求，则会增加变更成本。

（3）固定性采购。对于固定性采购，互联网只是起到一种渠道资源的作用。因为这种交换不需要进行谈判磋商，交换双方能得到必要的交换信息。利用互联网最主要的好处就是作为一种传播的媒介，这种传播可能采取完成一次自动交换的形式，也可能采取影响实物交割的形式，或者是两者兼而有之。

（二）企业网上购买模式——B2B电子商务

21世纪不可忽视的一个重要趋势是企业与企业之间网上交易的巨大增长。企业网上购买的模式便是B2B电子商务模式。

B2B（Business to Business, as in businesses doing business with other businesses），电子商务是指企业与企业之间通过互联网进行产品、服务及信息的交换。通俗的说法是指进行电子商务交易的供需双方都是商家（或企业、公司），它们使用了Internet的技术或各种商务网络平台，完成商务交易的过程。该过程包括：发布供求信息，订货及确认订货，支付过程及票据的签发，传送和接收，确定配送方案并监控配送过程，等等。B2B有时写作B to B，但为了简便干脆用其谐音B2B。电子商务的发展过程中还有B2C

（商业对消费者）、C2C（消费者之间、消费者对消费者）、G2B（政府对企业）等模式。

1. B2B 的两种基本类型

B2B 有两种基本类型：一是垂直 B2B，二是水平 B2B。

（1）垂直 B2B。垂直 B2B 可以分为上游和下游两个方向。生产商或商业零售商可以与上游的供应商之间形成供货关系。例如，Dell 电脑公司与上游的芯片和主板制造商就是通过这种方式进行合作。生产商与下游的经销商可以形成销货关系，如 Cisco 与其分销商之间进行的交易。简单地说，这种模式下的 B2B 网站类似于在线商店，这一类网站其实就是企业网站，就是企业直接在网上开设的虚拟商店，通过网站可以大力宣传自己的产品，用更快捷更全面的手段让更多的客户了解自己的产品，促进交易，或者也可以是商家开设的网站，这些商家在自己的网站上宣传自己经营的商品，目的也是用更加直观便利的方法促进、扩大交易。

（2）水平 B2B。面向中间交易市场的 B2B 将各个行业中相近的交易过程集中到一个场所，为企业的采购方和供应方提供了一个交易的平台，像阿里巴巴、慧聪网、环球资源网等。这一类网站既不是拥有产品的企业，也不是经营商品的商家，它只提供一个平台，在网上将销售商和采购商汇集一起，采购商可以在其网上查到销售商的有关信息和销售商品的有关信息。

2. B2B 的优势及其对企业产生的直接效益

传统的企业间的交易往往要耗费企业的大量资源和时间，无论是销售还是采购都要占用产品成本。通过 B2B 的交易方式，买卖双方能够在网上完成整个业务流程，从建立最初印象，到货比三家，再到讨价还价、签单和交货，最后到客户服务。B2B 使企业之间的交易减少了许多事务性的工作流程和管理费用，降低了企业经营成本。网络的便利性及延伸性使企业扩大了活动范围，企业发展跨地区、跨国界更方便，成本更低廉。

此外，B2B 不仅仅是建立一个网上的买卖者群体，它也为企业之间的战略合作提供了基础。任何一家企业，不论它具有多强的技术实力或多好的经营战略，要想单独实现 B2B 是完全不可能的。单打独斗的时代已经过去，企业间建立合作联盟逐渐成为发展趋势。网络使得信息通行无阻，企业之间可以通过网络在市场、产品或经营等方面建立互补互惠的合作，形成水平或垂直形式的业务整合，以更大的规模、更强的实力、更经济的运作真正达到全球运筹管理的模式。

B2B 是企业实现电子商务、推动企业业务发展的一个最佳切入点。企业获得最直接的利益就是降低成本和提高效率，从长远来看也能带来巨额的回报。跟以前相比，企业总体战略中越来越重视与信息技术的结合。许多公司的 CEO 认识到，必须有所作为，才能保持企业的竞争能力。信息技术对企业正日益变得生死攸关，新的信息技术投资能真正增强企业实力，而不仅限于改善企业的日常运作。

3. B2B 的交易流程

B2B 的交易流程一般包括以下八个步骤：

（1）企业客户向销售商订货，首先要发出"用户订单"，该订单应包括产品名称、数量等一系列有关产品问题。

（2）销售商收到"用户订单"后，根据"用户订单"的要求向供货商查询产品情况，发出"订单查询"。

（3）供货商在收到并审核完"订单查询"后，给销售商返回"订单查询"的回答，主要是有无货物等情况。

（4）销售商在确认供货商能够满足商业客户"用户订单"要求的情况下，向运输商发出有关货物运输情况的"运输查询"。

（5）运输商在收到"运输查询"后，给销售商返回运输查询的回答。例如，有无能力完成运输，有关运输的日期、线路、方式方面的要求，等等。

（6）在确认运输无问题后，销售商即刻给企业客户的"用户订单"一个满意的回答，同时要给供货商发出"发货通知"，并通知运输商运输。

（7）运输商接到"运输通知"后开始发货。接着企业客户向支付网关发出"付款通知"。

（8）支付网关向销售商发出交易成功的"转账通知"。

（三）企业网上购买过程

企业网上购买过程主要由确定需求、信息采集、交易谈判、成交执行四个阶段组成。

1. 确定需求

当企业在经营中出现的问题可以通过采购某些产品和服务来解决时，采购过程便开始了。企业需要决定所要采购项目的特性和数量。需求的产生可能来自于企业的内部刺激（如新产品所需原材料的采购、机器发生故障需要维修等），也可能是外部刺激所引起的（如看到广告、接到某位销售代表的电话，可以得到购买优惠等）。

2. 信息采集

当对所需要购买的产品数量、型号等因素有了明确需求后，企业就将充分利用互联网来寻找自己满意的产品和商家。在网络环境下，买卖双方将各自的供应和需求信息发布在网上。采购部门可以通过内联网从内部需求部门接受需求申请，并通过互联网向全球供货商发出招标文件。在采购部门发出采购信息的几个小时内，全球厂家就可以用电子邮件、传真或 EDI 方式收到询价单，并给予相关的答复。买方可以通过虚拟的"交易中心"，根据网上信息，如产品价格、公司实力、资源情况等因素，利用互联网的巨大信息容量，可以在全球范围内找到提供最好、最大价格折扣的供货商。

3. 交易谈判

当某位供货商做出明确积极的反映后，买卖双方就会派销售代表对有关的细节进行交易谈判，确定最终的内容，最终签约生效。在网络环境下，交易谈判和签订合同是买卖双方利用电子系统对所有交易的细节进行网上谈判，将双方磋商的结果以文件的形式确定下来，以电子文件形式签订贸易合同，明确在交易中的权利、承担的义务、产品的种类、数量、价格、交货时间、运输方式、违约、索赔等所有合同要素，合同条款可由合同双方利用电子数据交换签订。

4. 成交执行

买卖双方根据交易合同履行各自的义务。卖方备货、组货、发货，买方支付货款和验收货物。买卖双方可以通过网络营销服务器跟踪发出的货物，银行和金融机构也按照合同处理双方收付款，进行结算，出具相应的银行单据等，直到买方收到自己所购产品，完成整个交易过程。电子银行的参与是在线交易的重要特征。

（四）影响企业网上购买的因素

据国外一项最新研究，在电子商务的两大领域当中，从事 B2C 业务的企业虽然制订了详尽的市场营销计划，但是这些计划从根本上就是有缺陷的，可企业仍然不顾一切地为此花掉大把的金钱；从事 B2B 业务的企业则不同，它们对市场营销一点儿都不重视，在这方面几乎毫无作为。

由 Accenture 公司发表的研究报告指出：一个为企业所熟悉的驰名品牌是确保 B2B 电子商务成功的最重要因素，其他因素则包括服务、价格和商品种类的多样性。报告还指出，对于 80% 的 B2B 采购者来说，商品的价格是影响他们的采购决定的一个非常次要的因素。这份报告的起草人杜尔说："调查结果并不像我们所想象的那样，B2B 电子商务中价格不是影响采购的第一要素。如果把价格或是价格、产品、宣传和销售地点作为衡量 B2B 的唯一因素，那你就根本没有办法在 B2B 中与别人进行竞争。企业只有充分重视客户才能脱颖而出。"

二、政府机构网上购买行为

（一）政府机构网上购买的特征与类型

1. 政府机构网上购买的特征

（1）非营利性。政府机构对产品和服务采购的目的是为特定人员服务的，是为了满足自身运转的需要，因此他们并不像企业采购者那么关心利润，它们更多地考虑利润以外的问题。政府机构购买与企业市场具有特别明确的以盈利为目标的"经济人"式的购买有明显的不同，政府机构购买具有非营利性。

（2）集体性。政府机构在购买过程中受到使用者、决策者、购买者、把关者等多方影响。例如，卫生系统要购买一批医疗器械，政府的主管部门要申请立项，计委审批确定，财政部门要筹集资金、拨款、决策等，多个部门参与了购买过程。受益者与执行者的分离，常导致政府市场的购买缺乏理性。

（3）制约性。政府运行机制的监督、约束，使得政府在进行产品或服务的采购时，必须兼顾经济和社会效益。一方面，政府采购是使用公共资金进行采购的，并且作为一种经济行为，在决定购买商品的种类、数量、价格，以及供应商等事项上，要强调经济的合理性。另一方面，作为一种社会活动，政府采购行为要受到政治、道义因素的制约，在专门监督机构以及社会公众的监督之下，要确保其绩效。因此谨慎地执行采购政策并使采购具有高透明度，就成为政府采购的基本要求。

（4）公平和公正。政府采购实行网上公开招标制后，充分发挥了社会的监督作用，保证了采购过程的公平交易和资金的有效使用。以前政府采购中出现的"暗箱"操作造成许多不正当竞争的现象,如贪污、受贿、损公肥私等腐败现象,在公开透明的环境中将无处藏身。各个投标方可以在高透明度的环境下进行公平和公正的竞争。

(5)理性购买。在传统的财政供给的条件下,财政部门是选购产品的主体,产品的使用者只能被动地接受产品。而在今天政府网上采购,财政部门只是参与、监督产品的采购过程,采购产品的主体是所购产品合同签署的甲方,他们对所购产品的性能、质地等技术和物理指标都有深入的了解和专业的知识,容易满足使用者的要求。

同时,由于政府采购受到外界公众的密切关注,采购者背负巨大的公众压力,不得不对所采购的产品进行充分比较、反复的评估,检验产品的质量、性能和企业的信誉、实力,尽可能满足各方要求,减少公众对采购的批评,避免产生不良的后果。

(6)引导性。政府采购的制约性和公开性规定了采购的合理性,从而使其可以成为公众消费的标准,减少了消费者分析、选择的过程,即降低了消费者的购买成本。因此政府采购对团体、个人消费的引导作用是其他组织行为不可比拟的。这种引导性体现在政府的消费行为、消费观念对社会的消费行为和消费观念的直接影响。例如,美国总统座机"空军一号"引发的众多大企业总裁对此座机的购买风潮、新加坡政府清正与高效的政府形象所引发的公众务实的消费观念,都是这种引导性的直接体现。

另外,由于政府采购市场隐藏着巨大的购买力,因此,企业为了抢占市场、获取利润,必然要迎合政府的购买心理、购买行为,及时进行产品及营销策略的调整。从这种意义上说,政府消费间接影响到行业的发展方向及战略调整,具有产业引导的特性。

(7)广泛影响力。政府采购作为一种政府行为,受到公众与媒体的广泛关注,企业与政府交易本身又极具有新闻价值,特别是通过网络的传播,各种相应的舆论必将紧紧相随,争相报道,必然引起社会的巨大反应,甚至产生社会轰动。并且这种影响力是广泛持久的,从而有利于提高企业的知名度,促进消费者发生有利于企业的购买行为。

(8)高度可靠性。这种形象工具传递给公众的高可靠性来源于两个方面。一方面是政府的权威性、公信力,以及本身运行机制的约束使得公众本身认可和信任政府行为。另一方面是政府与企业的交易行为为公众所知,大多是来自于第三者所进行的有利报道和展示,而这种信息的传播、沟通是以隐蔽、含蓄、不直接触及商业利益的方式进行的。相对于企业本身的直接广告等促销手段而言,这种间接的形象工具消除了购买者的回避、防卫心理,其可信度要比其他营销手段高得多。

2. 政府机构网上购买的类型

以政府机构网上采购为例,有以下几种类型:

(1)按是否具备招标性质分类。按是否具备招标性质,可将采购方式分为招标性采购和非招标性采购两类。采购金额是确定招标性采购与非招标性采购的重要标准之一。一般来说,达到一定金额以上的采购项目,采用招标性采购方式;不足一定金额的采购项目,采用非招标性采购方式。

第一,招标性采购方式。招标性采购是指通过招标的方式,邀请所有的或一定范围的潜在的供应商参加投标,采购实体通过某种事先确定并公布的标准从所有投标中评选出中标供应商，并与之签订合同的一种采购方式。招标性采购按接受投标人的范围，分为国际竞争性招标采购、国内竞争性招标采购、国际限制性招标采购和国内限制性招标采购。国际竞争性招标采购是指没有国籍限制，采购实体通过国际性媒体公开发布招标公告，邀请所有符合要求的供应商参加投标的一种采购方式。国内竞争性招标采购是指采购实体使用本国文字在国内主要媒体上发布招标公告，邀请国内所有符合要求的供应商参加投标的一种招标采购方式。国际限制性招标采购是指采购单位不发布招标公告而直接邀请国外供应商参加投标的一种采购方式。国内限制性招标采购是指采购实体不发布招标公告而直接邀请国内供应商参加投标的一种采购方式。

第二，非招标性采购方式。非招标性采购是指除招标采购方式以外的采购方式。达到一定金额以上的采购项目一般要求采用招标采购方式，但在有些情况下，如需要紧急采购或者采购来源单一等，招标方式并不是最经济的，需要采用招标方式以外的采购方法。另外，在招标限额以下的大量的采购活动，也需要明确采购方法。非招标性采购方法很多，通常使用的主要有国内或国外询价采购、单一来源采购、竞争性谈判采购、自营工程等。

(2) 按招标范围分类。据招标范围可将采购方式统一规范为公开招标采购、选择性招标采购和限制性招标采购。

第一，公开招标采购。它是指通过公开程序，邀请所有有兴趣的供应商参加投标。

第二，选择性招标采购。它是指通过公开程序，邀请供应商提供资格文件，只有通过资格审查的供应商才能参加后续招标；或者通过公开程序，确定特定采购项目在一定期限内的候选供应商，作为后续采购活动的邀请对象。选择性招标方式确定有资格的供应商时，应平等对待所有的供应商，并尽可能邀请更多的供应商参加投标。

第三，限制性招标。它是指不通过预先刊登公告程序，直接邀请一家或两家以上的供应商参加投标。实行限制性招标采购方式，必须具备相应的条件。这些条件包括：公开招标或选择性招标后没有供应商参加投标、无合格标；供应商只有一家，无其他替代选择；出现了无法预见的紧急情况；向原供应商采购替换零配件；因扩充原有采购项目需要考虑到配套要求；属于研究用的试验品、试验性服务；追加工程，必须由原供应商办理，且金额未超过原合同金额的50%；与原工程类似的后续工程，并在第一次招标文件已做规定的采购；等等。

(3) 按招标阶段分类。按招标所经历的阶段，可将招标采购分为单阶段招标采购和两阶段招标采购。

第一，单阶段招标采购。它是指通过一次性招标，让投标商提交价格标和商务的采购方式。

第二，两阶段招标采购。它是指一种特殊的招标采购方式，即对同一采购项目要进行两次招标。第一次招标是采购实体要求供应商提交不含价格的技术标，目的是征求各供应商对拟采购项目在技术、质量或其他方面的建议。第二次招标是采购实体根据第一阶段征求的建议修改招标文件，要求供应商按修改后的招标文件提交最终的技术标和价格标。两阶段招标很少使用，只是对大型复杂或技术升级换代快的货物如大型计算机和通讯系统等，以及特殊性质的土建工程，事先准备好完整、准确的技术规格有困难或不易实现时，才采用两阶段招标方式。

（4）按采购规模分类。按采购规模分类可将采购方式分为小额采购方式、批量采购方式和大额采购方式。

第一，小额采购。它是指对单价不高、数量不大的零散物品的采购。具体采购方式可以是询价采购，也可以直接到商店或工厂采购。

第二，批量采购。它是指小额物品的集中采购，其适用条件为：在招标限额以下的单一物品由个别单位购买，而且数量不大，但本级政府各单位经常需要；或单一物品价格不高但数量较大。具体采购方式可以是询价采购、招标采购或谈判采购等。

第三，大额采购。它是单项采购金额达到招标采购标准的采购。适用的具体采购方式有招标采购、谈判采购等。

（5）按采购手段分类。采购方式按运用的采购手段可分为传统采购方式和现代化采购方式。

第一，传统采购方式。它是指依靠人力来完成整个采购过程的一种采购方式，如通过报纸杂志来发布采购信息，采购实体和供应商直接参与采购每个环节的具体活动，等等。

第二，现代化采购方式。它是指主要依靠现代科学技术的成果来完成采购过程的一种采购方式，如采购卡采购方式和电子贸易方式。采购卡类似于信用卡，与信用卡的不同点在于，采购卡由财政部门统一发放给采购实体，采购实体的采购官员在完成采购后付款时，只需划卡就行。划卡记录包括付款时间、付款项目、付款单价和总价等信息，这些信息将报送财政部门备案审查。采购卡一般适用于小额采购，由于这种采购方式不需要签订合同，对于每年数以万次的小额采购来说，能够节约大量的纸张费用。电子贸易是指运用电子技术进行业务交易，包括电子邮件、电子信息、国际网络技术以及电子信息交换等。通过电子贸易来发布采购信息并完成采购交易，解决了传统采购方式下难以克服的时间和空间问题，使采购活动更加方便、快捷，大幅度降低了采购成本，提高了采购效率。

（二）政府机构网上购买行为模式

政府机构在实际购买前首先要明确以下问题：①购买者自己，即购买群体有哪些，自己处于哪一层次，具有哪些谈判优势与劣势；②购买对象，即购买利益和功能的载体；③购买目的，即为什么购买，要达成什么目的；④购买参与者，即哪些人参与购买；⑤购买行为，即怎样购买；⑥购买时间，即何时购买最佳；⑦购买地点，即在哪里购买最合适。

认识购买的地点是刺激反应模式，营销和环境的刺激进入购买客户的意识，购买客户的特征和决策过程导致购买决策。在实际购买执行中，政府机构网上购买行为模式见图 4-2。

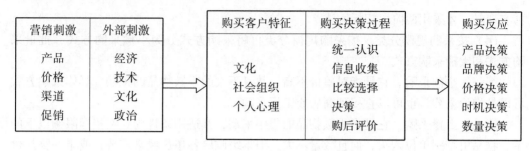

图 4-2 政府机构网上购买行为模式

（三）政府机构网上购买过程

作为典型的 B2B 交易形式，政府机构的网上购买过程与 B2C 方式有许多不同。组织机构网上购买过程与传统市场中的购买过程基本相似，其过程主要经历如下阶段。

1. 认识需求

购买过程是从政府机构的某些人员认识到要购买某种产品以满足组织机构的某种需求开始的。认识需求是由内部刺激和外部刺激等两种刺激引起的。内部刺激，如政府所需购置的公共产品、生产设备所需的零部件等。外部刺激，如看到网络广告、在网上发现了合适的新产品或物美价廉的产品。

2. 确定需求

认识需求后，接着就要确定所需品种的特征和数量。如果是非标准产品，采购人员需要和使用者、技术人员共同研究确定。

3. 物色和选择供应商

通过查找工商企业名录或其他的商业资料来寻找合适的供应商，但这些资料往往滞后于实际情况的发展或不准确、不全面。而网上购买，政府机构用户除可采用传统的渠道外，还可充分利用 Internet 传播和发布信息的优势，通过搜索引擎或相关信息网站，迅速找到众多的供应商，并通过供应厂商的网站比较详尽地了解其生产、技术和经营的情况，以及所需产品的资料。购买者还可在相关网站上发布求购或招标信息，说明要采购的产品名称、品种、规格、数量等具体要求，邀请供应商在规定的期限内投标。目前网上有许多这样的商务网站，如前面提到的阿里巴巴商务网，许多政府网站和 ICP 也提供这类服务。例如，外经贸部厅网站就设置"招标栏目"，为中外企业提供多领域、大范围的招标信息，涉及商品配额招标及设备、物资、工程等采购标讯。

4. 交易洽谈、订货与支付

网上的交易包括通过网络索要产品技术资料、报价单等有关供货信息，洽谈商定价格等业务细节，填送订购单、支付购货费用、出具发货通知单等一系列单证和票据交换等过程。网络明显缩短了上述环节所耗费的时间，大大加快了交易的速度。鉴于目前网上交易的安全问题，加上跨国采购或支付还有许多技术性的问题尚未解决，因此进行网上购买的组织机构一定要了解供应商所采用或能接受的订货程序和支付方式。

5. 检查合同履行情况，对供货过程进行监控

在网上购买签约后，采购方可通过 Internet 对供应方履行合同的情况进行跟踪，例

如，与 Cisco 公司签订订单的客户，可凭订单号码登录到 Cisco 的网站上，了解其订货的生产、发送全过程。不仅如此，Cisco 的网站还与 DHL、Federal Express 等商务运营商的网站链接，从而使用户可随时了解从起运到通过海关的整个交货过程。在所采购产品的交付使用单位后，采购部门还要向使用者征求意见，了解其使用的满意程度，检查和评价供应商履行合同的情况，并将有关意见或建议通过网络及时反馈给供应商。

（四）影响政府机构网上购买的因素

1. 环境因素

环境因素是指影响政府机构实施网上购买的一切外部因素，主要包括政治、经济、法律、文化、技术、竞争和自然环境等。例如，当时或预期的经济环境不佳，市场需求疲软，风险较大，机构可能会减少投资，生产资料的采购量和库存量也将减少。

2. 组织因素

组织因素是指政府机构内部的各种因素，主要包括机构的目标、政策、业务程序、组织结构和制度等。这些因素将从组织内部的利益、经营与发展战略等方面影响组织机构网上购买的决策和行为。

3. 人际因素

人际因素是指政府机构内部的人事关系。以政府采购为例，由于采购中心的五种成员都参与购买的决策，这些决策者在政府中的地位、职权、影响力以及他们之间的关系有所不同，对购买决策会产生不同有时甚至是微妙的影响。

4. 个人因素

个人因素是指参与购买决策的人员的个人动机、感知、个性以及购买风格等。这些因素又受制于这些个人的年龄、受教育程度、性格、职业认同感以及对风险的态度等。政府消费资料的购买实质上是采购中心成员在政府内外各种因素约束下的具体购买行为，因此，这些个人因素必然会对组织机构的网上购买决策产生潜移默化的影响。

案例　可口可乐公司网站的网上调查

Internet 的出现对任何一个知名企业的产品和品牌都构成了新的挑战。对可口可乐公司（www.cocacola.com）而言，电子邮件、语音信箱、网络站点等技术不只是传统经营方式的补充，而是成败攸关的重要因素。可口可乐首席执行官艾华士一直认为，接触大量的信息，是进行实时决策必不可少的。"我们要做的事情是与消费者沟通，从我们得到的资料看来，我们与顾客的关系正在变得越来越密切。"这也许就是可口可乐建立网站和网站运行的准则。

可口可乐公司在网络营销上是极其认真的，它在网上的渗透和扩张的意图也是十分强烈的，从与网民的交互中获得信息的欲望也是实实在在的。其网站的调查专页设计了如下一批问题：

您最常访问哪些类站点？

您是如何找到可口可乐站点的（搜索引擎、从报纸或杂志上看到、从朋友处听到、从一个您本人不太喜欢的人处听到、本人是可乐迷专程找上门来的、只是偶然撞上、从别的站点链接过来的)?

您最后一次访问本站是什么时间（昨天、上周、上个月、很久以前)?

您访问过本站几次（1～2次、3～6次、6次以上)?

您最喜欢本站哪些页面或栏目（选择目录等)?

您认为本站点哪些页面或栏目不需要（选择目录等)?

您认为本站还应增加哪些内容（游戏、不同品牌的信息、可下载的新资料/旧素材、其他内容、建站者信息等)?

您认为本站在网上排名第几（您所访问过的前5%以内、前10%以内、排名再后些)?

所有这些数据对于任何认真开展网络营销，同时又拥有一支数据分析队伍的企业来说，是一笔无可估量的财富，它将在站点改进、建立客户数据库、开展精细营销、个性化服务和培养顾客忠诚度、增强品牌竞争力等方面发挥巨大的作用。

(资料来源：www.cocacola.com)

链接思考

（1）网上市场研究与一般市场研究无论在技术、调查方法、数据收集和处理等方面都有很大的差异，这些差异将会对调查研究结果产生什么样影响？是如何影响的？

（2）网上调查使调查对象可以避免调查人员的诱导和提示，在相对轻松的环境中从容答卷，从这个角度看，提高了调查结果的客观性；但从另一方面看，调查对象在无任何压力和责任的情况下答卷，也很容易导致其在回答问题上的随意性，甚至弄虚作假。如何看待这两种结果？怎样才能进一步提高网上市场调查的效果？

本章小结

本章阐述了我国网络购物的概况，对包括网络个人消费者、企业消费者和政府机构消费者的购买特征、类型、购买模式及购买影响因素等方面进行详细分析。

关键概念

网络购物　网络消费者　5W1H框架　水平B2B　垂直B2B

思考题

（1）网络环境对购买行为有哪些影响？
（2）为了适应网络营销，网络商品及服务应具备哪些属性？
（3）在网络营销环境下消费者的特征有哪些？
（4）简述网络消费者购买的需求动机和心理动机。
（5）消费者的网络购买要经过哪些阶段？
（6）哪些因素会影响消费者的网络购买？
（7）试进行企业市场和政府机构市场的网络购买行为分析。
（8）试比较消费者市场、企业市场、政府机构市场的网络营销特征。

参考文献

[1] 中国互联网络信息中心.中国互联网络发展状况统计报告.http://www.cnnic.net.cn/,2014年7月6日
[2] 刘枚莲,黎志成.面向电子商务的消费者行为影响因素的实证研究[J].管理评论,2006(18)
[3] 陈慧,李远志.电子商务条件下消费者购买决策影响因素探析[J].北京邮电大学学报(社会科学版),2007(2)
[4] 刘枫,李晋瑶.基于互联网的消费者行为模式研究[J].科协论坛,2007(2)
[5] 余立平.网络营销[M].北京:中国时代经济出版社,2006

第五章 网络营销调研

本章学习目标

通过本章的学习，应该掌握以下内容：①了解网络营销调研的特点、步骤；②了解网络营销调研的内容、方法；③能对网络营销实例进行相关分析。

第一节 网络营销调研概述

一个好的营销方案必须建立在对市场进行细致深入调查的基础之上。市场营销调研对于一个企业来说必不可少，它能促使企业生产适销对路的产品，及时调整营销策略。因特网为市场营销调研提供了巨大的信息资源库和强有力的工具。许多公司都已利用网络和其他一些在线服务进行市场营销调研并取得了较好的效果。随着技术的发展、工具应用的完善以及人们接受度的提高，网络营销调研已日益成为营销调研的一种主要方式。

一、什么是传统营销调研

（一）传统营销调研的概念

传统营销调研也被称为市场调查。美国市场协会将其定义为通过信息将商品生产者与商品消费者相互联结的纽带。具体来说，传统营销调研，是指为指导关于市场、竞争战略、产品、价格、分销渠道或促销的战略性或操作性营销决策而进行的信息收集和分析活动。用菲利普·科特勒的话来说，"市场营销调研就是对公司所面临的特定营销环境有关资料及研究结果作系统的设计、收集、分析和报告的活动。"营销调研是企业了解市场的重要手段，通过市场调研可以掌握消费者需求、购买动机和行为等方面的信息，对影响市场供求状况的因素及市场走势做出正确判断，可以有针对性地制定营销策略，发挥本企业的优势，获得良好的营销效益。

由于决策所需的大量信息必须通过收集、加工整理、解释和发现等环节才能获得，因而营销调研包括市场营销调查和市场营销研究，这两个部分互有包含、不可分割。进行市场营销研究必须以市场营销调查为前提，在市场营销调查中又通常包括分析和研究。通过市场营销调查，市场营销者获得有关市场营销背景历史与现状的数据和资料；通过市场营销研究，市场营销者获得有关市场营销背景中机会与威胁的信息。两者的有机结合，使市场营销调研成为一个完整的概念。

营销调研有各种形式：可以是正式的或者非正式的，一次性的或者连续性的，由公司内部进行或从外部买入，联合起来为众多用户服务或者只为某一特定用户专门设计，等等。

（二）营销调研的类型

营销调研一般分为描述性调研、诊断性调研和预测性调研。

（1）描述性调研收集并描述事实。管理者通常把描述性调研作为调研过程的起点，用描述性调研来确定调研的问题。例如，调研的目标可以是确定顾客的总体特征，了解新产品早期采用者以及对新产品有预见的顾客的人口统计特征和态度情况。

（2）诊断性调研努力解释市场行为，并帮助管理者了解面临的问题和局面。例如，如果在某个区域市场把广告预算提高，产品的销售额将如何变化？

（3）预测性调研也称为因果关系调研，综合了描述性调研好诊断性调研来预测营销计划的可能结果。例如，根据某个区域市场的经验，如果广告预算增加30%，该产品在全国的销售额将如何变化？

在调研过程中，一般是从描述性调研开始，然后才是诊断性调研和预测性调研。换言之，这三种调研当中后者是在前者基础之上而开展的。

（三）营销调研的步骤

营销调研一般都遵循以下的步骤。

1. 确定调研的问题

调研者开始要确定他们准备调查什么。明确这个问题将指导调研的全过程以保证调研所得到的是相关的信息。调研者应认真确定问题的实质而不是问题的表象。对下面三个问题的回答将会为调研过程确定正确的方向：①为什么要收集这些信息？②是否已经有了这些信息？③要调查的问题能否真正得到解答？

2. 设计调研方案和实施计划

调研方案和实施计划是调研者用来解决市场调研第一步中确定的问题的基本框架。它将具体说明调查中常见的调查方法、调查设备的情况、抽样计划和数据的类型（定量还是定性）等。

3. 选择调研方法

企业在确定调研方法时有三种选择：询问法、实验法和观察法。询问法通过向被访者询问他们的知识、态度、偏好和购买行为来收集一手数据。调研者采用面谈、电话访问、邮寄问卷或电子邮件问卷等方式了解受访者的基本情况、态度和观点，特别适合收集描述性数据。实验法收集一手数据的方式是选择几组调查对象，对不同的组施加不同的影响，控制相关变量，然后检查各组反映的差异。这种方法可以解释事物之间的因果关系。观察法通过观察相关的人、行为和情景来收集一手数据，采用的手段可以是机械观察、电子观察和人员观察，这种方法让调研者了解受访者在控制条件之外的行为方式。

4. 选择合适的样本总体

在大多数情况下，调研者不可能调查使用某种产品和服务的所有顾客、广告的所有受众或参与制定购买决策的所有消费者。因此，调研者只能调查抽样总体中的样本群体。营销者先确定选择样本的程序，然后明确抽样总体，确定可以产生可靠信息的受访者人数或样本规模，最后决定选择调查对象的方法。为了使调查结果有效，选择的样本总体的特征应该尽可能与目标市场消费者的主要特征相符。

5. 收集和输入数据

这个阶段是对数据进行收集、编辑、编码并把数据输入电脑以供分析使用。为了提高数据的准确性和精密度，应该检查调查数据是否完整并清晰可辨。在数据编辑阶段，应排除那些主要部分未被回答的问卷、不合格受访者填写的问卷以及那些包含误导数据的问卷。

6. 解释数据并从数据中得到结论

为了解释收集的数据并从中得到结论，调研者可以使用定性和定量方法，从简单的频度分析到复杂的多变量分析。这些分析为管理者提供信息来减少经营决策中的不确定性。

7. 撰写调研报告

分析工作完成之后，调研者需要撰写调研报告来总结调研和分析的结果。为了使管理层有效地理解调查和分析的结果，报告须简洁易懂，同时应完整地解释调查和分析工作的相关结论。

二、什么是网络营销调研

（一）网络营销调研的概念

随着信息技术的进步和信息传播媒体的不断变化，营销调研工具也趋于多元化。传统的调研媒体有报纸、杂志、邮件、电话等。随着互联网的出现和普及，一种新型的调研方式——网络营销调研应运而生。

网络营销调研，是指基于因特网系统地进行营销信息的收集、整理、分析和研究的活动，它以各种基于因特网的技术手段为研究工具，利用网页问卷、电子邮件问卷、网上聊天室、电子公告板等网络多媒体通信手段来收集调查与企业市场营销相关的数据和访谈资料。该方法充分利用了网络信息交流与远程交互功能，将网页制作技术、数据库管理技术和远程控制等技术相结合，使调研者能够通过网络来收集、管理和处理调查研究的数据信息，不仅降低了调研的成本，提高了调研效率，同时也增加了调查数据收集的准确性和科学性，有效降低了传统调查可能出现的调查测量误差。

网络在营销调研中的应用可分为两个层面：①作为营销调研的工具，通过网络手段与被调查者进行交互和沟通，如网络问卷调查、在线访谈等。这种方式由调查者开展调查活动，所获取的多为一手信息。②作为营销调研的信息来源，充分利用丰富的网络信息资源，从网络上获取相关的信息资料，如在网上查询产品数据库、公开获取的调研报告等。通过这种渠道调查者一般无须亲自开展调查，而是在网上进行搜索，获取的多为二手信息。

(二) 网络营销调研的特点

与传统营销调研相比，网络营销调研具有以下几个特点。

1. 及时性和共享性

传统的营销调研需要耗费大量的人力，周期也比较长；网络的交互机制使得调研的范围更为广泛，但速度快、周期短。网络上的信息传输速率快，而且能及时传送给网络用户。这保证了网络信息的及时性和共享性，使市场营销策划人员能及时地根据情况制定出相应的营销方案。

2. 便捷性和经济性

在传统调研方式下，参加调研的人员比较多，而网络调研不需要印刷问卷，繁重的信息采集和录入工作分布到众多网络用户的终端完成，省去了调研实施过程中访员的费用等人工介入成本。而且网络调研能够24小时运行，样本数量更为充足，样本分布也更为广泛，有些调研甚至可以即时看到推断总体的频率分布结果。这是传统调研方法很难做到的。

3. 多媒体性与交互性

网络媒体为信息的传递提供了运用图片、声音、视频等多种方式，网络问卷可以图文并茂的多媒体方式呈现，吸引受访者作答。网络的另一个突出特征是具有交互性。开展网络调研时，被调查者可以自由地发表填写自己的意见，同时还可及时就调查问题提出自己更多的看法和建议，可减少因问卷设计不合理导致的调查结果偏差。消费者也可以对产品设计到定价和服务等一系列问题发表意见。这种双向互动的信息沟通方式提高了消费者的参与性和积极性，使企业的营销决策有的放矢，从根本上提高用户的满意度。

4. 被调查者具有主动性和隐匿性

在网络调研中，如果被调查者对调查主题感兴趣，或迫切想了解调查的结果，他会主动、认真地给予回答和配合；如果被调查者对调查主题不感兴趣，他可以选择不予回答。而在传统的调研方式中，一般都是调查者主动向被调查者提出问题，被调查者被动回答问题，在主动性和可选择性上明显弱于网络调研。由于被调查者的参与意愿和参与程度会对调研的效果产生较大影响，因而网络调研需要充分调动被访者的主动性，获得其配合。由于网络上用户身份的虚拟性，使得网络调研的隐匿性较传统离线调研要高，这样被访者在填答调查问卷时的心理防御机制会有所降低，从而提高填答内容的真实性和客观性。

5. 可检验性和可控制性

利用网络进行网上问卷调查时，可以有效地对采集信息的质量实施系统的检验和控制。究其原因：一是网上调查问卷可以附加全免规范的指标解释，有利于消除因对指标理解不清或调查员解释不一致而造成的调查偏差；二是问卷的复核检验由计算机依据设定的检验条件和控制措施自动实施，可以有效地保证对调查问卷的复核检验；三是通过对被调查者的身份验证技术，可以有效地防止信息采集过程中的舞弊行为。

利用网络开展营销调研的优势是明显的,但同时网络调研也存在着局限性,主要表现在:①无法监控调查过程,存在回答率、覆盖率低以及网络调研样本代表性问题。只有在网络覆盖率极高的情况下,才能消除覆盖率问题的顾虑,但就算达到了较高的覆盖率,低回答率的难题仍然不能有效解决。传统调研中存在的这个难题在网络调研中仍然面临。此外,由于参与网络调研的对象在如性别、年龄、职业、收入等用户特征方面存在明显的偏向性,他们和非网络用户的态度、行为、购买或者选举意愿不见得相同,同时网络调查样本也与电话调查样本在许多态度性题目上存在明显的差异。因此网络调研缺少高质量的样本抽样框,样本代表性受到较大限制。②网络调研的价值受到人们参与意愿的限制。网络用户对网络调研可能不予理睬,或者是单纯为了获得奖励而草草填写问卷,也有用户通过某种技术,过滤掉网页上自动弹出的问卷。③建立一个完备的抽样调查网络系统是一项艰巨的工作,需要大量的资本、技术和人力投入。网络的普及应用仍然需要一段时间,网络调研的技术、工具还需进一步完善,专业的网络调研人员数目偏少,且专业度有待提高。

第二节　网络营销调研的内容与方法

一、网络营销调研的内容

网络营销调研与传统营销调研在调研手段上面存在较大的差异,但二者的调研目标和内容是基本一致的。与传统营销调研相类似,网络营销调研的内容可大致分为四个方面:一是对消费者的调研,包括其对商品的满意度及消费偏好、倾向等项目的调研;二是对企业的产品及其竞争对手的调研;三是对企业营运情况的调研,包括广告投放效果、定价策略效果、销售人员绩效等;四是对市场客观环境的调查,包括相关政策、法律、法规等。

(一) 对消费者的调研

1. 现存的市场规模

市场规模一般被定义为某一产品种类的总的销售额,通常要从二手信息来源收集对市场规模的估计。例如一些行业协会在网上公布的资料,或者一些调查公司网站(如A.C.尼尔森等)所公布的数据等,都可以作为调查市场规模的数据源。需要指出的是,由于对行业的定义有所不同,这样会对该行业的规模做出不同的估计,所以需要了解所利用的信息源是如何定义所要调查的行业的。

2. 潜在的市场规模

一个产品的潜在市场是指如果所有的潜在消费者购买了所有他们需要的产品,该产品总的销售额。估计潜在市场规模的步骤是:第一步是计算潜在购买者的总数,即可能使用产品的人员、家庭或单位的数量,政府机构的统计数据是一个比较好的数据源;第二步是估计可能的接受率,即将要购买产品的潜在购买者的百分比,这时需要考虑他们对产品的兴趣的购买能力等因素,可通过一定样本的网络调查来获取相关信息;第三步是估计平均每个购买者一次将在市场花费多少钱。这个数字可从已有市场销售情况估计,还可从关于用户购买行为的调查结果中估计。

3. 购买者的背景特征

在消费品市场中,需要对购买者的人口统计特征信息进行了解,如年龄、性别、收入、婚姻状况、家庭大小和教育程度等。用户在网站上进行注册时,基本上都要求提供这方面的信息。还有一类是关于购买行为特征的信息,以及影响购买行为的态度、口味和偏好的心理特征信息。这一类信息可通过网络问卷调查来获取,或者企业网站运用相应的跟踪软件和商务智能软件来搜集用户网上行为的信息,在此基础上挖掘分析得出用户的行为特征和心理特征。

4. 购买者为什么及如何使用产品和服务

关于消费者的购买动机和消费模式的信息,最常用的方法是采用调查法来获取。在调查中,人们对于他们使用产品的频率、在什么情况下使用、为了什么目的使用等相关问题进行回答。此外,在线专题小组访谈也可用来了解人们的消费情况。这种形式给了用户更多的自由来讨论产品对他们的含义,他们如何使用这些产品,以及他们所遇到的问题。

5. 购买者品牌忠诚度

品牌忠诚度广义是消费者购买同一品牌而不是同类产品的其他品牌的程度。在具有高品牌忠诚度的市场中,特殊交易或者促销将不会轻易把消费者从其他品牌吸引过来;在品牌忠诚度低的市场,为厂家提供了迅速变换产品的可能性。如果建立有固定样本并进行了持续跟踪(如注册用户网上购买历史),那么,固定样本数据可用来分析购买者的品牌忠诚度。

(二) 对产品及竞争对手的调研

1. 对于产品的调研

产品的质量关系到用户的购买和满意度,并对企业的知名度和信誉产生直接的影响。传统的市场调查大多局限于对同类型产品信息的搜集,以及对顾客使用后的满意度的调查。随着现代营销观念的转变,顾客也可参与到企业的设计、生产过程中来。因而,对于产品的网络调研充分突出"顾客参与"的宗旨。关于产品调研内容包括以下方面:

(1)新产品宣传和新产品概念测试。通过企业网站,对新产品的推出进行宣传,并通过网上问卷调查,分析产品的优缺点与市场份额;还可以让用户对新产品的概念方案提出意见和建议,参与产品在线设计,对产品的外观、性能等提出自己的要求。例如,汽车厂商将汽车的最新款式通过网络展示,并调查用户对性能、颜色方面的要求,从而决定生产、销售以及开发的策略。

(2)产品的试用情况调查。在产品决策正式实施前,先生产一小批产品投放到市场上进行销售试验,测试实施某产品决策的效果,这种方法成为贝塔测试。目前,例如软件、网络游戏等网络产品教倾向于采用网上贝塔测试法。软件公司和游戏公司在站点上发布所开发的软件和游戏产品测试版,供用户下载使用,而后收集反馈意见,以进一步改进产品性能,形成最终版本产品,正式推向市场。

(3) 产品满意度调查。产品满意度是指用户通过使用一个品牌的产品,对这个品牌的产品感知和期望之间的比值。产品满意度是一个非常有效的度量和认识客户对企业的认同、对产品和服务的满意程度,以及再次购买倾向的指标。网络调研通常采用网络问卷的方式,通过测量客户对产品或服务的期望、质量认知、价值认知和满意程度,测量决定满意度的相关变量和最终形成的忠诚度等几个方面,从多个角度对产品或服务质量进行整体评价。

2. 对于竞争对手的调研

在市场竞争中,竞争对手的信息对企业而言,具有极高的价值。由于与竞争对手之间的特殊关系,企业对于竞争对手的网络调研往往采用一些间接的渠道和方式。这方面的调研内容包括以下方面:

(1) 竞争对手的基本情况。可浏览竞争对手的站点,收集相关资料,加以分析研究。还可参加针对性较强的 BBS 和网上新闻组讨论,从第三方获取有关竞争对手的间接信息。

(2) 企业以及竞争对手所拥有的市场份额。企业自身的市场份额可以通过它的销售量与估计的整个市场规模相除得到。竞争对手市场份额的估计有各种来源。一是覆盖行业的综合研究报告,有的是从专业调查公司(如 comScore)获得,有的是从行业协会或者从跟踪市场的投资分析人员获得。二是企业开展网络调查,询问被访谈者的品牌购买情况,估计属于不同品牌的市场份额,但这种调查估计易出现较大误差。

(3) 竞争对手的资源和战略。有关竞争对手财务状况、关键人事变动、工厂生产能力或其他资源的变动、处于考虑之中的新产品、目标市场和营销战略的信息都是非常有价值的,要注意从以下方面获取:公司的财务信息可从年度报告获得,现在一些公司特别是网络公司已开始在自己网站上发布季度和年度的财务报告;人事变动、新产品等信息在行业出版物或行业网站中能够获得;目标市场和销售战略通常可以从竞争对手的营销活动,如广告内容、广告投放等方面进行推测。需要指出的是,获取竞争情报要遵守法律规定和道德规范。

(三) 对营运情况的调研

1. 广告投放效果

企业所投放的广告效果可从几个方面来度量:①人们对广告的知晓程度;②广告改变知道品牌的人数的程度;③广告改变人们对品牌印象的程度;④广告对销售的贡献程度。广告效果的调研可委托专业性的广告公司来完成。近年来出现并兴起的行为广告公司能够有效监测网络广告点击率、转化率,并通过用户网上的搜索和购买行为来制定更有针对性的定向广告。

2. 促销效果

网络营销中的促销有限时抢购、特价折扣区、电子优惠券/赠券等多种方式。企业可以观测促销时段内网站的流量和商品购买情况,并和促销之前的数据进行对比;还可以跟踪和分析电子赠券和优惠券的使用情况，以进一步分析此类促销手段对消费者购买行为的影响程度。

3. 定价策略效果

在网络环境下，商品的价格信息变得透明，不仅仅是消费者，包括企业厂商也可以利用网络来了解竞争对手的同类商品的价格情况。当彼此之间对于对方的价格策略都能有所掌握的情况之下，基于用户需求的灵活性定价成为网络营销中较为重要的一种定价方式。企业通过网络等手段调查消费者需求，分析判断消费者群体类型、需求层次及支付意愿，从而制定相应的价位。

（四）对市场客观环境的调研

企业在市场调研中，还需收集市场客观环境方面的信息，主要涉及国家在法律、经济及行政管理方面制定的相关方针政策和法律法规，其中特别注重导向性政策信息的搜集研究和利用，另外还包括地方政府及有关管理部门颁布的一些市场管理条例。对于此类信息的调研，可利用搜索引擎搜索政府及商贸组织等机构的站点，然后进行登录查询，方便快捷。

企业决策是企业生产经营活动的指导性政策，要由企业高层领导人与相关专家开会进行研究、讨论、商议而共同制定。在网络环境下，越来越多的企业采用视频会议的方式进行企业决策研究。这种方式既可打破传统会议中存在的时间、空间的限制，又可以保证主题的专一性和研究的深入性，不失为电子商务模式下进行企业决策调研的一种有效途径。

二、网络营销调研的步骤

网络调研一般包括以下五个步骤。

（一）确定调研的问题与目标

确定调研的问题与目标是网络调研的起点，是要进行新产品开发、上市，还是了解消费者的满意度，分析消费者的消费特征，或者是调查企业的知名度，等等。企业首先需要明确此次调研的主要问题是什么，调研内容侧重在哪个方面，是关于消费者、竞争者、自身营运，还是市场环境。

市场调研的总的目的是要提供三种类型的信息：①描述性信息（如消费者目前在哪里购买同类产品）；②诊断性信息（如消费者为什么在这些地方购买）；③预测性信息（如有多少消费者会到我们这里来购买）。企业需要明确此次调研所要得到的是哪种类型的信息。

（二）制定调研计划

在这一阶段，调研人员要判断调研所需的资料来源、类型和数量，选择调研方法和资料收集技术。在市场调研中的资料大致分为两类：一手资料和二手资料，前者是直接资料，调研主体直接通过有针对性的调查而获取，后者是间接资料，需要通过不同的信息来源和渠道来获取。网络调研使用的方法有问卷调查法、实验法、观察法、专题讨论法等。问卷调查法可使用 E-mail 发送、网站发布等形式,实验法主要是针对软件、游戏等新产品的测试,观察法采用监测和跟踪软件对用户的网络购物行为进行收集和分析,专题讨论法可借助网络新闻组、邮件列表、BBS 等形式进行。

(三) 收集信息

在互联网上,利用搜索引擎、商业数据库、网上调查网站等工具可以收集到一手和二手资料。如果收集的是一手资料,需要设计调查程序,编写调查问卷,设计和抽取被访者样本,发布调查问卷,监控调查过程,存储反馈的调查信息。如果收集的是二手资料,需要采用各种工具对不同的数据源进行搜索查询,并将获取的信息进行比较分析。

(四) 分析信息

资料无论是从网络获取,还是非网络获取,互联网作为一种交流工具,可以使得调查人员能够把多种渠道获取的资料综合起来,应用统计软件、分析模型系统对前一阶段收集到的信息进行统计分析,将其中潜在的信息内容和关系揭示出来。这个阶段具有较强的技术性,要选择适用的数据统计方法,应用统计分析工具,将分析结果用文字、图表、图示等方式来反映。

(五) 撰写提交调研报告

撰写提交调研报告是网络调研活动的最后一个阶段,根据数据分析的结果,得出调查结论。要求调研人员在数据分析的基础上,对资料的正确性和精确性进行评估,尽量减少被不正确资料误导的可能性,并归纳提炼出与营销活动有关的结果,提交给营销决策者以供参考。同时,可通过互联网及时发布和共享调查结果。

三、网络营销调研的方法

利用网络进行市场营销调研有两种方法:一是利用网络以直接进行问卷调查等方式收集一手资料,称为网络直接调研;二是利用网络的媒体功能,收集网络信息源上的二手资料,称为网络间接调研。

(一) 网络直接调研

网络直接调研有网上问卷法、网上实验法、网上观察法和在线专题讨论法四种。

1. 网上问卷调查法

网上问卷调查法是指将问卷在网上发布,被调查对象通过网络完成问卷调查。互联网作为一种问卷调查的工具正在日益普及,企业和调研者开始意识到因特网在收集消费者信息方面的巨大潜力。这种媒体具有极强的互动能力,网络技术也正迅速被大众接受,传统邮件和电话问卷调查方式效率正逐渐下降。网上问卷调查最适宜应用的调查对象包括:①与电脑相关的产品的研究;②上网购买商品的消费者;③网民和网络服务的用户;④新产品和新服务概念的测试,从中可了解"时尚引领者"的意见;⑤对企业和互联网服务专业用户的调查。

（1）网上问卷调查的优点和缺点。互联网给市场调研人员提供了一种新型的问卷调查工具。表 5-1 将网上问卷调查、人员访问、电话访问和邮件问卷调查这四种调查方式进行了比较。

表 5-1　网络、人员、电话和邮件问卷调查的特点比较

对比的特性	网上问卷调查	人员访问	电话访问	邮件问卷调查
成本	非常低	非常高	中等	低
应答速度	快	立即	立即	慢
应答率	高	非常高	中等	低
能接触到的人群类型	少	可以接触到所有的人	比邮件少，但比网络多	很多
能到达的地域广度	非常高	非常低	中等	高
分发调查问卷的时间	短	长	中等	长

（资料来源：Pope, N. K., Tam, T., Forrest, E. J. & Henderson, K. Survey Research on the Web, The Fourteenth International Conference On Technology and Education – Oslo, Norway Aug 10～13, 1997, Vol. 2, pp. 620～623）

网上问卷调查的优点包括：①更高的应答率。网上问卷调查是通过方便应答者而非调查者来完成的。用键盘和鼠标可以消除手工填写印刷问卷的沉闷。网上问卷调查的保密性，尤其在一些敏感问题上的保密保证，能够获得较之电话访问和人员访谈要高的应答水平。有关研究发现，通过网络受访的人员比填写印刷型问卷的人要回答更多的问题。②更准确的应答。无论是通过电子邮件还是在网站上进行问卷调查，都提高了应答的准确率，大大减少了应答错误、访问偏差、信息处理失误和样本分发问题。③更多的乐趣和美感。网上问卷可以运用动画、声音、影像的多媒体技术来提高内容的质量，能够有效吸引被调查者的注意力，并引起他们的兴趣，使他们在填写问卷的过程中享受到乐趣。④更少的花费。使用互联网时，问卷调查的实施费用、应答的制表费以及整理开放式问题答案的费用只是传统开放式访问的小部分。随着应答者的增多，网上问卷调查的平均成本呈降低趋势。⑤更快的回收速度。与纸质邮件相比，电子邮件问卷调查在应答的回收时间上占明显优势，而且电子邮件问卷的累积应答回收率呈上升趋势。不间断的问卷调查可以在监控下保证信息的及时获取，这对于及时提供信息以辅助决策者做出快速反应尤为重要。⑥可对问卷进行定制。通过追踪应答者的互联网使用模式和地理位置，调查者可以为应答者定制调查问卷。例如，在语言方面、地域方面进行问卷内容的差异化设计。后续问题则可根据受访者以前的答复量身定做，这对较长的问卷调查尤其有帮助。

网上问卷调查的缺点包括：①自荐偏差。因为在网上很难对样本进行验证，只从愿意回答或给出个人联系方式的网民中抽样就容易产生偏差。如果为了提高应答率而给予

刺激，通常做出回答的还是自愿应答者。而网民只是全体人口中的一小部分，能否具备典型的总体特征，需要进行判断。②应答者的真实性和重复作答。和其他形式的问卷调查一样，网上问卷调查也不能保证应答者提供的信息都是真实的。虽然目前采用了很多防止重复作答的技术手段，但这种情况仍然无法规避。③个人隐私保密性差。许多人不愿在网上透露自己的资料，因为害怕个人信息被滥用。基于这种担忧，相当一部分本来愿意参与应答的人选择了放弃。

（2）网上调查问卷的设计。网上问卷调查一般有两种途径：一种是将问卷放置在站点上，等待访问者访问时填写。这种方式的优点是填写者具有完全的自主性，缺点是无法核对问卷填写者的真实情况。为了能够保证一定的问卷回收率，调查方和站点需要进行适当宣传，以使访问者知晓。另一种途径是通过 E-mail 方式进行。调查问卷就是一份 E-mail，按照已知的地址发出，受访者回答完毕后通过 E-mail 回复给调查方。这种方式的优点是可以有选择性地控制被调查者，缺点是容易引起被访者的反感。无论是哪种途径，网上调查问卷的设计要注意以下方面：

第一，操作方便性。在设计网络调查问卷时，要充分考虑到调查对象在计算机设备、浏览器及网速等方面的差异，防止受访者因问卷使用了一些高级的技术手段而无法读取、填写问卷。此外，还需考虑和权衡计算机本身的操作方法与受访者预先设想的问卷填写操作方法两者之间的逻辑一致性。填写网络问卷是一件较为复杂的操作程序，它要求受访者在考虑如何回答问卷中问题的同时，还要考虑如何操作计算机来实现这种填写。因此，研究者在设计问卷时，须采用友好反馈界面设计，向受访者传递各种有关完成填写所需要的操作提示，帮助他们有效精确地完成调查。

第二，问卷问题的设置。问卷中的问题编辑直接影响到调查的质量，应注意的事项包括：第一个问题是一份问卷中最重要的问题，它应该表明问卷的目的；将客观问题放在主观问题之前，受访者才会感觉比较自然；将受访者比较熟悉的问题放在比较陌生的问题之前，这样容易使受访者产生兴趣。在题型分配上，除了选择题之外，可适当设置一两个开放式问题，以收集一些更为个人化的信息，以及调查者所忽略的资料。

第三，设计合理的问卷长度。传统的印刷型问卷长 4～8 页，问卷设计者应先考虑调查对象回答问卷的动机，越是能让他们有兴趣和积极参与的主题，他们越有耐心完成问卷。如果问卷很长，不妨分为几段，每一段包含几个问题，并将最重要的问题放在每个段落的前面，受访者可依自己的时间与兴趣逐步完成。

第四，设立奖励机制。设立一定的奖励可以提高问卷的应答率。这种奖励可以是物质的，也可以是非物质的，而且确实能够提高受访者参与程度的积极性。物质方面的奖励以抽奖、电子折扣券等形式，只要访问者填写了调查问卷，就可获得此类奖励。常用的非物质激励的方式是给应答者提供更好的个性化服务，而完成问卷后可以获得某类信息也是另一种行之有效的非物质刺激。

第五，遵守网络规范。网络问卷调查者对网络用户应该持坦诚和尊重的态度。调查者的身份和调查目的应该明确，增加问卷调查的可信度，并使应答者感到他们的意见是有价值的。采用 E-mail 方式进行问卷调查时，如果不易做到"事前许可"，即发送 E-mail 问卷之前先征得用户的同意，则应该做到"事后许可"，问卷中向邮件接收方致歉,并给其提供退出邮件列表的机会。为了获得更高的应答率和防止不信任,在用户隐私方面,调查者要公开信息收集的目的,说明采取什么方法来保护个人资料的隐私,保证资料的质量和完整性,说明滥用个人资料时用户享有的索赔权。此外,还应向应答者介绍隐私保护政策。

2. 网上实验法

实验法是一种调研人员积极控制一个或多个实验变量的研究方法(如产品特征、价格水平、广告水平或广告吸引力),然后衡量这些控制对一个或多个有关的因变量(如销售和产品偏好情况)产生的效果。因为实验法的整个目的是分离开受控变量的影响,实验仅在其他变量被控制或去除的情况下有用。然后,在真正的市场情形下,这是很难做到的。为了改善控制效果以使控制具有可行性,实验法通常作为实验室研究而不是现场研究来做。

网上实验法是以网络作为实验环境,根据实验目的和内容,设定相关变量和控制机制,受访者在一定受控变量约束条件下通过网络完成相应任务。调研者对实验过程和结果数据进行收集、整理和分析,得出结论。例如,某项实验的目的是对相同一则广告在电子杂志和门户网站表现的效果进行测量,分析其中差异,并在此基础上探求电子杂志广告效果。该实验选择了在校大学三年级到研究生二年级的160名女生作为样本,分为A、B两组,各自浏览电子杂志和门户网站十分钟。之后采用结构式网络问卷调查形式询问被试者对于广告记忆的相关问题,测量广告记忆效果,并在线填写广告态度和行为倾向测量表,考察被试的广告态度和产品购买倾向。该实验中的受控条件设定是,考虑到电子杂志和门户网站内容的相似性,需要剔除阅读内容对广告效果的影响,因而选择了同为女性主题的阅读量较大一份电子杂志,以及一家知名的女性门户网站;同时,选取了电子杂志和门户网站都具备的富媒体广告形式。

除了实验室性质的实验方法之外,市场实验也是一种简单的实验形式,即将新产品或改进产品投放到预先选定的市场当中,测试它们实际的市场行为。网络软件、游戏等产品就比较适合于这种实验方式。在软件和游戏商品正式推向市场之前,先在小范围内进行测试版商品的试用,征集测试用户的使用体验信息和意见,作为商品版本改进的参考。这类测试也称为 Beta 测试。

3. 网上观察法

网上观察法是指通过观察正在进行的某一特定网上营销过程来解决某一营销问题,如通过监控在线用户的消费行为,分析其消费对象、消费时间、消费区域等,从而进一步掌握用户的消费信息。与传统市场环境下的观察法相似,这种方法是在被调查者无察觉的情况下进行的。

现在许多网站要求访问者在线注册后,才能成为该网站的合法用户,用户注册时需向网站提交个人资料,如姓名、职业、地址、电话号码、兴趣爱好等。运用观察法时,除了关注这些静态的显性信息外,还要注意发掘动态的隐性信息(即用户的网上行为),可采用下面几种方法:

(1)设置计数器。几乎所有的网站都设置了流量计数器,记录网页的访问流量。通过对流量的分析不仅可以掌握消费者的数量,还可以了解市场趋势。例如,对某类或某种产品信息的访问流量分析可以反映出访问者（即潜在消费者）的需求和兴趣；对同行业访问流量的分析可以了解本企业在市场中的地位和所占的比例；对主页访问流量和各主题访问流量分布规律的分析可以了解企业网络营销的效果等。除了统计访问流量之外，还需对网站访问者的来源进行分析，以掌握区域市场情况。

（2）利用 Cookie 技术。作为一种可以跟踪来访者的程序，许多网站利用 Cookie 来识别老顾客并发现新顾客。当某用户第一次访问某站点时，被访问的 web 服务器就产生了唯一能标识该用户的数字记号 ID，并通过 Cookie 安置到该用户的计算机中，当这位用户再次访问该站点时，服务器就通过 Cookie 从这位用户的 PC 中获取他的 ID 号，于是该站点就能记录下某人访问的时间、次数等信息。美国著名的广告公司 Double Click 也运用含有 Cookie 技术的监测软件来跟踪浏览者，当用户访问与该公司签约的商业网站时，同时就会被赋予一个私人账号，属于该账号的个人资料也将被记录保存，并作为今后营销之用。而当这位用户在网上活动时，他的行为，包括访问了什么站点，停留了多少时间等，就被完全追踪记录下来。该公司就可以精确地掌握其广告目标。如 Yahoo! 的 Smart-Ad 计划中，Yahoo! 就可以根据其注册用户的上网行为记录，判断分析其特征偏好，从而制定并向其推送更为精准的网络广告。

应用跟踪软件是网上观察的主要技术手段，但随之也产生了一系列问题，包括：在用户不知情的情况下对用户进行跟踪，是否侵犯了用户的隐私；如何保证网站所获取的用户个人信息等资料能够得到合理使用，而不被非法滥用于其他商业用途；等等。针对这些问题，企业网站和网络调查公司也采取了相应措施。如著名的网络调查机构 comScore 以及网站排名机构 Alexa 等，在其网页里就明确提示，如果用户愿意成为这些调查机构的调查样本的话，可以下载并安装相应的客户端跟踪软件到自己电脑上，那么，其上网的行为将被监控和跟踪。这样就使得用户拥有了知情权和选择权。同时，越来越多的网站也对用户个人隐私的保护条例加以重视，并在网站中标示。

4．在线专题讨论法

市场调研的数据收集分为定性方法和定量方法两种。专题讨论法就是一种比较典型的定性方法。专题小组主要是通过访谈来收集定性数据，参加活动的人员包括一个受过训练的主持人和一些自愿报名的参与者，活动的内容通常是围绕一个大家都感兴趣的话题而展开讨论。随着网络的普及，越来越多的公司开始在网上组织专题小组讨论。专题小组的许多特征都适用于网络环境。通过即时聊天室、Usenet 新闻组、BBS 讨论组、邮件列表等方式，参与者之间可以进行交流。随着网络技术的发展，在线专题讨论除了以文本方式进行交流之外，声音和视频方式的交流将成为主流。

（1）专题讨论的类型。专题讨论访谈的常见类型包括：结构化访谈、半结构化访谈、非结构化访谈等。

在结构化访谈中，调查者以一种标准的方式，按照一定顺序和事先拟好的问题，向大样本的多名参与者询问，问卷调查就属于这种方式。

半结构化访谈中，调查者事先已经准备好了具体的主题，制定了一个包含一系列预先设计的、有一定理论框架基础的提问时间表。在这些问题之后可以接着提出一些随意性或开放式的问题。

非结构化访谈可方便调查者达到数据收集的深度和广度的要求。在提问之前，没有事先设计好的针对参与者的问题，也没有精确的提问顺序，通常是一些开放式的、宽松的、松散的问题，为被访者提供很多机会，能以一种有意义的方式表述自己的观点。

（2）在线专题讨论的步骤。操作一个典型的在线专题小组讨论可分为以下几个步骤：①通过电子邮件或网站招募受访者；②筛选，如发现合适人选，则通过电子邮件或直接到指定个人主页与受访者联系；③在网上对参与者进行指导和培训；④每个参与者打开一个聊天窗口，发表看法，并回答主持人的提问；⑤可以通过弹出窗口展示一个广告片，请每个参与者对其发表意见；⑥客户公司可以从自己的屏幕上看到整个讨论的过程。

（3）在线专题讨论的优点：①节约成本。传统的专题小组讨论成本相当高，设备租金、饮食费、摄影、录音的复制费，如果小组成员的地域分布比较分散的话，还需支付交通费、食宿费等。在线专题小组则大大减少了这些费用，设备和饮食成本不存在；调查者在几分钟之内就可以得到讨论过程的副本；还节省调研者和参与者的时间。②提高效率。整个在线专题小组的讨论，从人员招募到数据输出，可以在极短的时间内完成。通过电子邮件进行样本筛选和日程安排大大缩短了活动的时间，从而活动复制的数据分析的效率也相应有所提高。这种方式给参与者提供了更多的方便，他们可以自由选择交流的时间和地点，分布在不同地区的参与者也可以参与其中。③小组成员多元化。调查人员不仅可以从各地招募参与者，还可以从不同的社会和人口群体里进行招募。传统的小组讨论中，来自不同群体的成员容易发生冲突，网络的应用解决了这个问题，成员之间不用直接面对面，各自的隐私也得到较好的保护。还有一些消费者没有时间或者不喜欢团队交流，他们通常不愿意参加专题小组的讨论，在线方式也许可以改变他们的态度。

（4）在线专题讨论的局限：①样本筛选问题。在网络上进行市场调研的一个缺点就是无法确定受访者提供的信息是否真实。为了提高调查结果的可信度，调研人员应该采取相应措施尽量减低受访者说谎的可能性。②技术和环境的局限。首先，由于在线讨论缺乏面对面的情境，主持人很难把握整个小组成员的情绪，同时也很难确定讨论是否偏离了主题。其次，参与者能否集中注意力也是个潜在的问题。专题讨论所收集的是定性数据，对定性数据的解释和分析是一个复杂的过程。③产品限制。虽然参与者能够在网上看到关于产品的图像和文字，但他们不能直接感受产品本身，而对大多数消费者来说，这种感受是非常重要的。产品直接体验的缺乏，会影响受访者反馈信息的客观性和准确性。

（二）网络间接调研

网络直接调研一般只适合于针对特定问题而进行专项调查，企业用得更多的还是网络间接调研。网络间接调研是指企业通过搜索引擎、相关站点、公告栏、新闻组、电子邮件等途径对网上的二手信息进行收集。互联网使我们可以接触到各种各样的信息，这当中有的信息是免费的，有的信息是需要付费的。

网上间接信息的来源包括企业内部信息源和企业外部信息源。与市场有关的企业内部信息源，主要是企业自己搜集、整理的市场信息，企业产品在市场销售的各种记录、档案材料和历史资料，如客户名称、购销记录、推销员报告、客户中中间商记录等。企业外部市场信息源包括：政府有关部门、国际贸易研究机构以及设在各国的办事机构，它们通常能较全面地搜集世界或所在国的市场信息资料；还有外国政府网站、图书馆、国际组织、银行、商情调研机构以及相关企业。

寻找关于某一特定公司的信息，首先要去的地方是该公司的主页，每个公司的主页一般都有关于该公司的背景信息以及公司的产品信息。关于公司和行业的财务信息，最好的来源是为投资者提供信息的网站，这些网站提供了行业的一般表现、股票价格和单个公司的财务数据，以及诸如消息汇编和记者招待会之类的一般信息。对于其他类型的信息，有许多潜在相关的网站，如国家以及地方统计局的主页。如果不知道确切网址，可访问互联网上的搜索引擎，输入关键词进行搜索，访问搜索列出的网址链接。

使用网上间接信息虽然比直接调查更方便、更经济，但需要对信息源进行评价，这个问题将在本章第三节中详细讨论。

四、网络营销调研软件的功能

网络营销调研的实施离不开各种软件和工具的支持，这是网络调研区别于其他调研方式的一个重要特征，同时也是影响网络调研普及应用的一个重要因素。近年来，随着计算机技术的发展，各种操作简便的专门用于制作网络问卷程序的出现，大大降低了对网络调研使用者技术上的要求和限制，极大地促进了这种新型方法的应用与推广。在网络调研软件中，既有商业软件公司的产品，也有开放源代码的免费软件。目前，国外调查研究领域应用较多的网络调研软件主要包括：WebSurveyor，SurveyGold，QuestionPro，等等。国内常见的网络营销调研软件主要包括：SPSS 的 mrInterview 与 DimensionNet，Persues 的 SurveySolutions/EFM，Adobe 的 Adobe Acrobat Pressional 与 LiveCycle Designer，Sensus 的 Sensus Web，等等。

网络营销调研软件有以下功能。

（一）创建调查

许多软件提供 Wizards 功能，它以参与者完成填充的形式出现，而后程序将自动对调查数据格式化处理。有些软件提供调查问题的类型示例（如单项选择题、多项选择题、匹配题等）。在调查者编辑这些问题并补充自己的调查内容时，这些不同类型的问题为调查者提供了结构和格式上的指导。有些软件支持存有大量问题的数据库，这对于计划创建许多调查，并希望编辑前面调查中使用条目的调查者来说是一个很有价值的特征。

（二）调查寄存服务

大多数软件都能在它们自己的网站上对网络调研进行布局和管理，但也有其他的软件支持网页创建及在调查者自己的服务器上运行的文本。

（三）各种问题类型

大多数调研软件都支持各种类型的问题，包括单项选择题、多项选择题、填空题、匹配题、分配题、排序题和评论题等。

（四）问题的有效性

网络调研的效率可以通过减少故意的或者偶然的错误而得到保证。这种错误可能发生在部分或全部调查完成并提交给服务器之后。一个更为有效且方便的方法，就是在数据输入过程中让参与者的计算机检查每个区域。不同软件提供了不同的确认功能，如对某些问题必须作答；对每一排序条目必须有不同的答案；对最小或最大价值的具体化；在评论回答中，规定最多或最少的字数；特殊内容字段的确认格式。调查者应当检查由软件服务提供的错误检查种类，并注意使用错误检查所需的用户软件的种类和配置。

（五）数据分析工具

调研软件中一般都带有数据统计分析的工具，有的是进行普通的描述统计和调查结果显示，有的则具有复杂统计功能。

五、网络营销调研的注意事项

（一）调研对象的代表性

一般来说，网络调研由于对受访者身份不做限制，其统计结果较能反映民意。但从统计的角度来看，针对不同内容的统计调查，应该对受访者的身份进行甄别。网络调研的缺点在于对主动访问者的点击未给予限制，或者对访问者身份的识别存在明显的漏洞。网络调研的对象是网络用户，在年龄、收入、职业、学历等方面都具有较大的集中性，因而其所持有的观点也较集中，产生的调研结论不具备普遍的代表性。

作为统计总体，需要满足同质性、大量性和差异性三个基本要求，因此在设计网络调研方案时，要考虑根据不同的调研要求正确界定目标总体，来保证调研对象的代表性。此外，可以先利用网络调研得出一个结果，然后再利用传统的调研方法进行一次小规模抽查，对网络调研结果进行补充修正。

（二）抽样框误差

为了接近和识别研究的总体单元，必须提供获取总体单位的方法，把包含全部总体单位的名录划定为一个框架，便是抽样框，用作抽样的依据。抽样框误差是影响网络调研推断准确性的最大因素。这种误差产生于目标总体与抽样框的不一致。

为了解决这个问题，需要通过建立和健全抽样数据库使抽样框尽可能与目标总体相接近，从而减少抽样框误差中的不能涵盖目标总体单元和抽样框老化的问题。对所取的样本，可以从电子邮件供应商处采集，也可建立志愿者数据库，但必须对其进行审核并动态更新。抽样框误差中的复合连接和包含非目标总体单元的问题可通过提高网上数据识别技术来解决。

（三）激发受访者的应答兴趣

为了降低拒答现象的出现，应坚持遵循网络行为规范和文化准则，尊重个人隐私，不利用垃圾邮件等网络调研方法扰民，选择能引起高度兴趣的话题，设计合理问卷长度，采取奖励措施，采用多媒体手段和时间限制等原则。这一方面有利于提高信息的反馈率，另一方面有利于反馈信息的真实性，减少调研结果的偏差。

（四）对受访者私人信息保密

网络调研过程中能够收集到许多关于受访者的私人信息，尊重调研参与者的隐私权、保密权和自主权是调研人员对于参与者的基本的尊重方式。在主观上，调研者不能将受访者信息用于其他未经受访者允许的用途，如泄露给他人以获取利益；在客观上，调研者应采取技术手段保证网络和数据的安全性。网络调研者需要向受访者说明他们不能绝对保证数据不被他人接触、使用、改变或破坏，但应该向受访者详细阐明自己在保护隐私性、保密性和匿名性方面所做的努力及采取的措施。

（五）加强对网络调研人员的专业技术培训

网络调研工作的技术性比较强，目前大部分的网络调研人员是传统调研人员，对于网络调研的技术、手段、工具等的掌握程度都不高。要加强网络调研人员的理论与实务知识培训，掌握统计调查的理论与方法和网络技术的应用，包括网络抽样技术、网络调查问卷设计与处理、数理统计方法及相关统计软件应用、网络心理和网络法律等方面的知识。

第三节 网络信息资源的收集与应用

一、网络信息资源的收集

互联网可以作为二手数据的来源，也可以用来收集观察性的数据、调查信息，还可以用来取得研究技巧和资料方面的建议。二手数据可以从公司主页、提供投资建议的网站、政府网站和学术网站上取得。观察性数据可以通过计算网站点击数、监测网站访问者访问的起始页、要求访问者注册登记等途径得到。调查也可以通过互联网进行管理，但是由于采样方面的原因，最好只是当作辅助性的手段。互联网也可以通过在新闻组和列表电子邮件上发布问题的方式获得建议。在本节中所讨论的主要是如何通过互联网来获取二手信息的问题。

（一）网络信息资源的收集方法

互联网为收集各种市场信息提供了十分便利快捷的手段。世界各国和地区发行的报纸、杂志、政府出版物、新闻公报、人口与环境分析报告、市场调查报告、工商企业的供求信息与产品广告都可以上网获得，市场营销调研人员需要掌握利用搜索引擎的技巧和一些相关的网站资源分布，才能够在网上查找到有价值的商业数据和市场信息。

1. 利用搜索引擎查找商务信息

搜索引擎是互联网上使用最为普遍的网络信息检索工具。在网络上查找商务信息，可以利用综合类的通用搜索引擎（如 Google、Baidu、Yahoo 等），也可以利用各种专题类的垂直搜索引擎（如商贸引擎）。

通用搜索引擎我们都比较熟悉，它们基本上都具有两种检索功能，主题分类检索和关键词检索。通用搜索引擎的分类目录中收录有与市场营销调研相关的类目，如工商经济、公司企业、旅游、国家与地区、政治与法律、计算机与互联网、科学与技术等，可以通过浏览这些类目来获取相应的资料信息。而关键词检索用于具有明确信息需求的检索活动。

与通用搜索引擎相比，商贸搜索引擎更具有专业性，它为经销采购商、进出口采购供应商等提供即时的商贸供求信息。专业搜索引擎当中，近几年兴起了一种专门用于搜索商品信息及其价格信息的价格搜索引擎，如 www.bizrate.com、www.shopping.com。利用这些搜索引擎，能够快速查找特定商品的信息、价格情况、卖家资质评定，并能对不同的报价进行排序和比较，使用非常方便。

2. 利用网上商业资源站点查找商务信息

互联网上有大量的商业资源站点，集中了大量的商务信息，而且大部分是免费使用的。其中与网络市场调研有关的资源站点包括商业门户网站、专业资源网站、专业调查网站、传统商业媒体转型的网站、电子商务网站、工商企业网站等。调研人员通过它们可获取相关商务信息。

（1）利用商业门户网站收集商务信息。商业门户网站指那些拥有门类齐全的公司/产品数据库信息的网络内容服务商，它们自身都拥有功能完善的搜索引擎，供用户从各种途径查找产品、供求、服务等市场信息。

（2）利用专业调查网站收集商务信息。如果已知专业调查网站和相关调查频道的资源分布，则可免费查阅各个行业、各种产品已完成的市场调查报告，了解专业调查机构的市场研究方法和服务项目，参与在线调查、学习和了解有关调查项目与问卷设计思路，如国内的艾瑞咨询集团（www.iresearchgroup.com.cn）。

（3）利用相关网站收集商务信息。除了前面两种方式以外，还可以利用一些政府机关网站、消费资讯网、网上黄页等来查找商务信息。

（二）网络信息资源的评价

通过网络获取信息具有多样化、速度快、经济高效等特点，同时也表现出相应的局限性。例如，由于网络缺少传统印刷品所必备的审查过程，因此很难保证网上信息的相关性和准确度；人们可以在网上随意发布信息，因此很难保证信息的质量和连续性；如果调研人员没有掌握评估和过滤信息的技巧和知识，信息获取的随意性就会成为一个弊端。因此，调研人员在收集网络信息资源时，需要按照一定标准对信息的可信度和有效性进行评价，REAP（可靠性、有据性、准确性、可信性）评价法就是一种较为常用的方法,其评价标准见表5-2。

表5-2 REAP的评价标准

指 标	指标涉及的具体问题
可靠性	信息作者是谁?他们背景如何?信息发布者是谁?这一信息公布前是否经过评级或审查
有据性	是否有证据证明信息的真实性?支持论点的证据是否具有多样性
准确性	这些信息是否具有综合性、连续性和及时性的特点?它与统一领域的其他调研结果是否具有可比性
可信性	是否存在个人偏见或缺少客观性?提供这一信息的目的是什么

对于一些质量不高的二手信息,最好的办法是使用一种以上的信息源进行交叉检验。例如,当寻找市场规模估计数量时,不要停在所发现的第一个信息上,而应该继续寻找其他的信息源。

二、网络信息资源的应用

网络信息资源主要表现是商情数据库。

商情数据库是指那些能提供与国外国内商务活动有密切联系的各类信息的数据库,即有关公司、产品、市场行情、商业动态、金融活动、专利、技术标准及有直接关联的税法、国家政策等方面的信息数据库。

(一)国外商情数据库

1. 综合性的联机检索系统

这些联机系统提供商业信息和经济信息的检索服务,如 DIALOG 系统(www.dialog.com)、ORBIT 系统(www.questel.com)、OCLC 系统(www.oclc.org),它们都设有与商情有关的数据库,收录经济统计、商业新闻、年度报告、产品索引、产品与技术预测、贸易机会等方面的信息。

2. 道·琼斯金融资讯

这是以国际一流财经专业通讯社道·琼斯独家提供的财经资讯为基础,进行本土化加工及整合,用于满足国内媒体、政府相关研究机构、金融机构、财经行业客户、企事业单位对世界顶级传媒资讯及实时财经信息需求的财经数据库。由道·琼斯独家提供内容涵盖股市、汇市、债市、期货等金融市场的信息,各国经济政策、统计数据等宏观信息,热点经济事件的评论、特写、重要人物的专访等。全年365天、每天24小时实时发送和更新,是交易商、财经从业者在第一时间准确了解全球最新财经动态及国际权威财经评论的最佳平台。该资讯平台采用先进的 WEB 及数据库技术,基于领先地位的搜索引擎技术,为客户提供多层次、多种类的产品服务,以满足不同领域客户的需求。内容模块化组合,客户可个性化定制栏目,浏览后支持 XML 格式网页下载。

3. 美国商务信息数据库

这是 ProQuest 文摘和索引型数据库。它收集了来自全球 1000 多种商业、工业、管理方面的期刊信息，可提供全球的商业信息。通过该数据库的检索，可以使读者了解各公司信息及其分析、市场条件与战略、雇员管理及报酬、国际贸易与投资、管理与合作、经济预测等内容。ABI 数据库所覆盖的专业范围有：会计和审计、银行数据处理和信息管理、经济学、计算机系统和信息管理、财政与财政管理等。

4. 盖尔商业资源数据库

该数据库是 Gale 集团公司出版的国际网络版数据库之一。该数据库可供用户了解美国及全球公司的商业背景。用户可以从中查询到 455000 家美国及美国以外的公司，包括 27000 家批发商与分销商，25000 家咨询机构与公司的信息。用户由此可查阅到 3000 家国际大公司的历史，15000 重要公司的详细年表。另外，该数据库列出 2000 家美国大公司与 1600 家跨公司参与的国际市场份额的报告，介绍了 8000 家美国公司与 6000 家全球贸易与专业组织的情况。利用该数据库可以方便集中地获取美国及全球商业、工业方面的数据，由此预测与研究工业发展趋势，评价产品的市场潜力与份额，策划产品增长模式，比较美国产品与国际产品差异，推算未来竞争对手与潜在合作者。

（二）国内商情数据库

1. 中国财经报刊数据库

数据库是在中国证监会组织下，由深圳巨灵信息技术有限公司承建的大型数据库资讯系统。其主要收录内容为金融证券期货类报刊，涵盖了金融类的证券、期货、银行、保险、信托、各大证券公司的券商研究报告，各上市公司的内部刊物，主要的行业信息报刊及经济理论研究刊物，还收录有境外的主要财经报刊。分为"每日要闻"、"报刊阅读"、"报刊检索"、"热点排行"、"专题研究"五个专栏。

2. 中国经济信息网

中国经济信息网是由国家信息中心制作的以提供经济信息为主的专业性信息服务网络。它提供的信息形式多样，且内容涵盖面较广，有对各行各业的现状、动态、发展等的全方位报道与分析；下设 8 个栏目，分别为"推荐专辑"、"综合动态"、"经济分析"、"经济数据"、"行业经济"、"区域经济"、"财经视频"、"为您服务"。

3. 中国资讯行数据库

该数据库由专门收集、处理及传播中国商业经济信息的香港财经信息提供商——中国资讯行有限公司提供。该公司于 1995 年 10 月成立，以"将全免而使用的中国商业经济资讯带到全球商业社会"为目的。该数据库现拥有 12 个在线数据库，载有 500 多万篇商业报告和文章，收集 1000 多份中国报章、杂志、贸易刊物、政府机构刊物及合作伙伴提供的权威数据，包括"中国经济新闻库"、"中国商业报告库"、"中国法律法规库"、"中国统计库"、"中国上市公司文献库"、"香港上市公司资料库"、"中国医疗健康库"、English Publication、"中国企业产品库"、"中国中央及地方政府机构库"、"名词解释库"、"中国人物库"等。

4. 国务院发展研究中心信息网

该信息网是国务院发展研究中心制作的大型经济类专业网站，以国务院发展研究中心丰富的信息资源和强大的专家阵容为依托，整合了中国宏观经济、金融研究和行业经济领域的专家学者以及研究成果；提供给高校用户使用的子数据库包括"高校管理决策参考"、"国研报告"、"宏观经济"、"金融中国"、"行业报告"、"世界经济与金融评论"、"财经数据"等七大数据库。

案例　艾瑞咨询集团 iUserTracker——网络用户行为研究

1. 软件介绍

iUserTracker 是由艾瑞开发的基于对中国网民的网民行为研究产品，能够还原最真实的中国网民互联网应用。它分为中国网络媒体访问指标和中国应用软件使用指标两大模块。

iUserTracker 能够提供准确的网民形态和使用行为数据，其次通过数据进行的深度分析能够支持网络公司、广告公司、投资公司的战略制定、市场策略制定和竞争对手分析。

（1）网络公司。最重要的是 iUserTracker 能够让网站知道用户除了访问你的网站以外还在做什么？更加完整了解你用户的情况。还可以进行核心网站用户的研究。

（2）广告公司。最重要的是了解广告主的目标客户群的全部的网络行为，是制定广告媒介投放计划的最佳依据。

（3）投资公司。了解国内互联网行业提供各类服务企业的市场地位和变化趋势，掌握最新的互联网服务，为获得第一手的投资信息把握机会。

2. 项目背景

第三方网民样本连续研究是很多发达的互联网国家与地区都采用的调研手段，该手段能够更加公正客观地反映网民的实际互联网使用情况及变化趋势。

在美国，Comscore 和 Netratings 都推出了基于网民软件客户端监测的第三方连续研究服务。该服务在美国推出多年来，从最早采用向网民样本直接付费的方法，之后发展到大量的免费网民样本采样方法。

在韩国，有 KoreanClick 及 Metrix 两家公司提供网民监测服务，在中国台湾有 InsightXplorer 提供网民样本监测服务。这些公司都是采用直接给招募样本付费的方法，在用户电脑端安装监测软件，实现样本监测。目前，韩国的网民监测样本数量在 1 万名左右。

中国互联网市场一直缺少基于网民软件客户端监测的第三方连续研究服务，艾瑞作为中国知名的网络经济研究机构，为了推动中国互联网产业的健康发展，经过自主研发推出网民监测软件，并经过半年多时间的样本招募及软件系统开发，于近日正式推出 iUserTracker 产品服务。

3. 产品目的

iUserTracker 希望真实反映中国网络市场客观情况，并成为中国互联网行业最有价值的第三方决策支持数据。

4. 样本采集

iUserTracker 从 2006 年 5 月开始招募样本，至 2007 年 2 月已经超过 5 万名用户安装监测软件。

样本采集及数据处理流程如下：

（1）网民整体评估。中国互联网络信息中心（CNNIC）对网民的定义为：平均每周使用互联网至少 1 小时的中国公民。iUserTracker 对网民的定义建立在 CNNIC 网民定义基础之上，并根据 CNNIC 公布的网民人数历史数据，利用预测模型推算各月中国家庭及工作单位网民整体上网人数。同时，在 CNNIC 公布的数据基础上，以性别、年龄、地区为基本抽样指标进行样本招募。

（2）样本招募维护。样本招募主要通过三种方式进行招募：一是 E-mail 定向招募方法；二是网民推荐新用户的方法；三是针对稀缺样本进行电话邀请线下招募。

为了保证样本的代表性和样本信息的正确性，艾瑞将对样本采取以下维护措施：

第一，每 3 个月更新 15% 的新用户。

第二，每 6 个月更新用户的基本属性和高级属性。

第三，每 6 个月随机抽取用户进行电话回访，确认用户注册信息。

（3）软件注册使用。

第一，用户收到招募邀请后，到社区网站上进行用户注册，成为准用户样本。

第二，下载艾瑞的网民监测软件，在主要由本人使用的电脑上安装后，输入软件认证码即可激活。

第三，平时用户开启电脑，监测软件会启动。该软件能够监测网民的网站访问和应用软件使用情况。但是，艾瑞软件并不会监测任何键盘信息。

（4）样本筛选删除。为了真实反映市场情况，并不是所有的付费软件用户都是有效样本。艾瑞每周对样本进行情况监察，有以下情况的则不计算为当周有效样本。

第一，排除上网时间未达到网民定义的用户。

第二，排除网吧、学校公用电脑上网用户。

第三，排除自己不是电脑的主要使用者。

第四，排除同一用户多个账号的用户。

第五，排除涉嫌作弊网络用户及排除单一网站访问异常用户。

第六，排除职业网络赚钱的用户。

第七，排除问卷回答存在逻辑问题的用户。

第八，排除其他异常情况用户。

（5）样本配比加权。根据网民整体评估时确定的性别、年龄、地区样本招募条件，对采集到的有效样本进行配比加权。例如，iUserTracker 某周的合格样本男女比例为 50:50，但是 CNNIC 2006 年 7 月公布的网民男女比例为 59:41，艾瑞将样本加权配比为 59:41 再进行数据分析。

5. iUserTracker 提供的服务内容

（1）对行业、公司网站提供的服务见下表：

分析行业市场现状	分析公司自身业绩	分析比较竞争对手
每个服务领域用户市场规模	本网站用户访问习惯及特征	市场内竞争对手的发展状况
每个服务领域发展变化分析	本网站各频道用户规模特征	各个网站用户流失情况分析
每个服务领域用户使用情况	本网站核心用户的访问流向	各个网站用户特征黏性比较
每个服务领域主要用户特征	本网站的用户黏性回访分析	各个网站之间重合用户分析

（2）对广告主提供的服务见下表：

广告投放前帮助了解市场	广告投放中媒介计划支持	广告投放后投放策略评估
了解大型媒体用户市场规模	目标用户使用各网站服务分析	广告投放覆盖目标用户预计
发掘最有投放价值的新媒体	目标用户主要访问网站重合度	目标用户品牌认知预购变化

（资料来源：http://www.iresearch.com.cn/data/iusertracker/）

本章小结

网络为营销调研提供了强有力的工具。与传统营销调研相比，网络营销调研具有独特的优势，同时也存在局限性。网络营销调研可分为直接调研和间接调研两种类型，直接调研方法包括网上问卷调查、网上实验法、网上观察法、在线专题讨论；间接调研主要通过搜索引擎、站点查询和商情数据库来获取相关信息。

关键概念

网络营销调研　网络直接调研　网络间接调研　网上问卷调查　网上实验法　网上观察法　在线专题讨论　商情数据库

思考题

（1）与传统营销调研相比较，网络营销调研的特点表现在哪些方面？
（2）网络营销调研的内容包括哪些方面？
（3）什么是网络直接调研？其方法有哪些？
（4）网络间接调研的途径有哪些？
（5）如何对网络信息资源进行评价？
（6）利用相关调查软件，自行设计一份网上调查问卷；如果有条件，将问卷发布在网站上开展网上问卷调查，并对调查结果进行收集和统计分析。

参考文献

[1] 卓骏．网络营销［M］．北京：清华大学出版社，2005
[2] （美）西摩·萨德曼，爱德华·布莱尔．营销调研［M］．宋学宝，等，译．北京：华夏出版社，2004
[3] （美）特里·安德森，希瑟·卡努卡．网络调研：方法、策略与问题［M］．袁邦

株，蒋晨晖，译. 北京：中国劳动社会保障出版社，2007
［4］（美）艾德·弗瑞斯特. 网上市场调查［M］. 李进，杨哲慧，成栋，译. 北京：机械工业出版社，2002
［5］李纲，张天俊，吴恒. 网络营销教程［M］. 武汉：武汉大学出版社，2005
［6］陈永玲. 网络商业信息资源获取技术探讨［J］. 高校图书馆工作，2007（4）：28-31
［7］杨奕虹，武夷山. 中美商情数据库建设比较研究［J］. 情报学报，2003（3）：315-320
［8］汪雁，刘颖，刘霞. 几种大型中文商情数据库的对比分析［J］. 情报科学，2004（5）：584-586，593
［9］袁峰，邱爱莲，邵祥理. 网络调查六大问题及其对策［J］. 物流科技，2005（12）：66-68

第六章　网络营销中的目标市场战略

本章学习目标

通过本章学习，应该掌握以下内容：①了解网络市场细分的必要性、作用与原则；②了解网络市场细分的标准与程序；③了解网络目标市场的概念以及网络目标市场的覆盖方式；④了解网络市场定位的策略与步骤。

市场是企业从事营销活动的起点和终点，正确的网络营销活动必须围绕网络市场开展。这就要求选择好企业的目标市场。只有目标市场选准了，企业才能更好地满足现实的需求和潜在的需求，从而发掘和寻找有利的市场机会，制定可行的网络营销计划，提高企业产品的市场占有率，取得最大的经济效益和社会效益。

第一节　网络市场细分

对于营销，市场细分的理论与方法具有特别重要的意义。一方面，产品或行业的总需求决定总体市场，依据消费对象的特征和某些共性，可划分为若干个细分市场；另一方面，营销主体根据各细分市场的状态和特征，选择适合本企业营销拓展的具体对象，为营销策划提供依据并界定范围。

网络市场细分是指以网络消费者的需求、购买动机与习惯爱好等为依据，区分具有不同需求群体的过程，这样网络市场被划分为若干个细分市场。就某个细分市场而言，网络消费者的需求有较多共同性；而不同细分市场之间的需求则有明显的差异。企业应明确自身的特点，选择恰当的细分市场为目标市场。

一、网络市场细分的必要性与作用

（一）网络市场细分的必要性

在同一细分市场内部，消费者需求大致相同；在不同细分市场之间，则存在着明显的差异性。现存在的 B2C、B2B、C2C、B2C 的电子商务模式就是市场细分的结果，在此基础上，随着网络营销的发展必然会出现许多不同的细分结果。同时在这些商务模式中也会出现更细的划分，如网上商店中的网上图书商店、女士用品商店、易学网等。在网络营销中，决定网络市场划分成若干个细分市场的因素有以下几方面。

1. 网络消费者需求的差异性

在网络市场上，每个网络消费者和网络用户由于自身条件不同，所处客观环境的差异，消费者在购买商品和利用网络从事营销服务时，在动机、欲望、习惯和需求上存在一定的差异。例如，网络用户中青年群体与老年群体在通过网络进行消费时，青年群体占绝对的优势，这一网络营销环境就决定了我们在利用网络从事产品推广和商业服务时，要明确我们的特殊服务对象是谁。在网络市场环境下，企业在开展网上经营活动时，要注意网站的本身内容结构，了解顾客、网络服务商、合作伙伴、供应商、销售商、相关行业等的行为习惯。

2. 消费者需求的相似性

每一个细分市场，之所以成为相对独立且又比较稳定的市场，这是因为该群体的消费者有着相似的购买行为和购买习惯。在同一社会环境、同一民族文化传统的熏陶下的人们在生活习惯、社会风俗、节日礼仪等方面总会表现出一定的相似性。这种相似性又使不同消费者需求聚集，形成相类似的消费者群体，从而构成了具有一定个性特征的细分市场。

3. 企业的营销能力

任何企业，其经营范围、经营能力总有一定限度，它不可能为市场提供所有消费者需要的商品和网络服务，而只能使自己的网络营销活动限定在力所能及的范围内，只能去提供和经营某一方面或几个方面的产品服务，去满足某一部分消费者的一个或几个方面的需求，这就要求企业必须将复杂、多变的整体网络市场进行细分，同中求异、异中求同，发挥企业的优势，更好地满足网络消费者的需要。因此，网络市场需要的差异性和相似性，企业经营能力的局限性，是网络市场细分的客观基础。应当注意的是，网络市场细分不是对产品和市场进行分类，而是以网络消费者的需求和欲望差异为中心进行分类。而产品和市场分类是以企业为中心，从区别市场特殊出发，从而划分出不同市场。

（二）网络市场细分的作用

网络市场细分是企业树立"以消费者为中心"的根本标志。具体来说，网络市场细分对于企业营销具有以下作用。

1. 有利于发现新的市场，扩大市场占有率

网络市场细分是发掘市场机会的有效手段，大量现代企业的成功营销证明，市场细分对现代企业开拓新市场，扩大产品和服务市场占有率具有重要意义。企业进行网络市场细分有利于深入了解消费者的不同需求，企业的竞争力必须以市场细分为起点。通过市场细分可以发现哪些需求已得到满足，哪些只满足了一部分，哪些仍是潜在需求；同时，可以发现哪些产品竞争激烈，哪些产品有待开发。企业可根据自身的经营优势和技术水平来开拓新的市场。

2. 有利于了解目标市场的特点，取得最佳营销效果

任何企业的人力、物力、财力、技术资源都是有限的，都不可能满足所有消费者的不同需要。企业只有把有限的资源和精力集中在最具有潜力的目标市场上，做到有的放矢，才能取得较好的经营效益。企业不认真地鉴别各个细分市场的需求特点，就不能进行有针对性的市场营销。在网络市场细分的基础上，企业比较容易了解目标群体的特

征。这样的话，企业能够有针对性的面向顾客进行网络营销工作，企业咨询人员能进行正面的宣传，目标顾客能更好地了解产品要求。企业使用有限的资源，取得最佳营销效果。

诺基亚公司通过深入的市场细分，使诺基亚手机具有更多的适合消费者需要的新功能，通过企业资源的整合，取得最佳营销效果。

3. 有利于制定网络营销组合，增强企业应变能力

网络营销组合是综合考虑企业价格、产品、促销方式等各种因素而制定的市场销售方案。这种最佳组合只能是市场细分的结果。通过网络市场细分，企业比较容易认识和掌握细分市场顾客需求的变化，以及对营销方式、产品价格、售后服务的反应，从而制定适应市场的网络营销组合。

消费者的需求是不断变化的，对市场进行细分，使市场研究比较容易选择调查对象，并使抽样调查具有代表性。诺基亚公司由此得出移动电话市场的需求特点是：①移动电话消费由贵族型向平民化方向演进；②移动电话用户的选择更加个性化。从而在市场细分中掌握消费者需求的变化规律，更迅速更准确地反馈市场上消费者需要的变化情况，不失时机地调整自己的营销策略。

4. 有利于找准目标市场，提高企业的竞争力

企业可以通过有效的市场细分战略突出自己的优势，找准目标市场；同时有效地开发本企业的资源优势，就能用较少的资源把竞争者的顾客和潜在顾客变为本企业的顾客，提高市场占有率，增强竞争能力。

二、网络市场细分的原则与标准

（一）网络市场细分的原则

从网络市场营销的角度来看，并不是简单地把消费者看作需求相同或不同就行了。网络市场细分一定要遵循以下一些原则。

1. 可衡量性

可衡量性表明该细分市场有关资源和资料能够加以衡量。也就是说细分出来的市场有一个明确的范围，并且能够大致知道市场的大小。

比如在电视机市场上，在重视产品质量的情况下，有多少人更看重价格，有多少人更重视耗电量，有多少人重视产品功能，或者兼顾几种产品特征。

2. 实效性

实效性是指企业所选择的目标市场的效益以及获利性是否值得进行开发程度。企业应考虑到细分市场的需求量和发展潜力，能否使企业赢得长期稳定的利润。

3. 可接近性

可接近性是指企业能有效地集中力量接近网络目标市场并有效为之服务的程度。一方面指企业能够通过一定的媒体把产品信息传递到细分市场的消费者，另一方面是产品经过一定的渠道能够达到该细分市场。

比如在通过网络进行宣传推广的消费品中，手机扮演了重要的角色，手机类产品的线上宣传力度居网络广告的首位。有关统计数据资料显示，网民的受教育程度、年龄构成、收入比例，决定了网民非常适合成为手机的宣传对象，几乎可以说，大部分网民都是移动产品的潜在消费者。他们年轻、前卫、受教育程度高、高收入，种种特性注定他们喜欢新生事物，需要移动通讯服务。因此，手机的品牌与服务通过网络进行推广是一种很有效的途径。

4. 反应率

反应率是指不同的细分市场，对企业采用不同营销组合策略所具有的不同反应程度。如果网络市场细分后，市场对各种营销方案的反应都差不多，则细分市场就失去了意义。

例如，如果所有细分市场按同一方式对价格变动做出反应，也就无须为每一个市场规定不同的价格策略。

5. 稳定性

稳定性是指网络细分市场必须在一定时期内保持相对稳定，以便企业制定较长期的营销策略。这样做可有效地开拓并占领该目标市场，获取预期收益。若细分市场变化过快，网络目标市场犹如昙花一现，则企业经营风险也随之增加。同时，在实践中，除稳定性外，细分市场也并不是越细越好。因为如果细分过细，一是会增加细分变数，给细分带来困难；二是影响规模效益；三是增大费用和成本。这时就应实施"反细分化"策略。推行"反细分化"策略，要有利于扩大产品的适销范围，降低成本和费用，增加销售，提高经济效益。

（二）网络市场细分的标准

网络市场细分是依据一定的细分变量进行的，由于网络市场类型不同，对消费者市场细分产生的标准也有所不同。

1. 网络消费者市场细分标准

在现代社会，影响和造成消费者市场需求差异性的因素是极其纷繁复杂的，因此细分消费者市场的标准和方法就没有一个固定不变的模式，各行业、各企业可采取不同的标准和方法来细分，以寻求最佳的营销机会。一般来说，影响消费者市场需求的主要因素大致可分为地理因素、人口因素、心理因素和行为因素四大类。

（1）地理因素。地理因素即根据不同地域消费者行为的特征来细分市场。如细分为国家、地区、省市、南方、北方、城市、农村等市场。由于各个地域的地理环境、自然气候、人口密度、文化传统、风俗习惯、经济发展水平等因素的差异，不同地域的消费者的消费习惯和偏好也不同。例如，我国有些出口产品在东南亚市场很受欢迎，而在欧美市场上却难以打开销路，这是由于东南亚一带华人较多，受中国文化的影响较大从而消费习惯相近。

（2）人口因素。人口因素即根据消费者的年龄、性别、家庭、生命周期、职业、受教育程度、收入、宗教信仰、民族、国籍、社会阶层等因素来细分市场。

例如，根据消费者年龄的不同，服装市场可细分为童装市场、中青年服装市场和老年服装市场；根据消费者性别的不同可分为男装市场和女装市场；根据消费者收入的不同可以细分为中低档服装市场和高档服装市场等。

人口因素是影响消费行为的一个很直接的因素，而且人口因素在消费行为上的差异表现得也很明显。企业在选择目标市场时，可以根据自身的营销目标，考虑各个细分市场的家庭数目、平均购买力、产品的竞争程度等因素。

（3）心理因素。心理因素即根据消费者的心理特征或性格特征来细分市场。生活方式是影响消费行为的一个重要的心理因素。所谓生活方式是指个人对消费、工作和娱乐的特定的习惯和倾向性方式。

个性也是影响消费行为的一个较重要的心理因素。消费者的个性必然会体现在消费行为上，可以说消费过程就是消费者自觉或不自觉地展示个性的过程。

（4）行为因素。行为因素即按照消费者的购买行为来细分市场，包括消费者进入市场程度、追求的利益、使用情况、购买的数量以及对品牌忠诚度等一些因素。

第一，按消费者购买和使用商品的时机来细分市场。例如，有些商品的销售具有明显的季节性，学生平时和开学时购买文具的行为，有些服务性行业平时和节假日的消费行为，一些被认为是吉利的日子、平常的日子以及被认为是不吉利的日子里的消费行为都有很大的差异。这些可以视为是不同的细分生产，企业应当根据这些差异来制订不同的营销方案。

第二，按消费者对商品所追求的利益不同来细分市场。例如，有的消费者购买手表是为了将其作为计时工具，而有的消费者购买手表是为了将其作为身份的象征，或者是为了将其作为礼品赠送亲友。不同的用途对手表有不同的要求：作为计时工具的顾客可能注重手表的使用寿命和价格，作为身份象征的顾客可能注重手表的品牌声望，而作为礼品的顾客可能更注重手表的外观和包装。因此，企业可以根据顾客购买手表所追求的利益不同把手表市场划分为不同的细分市场，制造不同的产品以及不同的营销方法。

第三，按消费者对商品的使用状况来细分市场。例如，按使用状况可以将消费者分为"初次使用"、"经常使用"、"准备使用"等不同的类型。不同类型的使用者对商品的认识不一样，从而购买的行为也不一样。针对不同的使用者就应当有不同的营销方法。如对未使用过的消费者重点应放在如何通过广告、宣传等手段使他们认识商品，吸引他们来购买，使他们成为"初次使用者"，进而成为"经常使用者"；而对"经常使用者"重点则应放在如何降低购买成本、改善服务，使他们继续经常购买或扩大购买。

第四，按消费者购买的数量来细分市场。在使用同一种商品的消费者中，有的是大量使用，有的是少量购买使用，有的难以使用，根据他们使用的数量可以将他们细分为"大量用户"、"中量用户"和"少量用户"等几个不同的消费群体。例如啤酒，有的顾客每天饮用且量多，有的顾客只是休息日在家饮用，有的顾客只是亲朋好友聚会时饮用。不同的顾客购买行为也不一样：大量饮用者可能有自己偏好的品牌，不注重包装而对价格较敏感；少量饮用的顾客可能较重视口感，而难得饮用者可能更注重品牌和包装。因此，企业在价格、销售渠道、销售形式、广告宣传等方面也要区别对待，要有针对性。

第五，按消费者对品牌的忠诚程度来细分市场。不同的消费者对品牌忠诚的程度不一样。根据他们对品牌的忠诚程度可以细分为：①单一品牌忠诚者。他们固执地只信任某一种品牌的商品，而不愿意尝试其他品牌。如有的顾客终身只饮用某一种品牌的啤酒，如果商店缺货他们宁愿去其他商店购买或不喝。②动摇的忠诚者。他们同时忠诚于某几个品牌的商品，轮流使用某几个品牌的商品，而不使用其他品牌的商品。如有的顾客在购买服装时，冬衣可能只购买某几个品牌的服装，而夏衣可能只购买另外几种品牌的服装。③转移的忠诚者。他们有经常转换品牌偏好，不固定忠诚于某一品牌。④非品牌者。他们或者是根本无品牌意识，购买商品只考虑其他因素而根本不考虑品牌（如一些低收入的中老年消费者）；或者是为了追求多样化，而喜欢尝试各种不同品牌的商品。

2. 生产者和提供服务商网络市场细分的标准

（1）按产品和服务的最终用户细分。产品和服务的最终用户，是生产者和服务商市场细分的标准。不同的使用者，对产品和服务有不同的需要。

我国著名的电子商务运营商——阿里巴巴把服务的客户分成不同的类别，如在大的类别中分为采购、销售、代理、合作四种，再按行业分为机械及工业制品、化工、商业服务、农业、电子电工、纺织、皮革、电脑和软件等30个行业。阿里巴巴作为电子商务运营商和电子商务交易平台，按用户的不同制定不同的营销策略，从而设计和开发出不同结构的服务模块，使网站结构更合理，更能全面展示服务的企业及产品，以满足不同用途生产者的需要和提供相应的售前、售中和售后服务。

（2）按服务对象的地理位置细分。每个国家和地区经济发展水平是不一致的，那么在提供服务过程中应有针对性。如在阿里巴巴公司提供的服务中，因中国是美国、日本、俄罗斯等国家较大的进口来源国，所以阿里巴巴的网站中设有英语、日语、俄语等多种语种，以适应为来自多国的商人服务的情况。另外，由于浙江的温州、温岭是中国较大的产品出口基地和产业集中的地区，因此阿里巴巴在服务中开辟温州、温岭等专门的市场。这样阿里巴巴的网络营销目标放在用户集中的地区，有利于节省网络营销成本，提高市场占有率。

（3）按服务对象的经营规模和行业特点细分。服务对象的经营规模大小和行业特点是服务商市场细分的重要标准。服务对象企业的经营规模和行业产业规模及相应的产业链等特点，对服务商的营销策略都有重要影响。如中国鞋业网，此网站的服务对象主要是温州地区的企业。因为温州是中国的鞋都，有大量制鞋及相关产业的企业，而且行业集中，大规模的知名企业较多，因此作为电子商务服务商来说，投资这样的信息产业能满足服务对象的市场需要。

（4）按消费者追求的利益细分。服务商在分析服务对象购买所追求的利益时，应从多度角、多层次深入分析消费者所追求的利益。例如，网易是我国较著名的网站，它之所以点击率高，是因为它综合性强，青年人喜欢的网上娱乐休闲内容多，新闻量大，能满足较多不同类型网络用户的利益追求。

三、网络市场细分的程序与方法

（一）市场细分的程序

网络市场细分的程序如图 6-1 所示。

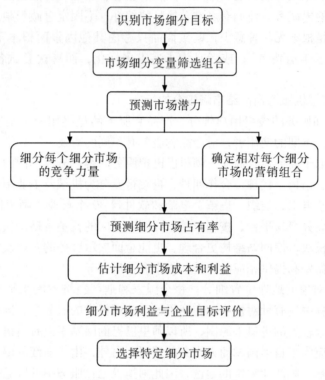

图 6-1 网络市场细分的程序

1. 识别市场细分目标

市场细分开始于营销管理人员确定识别市场的基础。识别和反映细分市场有两种基本方法：①管理导向方法。从管理者角度选择细分变量来定义细分市场。②市场导向方法。从顾客的角度通过各种调查、测试性方法确定评价顾客特性，从而定义细分市场。以上两种方法的目的都是把具有某种特点的顾客群体与特定的营销组合联系起来。

2. 市场细分变量筛选组合

这一阶段是在第一步的基础上对每个细分市场中顾客特征进行深入分析，从而在性质和数量层面理解顾客需求。

3. 预测市场潜力

这一阶段实际上是验证市场细分的经济可行性，只是对典型顾客描述，还不能产生有实际商业意义的细分市场。市场潜力是企业市场细分决策的根本标准。这一阶段的目的是确定市场细分决策的前提，这不仅包括判断市场潜力的大小，还包括在市场潜力与可用资源之间进行权衡。

4. 预测细分市场占有率

这一阶段主要包括两个基本任务：①细分市场竞争地位分析；②特定细分市场的营销策略初步方案分析。这两项工作可以同时进行。这一阶段实际上是论证进入细分市场的可行性，要在估计市场潜力的基础上，衡量进入细分市场的运营成本。

5. 选择特定细分市场

这一阶段是将细分市场利益和目标进行分析比较，评价投入及产出效率和效果水平。同时还需考虑进入细分市场的其他难以计量评价的重要条件，如组织、环境等。

（二）市场细分的方法

根据市场细分的程度不同，市场细分大致有完全无细分、完全细分、按一个影响需求因素细分、按两个以上影响需求因素细分等方法。

1. 完全无细分

完全无细分即有意识地不根据消费者需求的不同加以细分，这样做的目的是强调市场中的共性，漠视个性，以减少生产、营运成本。

2. 完全细分

完全细分称为极端细分，即认为每一个购买者都可能是一个单独的市场，完全可以按照这个市场所包括的购买者数目进行最大限度的细分。

3. 按一个影响需求因素细分

对某些通用性比较大、挑选性不太强的产品因素加以细分。

4. 按两个以上影响需求因素细分

大多数产品的销售都受购买者多种因素的影响：①不同年龄范围的消费者，因生理或心理的原因对许多商品有不同的要求；②同一年龄范围的消费者，因收入的不同，也会产生需求的差异；③同一年龄范围和同一收入阶层的消费者，更会因性别、居住地区及其他许多情况的不同而呈现复杂和互不相同的需求。因此，大多数产品都需按照两个或两个以上的因素细分。

第二节　网络目标市场的选择

网络市场细分是为了选择目标市场。在网络市场细分的基础上，企业首先要认真评估细分的网络市场，然后选择最适合本企业实际情况的目标市场。这是进行网络营销的一个非常重要的战略决策。它主要解决企业在网络市场中满足谁的需要，向谁提供产品和服务。从市场的层次划分中我们可以看出，只有在网络市场中找准了为谁服务这一目标，才能有效地制定网络营销策略。

一、网络目标市场的概念

网络目标市场，即网络目标消费群体。网络目标消费群体是指企业网络营销工作所面向的群体。许多公司的网络营销战略都只是定位于潜在的顾客。但定位于多个不同目标群体会更利于网络营销战略的整体成功。由于潜在的顾客能增加新的销售,新闻媒体能带来正面的形象,咨询人员能传播正面的宣传,所有顾客能更好地了解产品要求,雇员会有更好的销售工具,等等,所以目标群体应该包括潜在顾客、现有顾客、股东、雇员、潜在的雇员、咨询人员或新闻媒体等。

一个好的网络目标市场必须具备以下条件:①该网络市场有一定购买力,能取得一定的营业额和利润;②该网络市场有尚未满足的需求,有一定的发展潜力;③企业有能力满足该网络市场的需求;④企业有开拓该网络市场的能力,有一定的竞争优势。

二、对网络目标市场的评估

网络目标市场选择的基础是评估细分市场的经济价值,评估的标准是企业能在哪个市场上获得更多的收益。一般来说,可从以下几方面进行评估。

(一) 目标市场规模和增长潜力

首先要评估目标市场是否有适当规模和增长潜力。企业在进入市场时,要进行一系列的投资。如果目标市场太小,购买力有限,企业就很难实现赢利。同时,由于现代市场的竞争很激烈,太小的市场很难形成规模效应,这样也就降低了企业的竞争能力。

(二) 细分市场的吸引力

所谓吸引力主要指长期获利率的大小。一个网络市场可能具有适当的规模和增长的潜力,但从获利观点来看不一定具有吸引力。决定网络整体市场或细分市场是否具有长期吸引力的力量有五种:现实的竞争者、潜在的竞争者、替代产品、购买者或供应者。企业必须充分估计这五种力量对长期获利率所造成的威胁:①如果某个网络市场上已有为数众多、实力强大或者竞争意识强烈的竞争者,该网络市场就失去吸引力;②如果某个网络市场可能吸引新的竞争者进入,他们将会投入新的生产能力和大量资源,并争夺网络市场占有率,这个网络市场也没有吸引力;③如果某个网络市场已经存在现实的或潜在的替代产品,这个网络市场也不具有吸引力;④如果某个网络市场购买者的谈判能力很强或正在加强,他们强求降价,或对产品或服务苛求不已,并强化卖方之间的竞争,那么,这个网络市场就缺乏吸引力;⑤如果企业的供应者——原材料和设备供应商、公用事业、银行等,能够随意提高或降低产品和服务质量,或减少供应数量,该网络市场也同样没有吸引力。

(三) 企业本身的目标和资源

有些目标市场虽然规模适合也具有吸引力,但还必须考虑:①企业是否符合企业长远目标,如果不符合,就不得不放弃;②企业是否具备在该网络市场获胜所必需的能力和资源,如果不具备,也只能放弃。

三、网络目标市场的覆盖方式

企业在评估不同的细分市场后，可以根据自己的具体情况决定为多少个子市场服务。网络目标市场覆盖方式有以下几种。

（一）密集单一方式

这种方式是指在众多网上子市场中，企业只选择一个细分市场，并且集中力量生产或经营一种产品，供应这一网上细分市场。这种方式比较适宜于中小企业，它可以帮助企业实现专业化生产或经营，在取得成功后再逐步向其他网上细分市场发展。

（二）产品专业化方式

企业选择几个细分市场，对其顾客群同时供应某种产品。例如，面对不同的子市场、产品式样和档次不同的方式，其优点是能够减少企业经营风险，投资也不大，即使在某个细分市场失去了吸引力，企业还能在其他细分市场营利。

（三）市场专业化方式

企业将所有产品供应给某一类顾客群，产品性能有所区别。

（四）选择性专业化方式

企业有选择性地专门服务于几个不同的细分市场的顾客群体，提供各种性能、生命力较强的同类产品，尽力满足不同的消费者的各种需求。这是一种市场机会增长型模式，采用这种模式要注意的是，选择的细分市场必须以可以实现赢利为前提，否则风险较大。

（五）全方位进入方式

企业全方位进入各网络细分市场，为所有网络细分市场提供他们所需要的不同类型的产品。这是实力强大的企业为了占据市场领先地位而采取的战略，一般企业很少使用。

四、网络目标市场的选择与营销

（一）网络目标市场的选择战略

1. 选择程序

（1）按照本公司新开发产品的主要属性及可能使用该产品的主要购买者两个变数，在网络市场中划分出可能的全部细分市场。

（2）收集、整理各细分市场的有关信息资料，包括对公司具有吸引力的各种经济、技术及社会条件等资料。

（3）根据各种吸引力因素的最佳组合，确定最有吸引力的细分市场。

(4) 根据本公司的实力,决定最适当的网络目标市场。

2. 网络目标市场的选择战略

(1) 产品与市场集中战略。这是指企业集中力量只生产或经营某一种产品或服务,供应某一类顾客群。这种战略比较适宜于中小企业,可以实现专业化生产和经营,在取得成功后,再向更大范围扩展。如电子商务运营商中的一些行业网络服务商,像中国服装网、中国鞋网、中国电器网等服务商,它们的电子商务平台只为一些特定目标企业服务,开始时面向公司所在地区的企业,随着公司的做大做强,则向全国甚至全球开展业务。

(2) 产品专业化战略。这是指企业生产或经营供各类顾客使用的某种产品,如供各类顾客使用的书籍。

(3) 市场专业化战略。这是指企业生产或经营为某一顾客群(细分市场)服务的各种不同产品。

(4) 选择性的专业化战略。这是指企业选择多个细分市场作为网络目标市场,每一个细分市场都有良好的营销机会潜力,各细分市场之间相关性较小。这种战略有利于分散企业的经营风险,即使某个细分市场失去吸引力,企业仍可在其他市场盈利。

(5) 全面覆盖战略。这是指企业为所有顾客群(各细分市场)供应其需要的各种产品。一般来说,大企业为取得市场的领导地位常采用这种战略,如一些集团企业和跨国集团公司。

(二) 网络目标市场的营销策略

企业根据产品或服务的细分市场的数量、状况、分布以及各细分市场的特征,选择一两个或若干个细分市场作为企业主要的营销对象,这就是目标市场选择。选择哪些细分市场作为目标市场,既要依据细分市场的容量、潜力和环境因素,更要看细分市场的状况是否能最大限度地发挥企业的优势和营销能力。针对目标市场,具体可选择无差异营销、差异营销和集中营销三种不同的营销策略。

1. 无差异营销

无差异营销一般适合这种情况,即细分后的市场消费群体虽有差别,但共性明显且是根本性的,企业的基本营销策略可以求同存异,兼顾不同的细分市场。无差异营销策略,是指公司将整个网络市场当作一个需求类似的网络目标市场,只推出一种产品并只使用一套营销组合方案。这种策略重视消费者需求的相同点,而忽视需求的差异性,将所有消费者需求看作是一样的,一般不进行网络市场细分。如早期的可口可乐公司就是只有一种口味、一种规格的瓶包装、一样的广告词。无差异营销的理论基础是成本的经济性。生产单一产品,可以减少生产与储运成本;无差异的广告宣传和其他促销活动可以节省促销费用;不搞市场细分,可以减少企业在市场调研、产品开发、制定各种营销组合方案等方面的营销投入。这种策略对于需求广泛、市场同质性高且能大量生产、大量销售的企业比较合适,如图6-2所示。

图6-2 无差异营销示意

对于大多数产品，无差异市场营销策略并不一定合适。

首先，消费者需求客观上千差万别并不断变化，一种产品长期为所有消费者和用户所接受是非常罕见的。

其次，当众多企业如法炮制，都采用这一策略时，会造成市场竞争异常激烈，同时在一些小的细分市场上消费者需求得不到满足，这对企业和消费者都是不利的。

最后，易于受到竞争企业的攻击。当其他企业针对不同细分市场提供更有特色的产品和服务时，采用无差异策略的企业可能会发现自己的市场正在遭到蚕食但又无法有效地予以反击。

正由于以上这些原因，世界上一些曾经长期实行无差异营销策略的大企业最后也被迫改弦更张，转而实行差异性营销策略。被视为实行无差异营销典范的可口可乐公司，面对百事可乐、七喜等企业的强劲攻势，也不得不改变原来的策略，一方面向非可乐饮料市场进军，另一方面针对顾客的不同需要推出多种类型的新可乐。这种营销策略的优点是：由于经营品种少、批量大，可以节省细分费用，降低成本，提高利润率。缺点是：一方面会引起激烈的竞争，使企业可获利的机会减少；另一方面企业容易忽视小市场的潜在需求。

这种策略只适用于少数消费者需求大致相同并且需求广泛的产品，对大多数商品是不适用的，难以满足消费者的多种需求。因为在现实生活中，消费者的需求与欲望是多样性的，而且随着社会经济的发展，广大消费者生活水平的提高，消费者的需求更趋多样化，采用无差异策略，势必满足不了消费者的多种需求。况且，如果同行业中多家企业都采用这一策略时，市场竞争就会非常激烈，而细分市场的需求却得不到满足。因此，许多企业不得不改变这种计划经济条件下的营销策略。

2．差异营销

针对不同细分市场，选择若干个细分市场作为目标市场，以不同的营销策略适应不同的目标市场，这是差异营销的战略思路。差异营销比较适合垄断竞争的市场模式。

差异营销策略，是指企业在网络市场细分的基础上，选择两个或两个以上的细分市场作为网络目标市场，针对不同细分市场上消费者的需求，设计不同产品和实行不同的营销组合方案，以满足消费者需求。企业凭借自身的技术优势和管理优势，生产出性能、质量优于市场现有水平的产品，或是在销售方面，通过有特色的宣传活动、灵活的推销手段、周到的售后服务，在消费者心目中树立起不同一般的良好形象，如图6－3所示。

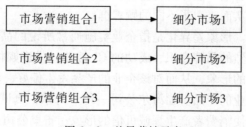

图6－3　差异营销示意

从卖方市场到买方市场的转变，使得那种以生产者为中心的企业营销体制、营销理念发生了根本性的变革。在各种利益的驱动下，企业家与经营专家尽情发挥，把"顾客为上帝"的信条变成了消费者的实惠。差异营销要注意以下三个方面。

（1）顾客就是差异。管理大师德鲁克在描述企业的定义时曾这样说过：企业的宗旨是存在于企业本身之外的，企业的宗旨只有一个定义，这就是创造顾客。那么，面对熙来攘往的人群，创造顾客又从何说起呢？从表面看，企业向不同的顾客提供的是同一种商品，但实际上，顾客所买的可能是根本不同的东西：同样是买汽车，有的购买的是纯粹的交通工具，有的则更多地附加了地位、声望这些车外之物；同样是买服装，中老年人注重更多的是冬暖夏凉这些功能，而年轻人则可能把款式和是否流行作为首选内容；等等。顾客对商品看法的差异是决定他是否作为最终消费者的主要因素，而从生产者来讲，产品是否为顾客所欢迎，最主要的是能否把自己的产品与竞争对手区别开来，让消费者一见钟情。所以从某种意义上说，创造顾客就是创造差异，有差异才能有市场，才能在强手如林的同行业竞争中立于不败之地。

（2）寻求差异的着眼点。对于一般商品来说，差异总是存在的，只是大小强弱而已。而差异化营销所追求的"差异"是产品的"不完全替代性"，即在产品功能、质量、服务、营销等方面，本企业为顾客所提供的是部分对手不可替代的。"鹤立鸡群"就是差异化策略追求的最高目标。现代营销理论认为，一个企业的产品在顾客中的定位有三个层次：一是核心价值。它是指产品之所以存在的理由，主要由产品的基本功能构成。如手表是用来计时的，羽绒服是用来保暖的。二是有形价值。那些与产品有关的品牌、包装、样式、质量及性能，是实际产品的重要组成部分。三是增加价值。其中包括与产品间接相关的或厂家有意添加的性能和服务。如免费发货、分期付款、上门安装、售后服务等。这些都构成了差异化战略的理论基础。

为研究问题的方便，一般把差异化战略分为产品差异化、形象差异化、市场差异化三大方面。

第一，产品差异化。产品差异化是指某一企业生产的产品，在质量、性能上明显优于同类产品的生产厂家，从而形成独自的市场。对同一行业的竞争对手来说，产品的核心价值是基本相同的，所不同的是在性能和质量上，在满足顾客基本需要的前提下为顾客提供独特的产品，这是差异化战略追求的目标。而实现这一目标的根本在于不断创新。以我国冰箱企业为例，海尔集团为满足我国居民住房紧张的需要，生产出了小巧玲珑的"小王子"冰箱；美菱集团为满足一些顾客讲究食品卫生的要求，生产出了美菱保鲜冰箱；而新飞则以省电节能作为自己为顾客服务的第一任务。所有这些，使三家企业形成了鲜明的差异，从而吸引了不同的顾客群。

第二，形象差异化。形象差异化是指企业实施通常所说的品牌战略和 CI 战略而产生的差异。企业通过强烈的品牌意识、成功的 CI 战略，借助媒体的宣传，使企业在消费者心目中树立起优异的形象，从而对该企业的产品发生偏好，消费者一旦需要，就会毫不犹豫地选择这一企业的产品。如海尔公司一句"海尔，真诚到永远"，并佐以优良的产品质量，自然就会使消费者产生真诚可信的形象；雀巢公司虽说是国际著名的大公司，却始终以平易近人的姿态宣传自己，一句"味道好极了"，让人感到像小鸟入巢般的温馨；柯达和富士两大彩卷巨头更是用一黄一绿为基调的包装，突出了产品的外在形象，给人以明快的感觉。如果说，企业的产品是以内在的品质服务于顾客的话，那么企业的形象差异化策略就是用自己的外在形象取悦消费者，形成不同凡响的自身特征，更从一个侧面反映了企业经营人员的智慧。

第三，市场差异化。市场差异化是指由产品的销售条件、销售环境等具体的市场操作因素而生成的差异，大体包括销售价格差异、分销差异、售后服务差异。从价格上讲，与同类产品相比，价格有高、中、低之分，企业是气壮如牛似地选择高价呢，还是先屈后伸选择低价策略，抑或是高不攀低不就的中间策略呢？最主要的还要根据产品的市场定位、本企业的实力，再加上产品的生命周期来确定。海尔在冰箱市场上始终以高价位出现，给人以物有所值的感觉；长虹彩电多次打低价战也屡屡得手。分销渠道则根据生产者与消费者之间中间商的多少而定，又有窄渠道与宽渠道之分。在同类产品中根据自己的特点和优势采用合适的销售渠道，可以取得事半功倍的效果。如美国雅芳公司根据化妆品的特点，采用上门直销的独特方式，从而取得非凡的经营业绩。售后服务差异。随着买方市场的到来，相同功能、相同质量的产品越来越多，人们为什么要舍此择彼呢？于是售后服务差异就成了对手之间的竞争利器。同是一台电脑，有的保修一年，有的保修五年；同是销售电热水器，海尔实行 24 小时全程服务，售前售后一整套优质服务让每一位顾客满意。

(3) 差异化策略的实施。

第一，要把科学、缜密的市场调查、市场细分和市场定位作为基础。这是因为，市场调查、市场细分和市场定位能够为企业决策者提供顾客在物质需要和精神需要的差异，准确地把握"顾客需要什么"，在此基础上，分析满足顾客差异需要的条件，要根据企业现实和未来的内外状况，研究是否具有相应的实力，目的是明确"本企业能为顾客提供什么"这一主题。如果是耐用消费品，应以产品差异和服务差异为主攻方向；如果是日用消费品、食品饮料，则应以树立形象差异为重点。

差异化策略是一个动态的过程。首先，任何差异都不是一成不变的。随着社会经济和科学技术的发展，顾客的需求也会随之发生变化，昨天的差异化会变成今天的一般化。例如，人们以前对手表的选择，走时准确被视为第一标准，而如今在石英技术应用之后，"准"已不成问题，于是人们又把目光集中在款式上。如果手表生产企业再把走时准确作为追求的战略目标，显然是不宜的。其次，竞争对手也是在变化的，尤其是在价格、广告、售后服务、包装等方面，很容易被那些实施跟进策略的企业所模仿。任何差异都不会永久保持，要想使本企业的差异化战略成为长效药，只有不断创新，用创新去适应顾客需要的变化，用创新去战胜对手的"跟进"。

第二，差异化策略是一个系统。以上谈到的各种差异化策略只是在形容问题中的人为分类。在具体操作中，经营者不仅要根据行业内的竞争态势、企业产品的生命周期、产品的类型，实施相应的差异化策略，更有必要的是要使差异化策略形成一个系统，全面实施。实施产品差异化，要为顾客提供独具一格的产品，为对手所不能为。慧中而秀外，还应该从包装到产品的宣传都显示出明显的差异，在顾客中建立难以忘怀的形象。如果是耐用消费品，提供周到的服务，让顾客处处感到方便、安全，更是不可或缺的。

值得指出的是，任何一种差异化策略的实施都会要出一定的代价，如增加售后服务项目就要加大销售成本，加大宣传力度就要支出一大笔广告费用，但只要顺利达到预想的差异化效果，或者能为企业带来长远的利益，这种选择就是值得的。

第三，实施差异化策略要加强营销全过程的管理和控制，其中最重要的是注意顾客的反馈。因为任何营销策略实施成功与否，最终进行裁决的是作为上帝的顾客，得不到顾客的认可，再完美的策略也只不过是纸上谈兵。只有通过顾客的反馈，才能准确地判定是保持、强化还是实施自己的营销策略。国内一些企业往往习惯于运用自己的销售渠道来收集信息，而不善于直接从顾客那里获取。有的宁愿挥金如土去漫无目标地做广告，而不愿意花小钱去从顾客那里获取营销效果的反馈。

总之，差异化策略是与竞争对手进行比较后的选择，差异化策略是一个动态的控制过程，是相互补充的完美组合，"鹤立鸡群"、"羊群里跑骆驼"是其追求的目标，成功与否的最高标准是得到顾客的认可。

差异化营销策略，对于小批量、多品种的生产企业较为适用，日用消费品中绝大部分商品均可采用这种策略选择网络目标市场。在消费需求变化迅速、竞争激烈的当代，大多数企业都积极推行这种策略。其优点主要表现在：有利于满足不同消费者的需求；有利于企业开拓市场，扩大销售，提高市场占有率和经济效益；有利于提高市场应变能力。差异性营销在创造较高销售额的同时，也增大了营销成本，如生产成本、管理成本和库存成本、产品改良成本及促销成本，会使产品价格升高，失去竞争优势。因此，企业在采用此策略时，要权衡利弊，即权衡销售额扩大带来的利益大，还是增加的营销成本大，进行科学决策。

3. 集中营销

集中营销策略亦称密集营销策略，是指企业集中力量于某一细分市场上，实行专业化生产和经营，以获取较高的市场占有率的一种策略。在细分市场的基础上，选择一个或有限几个细分市场作为目标市场，集中企业资源，以相对统一的营销策略开拓市场，这种策略思路称作集中营销（如图6-4所示）。

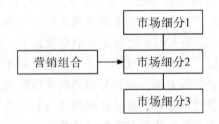

图6-4 集中营销示意

实施集中营销策略的企业要考虑的是与其在整个市场拥有较低的市场占有率，不如在部分细分市场上拥有很高的市场占有率。这种策略主要适用于资源有限的小企业。因为小企业无力顾及整体市场，无力承担细分市场的费用，而在小市场上易取得营销成功。因为资源有限的中小企业试图同时分散资源占有整个市场是不切实际的，不如集中

"兵力"于某一细分市场，取得该市场的优势来得高明。这种策略的优点是：一是企业可深入了解特定细分市场的需求，提供较佳服务，有利于提高企业的地位和信誉；二是实行专业化经营，有利于降低成本。只要网络目标市场选择恰当，集中营销策略常为企业建立立足点，获得更多的经济效益。其缺点主要是企业将所有力量集中于某一细分市场，当市场消费者需求发生变化或者面临较强竞争对手时，企业的应变能力差，经营风险大，可能会使企业陷入经营困境，甚至倒闭。因此，使用这种策略时，要特别注意所选择网络目标市场的变化，以防企业经营陷入困境。

第三节　网络目标市场的定位与策略

一、市场定位的概念与内容

（一）市场定位的概念

在同类产品或服务项目较多，供应竞争比较激烈的情况下，企业向目标市场推出的产品或服务项目，需要进行市场定位。

市场定位（Marketing Positioning），是指产品定位，指根据竞争者现有产品在细分市场上的地位和消费者对此产品的重视程度，将与众不同的具有鲜明个性的本企业产品推广给目标顾客，使该产品在细分市场上占有强有力的竞争位置。企业在进行市场定位过程中一定要了解竞争者产品的市场定位。市场定位的基本参数是价格、档次两大方面。不同的产品和服务可以采用更具体的参数或技术标准，如价格、使用成本、质价比和保值性，功能、质量、外观、使用方法和服务保障等。

（二）网络市场定位的内容

网络市场定位的内容包括网站类型定位、顾客服务定位和服务半径定位。

1. 网站类型定位

目前，网站类型主要有宣传型网站和交易型网站两种。宣传型网站主要介绍企业的经营项目、产品信息、价格信息、广告宣传等，不具备交易功能。交易型网站不仅介绍企业的经营项目、产品信息、价格信息、广告宣传等，还同时提供交易平台，买卖双方可以在线相互传递信息，实现网上洽谈、网上订货、网上支付等。

2. 顾客服务定位

企业网站主要为满足网上顾客服务，应根据顾客需求不同来定位自己的网站，如信息查询、信息发布、各种咨询服务、订购服务等。

3. 服务半径定位

根据网站的服务内容不同，划定网站的服务区域即服务半径，如国际型、全国型、省市地区型。理论上，网络营销无时空限制，但受客观条件的限制，网站服务半径是有局限性的。

二、网络目标市场定位的出发点

在网络目标市场上要想提高产品或服务的品牌形象和知名度,企业必须采用恰当的网络目标市场定位策略,并找准定位的出发点。

(一) 目标消费者

目标消费者的描述与掌握,是定位运作的首要因素。对目标消费者的描述要尽量明确、完整,以便指出进攻的方向;在描述目标消费群体时,可以把人口统计资料与心理描绘资料一起使用。例如,阿里巴巴网站,只要是商人就一定要用阿里巴巴这些例子对目标消费者的描述还算粗略;还可以更进一步组合,如收入、年龄、受教育程度、居住地区、性别、生活形态以及价值观等。不过,它们至少帮我们指出了一个方向,亦即以明确的字眼、书面的方式,详细描述我们的目标消费群体。

(二) 产品和服务差异点

每一种产品和服务都必须提出有力的差异点,以激起消费群体的购买欲望,即购买原因,不论这个差异点是实质的(产品的确有差异)或心理的(产品差异不大,只是消费者的心理认为其中有差异)。例如,温州热线 www.wz.zj.cn,它是一个地方性的新闻综合及娱乐为一体的网站,而温州商务网 www.wzsw.com 则是服务于温州产业的电子商务交易平台。它们之间有明显的差别。

这里介绍两个发现产品差异的方法:

(1) 找出"独特的差异点",也就是自己有,其他竞争者没有(或较弱)的特点。如环球资源网站 www.globalsources.com,它是一个全球性、综合性的电子商务平台,其客户量大,日访问量和交易量也大,是其他同类网站不可相比的。

(2) 如果找不到差异点,那就要换一种方式,即由企业提出一种具有独特吸引力的主张。也就是说,当产品服务同质性高,难以找出有意义的差异时,厂商就应该提出简短有力、别人未曾提出的主张,以作为与消费者沟通的语言,并引导消费者以厂商所提出的观点去衡量产品的优劣。例如,海飞丝:头屑去无踪,秀发更出众;雀巢儿童专用奶粉:添加钙、铁、维生素,帮助孩子成长得更好;强生婴儿洗发精:别让孩子为洗头而哭泣;娃哈哈儿童可乐:不含咖啡因的可乐;等等。一旦消费者接受这种主张,则由于它是某厂商率先提出的,其他厂商无法跟进(即使跟进也只是为别人宣传),因此,它就变成该厂商的宝贵资产(差异点)。

(三) 竞争者

要明确在消费者心目中,自己是在哪个市场与谁竞争,这有助于了解自己被放在哪个阶梯、哪层梯子,以及竞争者之间的消长。当然,如果可能,应该尽量避免与市场领导者正面冲突,而采取迂回战术。最好是先找一个闲置的位置,等基础稳固后,再去渗透已被占有的位置。如阿里巴巴与中国鞋业互联网之间是竞争者,但它们之间服务客户群体是有一定的区别的。

三、网络目标市场定位策略

(一) 网络目标市场定位策略

网络目标市场定位策略是一种竞争策略,体现着同类产品生产企业之间的一种竞争关系。定位的方式不同,竞争态势也不同。主要以下几种定位方式。

1. "针锋相对式"定位或"迎头"定位

这是一种与市场上占支配地位的竞争对手"对着干"的一种定位方式,是一种容易产生危险的定位方式。它把企业的产品或服务定位在与竞争者似或相近的位置上,同竞争者争夺同一细分市场。

实行这种定位策略的企业,必须具备以下条件:能比竞争者提供更好的产品和服务,该市场容量足以吸纳两个以上竞争的产品和服务,比竞争者有更多的资源和更强的实力。不过这种定位,产品和服务的市场进入难度很大,需要一定的时间。因此在定位前一定要经过周密的网络市场分析与预测。例如,在碳酸饮料市场上,可口可乐与百事可乐之间持续不断地争斗;在摩托车市场上,本田和雅马哈对着干;等等。实行这类市场定位的企业需要充分的了解竞争对手的情况,并准确估计自身的实力才能取得成功。

2. "填空补缺式"定位

寻找新的尚未被占领的,并有很好的市场潜力,为许多消费群体所重视的位置进行定位。如腾信公司推出的"移动"服务,开创了移动通信与互联网QQ移动的合作新领域——移动QQ。

通常在两种情况下适用这种策略:一是这部分潜在市场即营销机会没有被发现,在这种情况下,企业容易取得成功;二是许多企业发现了这部分潜在市场,但无力去占领,这时需要有足够的实力才能取得成功。

3. "另辟蹊径式"定位或"避强"定位

这是一种避开强有力的竞争对手的市场定位方式,这种方式在于避开竞争力强的企业进行市场定位。这种方式能使企业迅速在市场上立足,风险较小,成功率高为多数企业的首选。当企业意识到自己无力与强大的竞争者相抗衡,从而获得绝对优势地位时,可以根据自己的条件取得相对优势,即突出宣传自己与众不同的特色,在某些有价值的产品和服务上取得领先地位。如全球最著名的网上书店亚马逊 www.amazon.com,它拥有一流的物流配送和良好的服务,成为网上书店的领先者。

4. 心理定位

心理定位是指企业从顾客需求心理出发、积极创造自己产品的特色,以自身最突出的优点来定位,从而达到使顾客心目中留下特殊印象和树立市场形象的目的;心理定位应贯串于产品定位的始终,无论是初次定位还是重新定位,无论是对峙性定位还是回避性定位,都要考虑顾客的需求心理,赋予产品更新的特点和突出的优点。

(二) 目前企业产品网络目标市场定位战略上存在的问题

目前我国企业中有因产品和服务定位战略运用成功而崛起的,也有因运用不当而导致失败的，特别是信息科技行业中也不乏其例。目前，我国企业产品网络市场定位战略上存在的问题主要有以下几方面。

1. 产品定位模糊

企业在网络营销中，目标市场不明确或目标市场过大，产品定位缺乏明确的诉求对象。企业不是致力于细分市场区别，而是致力于消费者需求中的相同之处，以一个营销计划来迎合大多数的购买者，并凭借广泛的销售渠道和广告宣传，旨在消费者心中树立该产品的一个超级印象。四面出击的做法难以把企业的资源集中于最有吸引力的细分市场。如在我们见到的网络广告中有很多诉求对象不明确，反而会使消费者产生反感。

2. 产品定位缺乏个性

在产品定位中，只有突出不同一般的东西，才能打动人心；只有突出产品的特性，才能树立与竞争者不同的产品形象。然而，目前企业在产品定位中往往没有抓住产品个性中独特的功能价值和心理价值加以突出表现，使消费者很难将本企业产品与竞争产品区别开来，不能在消费者心里留下鲜明的印象。其主要表现在广告诉求同一化，各种品牌所强调的产品特征千篇一律、大同小异。

3. 产品定位混乱

企业产品在市场上的位置不明确，造成产品在消费者心目中的形象混乱不清。如我国很多企业开发的企业应用软件是相互模仿的，电子商务交易平台的服务模式是大同小异的。

上述问题存在的主要原因是：①企业缺少产品定位方面的理论知识和技巧；②缺少及时必要的市场信息反馈，在实践中不能有效运用；③企业缺少创新能力。因此，企业应掌握科学的产品定位步骤与方法，并成功地运用到市场营销的实践中，才能运筹帷幄，决胜千里。

四、网络目标市场定位的步骤

网络目标市场定位工作一般应包括以下三个步骤。

（一）调查研究影响市场定位的因素

恰当的网上市场定位，必须建立在网上市场营销调研的基础上影响网上市场定位的各种因素。这主要包括竞争者的定位状况、目标顾客对产品的评价标准、目标市场潜在的竞争优势。

（二）选择竞争优势和定位战略

企业通过与竞争看在产品、促销、成本、服务等方面的对比分析，了解自己的长处和短处，从而认定自己的竞争优势，进行恰当的网上市场定位。网上市场定位的方法很多，且还在不断开发中，一般包括以下方面：

（1）特色定位，即从企业和产品的特色上进行定位。

（2）功效定位，即从产品的功效上进行定位。

（3）质量定位，即从产品的质量上加以定位。

(4) 利益定位，即从顾客获得的主要利益上进行定位。

(5) 使用者定位，即根据使用者的不同加以定位。

(6) 竞争定位，即根据企业所处的竞争位置和竞争态势进行定位。

(7) 价格定位，即从产品的价格上进行定位。

(三) 准确地传播企业的网上定位观念

企业在做出市场定位决策后，还必须大力宣传，把企业的定位观念准确地传递给潜在的用户，但要避免因宣传不当而在公众心目中引起的几种误解：定位过低，不能显示企业的特色；定位过高，容易引起公众怀疑；等等。

案例　宝洁 P&G 公司网络目标市场策略

1. 公司概述

始创于1837年的宝洁公司，是世界最大的日用消费品公司之一。宝洁公司全球雇员近10万，在全球80多个国家设有工厂及分公司，所经营的300多个品牌的产品畅销160多个国家和地区，其中包括洗发、护发、护肤用品、化妆品、婴儿护理产品、妇女卫生用品、医药、食品、饮料、织物、家居护理及个人清洁用品。

P&G 公司于1988年8月创建了在中国的第一家合资企业——广州宝洁有限公司（P&G），专门生产洗涤护肤用品；1990年合资各方为满足日益增长的市场需要，又创办了广州宝洁纸品有限公司；1992年再次合资创建广州宝洁洗涤用品有限公司。然后陆续在北京、天津、上海、成都建立了分公司，并先后在华东、华南、西北、华北等地建立分销机构，不断向市场推出多种品牌的产品，提供一流的产品和服务，销售覆盖面已遍及全国。

2. 目标市场策略

(1) 市场之路——独具匠心的选择。

第一，分抢滩点——广州捷足先登。好主意通常都值得推广到任何一个国家，但必须适应当地文化。P&G 选择广州抢滩登陆，将其在大陆市场的总部设在广州，然后逐渐向沿海地区（上海等地）扩展，是独具匠心的。

广州居民对外来文化的涌入更是持有一种善于兼收并蓄的学风和积极引进、消化的态度。广州这些比起内陆地区更注重中外文化的纵深拼接和汇流的新颖风格，深刻地影响着广州市消费者的消费心理和方式。广州地区成为国内消费水平和购买力居高的代表性区域，势必成为高档化妆品进入普通居民家庭的先导性市场。

第二，市场定位——高质高价。P&G 打入中国市场的1988年，中国洗发用品市场上的同类产品种类不多，大多数国产产品质量差，包装粗糙，缺乏个性，但价格低廉；进口产品质量好，但价格昂贵，很少人问津。P&G 将自己的产品定在高价上，价格是国内品牌的3～5倍，比国产同等规格的洗发水贵3倍，但比进口品牌便宜1～2元。由此可见，P&G 是以高品质、高价位的品牌形象打进中国市场的，这正切中了消费者崇尚名牌的购买心理。

自1988年推出"海飞丝"洗发水起,P&G接连打响了"飘柔二合一"、"潘婷PRO—V"等一个又一个洗发水的牌子。据中国社会科学院社会学所商品社会评价中心与国家统计局社会科技司近期合作调查的品牌市场占有率数据,洗发水市场占有率的前三名均为P&G产品。

第三,目标选择——青年是重点。P&G广告画面多选用年轻男女的形象,展示年轻人追求浪漫的幻想,崇尚无拘无束和富有个性色彩的生活画面,并针对年轻人的心理配上如"滋润青春肌肤,蕴含青春美"等广告语。P&G选择青年消费群作为其目标市场,是看中了青年人的先导消费作用。

在中国大陆消费者中,消费心理和方式显而易见地发生了较大变化的首先是青年消费者。因此,P&G选取了青年人崇拜的影视演员、运动员,以及具有青春活力的年轻女孩作为广告模特;举办"飘柔之星全国竞耀活动"展示年轻女性的真我风采;围绕青年所作的一系列促销活动,如"海飞丝美发亲善大行动"等。这些充分表明了它的抓住新一代的定位意图,而它卓著的市场业绩也充分证明了其目标市场定位的正确性。

第四,行动基础——微观营销理论。以前,大型消费品企业习惯于采用"大市场营销战略",即对同一种产品用同一种方式进行市场营销并卖给所有的消费者。但是许多企业现正采用一种新的战略——"微观市场营销战略",这些企业使自己的产品和营销方案与地理、人口、心理和行为因素相适应,并使之逐步取代了原先的标准化营销模式。宝洁就是其中的佼佼者。

(2) 品牌之路——独辟蹊径的理念。

第一,做好品牌经营。"将品牌作为一项事业来经营"是宝洁的信念之一。如今的宝洁公司每年投入已超过17亿美元,年申请专利2万余项,专利的数量和质量高居同行业之首,8000多位科学家工作在分布全球的19个大型研究中心,其中包括1250名持有博士学位的科学家。

第二,充分准备推向市场。宝洁公司的"润妍"品牌"怀胎"了将近3年才上市。该产品的目标定位:成熟女性。这类女性不盲目跟风,她们知道自己美在哪里。融传统与现代为一体的、最具表现力的黑发美,也许就是她们的选择。宝洁最初的构思是:①先做产品概念测试。在研制产品之前,按照宝洁公司的惯例,首先要找准目标消费者的真正需求,研究全球的流行趋势。因为只有切合潮流趋势,又具有自己特色的产品,才是最有生命力的产品。为此,宝洁公司先后请了300名消费者进行产品概念测试。在调查中,宝洁公司又进一步了解到,东方人向来以皮肤白皙为最美,而头发越黑,越可以反衬皮肤的白皙美。经过反复3次的概念测试,宝洁公司基本把握住了消费者心目中的理想护发产品——滋润而又具有生命力的黑发最美。②让消费者选择她们最喜欢的广告。公司先请专业的广告公司拍摄一组长达6分钟的系列广告,再组织消费者来观看,然后请消费者选择她们认为最好的3组画面;最后,根据绝大多数消费者的意见再组合。③走向全球的道路。从中国杭州起步向全球推广,宝洁公司此举被普遍认为是对中国市场的信心十足,同时也传递出这样一个信息:市场的国际化,已经到了国人的眼前。

宝洁人一丝不苟为之准备了将近3年时间,被称为"润妍"的一种润发露终于款款上路了。路径十分明确:杭州—浙江—全中国—东南亚—全球。

(资料来源:http://www.docin.com/product-329295.html)

本章小结

网络市场细分,是指以网络消费者的需求、购买动机与习惯爱好等为依据,区分具有不同需求群体的过程。在网络营销中,决定网络市场细分的因素包括网络消费者需求的差异性、消费者需求的相似性、企业的营销能力等。网络市场细分是企业树立"以消费者为中心"的根本标志,对于企业营销有着多方面的积极作用。从网络市场营销的角度来看,网络市场细分要遵循可衡量性、实效性、可接近性、反应率、稳定性等原则。同时,由于网络市场类型不同,对消费者市场细分产生的标准也有所不同。网络市场细分决策过程主要包括识别市场细分目标、市场细分变量分析、筛选、组合、预测市场潜力、预测可能的市场份额、选择特定细分市场等步骤。市场细分方法包括完全无细分、完全细分、按一个影响需求因素细分、根据两个以上影响需求因素细分等。

网络目标市场,即网络目标消费群体,是指企业网络营销工作所面向的群体。对网络目标市场的评估可从目标市场规模和增长潜力、细分市场的吸引力和企业本身的目标和资源展开。网络目标市场的覆盖方式包括密集单一方式、产品专业化方式、市场专业化方式以及全方位进入方式等五种。网络目标市场的选择要遵循一定的程序和战略。网络目标市场的营销策略主要包括无差异营销、差异营销及集中营销三种。

网络目标市场选定后,企业必须进行市场定位。市场定位,即产品定位,指根据竞争者现有产品在细分市场上的地位合消费者对此产品的重视程度,塑造一个与众不同的具有鲜明个性的本企业产品推广给目标顾客,使该产品在细分市场上占有强有力的竞争位置。网络市场定位的内容包括网站类型定位、顾客服务定位、服务半径定位。定位的出发点包括目标消费者、产品和服务差异点、竞争者。市场定位策略主要有"针锋相对式"定位、"填空补缺式"定位、"另辟蹊径式"定位和心理定位。网络市场定位一般包括调查研究影响市场定位的因素、选择竞争优势和定位战略和准确地传播企业的网上定位观念等三个步骤。

关键概念

网络市场细分　网络目标市场　目标市场定位

思考题

(1) 试述网络市场细分、网络目标市场及目标市场定位的概念。
(2) 决定网络市场细分的因素有哪些?
(3) 网络市场细分对企业营销有什么作用?
(4) 网络市场细分的原则有哪些?
(5) 网络市场细分决策过程包括哪些步骤?
(6) 常见的市场细分方法有哪几种?
(7) 如何对网络目标市场进行评估?

(8) 网络目标市场的覆盖方式包括哪些方面?
(9) 网络目标市场营销策略有哪几种?
(10) 网络市场定位的内容包括哪些方面?
(11) 网络市场定位的出发点有哪些?
(12) 试述市场定位策略和定位步骤。

参考文献

[1] 李友根. 网络营销学（修订版）[M]. 北京：中国财政经济出版社，2003
[2] 史征. 网络营销 [M]. 杭州：浙江大学出版社，2003
[3] 张涛. 网络营销 [M]. 广州：广东高等教育出版社，2006
[4] 邓少灵. 网络营销理论与实践 [M]. 北京：人民交通出版社，2006

第七章 网络营销战略规划

本章学习目标

通过本章的学习,应该掌握以下内容:①了解网络营销战略目标;②了解企业营销策略组合的类型与特点;③了解网络营销系统的功能及其架构。

第一节 网络营销战略目标

网络营销战略的目标主要表现在降低成本,提高顾客满意度与忠诚度,满足消费者个性化需求,创造市场机会并开拓新市场。

一、降低成本

开展网络营销给企业带来的最直接的竞争优势是企业成本费用的控制。网络营销采取的是最新的营销管理模式,它通过 Internet 改造传统的企业营销管理组织结构与运作模式,并通过整合其他相关业务部门如生产部门、采购部门、实现企业成本费用最大限度的控制。利用 Internet 开展网络营销可以从以下两个方面控制企业费用。

(一)降低营销及险关业务管理成本费用

互联网通过开放的统一标准将不同类型的计算机连接在一起,可以实现最大限度的计算机资源和信息共享,同时还可以实现远程的信息交流和沟通,这一切都是互联网技术的发展和使用的结果。许多企业已经将互联网应用到企业管理中来,并且取得了很大的经济效益。利用互联网降低管理中的交通、通讯、人工、财务、办公室租金等成本费用,可最大限度提高管理效益。许多在网上创办的企业也正是因为网上企业的管理成本比较低廉,才有可能独自创业和寻求发展机会。

1. 利用互联网可以降低交通和通讯费用

对于一些业务涉及全球的公司,业务人员和管理人员必须与各地业务相关者保持密切联系。许多跨国公司的总裁有 1/3 时间是在飞机上度过的,因为他们必须不停地在世界各地进行周游以了解业务进展情况。通过网上低廉的沟通工具如 E-mail、网上电话、网上会议等方式就可以进行沟通。根据统计,互联网出现后可减少企业在传统交通和通讯中费用的 30% 左右,这一比例还可以增加。对于小公司而言,互联网更是给它们长了一个"翅膀",不出家门就可以将业务在网上任意拓展。例如,美国一个小女孩在 1995 年就在家里创办了一家网上花店,而且生意覆盖美国,她所需要的只是一台上网的可以接收订单和提供产品信息的服务器,然后聘请几个小工负责按地址进行邮寄即可,后来小女孩与美国联邦快递进行联网后,只需要将订单信息处理后转交给联邦快递,由它将花从花棚直接送到订花者,这一切都是在网上完成。小女孩的生意非常红火。

2. 降低人工费用

由于通过互联网,传统管理过程中许多由人处理的业务,现在都可以通过计算机和互联网自动完成。如美国的 Dell 公司,最开始的直销是通过电话和邮寄实行的,后来通过互联网进行直销,由用户通过互联网在计算机帮助下自动选择和下订单。这样带来的效益是非常明显的,不但用户在网上可以自由选择,Dell 也无须雇用大量的电话服务员来接受用户的电话订单,避免电话订单中许多无法明确的因素,既大大提高了效率,又降低了大量人工费用。因此,将互联网用于企业管理,不仅提高工作效率,还可利用它减少工作中不必要的人员,减少人为因素造成的损失。

3. 降低企业财务费用

借助互联网实现企业管理的信息化、网络化,可以大大降低企业对一般员工、固定资产的投入和日常运转开支,为企业节省大量资金和费用,因此企业财务费用需求大大减少。正因为利用互联网,可以用很少资金进行创业发展,因此当今年代是英雄辈出的时代,只要你有很好的"点子"和少量的资金就可以开始创业发展。当然到一定时候需要风险资金的介入帮助发展,但好的开始是成功的一半。

4. 降低办公室租金

通过互联网商业企业可以实现无店铺经营,工业企业可以实现无厂房经营。如 Amazon 的网上书店就是典型例子,由于业务是通过网上来完成的,它无须在繁华地段租用昂贵的办公场所。目前,借助互联网许多企业都把办公室从城市繁华中心搬到安宁的郊区,既避免失去的拥挤交通,又可以在环境幽雅、费用低廉的环境下工作,真是一举两得。对于生产性企业,通过互联网可以将其产品发包给其他的企业生产。例如,美国 Compaq 公司的电脑 90% 都不是它自己生产,而是将其发包给制造企业进行生产,Compaq 公司提供技术、软件和品牌,然后将产品直接发给用户。因此,互联网可以实现全球性生产合作,"虚拟"生产不再"虚"了。

(二) 降低销售成本费用

马克思曾经将销售描写成"惊险一跳",可见销售对企业来说的重要性,因此许多企业不惜将巨额费用投入销售环节,也导致许多企业对销售成本不堪重负。销售成本主要有销售人员费用、运输费用、销售管理费用、广告等促销费用等。互联网的出现给企业带来了新的销售模式和管理方式,如网上直销(网上订货)和网上促销等新的销售模式都大大降低了销售成本。

首先,利用网上直销(网上订货)可降低销售渠道费用。互联网的信息交换可以跨越时间和空间限制,能以低廉费用实现任何地点任何时间的一对一交流。借助互联网进行直销,一方面可以将其服务市场拓展到全球,另一方面借助互联网用户可以自由访问企业站点,查询产品信息和自己进行订购。企业借助自动的网上订货系统,可以自如地组织生产和配送产品，同时提高销售效率，减少对销售人员的需求。根据分析统计，在未来三年内，信息类企业的产品销售的60%将通过网上订货完成。

其次，利用网上促销的高效性来降低促销费用。互联网作为第四类媒体，具有传统媒体无法具有的交互性和多媒体特性，可以实现实时传送声音、图像和文字信息，同时可以直接为信息发布方和接收方架设沟通桥梁。如网上广告比同样效果的电视、报纸广告低廉，而且可以将广告直接转换为交易，吸引消费者通过广告直接产生购买行为。

最后，降低销售管理费用。利用互联网进行网上直销，可以实现订货、结算和送货的自动化管理，减少管理人员的需求，提高销售管理效率。如 Amazon 的销售管理部门其实只是一些信息处理员，主要工作是进行产品信息目录维护。

二、提高顾客满意度与忠诚度

在激烈的市场竞争中，没有比让顾客满意更重要的了。由于市场中顾客需求千差万别，而且顾客的情况又各不相同，因此要想采取有效的营销策略来满足每个顾客需求就比较困难。互联网出现后改变了这种情况，利用互联网企业可以将企业中的产品介绍、技术支持和订货情况等信息都放到网上，顾客可以随时随地根据自己的需要有选择性了解有关信息，这样克服了在为顾客提供服务时的时间和空间限制。一般说来，利用互联网可以从下面几个方面让顾客更加满意。

（一）提高顾客服务效率

利用互联网公布企业有关信息和技术支持等信息，顾客可以根据情况自行寻求帮助，这样企业的客户服务部门可以有更多时间处理复杂问题和管理客户关系，而且能有针对性解决顾客提出的问题，增加顾客的满意程度。当然，企业在把长期积累的客户和产品方面信息进行公开时必须进行控制，只有那些经过授权的才可以进入系统进行查询，否则可能侵犯客户的利益和损害企业的利益。

（二）为顾客提供满意的订单执行服务

对于每个客户来说，没有什么事情比不能确定订单是否有效到达更令人担心的了。经常是给供应商一个电话导致一系列的电话查询，一个部门问另一个部门，然后再把电话打回给客户。这种方式对买卖双方来说都是既费时又费钱的事。利用 Internet 客户可以自行查找订单的执行情况。如美国的配送公司联邦快递（FedEx）公司和联合快递（UPS），允许客户到公司的站点查询订单执行情况，客户只需要输入自己的号码，就可以查询货物现在到达的位置，以及何时到达目的地。根据调查，这种服务除了增加客户的满意度外，还节省了大量的客户服务费用。

（三）为顾客提供满意的售后服务

许多客户在购买产品后经常遇到许多技术上的问题和使用方面的难题，特别是对一些高新技术产品更是如此，因此售后服务就显得尤为重要。利用互联网将公司的一些产品信息资料和技术支持资料放到网上，允许客户自行在网站进行查找，寻求自我帮助，这样客户服务就只需要解决一些重要的问题。如 Dell 公司为改进售后服务，将公司的一些软件驱动程序和技术资料公布于其网站，客户的电脑如果需要升级或者出现什么故障时，客户首先可以从网站获取售后服务，如果再有问题才向客户部寻求帮助，这样既提高公司对客户的反应速度，又减少公司承担一些客户可以自行解决的售后服务问题。

（四）提供顾客满意的产品和服务

由于不同客户有不同需求，为满足客户的差异性需求要求企业能够及时了解客户的需求，并为客户的特定需求提供产品和服务。利用互联网，企业可以很容易知道客户的特定需求，然后根据客户的特定需求来生产，最大限度满足顾客的需求，保存顾客的品牌忠诚度。例如，美国最大的牛仔服装生产企业 VF 公司允许消费者通过公司的网站定制自己满意的牛仔服，消费者只需要通过网站提供的辅助设计软件 CAD 系统根据自己的身材和爱好设计出自己满意的牛仔服式样，然后 VF 公司根据消费者的设计自动生产出消费者自行设计的满意产品。

三、满足消费者个性化需求

（一）网络营销是一种以消费者为导向，强调个性化的营销方式

网络营销的最大特点在于以消费者为主导。消费者将拥有比过去更大的选择自由，他们可以根据自己的个性特点和需求在全球范围内找寻满足品，不受地域限制。通过进入感兴趣的企业网址或虚拟商店，消费者可获取产品的更多的相关信息，使购物更显个性。这种个性化消费的发展将促使企业重新考虑其营销战略，以消费者的个性需求作为提供产品及服务的出发点。此外，随着计算机辅助设计、人工智能、遥感和遥控技术的进步，现代企业将具备以较低成本进行多品种小批量生产的能力，这一能力的增强为个性化营销奠定了基础。但是，要真正实现个性化营销还必须解决庞大的促销费用问题。网络营销的出现则为这一难题提供了可行的解决途径。企业的各种销售信息在网络上将以数字化的形式存在，可以极低的成本发送并能随时根据需要进行修改，庞大的促销费用因而得以节省。企业也可以根据消费者反馈的信息和要求通过自动服务系统提供特别服务。

（二）网络营销具有极强的互动性，是实现全程营销的理想工具

传统的营销管理强调 4Ps（产品、价格、渠道和促销）组合，现代营销管理则追求 4Cs（顾客、成本、方便和沟通），然而无论哪一种观念都必须基于这样一个前提：企业必须实行全程营销，即必须在产品的设计阶段就开始充分考虑消费者的需求和意愿。然而，在实际操作中这一点往往难以做到，原因在于消费者与企业之间缺乏合适的沟通渠道或沟通成本过高。消费者一般只能针对现有产品提出建议或批评，对尚处于开发阶段的产品则难以涉足。此外，大多数的中小企业也缺乏足够的资本用于了解消费者的各种潜在需求，它们只能凭自身能力或参照市场领导者的策略进行产品开发。而在网络环境下，这一状况将有所改观。即使是中小企业也可通过电子布告栏和电子邮件等方式，

以极低的成本在营销的全过程中对消费者进行实时的信息搜集,消费者则有机会对产品从设计到定价(对采用理解价值定价法的企业尤具意义)和服务等一系列问题发表意见。这种双向互动的沟通方式提高了消费者的参与性和积极性,更重要的是它能使企业的营销决策有的放矢,从根本上提高消费者满意度。

(三)网络营销能满足消费者对购物的需求,提高消费者的购物效率

现代化的生活节奏已使消费者用于外出在商店购物的时间越来越少。在传统的购物方式中,从商店买卖过程来看,一般需要经过看样—选择商品—确定所需购买的商品—付款结算—包装商品—取货(或送货)等一系列过程。这个买卖过程大多数是在售货地点完成的,短则几分钟,长则数个小时,再加上购买者为购买商品取购物场所的在途时间、购买后的返途时间及在购买地的逗留时间,无疑大大延长了商品的买卖过程,使消费者为购买商品而付出许多时间和精力。同时,拥挤的交通和日益扩大的店面更额外耗费了消费者的时间和精力。在现代社会,随着生活节奏的加快,使得人们越来越珍惜闲暇时间,越来越希望在闲暇时间内从事一些有益于身心的活动,并充分地享受生活。在这种情况下,人们用于外出购物的时间必然会越来越少。网络营销使购物的过程不再是一种负担,甚至有时还是一种休闲、一种娱乐。消费者可以在网上比较各种同类产品的性能价格比以后,做出购买决定。消费者也无须驱车到也许很远的商场去购物,省去很多麻烦。对在使用过程中发生的问题,你可以随时与厂家联系,得到来自卖方及时的技术支持和服务。

(四)网络营销能满足消费者对商品最优惠价格的需求

网络营销能为企业节省巨额的促销和流通费用,使产品成本和价格的降低成为可能。而消费者则可在全球范围内寻找最优惠的价格,甚至可绕过中间商直接向生产者订货,因而能以更低的价格实现购买。

随着市场竞争的日益激烈化,为了在竞争中占优势,各企业都使出了浑身解数来想方设法地吸引顾客,很难说还有什么新颖独特的方法能出奇制胜。一些营销手段即使能在一段时间内吸引顾客,也不一定能使企业盈利增加。经营者迫切地去寻找变革,以尽可能地降低商品在从生产到销售的整个供应链上所耗费的成本和费用,缩短运作周期。而对于经营者求变的要求,网络营销可谓一举多得。开展网络营销,可以节约大量昂贵的店面租金,可以减少库存商品资金,可以使经营规模不受场地限制,可便于采集客户信息等待,这些都使得企业经营的成本和费用降低,运作周期变短,从根本上增强企业的竞争优势,增加盈利。

四、创造市场机会并开拓新市场

互联网上没有时间和空间限制。它可以每周 7 天,每天 24 小时运行,它的触角可以延伸到世界的每一个地方。因此,利用互联网从事市场营销活动可以远及过去靠人进行销售或者传统小时所不能达到的市场。例如,一个在大制造厂工作的塑料制品专家可以通过鼠标就可以浏览和选择网上的工业塑料供应商;一个只有少许销售队伍的小供货

商也可以找到一个大买主，它所要做的只是将公司的业务放到网上；同样，一个小商贩不可能接触到遍布全国的家庭公司和小公司，但通过在网上设站点，营造一个为小公司服务的交易环境，就能在全国甚至全世界范围内找到有钱可赚的新市场。从上面许多网络营销经验可以看出，网络营销可以为企业创造更多新的市场机会。

（一）利用网络营销企业可以突破时间限制

利用互联网可以实行7/24（每周7天，每天24小时）营销模式，同时不需要增加额外的营销费用，因为利用互联网企业的顾客可以进行自助咨询、下订单和采购，无须人工干预，只需要利用计算机自动完成即可。如我国的网上商店京东商城也有类似功能。

（二）可以突破传统市场中的地理位置分割

利用互联网美国著名的网上书店Amazon.com很轻松地将其市场拓展到世界任何一个地方。而全球第一大零售商Wal-Mart要想拓展全球市场，它就必须花费巨额资金选择店址、装修店面、建立网络，以及培训员工等准备工作，然后才可能正式营业，而且风险非常巨大，因为一旦市场开发不成功便很难从市场中退出。但这对于网上商店来说都是不需要做的事情，需要做的是将产品信息搬上网站，顾客可以方便地在网上进行选择和定购就行了。

（三）吸引新顾客

作为新的营销渠道，互联网对企业传统的营销渠道是一个重要补充，它可以吸引那些在传统营销渠道中无法吸引的顾客到网上定购。由于网上定购比较方便快捷，而且不受时间和地理位置的限制，对那些在传统营销渠道中受到限制，但又很喜欢公司产品的顾客无疑有很大吸引力。如从Dell公司站点购买计算机的80%的消费者和一半以上的小公司在以前从来没有购买过Dell公司的产品。根据调查，其中1/4的人认为，如果没有互联网站点，他们就不会有这样的消费行为。而且，这些在网上购物的消费者的平均消费价值量要高于一般的Dell客户的消费量。

（四）开拓新产品市场

利用网络营销企业可以与顾客进行交互式沟通，顾客可以根据自身需要对企业提出新的要求和服务需求，企业可以及时根据自身情况针对消费者需求开发新产品或提供新服务。如著名的网上书店Amazon.com根据顾客的需求，很快将网上商店的商品从书籍扩展到音像制品和玩具等新的产品。

（五）进一步细分市场

前面提到的几种机会都是拓展市场的宽度和广度，利用网络营销企业可以为顾客提供定制营销，最大限度细分市场，满足市场中每一个顾客个性化需求。例如，Dell公司为最大限度满足顾客的特殊需求，它允许顾客根据自己偏好自行选择电脑配置，确定后订单便自动生成，顾客只需要付款而后等待送货上门即可。

第二节 网络营销的策略组合

一、企业性质与网络营销的策略组合

在确定了网络营销的战略重点和战略规划后，企业必须根据自己所在行业的特点，以及所处的市场环境，选择适合的网络营销策略来实施企业网络营销战略，最终达到企业的网络营销目标。不同的企业由于自身特点和目标市场不同，在选择网络营销策略时必须做出适当调整。

下面分类型讨论不同性质的企业如何采用适合自己的网络营销策略。

（一）制造业的营销策略

制造业作为工业经济时代的主要支柱产业，在网络时代到来时它所面对的更多的是一种挑战。制造业根据目标市场不同，可以分为一般消费者市场和工业组织市场。

1. 一般消费者市场

对于面对大众消费者市场的制造业企业，由于面对的消费者群体人数多而且差异性比较大，网络营销的出现更多的是机遇。企业利用网络营销可以拓展新的市场和采用更有效的营销策略。这类企业利用网络营销时主要有以下五种模式：

（1）通过加强顾客服务，增强与顾客的关系，达到留住顾客和增加销售的目标。这种模式的重点是加强网络营销服务，建立顾客忠诚度，有关详细内容将在网络营销服务策略中介绍。

（2）通过提供有用信息来刺激消费者增加购买。这种方式主要是要求企业的网络营销站点建设完成后必须及时更新产品信息，提供最新的产品动态。网上群体由于年轻人居多而且他们的文化程度较高，因此提供最新信息和动态容易刺激这些领导型的消费者的消费欲望。有关这种方式的详细内容将在后面的网络营销系统和网络营销产品策略中进行介绍。

（3）通过提供有效购买渠道，方便顾客购买。利用这种方式对于一些制造业来说可以大大简化销售渠道，利用网上直销可以减少渠道费用、管理费用和交易费用，同时可以将减少的费用以折扣形式让利给消费者，实现企业与消费者互利。有关这方面的策略将在网络营销渠道策略中详细介绍。

（4）通过建立网上品牌形象来获取顾客忠诚，获取更高利润。这种方式可以帮助企业在网上虚拟市场通过建立新的品牌形象来拓展新的市场，但值得注意的是传统优势品牌在互联网上并不一定是优势品牌，不一定能够吸引访问者对网站的关注。有关这方面内容将在网络营销产品品牌策略中详细地加以分析。

（5）通过建立交互渠道促进顾客参与企业营销活动，吸引顾客重复购买。目前许多企业的网络营销站点都建设有讨论区和反馈意见箱，消费者通过参与企业相关的虚拟

社区来参与企业的营销活动,加强对企业的认同感。有关这方面内容将在网络营销促销策略中详细介绍。

上面介绍的几种网络营销模式中应用到网络营销策略并不是相互排斥的,它们是可以被企业进行整合使用的。当然,同时采取多个网络营销策略可能引起资源配置冲突和管理上的冲突,但加强协调和管理上述网络营销模式是可以相互配合的。

2. 工业组织市场

工业组织市场由于目标市场相对比较稳定,顾客群体比较少,所以,网络营销的重点是通过密切顾客关系,建立长期的合作伙伴性的协作关系。其主要目标是借助互联网为顾客提供更多服务和产品信息,通过互联网降低双方交易费用,最大限度控制营销费用,增加双方价值。例如,波音公司有分散在世界各地的几百家甚至上千家零配件供应商,同时又把飞机卖给多家航空公司。过去航空公司需要零配件,就要先找到飞机制造商,飞机制造商再同几百甚至上千家零配件制造商联系,零配件制造商把所需零配件寄给飞机制造商,飞机制造商再寄给航空公司。为克服不必要的中转问题,波音公司建立了具有信息中介功能的网络营销站点和配套的管理信息系统,通过网站消除了中间经过波音公司的不必要的联系环节。航空公司不需要通过飞机制造商而是通过网站了解各地零配件制造商的情况,直接同他们联系,找到自己需要的产品。

(二)信息类企业的营销策略

这类企业的产品和服务主要是以信息方式表现出来的,如媒体、软件、音乐等行业。这类企业的一个共同的特征是他们的产品和服务都可以通过互联网直接进行传输,无须通过传统的实物配送网络来实现。互联网给信息类企业带来的既有机遇又有挑战。企业面对的机遇是通过互联网可改变传统产品形式和销售方式,面对的挑战也是由于产品形式变化带来的营销策略整体变化的冲击,如传统音乐产品通过 CD 来销售比较容易控制和发行,现在则无须通过 CD,可直接在网上下载使用,这对传统音乐制作公司营销策略和管理带来很大的冲击。信息类企业由于突破了传统中的实物配送限制,因此营销的关键是建立品牌和吸引消费者对产品进行了解和关注,从而购买和使用产品。

目前,信息类企业可以采用的策略是上面介绍的所有策略,只不过针对的对象不一样。如加强服务,对于属于有形产品的制造业企业来说,提供很好服务需要很强的售后服务队伍和提供上门服务条件,而对于属于无形产品的信息类企业来说,加强服务主要是对产品的功能和使用进行培训和说明,主要是一种信息的传播,因此与有形产品的服务相比其形式要简单得多,但服务内容的知识含量和技术要求则可能要高得多。

(三)服务行业的营销策略

服务的生产和消费一体化的特征,使得服务性行业受到时间和空间的限制。互联网作为一种跨越时空限制的信息沟通渠道,给服务性行业带来的更多的是机遇。服务行业可以通过网络营销实现远程服务,如银行业开通的网上银行服务可以为顾客提供全天候而且不用出门即可享受的服务。同时,服务业还可以提供网络营销加强对顾客的服务,减少顾客消费服务的不便。如北京医院开通了网上挂号服务,减少了病人看病时到医院无谓等待的消耗。目前，许多服务性行业如金融类的证券、银行、投资和保险等企业都开展网上服务，实施网络营销策略并且取得了巨大竞争优势。有关服务业的网络营销策略将在网络营销服务策略中详细介绍。

二、产品生命周期与网络营销的策略组合

网络营销是一种直复营销，它可以通过可测试的交互式的互联网渠道来设计、研制、生产和销售产品。由于企业在销售产品时可以与消费者及时进行沟通，当企业的产品过了成熟期后，企业可以根据市场的及时反馈来调整其产品策略，设计开发出新的产品来替代原来处在衰退期产品，避免当一个老产品在完全衰退时才设计开发新产品，延误市场时机，从而使企业的产品保持持续的竞争力。

企业采用网络营销策略后的产品周期变化见图 7-1。

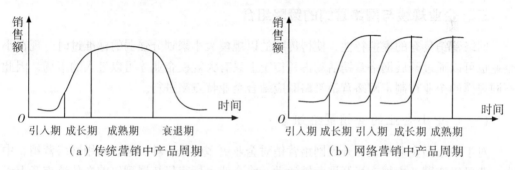

图 7-1　产品周期变化

从图 7-1 中可见，当企业的一个产品引入成功后，步入市场成长期时，企业可以通过互联网及时了解市场需求变化和顾客新的需求和建议，在吸收顾客对产品的建议后，企业可以马上转入下一代更新换代产品的设计开发，并在上代产品的成熟期推出，当老产品步入衰退期时，新产品也已经步入成长期，市场仍然保持持续增长。因此，企业采用网络营销策略后，要注意到产品周期大大缩短，新产品设计和开发与老产品销售要同步进行。为保证下一代产品设计开发能顺利进行，必须详细了解和记录当前产品的销售状况和顾客需求情况，为下一次营销策略制定提供详细的数据支持。

企业在实施网络营销时除了要注意将对产品周期产生影响外，还应该注意在产品周期不同时期采用适当的网络营销策略，以使该时期产品能顺利实现营销目标。根据产品周期，产品营销阶段一般分为引入阶段、成长阶段、成熟阶段和衰退阶段。

1. 引入阶段

在引入阶段，产品是作为新产品上市，而互联网上的用户一般都是年轻人居多，而且在消费方面愿意进行新的尝试。因此，在引入阶段可以利用互联网市场的这一特性推广新产品，扩大新产品的知名度和影响力。

2. 成长阶段

在成长阶段，产品得到认可，产品的销售和利润都持续增长，在这一时期关键是充分利用营销渠道拓展市场以扩大销售数量。这时，可以利用互联网的全球性和自由开放

性特点，充分拓展市场空间，将产品以最快时间和最经济方式在不同市场进行销售，达到迅速占领市场的目的。

3. 成熟阶段

在成熟阶段，产品销售增长率达到极限，企业这一阶段应利用各种营销策略特别是促销策略保持持续销售。在这一阶段，企业可以利用互联网拓展新的市场空间，利用互联网了解顾客新需求，对产品进行适当调整，最大限度满足顾客的个性化需求，同时利用互联网渠道的效率来控制营销费用，获取最大利润。

4. 衰退阶段

在产品的衰退阶段，产品的销售量持续下降，在这个阶段企业应利用互联网尽快销售完库存产品，为新产品销售铺平道路，这时应将营销重点转移到新产品上来，同时要尽量缩短衰退期的时间，避免市场份额的丢失。

三、企业规模与网络营销的策略组合

网络营销具有的虚拟特性，使得传统的以规模大小来划分强弱的标准过时。现在小企业也可以通过开展网络营销活动占领传统上只有大规模企业才可以进入的市场，因此不同规模的企业在制定网络营销策略时应结合企业特点来进行。

（一）中小企业的营销策略组合

对于中小型企业来说，开展网络营销对企业更多的是一种机遇。利用网络营销，中小企业可以在网上虚拟市场开展营销活动，将企业目标市场拓展到以前在传统市场上无法企及的市场。

1. 通过网络营销开拓目标市场

中小企业由于规模较小，各方面资源都比较有限，因此在开拓目标市场时一般要受到企业规模和地理位置限制，无法同时跨多个地区经营，更谈不上开拓国外市场。但通过网络营销企业可以在无约束的网上虚拟市场同大企业展开竞争，因为网上市场竞争的是产品质量和服务，至于地理位置和企业规模大小则不是主要因素。

2. 通过网络营销获取新的竞争优势

网上虚拟市场不同于传统市场，传统市场的优势力量在网上虚拟市场不再起作用，因此中小企业有机会在新的市场上利用全新网络营销策略占领市场，也可以迅速成为新的强大企业，如美国的 Amazon.com 网上商店利用网上虚拟市场空间迅速壮大，到最后连传统市场的巨头 Wal－Mart 也不敢小看它。

3. 通过网络营销加强企业的顾客服务和树立品牌形象

中小企业由于条件限制很难提供满意的顾客服务，利用网络营销企业可以突破时间和空间限制提供全天候服务，同时树立企业在网上市场的品牌形象。中小企业一般处在被动地位，因此，中小企业应利用网络营销这种"十倍速"力量来冲击传统市场，壮大自己的实力。在制定网络营销策略时，可以充分利用互联网的虚拟特性，整合外部有效的资源，为实现企业的营销目标提供有效的营销活动支持。如企业的产品市场方面力量不雄厚可以借助互联网实现各自外包，企业只专注于开发新产品和建立品牌，以及提

供服务等高附加值的经营活动。

（二）大企业的营销策略组合

对于规模较大的企业来说，由于在传统市场中占有一定优势，因此容易忽视新兴的网上虚拟市场，有些企业虽然关注到也总是在等待网上市场成熟后再进入。规模大的企业这些内在的稳健做法，很容易受到一些新兴的成长型企业利用网络这种"十倍速"力量所发起的挑战，因而网络营销对大企业来说是一种挑战。例如，PC电脑业的老大Compaq公司曾经利用它的独特的营销策略占领市场，它凭借快速的市场反应和品牌战略，以及完善的销售网络迅速占领市场，成为全球第一大PC厂商。而在1994年还处在亏损状态的Dell公司，利用其超前的直销理念，整合互联网开展网上直销迅速崛起，在1999年第三季度在美国本土市场一举超过Compaq公司成为市场份额第一的公司。目前Dell公司在全球市场的份额仅次于Compaq公司，而且它与Compaq公司之间差距迅速缩小。

传统的一些规模较大的企业必须重视网络营销的战略作用，虽然在市场上失去了先发优势，但凭借其实力整合传统营销策略优势与网络营销策略优势，完全可以在新兴的市场上迅速后来居上。

第三节　网络营销系统的构架

一、网络营销系统的功能

网络营销系统作为电子商务系统有机组成部分，它应与其他系统进行配合以实现企业经营管理目标。一个完整的包含所有营销功能的网络营销系统应具备以下功能：一是品牌管理功能，二是营销沟通功能，三是网上销售功能，四是客户关系管理功能，五是营销绩效评价功能。

（一）品牌管理功能

企业通过网络文字、声音、图片和动画等多媒体工具生动形象以及全方位地展示自己，为顾客提供个性化的产品和服务，实现顾客服务的个性化。展示不仅包括品牌的形象展示，还包括品牌的利益与功能展示，网络品牌就是通过展示品牌，使消费者认同企业的价值观和文化，成为企业的忠实顾客。网络品牌的设计应结合消费者的心理，力图使品牌具有简洁、易记的记忆特点，网页具有统一、稳定的视觉形象，易引起消费者的注意和兴趣，进而激发其购买欲望。

（二）营销沟通功能

互联网最大的特点是可以进行双向沟通，如建立顾客可以自由自在参与讨论的虚拟社区，发表自己对主题的看法，企业可通过管理员引导、发起顾客对企业的讨论，了解消费者对本企业看法，更好地深入消费者心理，研究市场和消费者行为，同时也吸引顾客对系统的参与性，留住顾客。

（三）网上销售功能

利用互联网进行网上销售既可以减少交易费用，又可以直接与消费者进行沟通，有利于完善产品和服务功能。提供网上销售功能时，需要考虑提供功能类型，如果只是有订货功能实现起来还比较简单，因为具有网上交易的需求，系统就要提供网上支付、物流和售后服务的功能。

（四）客户关系管理功能

通过系统提供的网络服务，可以实现对客户要求的实时响应，体现了以客户为中心的经营理念，可以实现客户档案管理、客户跟踪、客户挖掘、客户反馈的功能。通过客户关系管理改善了企业与客户关系，提高了客户的满意度；客户关系管理区别于普通的客户服务的功能，主要在于系统提供的个性化服务可以实时在线解决客户遇到的大多数问题，而且比传统的热线更加有效率和亲和性。

（五）营销绩效评价功能

通过网络营销绩效评价，企业可以获得传统市场营销评价中难以获得的信息，网络营销绩效评价有利于企业开展营销业务，同时也有利于企业整个网络营销工作的开展，它能指导企业网络营销策略的调整，网络营销评价的原始数据直接反映了消费者的愿望，指明了开展网络营销的方向。网络营销绩效评价指标体系的设定，最大程度上体现了服务消费者的愿望。网络营销绩效评价有利于提高企业知名度，正确合理地评价企业网络营销，不仅有利于企业的宣传，通过知名的专业网络营销评价网站上靠前的排名，还能树立企业的良好形象，借助于开展网络营销的第三方机构的力量来宣传企业。

二、网络营销系统的构架

网络营销是一个系统性工程，它需要企业调动与投入大量的人力、物力和财力进行系统的组织和开发。网站的建立只是为网络营销系统建立起了一个平台，网络营销系统不只是一个简单网站的建立，而是基于门户网站的一系列组织结构的综合。它包括品牌管理系统、营销沟通系统、网上销售系统、客户关系管理系统、营销绩效评价系统等，它们以企业门户网站为基础结合在一起，构成了企业的整个网络营销系统。

（一）网络营销系统框架

网络营销系统由品牌管理子系统、营销沟通子系统、网上销售子系统、客户关系管理子系统、营销绩效评价子系统组成。图7-2给出了网络营销系统框架。从总体上说，整个网络营销系统可分为接口信息处理层、事务逻辑层和支持层。

接口信息处理层是网络营销系统获取或输出信息的接口，可划分为数据接口和用户

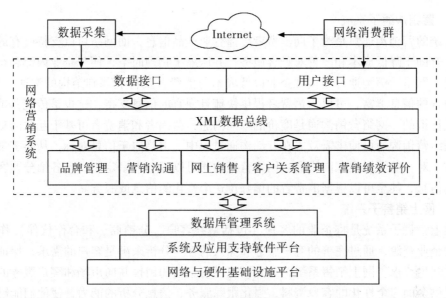

图 7-2　网络营销系统框架

接口。事务逻辑层是执行网络营销系统基本功能的各个子系统构成,各子系统包含若干业务,这些业务可构成业务层,业务层之间是有顺序的。支持层是指网络营销系统所用的数据库管理系统、系统及应用支撑软件平台、网络与硬件基础设施平台等,是保证整个网络营销系统正常运作的基础。

企业网络营销系统的各子系统在企业内部网和数据库支撑下成为有机体。下面对网络营销系统的各子系统的功能及结构分别予以介绍。

1. 品牌管理子系统

美国广告专家莱利·莱特预言:"未来的营销是品牌的战争。"拥有市场的唯一方法,就是拥有占市场主导地位的品牌。传统的品牌管理以产品和交易为中心,强调品牌资产。企业实施网络营销系统的重要任务之一就是在网上建立并推广企业品牌,使知名企业的品牌可以在网上得以延伸,一般企业则可以通过互联网快速树立品牌形象,并提升企业整体形象。网络品牌由品牌名称、品牌图案和品牌附属内容三部分构成。网络品牌主要是通过企业域名、企业电子邮箱、企业门户网站等建立起来的,通过一系列的推广措施,达到顾客和公众对企业品牌的认知和认可。

企业要建设一个有企业特色,有利于企业信息传播的网络品牌,还可以选择另外一种途径,就是将传统品牌转化为网络品牌。要知道一个企业传统品牌的诞生和成长,是经历过社会和市场上无数的磨练和考验,从而逐步让消费者认识、接受并广泛流传。一个成功的企业网络品牌,不但凝聚了企业的实力、形象、知名度等内外因素,还是企业与市场、消费者之间直接对话和密切沟通的桥梁。企业在实施网络营销系统的过程中,可以通过一定的方法,了解消费者评价满意度的标准,然后采取一定的品牌战略,引导消费者的消费偏好,培养消费者对自己品牌的忠诚度。在一定程度上说,网络品牌的价值甚至高于通过网络获得的直接收益。

2. 营销沟通子系统

传统的营销沟通只是为了向消费者传播企业产品信息，而网络可以支持所有的营销职能，有助于降低成本和改善对顾客服务，并压缩了物理时空，便于企业内部和企业间的沟通。网络营销沟通可以实现企业以低成本与消费者及行业基础结构的沟通。此外，网络包含的信息丰富，可以为消费者提供快捷且便宜的信息支持，这也是传统营销沟通所无法比拟的。网络营销沟通是廉价的双向沟通，营销者和消费者可基于互联网交互沟通。网络营销沟通可使供需双方在互动沟通过程中，更趋向于信息对称，从而实现供方和需方一对一的深层次双向沟通。网络营销沟通可以基于大宗定制，向各细分顾客群提供定制信息，甚至可以根据消费者的偏好传送个性化的信息或服务。

3. 网上销售子系统

网上销售子系统是将企业的客户（包括最终客户、分销商、和合作伙伴）作为最重要的企业资源，通过完善的客户服务和深入的客户分析来满足客户的需求，保证实现客户的终生要求。网上销售系统，一方面通过向企业的销售并向市场和客户服务的专业人员提供全面与个性化的客户资料，强化跟踪服务、信息分析的能力，使他们能够协同建立和维护一系列客户和生意伙伴之间卓有成效的"一对一"关系，使企业得以提供更快捷和周到的优质服务，提高客户满意度，吸引和保持更多的客户，从而增加营业额。另一方面则通过信息共享和优化业务流程来有效地降低企业经营成本。

网上销售系统将最佳的商业实践与数据挖掘、数据仓库、一对一营销、销售自动化以及其他信息技术紧密结合在一起，为企业的销售、客户服务和决策支持等提供一个自动转化的解决方案。网上销售系统既能应用网上产品定制满足客户个性化产品的要求，又能通过与设计、生产过程的集成，对用户所配置的产品做出快速响应，在最短的时间内完成订单处理、产品设计、BOM 生成、产品生产等过程，使客户尽可能快地得到自己真正需要的产品。

4. 客户关系管理子系统（CRM）

客户关系管理又称 CRM（Customer Relationship Management），由 Gartner Group 提出，是一种旨在改善企业与客户之间关系的新型管理机制，主要应用于企业市场营销、服务与技术支持等企业外部资源整合的领域。网络时代的客户关系管理系统应该是利用现代信息技术手段，在企业与客户之间建立的一种数字的、实时的、互动的交流管理系统。应用 CRM 系统的企业，一方面通过提供快速和周到的优质服务吸引和保持更多的客户，另一方面通过对业务流程的全面管理降低企业的成本。因此，客户关系管理是通过客户详细资料的深入分析来提高客户满意度，改善客户关系，从而提高企业竞争力的一种手段。根据大多数企业 CRM 系统，本书认为，可以将 CRM 系统划分为客户销售管理、客户市场管理及客户服务与支持管理等三个组成部分。

5. 营销绩效评价子系统

传统的绩效评价指标主要是会计、财务指标，由于网络营销所具有的不同于以往营销方式的新特征，单纯用财务数据作为测评营销绩效的主要指标是不够的，产品质量、消费者满意程度、市场份额和创新能力等能够反映公司发展前景的指标组合，比财务报表中的收益指标更有用。要提高企业服务水平，开展网络营销绩效评价也是必不可少的，网络营销绩效评价对改进企业的网络营销战略、网络营销计划具有重要意义。

案例　麦包包网络营销成功之道

中国最大网络销售平台——淘宝网2010年的交易额达4000亿元，比上年增长约一倍，随之而来的"淘品牌"也如雨后春笋般涌现。然而，很多借淘宝发家的"淘品牌"并不愿受囿于淘宝，为寻找更广阔的出路而纷纷开始"出淘"。各商家可谓"八仙过海，各显神通"，其中，有一个"淘品牌"创立于2007年9月，成立仅三年便获得联想投资、DCM和挚信资本对其共计4500万美元的两轮投资，2010年销售额逼近4亿元。它就是知名的互联网时尚箱包品牌——麦包包。

麦包包前身是一家专做箱包贴牌生产的企业，随着贴牌毛利率的下降和同质化竞争的加剧，企业于2007年开始由OEM企业向品牌企业转型。然而，麦包包的品牌之路并不平坦，起初除了建立自己的B2C网站外，麦包包还以加盟的形式在全国开设了60家连锁店，采取线上线下相结合的方式。但实体店的投入产出比大为失衡，此时的麦包包迅速转变商业思维，从这种过"重"的实体模式向越来越"轻"的线上转移，将战略眼光投向当时占有网购80%市场份额的淘宝网。

麦包包迈出的这一步，让其成功躲过了品牌创立初期被互联网淹没的浩劫。借助淘宝，麦包包凭借质优价廉的商品和优质的服务，短时间内积累了较高的人气和万级数量的购买用户，达到数千万甚至上亿元的销售规模。随着"魔方包"的成功运营，麦包包品牌在淘宝上迅速走红，成为"淘品牌"大家庭中的一员。但麦包包并没有止步于"淘品牌"，它进一步发挥淘宝网信息受众面广的优势，将自己的独立B2C平台和品牌通过淘宝双双推向市场，借船出海、成功"出淘"，成为中国最大的箱包B2C公司。

纵观麦包包的发展历程，从最初利润低的贴牌生产，到销售质优价廉的网货，再到形成自己风格的"淘品牌"，最后到今天占据电商标杆企业的高位，麦包包走出了一条从传统行业到互联网品牌的独特之路，而支撑它一路走下来的正是它以"快"为核心的商业模式。

绝大多数品牌在成立之初都需要跑马圈地、砸钱宣传，以迅速扩大影响力，占领制高点。但对许多刚起步的电商而言，资金单薄恰恰是其面临的最大困境，麦包包也不例外。转型后的麦包包并没有充足的资金全面推广自己的品牌，所以它转变思路，选择了先做大牌的网上渠道商，凭借自己在传统箱包行业多年的关系，麦包包很快就获得了金利来、皮尔卡丹、米奇等十几个国际名牌的网上销售权。向上对接知名品牌，麦包包扮演了渠道商的角色，但麦包包不会满足于渠道商的角色，而是通过授权代理商等多种渠道向下延伸自主品牌，这种渠道双向延伸的模式不仅使麦包包这个平台迅速扩张，也为自有品牌的延伸铺就了道路。目前麦包包有40多个细分品牌同时在线销售，单品达到1万多种，而麦包包的自有品牌占总销量的70%。

随着生活节奏的加快和人们消费观念的转变，箱包早已不再是单纯用来装物品的功能性产品，它不断向装饰性领域拓展，与服饰、鞋子一起成为消费者张扬个性、表达时尚的载体。时尚行业的本质是"快"或"快速模仿"，国际知名时尚品牌ZARA就是一个典型例子，ZARA每款产品的上架时间不超过3周、补货不超过1次。麦包包正是在ZARA模式基础上进行的微创新，如今麦包包每天会推出30个箱包新品，库存周期为6周，致力于打造箱包界的快速时尚新模式，为中国消费者提供高性价比的品牌时尚箱包。

为满足不同层次的消费需求，麦包包分别从年龄、品类、地域和风格上做市场细分，采用的多品牌战略基本覆盖不同目标消费者对箱包的全部需求。当前麦包包有12个团队，分别负责不同品牌的研发。例如，强调"可爱"元素的"飞扬空间"主要吸引25岁以下的小女生；走经典风格路线的"阿尔法"则主打30～40岁的妇女市场；"戈尔本"定位追求简约、经典的商务男士精英群体；等等。这种多品牌战略在满足各类消费群体需求的同时，也不断扩张市场占有空间，给竞争对手留下的空白市场越来越少，对竞争对手的进入构筑起一面品牌壁垒。

总的来说，麦包包的成功主要可以归纳为以下几点。

1. 快营销：打响全网营销大战役

麦包包并没有满足自己"淘品牌"的角色，而是进一步发挥互联网成本低、受众广、速度快的优势，上演了一场全网"快营销"大戏。

B2C企业当下主流的做法是通过各种网络营销手段，先将用户从四面八方引到自身的官方网站或B2C平台，再对订单进行统一处理和发货，区别于这种传统做法，麦包包所奉行的是遍地开花的"anywhere"政策。创始人叶海峰对"anywhere"的解释是："哪里有消费者，我们就去哪里卖包。"也就是有人的地方就有市场，有市场的地方就有生意。基于这点，麦包包广铺渠道来满足人们的消费习惯，但成功"出淘"的麦包包并没有因此荒废在淘宝上的渠道建设，官方渠道与淘宝渠道并不存在主次之分，麦包包淘宝旗舰店依然吸引着大批量的淘宝买家，它们发挥着同等重要的出货功能。事实上，除了官方平台和淘宝，麦包包还进一步拓宽出货面，通过与麦考林、乐酷天、当当网等一系列网上商城合作，牢牢占领着各大线上的咽喉要道。麦包包进驻网上商城的方式，一方面有效提升其知名度，让更多的网购达人了解并认知这一品牌；另一方面，能充分利用网上商城聚合而来的巨大流量，最大限度地挖掘潜在顾客。

除了搭建四通八达的出货渠道外，麦包包还整合了大量资源做品牌推广。首先，返利网站。返利网站是一个成本低、效果稳定的渠道，其价值在于：为发展中的B2C企业创造新的客户流量，而成熟的B2C平台为了激活老用户，在一定程度上也有"返利"的需求。麦包包通过与返还网、易购网等返利网站合作，为消费者提供10%～15%的返利优惠，将返利网站上的流量快速引入官方平台。相关数据显示，返利网目前的客户转化率是25%，这是国内普通网站的20倍以上，是淘宝网的将近3倍，能为B2C企业带来1:100的资本回报，这从侧面证明了麦包包在返利网站上做投放实属明智之举。其次，麦包包活用网络传播工具，开通了官方博客和麦芽糖时尚论坛。作为麦包包的重要宣传阵地，官方博客以图文并茂的形式向信息受众传播"快时尚"品牌理念，不断提升消费者对麦包包的价值认同感。而麦芽糖时尚论坛则是麦包包粉丝们的根据地。"麦芽糖"们在这里可以及时了解到时尚界的最新资讯，掌握潮流动态，麦包包通过这种形式与"麦芽糖"们分享生活、共赏时尚，加强了与"麦芽糖"们在情感上的联系，提高了消费者对麦包包这一品牌的黏着度。

2. 快速供应链：开发订单驱动新系统

近年来，电子商务的快速发展导致"爆仓"事件频发，供应链正成为制约电子商务发展的短板，也是电商企业与对手拉开差距、打造核心竞争力的关键环节。对致力于打造"快时尚"箱包的麦包包而言，供应链的建设依然以"快"为核心。

2009年，在麦包包获得联想投资和DCM的一轮投资后，叶海峰开始极力拉拢人才，当当网前副总裁邱玉栋走马上任，他上任后烧的第一把火就是供应链升级，把学习标杆直接对准了全球最大零售商——沃尔玛。

在供应链管理方面，沃尔玛采用的是QR（Quick Response）模式，QR模式将客户、销售代理商、供应商等协作单位纳入自己的生产体系，与他们建立起利益共享的合作伙伴关系，一起分享交流企业的库存信息、销售信息、生产信息甚至成本信息。麦包包结合QR模式和自身特点，创造了一套独有的基于网络订单驱动生产管理所形成的供应链管理模式，即M2C（工厂至终端）模式，麦包包从采购、生产、仓储到物流配送等各个环节都由网络订单驱动的，这种模式不仅加快了各环节的反应速度，也有效降低了库存。目前麦包包平均每月的库存占比不超过1%，库存周期也由原来的12周缩短到6周。麦包包的一款产品从放上网页、客户下单一直到物流，每份订单的处理时间不超过10分钟。

"快"已经成为麦包包供应链的核心竞争力，并且这种优势已扩展到精细化管理、成本控制等多个方面。这一供应链系统使麦包包不仅仅作为一个网上销售平台，同时还扮演着网络营销专家的角色，它不是简单地为供应商提供一个产品销售渠道，而是利用自身庞大的数据库，将消费者的点击情况、销售情况、购后反馈等信息传递给合作伙伴，让他们了解市场状况、掌握消费者行为变化。麦包包的快速供应链不仅很好地支撑了其"快时尚"定位和"快营销"手段，也使其与上下游合作伙伴保持着良好的联动关系，实现多方共赢。

链接思考

（1）何谓"淘品牌"，列举几个你熟悉的"淘品牌"？
（2）麦包包成功的因素有哪些？
（3）麦包包是如何制定自己的网络营销战略的？

本章小结

企业需要战略，没有战略计划指导的企业很容易迷路，迷了路的企业很难不误入歧途，而误入歧途的企业，失败则是必然的。

本章首先阐述了网络营销战略规划的目标在于降低成本、提高顾客满意度与忠诚度、满足消费者个性化需求，从而创造市场机会，开拓新市场；其次分析了由于企业的性质、产品生命周期、企业的规模不同而采取的网络营销策略组合的不同；最后介绍了网络营销系统的功能和架构。

关键概念

网络营销战略　网络营销策略　网络营销系统

思考题

(1) 网络营销战略目标是什么？
(2) 简述影响网络营销策略制定的因素。
(3) 从企业的性质角度，试分析不同性质的企业采取的网络营销策略。
(4) 从产品周期角度，试分析处于不同产品周期的企业采取的网络营销策略。
(5) 试分析不同规模的企业采取的网络营销策略。
(6) 网络营销系统的功能有哪些？
(7) 如何构架网络营销系统？

参考文献

[1] 孔伟成，陈水芬. 网络营销 [M]. 北京：高等教育出版社，2003
[2] 方玲玉，邓平，湛继红. 网络营销实务 [M]. 长沙：湖南大学出版社，2005
[3] 王汝林. 网络营销战略 [M]. 北京：清华大学出版社，2002
[4] 李冬. 电子商务与网上交易实务手册 [M]. 北京：机械工业出版社，2003
[5] 黄敏学. 网络营销 [M]. 武汉：武汉大学出版社，2000

第八章 网络营销产品策略

本章学习目标

通过本章的学习,应该掌握以下内容:①了解网络营销产品的整体概念及特点;②了解网络营销产品策略包含的内容,理解网络品牌的内涵;③了解网络营销新产品开发的类型与程序;④了解通过网络提供产品支持服务的策略。

第一节 网络营销产品

一、网络营销产品的整体概念

在市场经济中,产品是企业生存的核心,故传统的市场营销均把产品策略作为企业营销策略的一个重要组成部分。在现代市场营销学中,产品概念具有极其宽广的外延和深刻而丰富的内涵,它是指能够提供给市场,被人们使用和消费,并能满足人们某种需求的任何东西,包括有形的物品、无形的服务、组织、观念或它们的组合。但是,随着社会生产力以及网络和信息化的发展,企业的跨区域经营、跨国界经营,传统的营销受到冲击,网络营销愈显重要,而产品也已不再是传统的实物产品,而是有形产品和无形产品的有机结合。网络营销产品的整体概念可分为五层(见图8-1)。

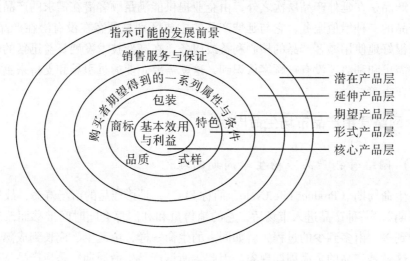

图8-1 网络营销产品的整体概念示意

（一）核心产品层

核心产品是指产品能够提供给消费者的基本效用与利益。电子商务营销与传统营销一样，是一种以顾客为中心的营销策略。所以，企业在设计和开发产品核心利益时要从顾客的角度出发，根据前次营销效果来制定本次产品设计开发。需要注意的是网络营销具有全球性，企业在提供核心利益和服务时要针对全球性市场提供。

（二）形式产品层

形式产品是指核心产品借以实现的形式，即产品的物质形态。在市场上的形式产品（不论是有形产品还是无形产品）必须具备品质、式样、品牌、包装和特征等五个要件。

（三）期望产品层

期望产品是指顾客在购买产品时期望得到的与产品密切相关的一整套属性和条件。在电子商务营销中，消费呈现出个性化的特征，不同的消费者可能对产品的要求不一样，对同一核心产品而言，消费者更侧重产品的质量、使用的方便程度、特点等方面的期望。因此，产品的设计和开发必须满足顾客这种个性化的消费需求。

（四）延伸产品层

延伸产品是指由产品的生产者或经营者提供的购买者有需求，主要是帮助用户更好地使用核心利益的服务。在网络营销中，对于物质产品来说，延伸产品层次要注意提供满意的售后服务、送货、质量保证等。

（五）潜在产品层

潜在产品是在延伸产品层次之外，由企业提供能满足顾客潜在需求的产品层次，它主要是产品的一种增值服务，它与延伸产品的主要区别是顾客在没有潜在产品层次时，仍然可以很好地使用顾客产品的核心利益或服务。在高新技术发展日益迅猛的时代，有许多潜在需求和利益还没有被顾客认识到，这就需要企业通过引导和支持来更好地满足顾客的潜在需求。

二、网络营销产品市场生命周期

（一）网络营销产品市场生命周期的理论

产品生命周期（Product Life Cycle，简称PLC），是指产品的市场寿命，故亦称"产品寿命周期"。一种产品进入市场后，它的销售量和利润都会随时间推移而改变，呈现一个由少到多、由多到少的过程，就如同人的生命一样，由诞生、成长到成熟，最终走向衰亡，这就是产品的生命周期现象。因此，所谓产品生命周期，是指产品从进入市场开始，直到最终退出市场为止所经历的市场生命循环过程，即指产品从进入市场开始到被市场淘汰停止生产所经历的时间。产品只有经过研究开发、试销,然后进入市场,它的市场生命周期才算开始。产品退出市场,则标志着生命周期的结束。

网络营销产品市场生命周期的长短主要取决于市场的需求和新产品的更新换代程度。网络营销产品市场生命周期同市场营销基本理论中的一般产品一样,也分为介绍期、成长期、成熟期和衰退期四个阶段,可用抛物曲线来表示(见图8-2)。

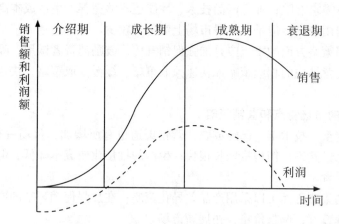

图8-2 网络营销产品市场生命周期示意

网络营销产品市场生命周期的四个阶段,实际上表明了消费者对一件新产品推出市场后的接受过程。这一过程可以通过创新扩散理论来解释。

1. 消费者接受创新的模式

消费者在接受新产品的过程中往往需要经过认识、兴趣、评价、试用、常用等五个阶段。

2. 消费者接受新产品的差异性

不同的消费者对新产品的态度存在着很大的差别,因而接受新产品的时间先后也有很大的不同。根据消费者接受新产品的时间顺序可将其分为以下五种类型。

(1)创新者。也称为消费先驱,他们富有个性,勇于革新冒险,敢于接受新事物,是新产品的最早接受者。但这一类型的人为数很少,约占2.5%。

(2)早期接受者。这一类型人的重要特征是年轻,富于探索,受自尊所支配,富有自豪感,经济状况良好。他们在社会中被同一阶层所尊重,并容易成为意见领袖。与创新者相比其态度较为谨慎。

(3)早期大众(早期多数接受者)。这部分消费者一般保守思想较少,有较好的工作环境和固定的收入,他们有较强的模仿心理,不甘落后于潮流。但由于特定的经济地位所限,他们在购买高档产品时持非常谨慎的态度。研究早期大众的心理状态、消费习惯对提高市场份额有很大帮助。

(4)晚期大众(晚期多数接受者)。这部分人的特点是既谨慎又固执,同时他们的收入、教育水平比早期大众略差。往往在大部分人接受后,他们才加入购买。

(5)落后者。这部分人传统思想严重,非常保守,对新事物多持反对态度,固守传统消费行为。他们往往在创新变成传统后才开始接受。

(二) 网络营销产品市场生命周期各阶段的特点和营销策略

1. 介绍期的市场特点和营销策略

处于介绍期的产品，由于消费者对其不了解，大部分顾客不愿放弃或改变自己以往的消费行为，故需求有限；加之产品技术、性能还不够完善，生产成本高；销售渠道的不畅导致销售费用较高。但是该阶段市场上竞争者较少。

企业在营销策略方面的重点应是加强促销宣传，鼓励消费者试用，吸引中间商，同时还可采用传统营销中的相应策略如快速掠取策略、缓慢掠取策略、快速渗透策略、缓慢渗透等策略。

2. 成长期的市场特点和营销策略

产品已经定型，技术工艺已经成熟；营销渠道也有所增加，市场占有率得到增加；消费者对产品已经熟悉，销售量增长很快；生产的批量化使成本降低，但是市场上开始涌入大量的竞争者。

企业在营销策略方面可以采用产品差异化策略；在加强促销环节的同时，树立产品形象，建立品牌偏好；调整价格，拓展新市场。

3. 成熟期的市场特点和营销策略

在成熟期初期各销售渠道基本处于饱和状态，销售增长率缓慢上升，并进入一个相对稳定时期，后期销量和利润开始下滑。市场上产品出现过剩，竞争加剧，消费需求也开始转移。

企业在营销策略方面有改进产品、开拓市场和调整营销组合策略可供选择。

4. 衰退期的市场特点和营销策略

市场衰退期产品销售量开始迅速下滑，消费者兴趣已完全转移；多数企业无利可图，被迫退出市场；促销已无明显作用。

企业在营销策略方面可以考虑采用的策略有：① 集中策略，即把资源集中使用在最易销售的品种上；② 维持策略，即把销售维持在一个低水平上，直至退出市场；③ 榨取策略，即大幅度降低销售费用，增加眼前利润。

每一个产品都要经过这个周期阶段，企业要生存和发展就必须不断地推出新产品。在电子商务营销中，由于厂家与消费者建立了更加直接的联系，企业可以通过网络迅速及时地了解和掌握消费者的需求状况，使新产品从一上市就能知道改进和提高的方向，在成长期时就开始下一代系列产品的研制和开发，以系列产品的推出取代原有的成熟期和衰退期。

三、包装策略

(一) 包装的概念与组合要素

包装是指对商品设计并制作容器或包扎物的一系列活动总称。

包装的组合要素如下：

（1）商标或品牌。这是包装中最主要的构成要素，应在包装整体上占据突出的位置。

（2）颜色。这是包装中最具刺激销售作用的构成要素，突出产品特色的色调组合，既能加强品牌特征，又有很强的感召力。

（3）形状。适宜的包装形状有利于储运和陈列，也有利于产品销售。

（4）材料。材料既影响成本，又影响市场竞争力。

（5）图案以及标签等内容。

（二）包装策略

网络产品在最终到达消费者手中时不可能是裸露的，这就需要包装，而良好的包装只有同科学的包装决策结合起来才能发挥其应有的作用。可供企业选择的包装策略主要有以下方面：

（1）类似包装策略。企业所有的产品在包装上共同特征明显。这易于消费者识记，可以节约成本，有利于企业整体形象的塑造和有利于新产品的销售。

（2）等级包装策略。企业产品包装因质量等级而有所区别，即精品精包、低档简包，以适应不同需求层次的消费者的购买心理，有利于全面扩大销售。

（3）分类包装策略。根据消费者购买目的和用途的不同，对同一产品进行不同的包装。该策略适应了消费者的购买心理，但增加了成本费用。

（4）配套包装策略。企业将几种有关的产品组合在同一包装物内。该策略能节约交易时间，便于消费者购买，有利于扩大产品销售。

（5）再包装策略。包装物还可以再次使用或在一定时间内持续使用。包装物在再使用过程中有延伸宣传的作用。

第二节　网络营销产品策略

一、网络适销产品的类型与特点

（一）网络适销产品的类型

从理论上讲所有的产品都可以作为网络产品在网上销售，但由于目前网络的限制，使得产品中只有一部分产品适合在网上销售。随着网络技术发展和其他科学技术的进步，将有越来越多的产品在网上销售。在网络上销售的产品，按照产品性质和形态的不同，可以分为实体产品和虚体产品两大类型。

1. 实体产品

实体产品是指具有物理形状的物质产品，也称为有形产品，它包括工业产品、农业产品和民用品。在网络上销售实体产品的过程与传统的购物方式有所不同，在这里没有传统的面对面的买卖方式，网络上的交互式交流成为买卖双方交流的主要形式。顾客通过卖方的网页考察其产品，通过填写表格对品种、质量、价格、数量进行选择；而卖方则将面对面的交货改为邮寄产品或送货上门，这一点与邮购产品颇为相似。因此，网络销售也是直销方式的一种。

2. 虚体产品

虚体产品也称为无形产品，一般没有具体的物理形态，即使表现出一定形态也是通过其他载体体现出来，同时产品本身的性质和性能也必须通过其他方式才能表现出来。

在网络上销售的虚体产品也可以分为软件商品和在线服务两类。

（1）软件商品包括各种软件、游戏、电子图书、电子报刊等。网上软件销售商可以向顾客提供一段时间的试用期，允许用户尝试使用并提出意见。最终好的软件很快能够吸引顾客，使他们爱不释手并为此慷慨解囊。总之，数字化产品和媒体产品特别适合网上销售。

（2）在线服务又可以分为信息咨询服务、互助式服务和网络预约服务。信息咨询服务包括法律查询、股市行情分析、银行金融咨询、医疗咨询等；互助式服务包括网络交友、计算机游戏、远程医疗、远程教育；网络预约服务包括预订机票、车票、入场券预定、代购球票、电影票等，提供旅游预约服务、饭店旅游服务预约、医院预约挂号、房屋中介等。

对于互助式服务和网络预约服务来说，顾客不仅注重所能够得到的收益，还关心自身成本的付出。通过网络这种媒体，顾客能够尽快地得到所需要的服务，免除恼人的排队等候的时间成本。同时，消费者利用浏览软件，能够得到更多更快的信息，提高信息传递过程中的效率，增强促销的效果。

对于信息咨询服务来说，网络是一种最好的媒体选择。用户上网的最大诉求就是寻求对自己有用的信息，信息服务正好提供了满足这种需求的机会。

（二）网络适销产品的特点

目前适合在互联网上销售的产品通常具有以下特点。

1. 产品性质

由于网络产品与传统的商品有所区别，加之网络的独特性，网络产品可以包括工业产品、农副产品、信息及各种服务。但是网上用户在初期对技术有一定要求，其上网大多与网络等技术相关，因此，网上销售的产品最好是与高技术或与电脑、网络有关。一些虚体产品即无形产品可以通过有形化后在网上销售，如图书、音乐等。还有一些无形产品如服务也可以借助网络的作用实现远程销售，如远程医疗等。

2. 产品质量

由于网络的虚拟性使得顾客可以突破时间和空间的限制，实现远程购物和在网上直接订购，这使得网络购买者在购买前无法尝试或只能通过网络来尝试产品。所以，产品质量是网络发展的重要支撑。

3. 产品式样

由于网上消费者的个性化需求，网络营销产品的式样必须满足购买者的个性化需求。另外，产品通过互联网对全世界国家和地区进行销售，而不同国家或地区有着不同的风俗习惯、宗教信仰和教育水平，因此产品必须具有针对性。

4. 产品品牌

在网络营销中，生产商与经营商的品牌同样重要，一方面要在网络中浩如烟海的信息中获得浏览者的注意，必须拥有明确、醒目的品牌；另一方面，由于网上购买者可以面对的选择很多，而且网上销售又无法进行购物体验，因此，品牌魅力对消费者极为重要。

5. 产品包装

作为通过互联网经营的针对全球市场的产品，其包装首先要考虑网络信息及广告的发布与实物的统一，其次要适合目标市场的偏好，最后还要符合网络营销的要求。

6. 目标市场

网上市场是以网络用户为主要目标的市场，在网上销售的产品要适合覆盖广大的地理范围。如果产品的目标市场比较狭窄，可以采用传统营销策略。

7. 产品价格

一方面，互联网作为信息传递工具，在发展初期是采用共享和免费策略发展而来的，网上用户比较认同网上产品低价的特性；另一方面，由于通过互联网络进行销售的成本低于其他渠道的产品，因而在网上销售产品可以采用低价位定价。

二、产品品牌内涵

（一）品牌

市场营销专家菲利普·科特勒博士认为，品牌是一个名称、名词、符号或设计，或者是它们的组合，其目的是识别某个销售者或某群销售者的产品或劳务，并使之同竞争对手的产品和劳务区别开来。品牌能给拥有者带来溢价、产生增值，是一种无形资产，它的载体是用于和其他竞争者的产品或劳务相区分的名称、术语、象征、记号或者设计及其组合，增值的源泉来自于消费者心智中形成的关于其载体的印象。品牌承载的更多的是一部分人对其产品以及服务的认可，是一种品牌商与顾客购买行为间相互磨合衍生出的产物。简单地讲品牌是指消费者对产品及产品系列的认知程度，是人们对一个企业及其产品、售后服务、文化价值的一种评价和认知，是一种信任。因此，品牌就是制造商或经销商加在商品上的标志，由名称、名词、符号、象征、设计或它们的组合构成，用以识别不同生产者或经营者所提供的产品或服务的一种标志。

品牌是一个集合概念，它包括品牌名称和品牌标志两个部分，品牌名称是指品牌中可以用语言称呼的部分；品牌标志是指品牌中可以被认出、易于记忆但不能用语言称呼的部分，通常由图案、符号或颜色等构成。

在产品推广过程中品牌既能区别不同生产厂家或经营者所提供的产品，还有提升产品价值的功能。它代表着经营者对交付给顾客的产品特征、利益和服务的一贯性的承诺，久负盛名的品牌就是优等质量的保证，所以企业在生产经营中均重视品牌的发展。

（二）品牌与商标

品牌与商标都是用以识别不同生产经营者的不同种类、不同品质产品的商业名称及其标志。不同的是品牌是经济概念，商标是法律概念。法律中规定商标有注册商标和未注册商标之分，而各国法律所保护的是注册商标，这就要求企业在经营中要考虑品牌的注册，以寻求法律保护，进而借助品牌提升竞争力。

（三）网上品牌与传统品牌

由于网络营销是新兴的流通方式，网上品牌与传统品牌有着很大不同，传统品牌多是产品品牌，网上品牌多是域名品牌与产品品牌的结合，所以传统优势品牌不一定是网上优势品牌。传统知名品牌的深入人心，使得人们不太关注其网站的建设，正如美国著名咨询公司 Forrester Research 公司在 1999 年 11 月份发表的题为 *Branding For A Net Generation* 的调查报告中指出："知名品牌与网站访问量之间没有必然的联系。通过对年龄 16～22 岁的青年人的品牌选择倾向和他们的上网行为进行比较，研究人员发现了一个似是而非的现象。尽管可口可乐、耐克等品牌仍然受到广大青少年的青睐，但是这些公司网站的访问量却并不高。既然知名品牌与网站访问量之间没有必然的联系，那么公司到底要不要建设网站就是一个值得考虑的问题。从另一角度看，这个结果也意味着公司要在网上取得成功，绝不能指望依赖传统的品牌优势。"

消费者的购买行为是由认知、信任进而产生行动的过程。传统品牌之所以把大量的预算花在品牌形象的塑造上，就是因为这种形象能够缩短认知、信任到购买的时间。而网络营销的最终目的还是产品销售，所以网上购买行为也需要品牌形象的支持，品牌带来的信誉和保证在某种程度上可以抵消了虚拟环境的不安全感。

三、网络营销产品品牌策略

（一）网络产品品牌命名和设计策略

网络产品在品牌命名和设计时应注意以下方面。

（1）品牌命名和设计要符合市场所在地的法律规范，不得违反法律中所规定的禁用条款，不得和他人的注册商标相同或相似。

（2）品牌命名和设计要力求简洁明快、易读易记。

（3）品牌命名和设计要体现产品的优点和特性，暗示产品的优良属性。

（4）品牌命名和设计要显示企业与产品与众不同的特色，避免大众化的名称和标志。

（5）品牌名称应与产品专用名称统一，或与产品品牌标志统一。

（6）品牌命名和设计要符合当地的文化、习俗，使之富有内涵，情谊浓重，唤起消费者和社会公众美好的联想。

（二）网络产品品牌统分策略

企业在生产经营中不可能只生产一种类型、一种规格的产品，企业同时生产不同类别、规格和质量的产品时，就必须根据市场和自己的产品品牌具体情况做出选择，一般情况下有四种选择策略：

1. 个别品牌

个别品牌指每一个产品使用不同的品牌，企业有多少个产品就有多少个品牌。其特点是产品之间相互没有影响，既不会出现一荣俱荣、一损俱损的现象，也不会出现因一个品牌的成败而影响企业声誉的现象，但推销费用较高，企业创名牌难度较大。

2. 统一品牌

统一品牌指企业生产经营的所有产品共同使用一个品牌，也就是企业只有一个品牌。其特点是企业所有产品使用同一品牌，在市场上极易出现一荣俱荣、一损俱损的现象，但推销费用较低，在创名牌上重点是通过产品质量和售后服务塑造品牌形象。

3. 分类品牌

分类品牌指企业将产品按类划分，一类产品一个品牌，企业有多少类产品就有多少个品牌。这是对前两种做法的折中。

4. 企业名称加个别品牌

企业名称加个别品牌指一类产品用一个品牌，同时在每个牌子前冠以企业名称。其特点是有利于企业声誉的培养，并利用企业声誉推出新产品，节约推销费用，还可以保持每一种产品的相对独立性。

5. 多品牌策略

由于市场上存在着两种产品替代形式，一种是新旧产品或不同产品之间的替代，一种是相同产品不同厂家或不同品牌之间的替代。替代的结果是企业的销售量下降。为了提高市场竞争力、提高市场占有份额，多品牌策略应运而生。

多品牌策略是指同一企业在同一产品上使用两个或两个以上的品牌，根据替代原理，单一品牌的产品销售量会下降，但企业总销售量会上升。

多品牌策略在使用中一种方法是不同品牌的名称不同，但品牌标志相同，如宝洁公司的品牌。一种方法是主副品牌，即品牌是由两部分构成，前面是主品牌，后面是副品牌，所有产品的主品牌相同，而副品牌不同，如海尔集团的品牌。再一种方法是产品所使用的品牌完全不同，没有任何关联性。

（三）网络产品品牌推广策略

1. 多方位宣传

企业应善用传统的平面与电子媒体，并舍得耗费资金大打品牌广告。企业还应利用网站、网页的特点在做广告的同时，进行品牌内涵解释，让人们了解品牌的特定含义及品牌文化。

2. 质量支持

品牌的声誉是建立在产品质量和服务质量上的，所以企业始终要注重产品和服务质量，同时在网页的设计上更要考虑满足顾客的需求，使顾客在网站上积累整体浏览感受和购买经验。

3. 公共关系

抓住一切可利用的事件和机会，广行善举，开放门户，利用公关造势建立品牌，塑造品牌形象。

4. 品牌延伸

将企业已经成功的品牌运用到其他产品上，特别是运用到新产品的推广上。品牌延伸可以使新产品借助成功品牌的市场信誉在节省促销费用的情况下顺利进入市场。需要注意的是，如果借已成功的品牌开发并投放市场的新产品不尽人意，消费者不认可，则会影响到该品牌的市场信誉。

5. 法律保护

品牌在市场上唯有注册才受法律保护，而国际上多数国家采用注册在先原则，即谁先注册，谁就拥有专用权，我国也不例外。所以企业在品牌推广中，要想获得合法权利就必须注册。

四、互联网域名商标策略

域名是指计算机网上的名字，由一串用点分隔的名字组成，用于在数据传输时标识计算机的电子方位。域名作为互联网的单位名称和在 Internet 网络上使用的网页所有者的身份标识，由于域名的所有权属于注册者，所以域名具有商标属性。在网络时代的今天，由于域名系统（DNS）是国际共有资源，可较好地实现信息传播，这就决定了它有巨大的商业价值。随着互联网的广泛普及和大量应用，注册域名的企业越来越多，许多企业还把知名商标注册成域名，一般人们所知道的驰名商标几乎都成了互联网上的域名。

域名注册采用注册在先的原则。注册域名有两种做法：一是在国内注册二级域名，一是在国际注册一级域名。同时还要遵守《中国互联网域名注册暂行管理办法》的规定。

第三节 网络营销新产品开发

一、网络营销新产品开发类型

营销学中使用的新产品概念是指，产品只要在功能或形态上得到改进与原有的产品产生差异，并为顾客带来新的利益，就视为新产品。

新产品开发是许多企业市场取胜的法宝，但是产品开发费用较高及产品生命周期的缩短，特别是市场的不断分裂及互联网的发展而使得新产品开发愈加困难，这对企业来说既是机遇也是挑战。企业开发的新产品如果能适应市场需要，可以在很短时间内占领市场，打败其他竞争对手。

与传统新产品开发一样，网络营销新产品开发类型有下面几种：

（1）全新产品。即运用新一代科学技术革命创造的整体更新产品。

（2）新产品线。即市场上已经有的产品，而企业首次介入生产的产品。

（3）现有产品线的增补产品。即在公司现有产品线上增加新的产品。

（4）现有产品的改进或更新。即替换现有产品的新产品，新产品改善了原有产品的某些功能或加大了原有产品的感知价值。

(5) 降低成本的产品。即以较低成本推出同样性能的新产品。

(6) 重新定位产品。即进入新的目标市场或改变原有产品市场定位推出的新产品。

企业新产品开发的实质是推出上述不同内涵与外延的新产品。企业在网络营销产品策略中采用哪一种具体的新产品开发方式，可以根据企业的实际情况决定。但结合网络营销市场特点和互联网特点，开发新市场的新产品是企业竞争的核心。对于相对成熟的企业采用后面几种新产品策略也是一种短期较稳妥策略，但不能作为企业长期的新产品开发策略。

二、网络营销新产品开发程序

(一) 网络营销新产品的构思

网络营销新产品开发的首要前提是新产品构思。构思是对潜在新产品的基本轮廓结构的设想，这是发展新产品的基础与起点，没有构思就不可能生产出新产品实体。在社会发展的每一个阶段，都有一些伟大发明推动技术革命和产业革命，这个时期的新产品构思的形成主要是依靠科研人员的创造性推动的。

新产品的构思可以有多种来源，可以是顾客、科学家、竞争者、公司销售人员、中间商和高层管理者，但最主要来源还是依靠顾客来引导产品的构思。电子商务营销的一个最重要特性是与顾客的交互性，它通过信息技术和网络技术记录、评价和控制营销活动，来掌握市场需求情况。网络营销通过其网络数据库系统处理营销活动中的数据，并用来指导企业营销策略的制定和营销活动的开展。

由于网络数据库系统的特点使得企业在网络营销中可以建立详细的顾客档案，进而据此掌握市场活动信息，发现市场总体特征，而不需要向传统营销那样通过专门的市场调研来测试顾客对所进行的营销活动的响应程度。总之，企业利用网络营销数据库，可以很快发现顾客的现实需求和潜在需求，从而形成产品构思。通过对数据库的分析，可以对产品构思进行筛选，并形成产品的概念。

网络营销新产品构思的一般方法有以下方面：

(1) 垂直思维法。这是根据本行业产品设计的传统思路进行产品的构思，比较侧重继承和运用以前的经验，尊重客观规律，但构思突破较难。

(2) 水平思维法。这是指用打破传统思维的方式进行构思和创意。该方法比较注重借鉴不同行业、不同学科的知识，善于打破常规，增加构思的新颖性，但风险和操作难度较大。

(3) 联想思维法。这是指受到某些客观因素的启发而形成的创意和构思。它要求创新者对于周围事物要有敏锐的观察能力和理解能力。

(4) 头脑风暴法。这是指一种进行群体创意的思维方法。参与者可以涉及各个领域，而且会场上与会者可以毫无顾忌地畅所欲言，对他人的意见提出异议。

(二) 网络营销新产品构思的筛选

好的构思对于发展新产品十分重要，但有了构思并不一定能付诸实施，必须根据企业的目标和能力进行选择。筛选的主要目的是选出符合本企业发展目标和长远利益，并与企业资源相协调的产品构思，在尽可能早的时间内发现和排除不合理的构思。所谓"不合理"的构思一方面是指缺乏科学依据和可操作性的，另一方面是指同企业的基本目标不相吻合或企业一时无能力进行开发的构思。

构思的筛选是先由企业自己初选，再由专家利用构思评分表法（见表8-1）进行评选。

表8-1 构思评分表法

产品成功的必要条件	权重 A	企业实际能力水平（B）											评分（AB）
		0.0	0.1	0.2	0.3	0.4	0.5	0.6	0.7	0.8	0.9	1.0	
企业信誉	0.20							√					0.120
营销能力	0.20									√			0.160
技术水平	0.20								√				0.140
人　　员	0.15					√							0.060
财　　力	0.10								√				0.070
生产能力	0.05										√		0.045
采购供应	0.05						√						0.025
销售地点	0.05		√										0.005
总　　计	1.00												0.625

一般的分等标准是：0.00～0.40分为差，0.41～0.75分为较好，0.79～1.00分为最佳。根据经验，总分在0.70以下应予以筛除。表8-1中新产品构思总计为0.625分，所以应该筛掉。应该注意的是产品成功的因素并不局限于表中的八项内容，企业可根据实际情况确定。

(三) 网络营销新产品概念的形成与测试

新产品概念，是指对产品功能、形态、结构以及基本特征的详细描述，使之在顾客心目中形成一种潜在的产品形象。按照新产品概念具体设计生产方案，是产品构思的具体化。

一个新产品构思可以转化成多个新产品概念。企业要尽可能地把各种新产品概念的设计方案列出来，然后对产品概念进行定位。新产品概念形成后，还必须从市场竞争和市场需求两个角度对其进行评价和测试，以确定最终的新产品发展方向。

（四）网络营销新产品的商业分析

商业分析是从经济效益角度对产品的绝对价值和相对价值进行分析，进而确定新产品概念是否符合企业目标，确定新产品的开发价值。商业分析方法有多种，常用的分析方法有盈亏平衡分析法、投资回收期法、投资报酬率法、净现值法、内部收益率法等。

（五）网络营销新产品研制

网络营销中由于许多产品并不能直接提供给顾客使用，它需要许多企业共同配合才有可能满足顾客的最终需要，这就需要在新产品开发的同时加强与以产品为纽带的协作企业的合作。而与企业关联的供应商和经销商也可以直接参与新产品的研制与开发，因为网络时代企业之间的关系主流是合作，只有通过合作才可能增强企业竞争能力，才能在激烈的市场竞争中站稳脚跟。通过互联网，企业可以与供应商、经销商和顾客进行双向沟通和交流，可以最大限度地提高新产品研制与开发速度。

三、网络营销新产品试销与上市

网络市场作为新兴市场，消费群体一般具有很强的好奇性和消费领导性，比较愿意尝试新的产品。因此，通过网络营销来推动新产品试销与上市，是比较好的策略和方式。但需注意的是，网上市场群体还有一定的局限性，目前的消费意向比较单一，所以并不是任何一种新产品都适合在网上试销和推广的。一般对于与技术相关的新产品，在网上试销和推广效果比较理想，这种方式一方面可以比较有效地覆盖目标市场，另一方面可以利用网络与顾客直接沟通和交互，有利于顾客了解新产品的性能，还可以帮助企业对新产品进行改进。

利用互联网作为新产品营销渠道时，要注意新产品能满足顾客的个性化需求的特性，即同一产品能针对网上市场不同顾客需求生产出功能相同但又能满足个性需求的产品，这要求新产品在开发和设计时就要考虑到产品式样和顾客需求的差异性。

第四节 网络营销产品支持服务策略

一、网络营销产品支持服务的概念与特点

（一）服务的概念和网络营销服务的优势

对于服务的概念，菲利普·科特勒认为："服务是一方能够向另一方提供的基本上是无形的任何活动或利益，并且不导致任何所有权的产生。它的生产可能与某种有形产品联系在一起，也可能无关联。"弗雷德里克等人认为："服务是为满足购买者某些需要而暂时提供的产品或从事的活动。"

从服务的概念可知，服务包含以下要点：①服务提供的基本上是无形的活动，有时

也与有形产品联系在一起；②服务提供的是产品的使用权，不涉及所有权的转移；③服务对购买者的重要性足以与物质产品相提并论，但有些服务不需要直接付款。

网络营销服务的内涵也一样，只是网络营销服务是通过互联网来实现服务。

网络营销服务的优势主要体现在以下方面：①无限的空间；②不限的时间；③较低的费用；④劳动力的节约；⑤双向的交互；⑥浏览、购物的随意。

（二）网络营销服务的特点

服务作为无形产品，其主要特点有不可触摸性、不可分离性、可变性、同步性、易逝性等。网络营销服务也具有上述特点，但其内涵却发生了很大变化，具体体现在以下方面。

1. 增加顾客的感性认识

服务的最大局限在于服务的无形性和不可触摸性，因此在进行服务营销时，经常需要对服务进行有形化，通过一些有形方式表现出来，以增强顾客的体验和感受。

2. 突破时空不可分离性

服务的最大特点是生产和消费的同时进行，因此服务受到时间和空间的限制。顾客为寻求服务，往往需要花费大量时间去等待和奔波。而互联网的远程服务则可以突破服务的时空限制。如现在的远程医疗、远程教育、远程培训、远程订票等等，这些服务通过互联网都可以实现消费方和供给方的空间分离。

3. 提供更高层次的服务

顾客的消费需求是有层次的，当一个层次的需求得到满足后，高一层次的需求就产生了。传统服务的不可分离性使得顾客寻求服务受到限制，互联网的出现突破传统服务的限制。顾客可以通过互联网得到更高层次的服务，顾客不仅可以了解信息，还可以直接参与整个过程，最大限度地满足顾客的个人需求。

4. 顾客寻求服务的主动性增强

顾客通过互联网可以直接向企业提出要求，企业必须针对顾客的要求提供特定的一对一服务。同样，企业也可以借助互联网低成本来满足顾客的一对一服务的需求，当然，企业必须改变业务流程和管理方式，实现柔性化服务。

5. 服务成本效益提高

一方面，企业通过互联网实现远程服务，扩大服务市场范围，创造了新的市场机会；另一方面，企业通过互联网提供服务，可以增强企业与顾客之间关系，培养顾客忠诚度，减少企业的营销成本费用。

（三）网络营销服务分类

根据服务在业务中的比例，企业提供的传统服务可以分为：纯有形产品的较少服务、伴随服务的有形产品、主要服务伴随小物品和小服务和纯服务四大类。

对于网络营销服务，则可以简单划分为网上产品服务营销和网上服务产品营销。网上产品服务营销是指前面两类服务，是产品营销的一个有机组成部分；网上服务产品营销是指无形产品，可以直接通过互联网直接进行传输和消费的服务产品的营销活动。

对于服务产品营销除了关注服务销售过程的服务外，还要针对服务产品的特点开展营销活动。根据网络营销交易的时间间隔，可以将网络营销服务划分成网上售前服务、网上售中服务和网上售后服务。

1. 网上售前服务

从交易双方的需求可以看出，企业网络营销售前服务主要是提供信息服务。企业提供售前服务的方式主要有两种，一种是通过自己网站宣传和介绍产品信息，这种方式要求企业的网站必须有一定的知名度，否则很难吸引顾客注意；另一种方式通过网上虚拟市场提供商品信息。企业可以免费在上面发布产品信息广告，提供产品样品。除了提供产品信息外，还应该提供产品相关信息，包括产品性能介绍和同类产品的比较信息。为方便顾客准备购买，还应该介绍产品如何购买的信息，产品包含哪些服务，产品使用说明，等等。总之，提供的信息要让准备购买的顾客"胸有成竹"，顾客在购买后可以放心使用。

2. 网上售中服务

网上售中服务主要是指销售过程中的服务。这类服务是指产品的买卖关系已经确定，等待产品送到指定地点的过程中的服务，如了解订单执行情况、产品运输情况等等。在传统营销部门中，有30%到40%的资源是用于应对顾客对销售执行情况的查询和询问，这些服务不但浪费时间，而且非常琐碎难以给用户满意的回答。特别是一些跨地区的销售，顾客要求服务的比例更高。而网上销售的一个特点是突破传统市场对地理位置的依赖和分割，因此网上销售的售中服务非常重要。因此，在设计网上销售网站时，在提供网上订货功能的同时，还要提供订单执行查询功能，方便顾客及时了解订单执行情况。

3. 网上售后服务

网上售后服务就是借助互联网的直接沟通的优势，以便捷方式满足顾客对产品安装、技术支持和使用指导以及使用维护需求的客户服务方式。网上售后服务有两类，一类是基本的网上产品支持和技术服务，另一类是企业为满足顾客的附加需求提供的增值服务。

无论是产品服务营销，还是顾客服务营销，服务营销的核心理念都是顾客满意和顾客忠诚，通过取得顾客的满意和忠诚来促进相互有利的交换，最终实现营销绩效的改进和企业的长期成长。

二、网络营销产品支持服务需求分析

（一）网络营销环境中顾客的特征

1. 顾客具有越来越多的主动权

网络营销与传统营销相比较信息的丰富是其一特色，在网络营销环境中顾客不仅可以随时了解到有关企业的全部信息，还可以随时知道某种产品的相关企业和技术信息，以及成本信息、异地购买者对产品的使用感受等。信息的传递没有时间限制，使沟通更加方便。

2. 顾客拥有更广泛的选择权

电子商务的无店铺经营使其拥有丰富多样的产品,进而给消费者提供了更大的选择空间。

3. 发展顾客的难度增加

由于产品相互替代可能性的增大、顾客的忠诚度下降以及无店铺经营和人员接触的减少,使得企业在品牌建设上费用更高、难度更大。

网络营销服务的本质是让顾客满意,顾客是否满意是网络营销服务质量的唯一标准。要让顾客满意就必须满足顾客的需求,顾客的需求一般是有层次性的。

(二) 网络营销环境中顾客需求层次

1. 了解产品信息的需求

网络时代,顾客需求呈现出个性化和差异化特征,顾客为满足自己个性化的需求,需要全面、详细了解产品和服务信息,寻求出最能满足自己个性化需求的产品和服务,传统营销很难满足顾客对产品和服务的这类需求。

2. 解决问题的需求

顾客在购买产品或服务后,可能面临许多问题,需要企业提供服务解决这些问题。顾客面临的问题主要是产品安装、调试、试用和故障排除,以及有关产品的系统知识等。在企业网络营销站点上,许多企业的站点提供技术支持和产品服务,以及常见的问题释疑(FAQ)。有的还建有顾客虚拟社区,顾客可以通过互联网向其他顾客寻求帮助,或由顾客通过自己学习、自己解决。

3. 接触公司人员的需求

对于有些比较难以解决的问题,或者顾客难以通过网络营销站点获得解决方法的问题,顾客也希望公司能提供直接支援和服务。这时,顾客需要与公司人员进行直接接触,向公司人员寻求意见,得到直接答复或者反馈顾客的意见。与顾客进行接触的公司人员,在解决顾客问题时,可以通过互联网获取公司对技术和产品服务的支持。

4. 了解全过程的需求

顾客为满足个性化需求,不仅仅是通过掌握信息来进行选择产品和服务,还要求直接参与产品的设计、制造、运送整个过程。个性化服务是一种双向互动的企业与顾客之间密切关系。企业要实现个性化服务,就需要改造企业的业务流程,将企业业务流程改造成按照顾客需求来进行产品的设计、制造、改进、销售、配送和服务。顾客了解和参与整个过程意味着企业与顾客需要建立一种"一对一"的关系。互联网可以帮助企业更好地改造业务流程以适应对顾客的"一对一"营销服务。

上述顾客四个层次的需求之间是一种相互促进的作用。只有低层次需求满足后才可能促进更高层次的需求,顾客的需求越得到满足,企业与顾客的关系也越密切。整个过程是一种螺旋式的上升,这既促进了企业对顾客需求的充分了解,也会引起顾客对企业期望的膨胀。

三、网络营销产品支持服务的策略

(一) 网站设计应满足网络营销中顾客需求的功能

在企业的网络营销站点中,网上产品营销服务是网站的重要组成部分。有的企业建设网站的主要目的是提供网上产品服务,提升企业的服务水平。

为满足网络营销中顾客不同层次的需求,设计一个服务比较完善的网站时应具有下面一些功能:

(1) 提供产品分类信息和技术资料,方便客户获取所需的产品、技术资料。
(2) 提供产品相关知识和链接,方便客户深入了解产品,从其他网站获取帮助。
(3) FAQ,即常见问题解答,帮助客户直接从网上寻找问题的答案。
(4) 网上虚拟社区(BBS 和 Chat),可为客户提供发表评论和相互交流学习的园地。
(5) 通过客户邮件列表,客户可以自由登记和了解网站最新动态,企业及时发布消息。

对于网站上述功能,一方面企业可以向客户发布信息,另一方面企业也可以从客户接收到反馈信息,同时企业与客户还可以直接进行沟通。为了满足顾客的一些特定需求,网站还可以提供一些特定服务。

(二) 网上个性化服务

1. 网上个性化服务的含义

个性化服务(Customized Service),也叫定制服务,是一种有针对性的服务方式,根据用户的设定来实现,依据各种渠道对资源进行收集、整理和分类,向用户提供和推荐相关信息,以满足用户的需求。从整体上说,个性化服务打破了传统的以被动服务模式,能够充分利用各种资源优势,主动开展以满足用户个性化需求为目的的全方位服务。

个性化服务包括有三个方面:①服务时空的个性化,服务能够在人们希望的时间和希望的地点得到满足;②服务方式的个性化,能够根据顾客的爱好或特色来提供服务;③服务内容个性化,服务不再是千篇一律、千人一面,而是各取所需、各得其所。互联网可以在上述三个方面给用户提供个性化的服务。

伴随个性化服务会出现相应的问题。首先是隐私问题,个人提交的需求、信息提供者掌握的个人偏好和倾向,都是一笔巨大的财富。大多数人不愿公开自己的"绝对隐私"。因此,企业在提供个性化服务时,必须注意保护用户的一些隐私信息,更不能将这些隐私信息进行公开或者出卖。侵犯用户的隐私信息,不但招致用户的反对,而且可能导致用户的起诉甚至报复。其次,提供的个性化服务必须是用户真正需要的。另外,个性化服务还涉及许多技术问题,用户需要做到不论何时、不论何地都可以接收信息,而且接收的信息又是用户所需要的和能够选择的。

2. 网上个性化的信息服务

在个性化服务中最典型的是信息服务。网站是一种影响面广、受众数量巨大的营销传播工具，但是，受众在语言、文化背景、消费水平、经济环境和意识形态，直至每个消费者具体的需求水平等方面存在着的差异就变成一个非常突出的问题了。所以，如何充分发挥互联网在动态交互方面的优势，尽量满足不同消费者的不同需求，就成为个性化服务产生的市场动因。

目前，网上提供的定制服务，一般是网站经营者根据受众在需求上存在的差异，将信息或服务化整为零或提供定时定量服务，让受众根据自己的喜好去选择和组配，从而使网站在为大多数受众服务的同时，变成能够一对一地满足受众特殊需求的市场营销工具。个性化服务，改变了信息服务"我提供什么，用户接受什么"的传统方式，变成了"用户需要什么，我提供什么"的个性化方式。

个性化信息服务主要有下面一些方案：

（1）页面定制。Web 定制使预订者获得自己选择的多媒体信息，只需标准的 Web 浏览器。许多网站都推出了个性化页面服务，如"雅虎"推出了"我的雅虎（中文网址是 http://cn.my.yahoo.com）"，可让用户定制个性化主页。用户根据自己的喜好定制显示结构和显示内容，定制的内容包括新闻、政治、财经、体育等多个栏目，还提供了搜索引擎、股市行情、天气预报、常用的网址导航等。用户定制以后，个人信息被服务器保存下来，以后访问"我的雅虎"，用户看到的就是自己定制的内容。国内"网易"已推出了类似的服务（http://my.163.com）。

（2）电子邮件定制。目前，中报联与上海热线正在合作推出产业新闻邮件定制服务；专用客户机软件，如股票软件、天气软件等可以传送广泛的待售品、多媒体信息，客户机不需要保持与 Internet 的永久链接。但目前电子邮件定制信息只能定制文本方式的信息。随着越来越多的用户安装了支持 MIME 的软件包，多媒体电子邮件将越来越普遍了。

（3）客户端软件支持的定制服务。如网上股票交易，它通过特制的软件包来接受股市行情，完成股票交易。这种软件以类似屏幕保护的形式出现在计算机上，而接收哪些信息是需要读者事先选择和定制的。这种方式的最大特点是信息并不是驻留在服务器端的，而是通过网络实时推送到客户端，传输速度更快，让你察觉不出下载的时间。但客户端软件方式对计算机配置有较高的要求，在信息流动过程中可以借用客户端计算机的空间和系统资源，但是让客户下载是一件麻烦事。

3. 网上个性化服务应注意的问题

网上个性化服务虽然是一种非常有效的网络营销策略，但它又是一项系统工作，需要从方式上、内容上、技术上和资金上进行系统规范化和配合。所以，企业在提供网上个性化服务时，首先要考虑其针对性和适用性；其次要考虑市场细分，细分的目的是把握目标市场的需求特点，从而使按需提供的产品和服务能为客户广泛接受。因此，细分的程度越高，就越能够准确地掌握客户的需求。

（三）E-mail 的运用

E-mail 是用户与用户之间通过国际互联网收发信息的服务，是一种网络用户之间快捷、渐变、可靠且成本低廉的现代化通信手段，也是国际互联网上使用最多的服务之一。其优点如下：

（1）电子邮件系统具有方便、快捷、廉价、广泛性的特点以及无时间限制的优势，在网络营销服务中的运用也将越来越广泛。

（2）利用电子邮件与顾客建立主动的服务关系。一方面主动向顾客提供企业的最新信息；另一方面获得顾客需求的反馈，将其整合到企业的设计、生产、销售等营销组合系统中。

（3）利用电子邮件传递商务单证。为了规范电子商贸的过程和信息服务方式，企业在商务网站中设置了许多表格，通过表格在网络上的互相传递达到商务单证交换的目的。

（4）利用电子邮件进行营销。顾客需要个性化消费和个性化服务的比例越来越大，传统媒体广告很难满足这种个性化需求，而 E-mail 却可以满足这种个性化需求。企业利用交互式表格技术收集网上顾客的电子邮件地址，根据顾客在线填写的所需服务信息，用 E-mail 形式逐一回复，为进一步的营销奠定基础。

利用电子邮件有利于查询、阅读、访问等信息服务。

四、网络营销产品支持服务成功的要素

网络营销与传统营销有着许多的不同。产品支持服务要获成功，就必须具备以下要素：

（1）要有自己的网站，各类信息齐全并富有个性化。
（2）要有与之相配的物流配送系统。
（3）要有交互式技术及管理，及时回复顾客，解答问题。
（4）要有与企业形象、企业品牌相适应的产品或服务。

案例　小米手机的网络营销策略

小米手机是小米公司（全称北京小米科技有限责任公司）研发的一款智能手机，"为发烧而生"是其一贯坚持的设计理念。小米公司创始人雷军在谈及为何做小米手机时说："就发展趋势看，未来中国是移动互联网的世界；智能手机和应用会承载用户大部分需求。"作为一个资深的手机发烧友，深知只有软硬件的高度结合才能出好的效果，才有能力提升移动互联网的用户体验，基于有这个想法和理想，又有一帮有激情和有梦想的创业伙伴，促成了做小米手机的原动力。小米手机采用线上销售模式，开创了一个全新的品类——互联网手机。小米手机，曾创造过首日预定超过 10 万台，两天内预订超过 30 万台的国产手机记录，网络营销的成功应用可谓功不可没。现从以下几个方面介绍小米手机的网络营销策略。

1. 信息发布策略

从小米公司内部和供应商爆料开始，到关键信息的正式公开，小米手机的神秘面纱被一点点掀开，引发了大量猜测，并迅速引爆成为网络的热门话题。小米手机的创始人雷军凭借其自身的名声号召力，自称是乔布斯的超级粉丝，在北京召开了一场酷似苹果的小米手机发布会。如此高调宣传与发布手机，在国内企业中小米是第一个。不可否认，小米手机的发布会取得了众媒体与手机发烧友的关注，而网络也不例外，网络上到处都充斥着小米手机的身影，在各大IT产品网站上随处可见小米手机的新闻，如拆机测评、比较等等。

2. 病毒式营销策略（口碑营销策略）

也许你不关注IT产品，可是你仍然知道了小米手机，因为你的手机控朋友们都在讨论小米手机，出于好奇心，你也开始在网上去了解小米手机，了解到小米手机的种种优越性，于是你也不由自主地当起了"病毒传播者"。小米手机通过制造各种各样的"绯闻"，比如小米手机的创意是"偷师"来的，小米手机的发布是模仿苹果的，许多名人要把苹果手机扔进垃圾桶改用小米手机等等，通过人与人之间各种途径的交流，实现了品牌的输入与推广。

3. 事件营销策略

在小米手机发布会上，小米手机的神秘面纱被全部解开，超强的配置、极低的价格、极高的性价比，小米手机凭借这些特点赚足了媒体的眼球，而雷军也以乔布斯的风格召开的"向乔布斯致敬"的发布会。就在这次的新闻发布会之后，小米手机在网络上的关注度显著上升。

4. 微博营销策略

小米手机在正式发布前，其团队充分发挥了社交媒体——微博的影响力。在小米手机发布前，通过手机话题的小应用和微博用户互动，挖掘出小米手机包装盒"踩不坏"的卖点；产品发布后，又掀起微博送小米手机活动，以及分享图文并茂的小米手机评测等。在小米手机之前，雷军每天发微博的数量控制在两三条，但在小米手机发布前后，他不仅利用自己微博高密度宣传小米手机，还频繁参与新浪微访谈、出席腾讯微论坛、极客公园等活动。雷军的朋友，包括过去雷军投资过的公司高管，如凡客CEO陈年、多玩网CEO李学凌、优视科技CEO俞永福、拉卡拉CEO孙陶然、乐淘网CEO毕胜等，纷纷出面在微博里为小米手机造势，作为IT界的名人，他们中的每一个人都拥有着众多的粉丝，可以说微博的营销功能被小米团队运用到了极致。

在文化与科技融合，产品日益盛行的大背景下，小米手机做到了产品还没发布，"小米"两个字就已经被广泛传播，形成了自己的一套"粉丝文化"。发布会、微博、网站、媒体都成为小米手机的传播工具。在产品发布后，米粉们（小米手机的粉丝）自然就成了小米手机最忠实的用户和购买者。同时小米手机也会随着粉丝们的支持和传播进而自发性的不断推广，这不但省下了大笔的宣传费用，而且还取得了比一般宣传手段更好的效果。小米不花广告，但做出了一个千亿级的品牌。

小米联合创始人黎万强先生在其《参与感——小米口碑营销内部手册》书中对小米网络营销的成功进行了总结：三个战略和三个战术，在小米内部称为"参与感三三法则"。三个战略即做爆品、做粉丝、做自媒体。三个战术即开放参与节点、设计互动方式、扩散口碑事件。

（1）三个战略。

第一，"做爆品"：不做少量，做单一爆品。"做爆品"是小米的产品战略，也是小米最简单、最根本的逻辑，在产品规划某个阶段只做一个，要做就做到这个品类的市场第一，产品线不聚焦难于形成规模效应，资源太分散会导致参与感难于展开。小米公司说，如果我们不做"爆"的产品，是没法让用户尖叫，没法让用户有参与感的。"爆"不仅仅是做精品，很多时候大家都想做精品，但精品有可能大家会想做十几款，这都是错的，能不能只做一款，能不能只做两款？一两款爆款就可以了。

第二，"做粉丝"：不做渠道，做粉丝。"做粉丝"是小米的用户战略，把粉丝服务好，不仅是老板的一个信条，更是小米商业模式的信条。很多公司也做粉丝，但为什么没有像小米一样做出爆炸一样的效果，最关键的原因是这些企业没有把粉丝当做商业模式的核心，而只是一个战术。参与感能扩散的背后是"信任背书"，是弱用户关系向更好信任度的强用户关系进化，粉丝文化首先是让用户成为产品品牌的粉丝，其次要让用户获益。最初步的利益激励是功能与信息共享，所以说"吐槽也是一种参与"，其次是荣誉和利益，只有对企业和用户双方获益的参与感才可持续。

第三，"做自媒体"：不做广告，做自媒体。"做自媒体"是小米的内容战略。传统思路是做好媒介渠道，现在是做好内容。以前是找媒介，现在是媒介来找你，这其中，内容是关键。互联网的去中心化已消灭了权威，也消灭了信息不对称，做自媒体是让企业自己成为互联网的信息节点，让信息流速更快，信息传播结构扁平化，内部组织结构也要配套扁平化。鼓励引导每个员工每个用户都成为"产品的代言人"。做内容运营建议要遵循"有用、情感和互动"的思路，只发有用的信息，避免信息过载，每个信息都要有个性化的情感输出，要引导用户来进一步参与互动，分享扩散。

（2）三个战术。

第一，"开放参与节点"。把做产品、做服务、做品牌、做销售的过程开放，筛选出对企业和用户双方获益的节点，双方获益的参与互动才可持续。开放的节点应该是基于功能需求，越是刚需参与的人越多。

第二，"设计互动方式"。根据开放的节点进行相应设计，互动建议遵循"简单、获益、有趣和真实"的设计思路，把互动方式要像做产品一样持续改进。2014年春节爆发的"微信红包"活动就是极好的互动设计案例，大家可以抢红包获益，有趣而且很简单。

第三，"扩散口碑事件"。先筛选出第一批对产品最大的认同者，小范围发酵参与感，把基于互动产生的内容做成话题、做成可传播的事件，让口碑产生裂变，影响十万人百万人更多地参与，同时也放大了已参与用户的成就感，让参与感形成螺旋扩散的风暴效应！

自小米公司成立以来，参与感在实践中的深度和广度都在不断提升，它已不仅仅局限于产品和营销，而是全公司的经营。黎万强在《参与感》中强调，以前是劈开脑海，现在是潜入大脑。"劈开脑海"是传统营销试图用广告去轰炸用户，洗脑式地让用户接受产品理念，教育用户；而"潜入脑海"则是口碑推荐，和用户零距离接触，不管是线上还是线下，无论什么时候，都让用户参与进来。

(资料来源：虎嗅网《参与感——小米口碑营销内部手册》，作者黎万强)

链接思考

(1) 小米手机的网络营销策略有哪些？

(2) 并非所有产品网络营销都能达到理想结果，试分析小米手机网络营销成功的主要因素有哪些？

本章小结

随着互联网的快速崛起，网络在营销中得以广泛应用，而使得企业跨区域、跨国界经营，削弱了销售的时空性，增强了顾客选择的主动性，传统的营销体系受到冲击。尽管产品仍是企业的生命所在，产品策略也是市场营销中的首要策略，但由于网络的发展而使其有了改变，产品已不再是传统概念上的产品。它除了对原有实体产品整体概念层次拓展了以外，还涉足虚体产品，包含了软件和服务。

由于竞争的加剧、个性化需求的增加，在网络营销中产品的推广不论从哪个方面都有着与传统营销既相同又有差别的内容。在网络营销的产品策略中既要延续传统营销理论的内容和策略，又要顾及网络自身的特点，突出网络营销优势，体现产品的个性化。网络营销在产品研制、包装等方面更多地保留了传统营销的理论和内容；而在品牌方面，除了产品品牌外，还涉及互联网的域名，产品品牌的注册是企业应注意的问题，域名的设计和注册也应是企业注意的问题。

知识经济促使服务业成为主导产业。网络营销中的产品包含了实体产品和虚体产品，借助产品支持服务需求分析，寻找产品支持服务策略；利用网络提供更多的服务，以满足顾客需求。

关键概念

网络营销产品　品牌　网络服务　营销策略

思考题

(1) 选择网络营销产品时应考虑哪些营销策略？

(2) 简述品牌策划的内容。

(3) 通过访问网站，了解网络营销产品的现状。

(4) 网络产品品牌注册和域名注册的注意事项有哪些？

(5) 如何针对顾客的不同需求层次进行网络营销？

(6) 简述网络营销产品服务策略。

第九章　网络营销渠道策略

本章学习目标

通过本章学习，应掌握以下内容：①了解网络营销渠道的体系与结构；②了解网络直销模式及相应渠道；③了解网络营销中间商的作用；④了解网络环境下物流体系的模式。

第一节　网络营销渠道概述

一、网络营销渠道及其功能

传统的营销销渠道是指企业营销战略组合的关键环节，是物流的重要职能，也是最直接满足顾客需求的环节。传统的营销渠道与以网络为基础的营销渠道既有联系，又有差异。

网络营销渠道，是指利用互联网提供产品和服务，借助于互联网将产品和服务从生产者转移到消费者的所有中间环节，以便使用计算机和其他能够使用技术手段的目标市场通过电子手段进行和完成交易活动。互联网作为一个中间商，一方面向消费者传递产品与服务信息，帮助消费者进行购买决策；另一方面通过互联网进行交易、货款支付，并承担产品的实体流通。

网络营销渠道在实现产品转移过程中具有以下三大功能。

（一）订货功能

一个有效的网络营销渠道能够为客户提供网上订货的服务功能，可以最大限度地降低库存，减少营销成本。如联想集团公司（http://www.legend.com.cn）网上订货系统开通第一天，订货额高达 8500 万元人民币。

（二）结算功能

网络营销渠道实现交易后，要有一个能够实现货款结算的服务功能的结算系统。国外网上结算的方式主要有：信用卡、电子货币、网上划款等。我国结算方式主要有邮局汇款、货到付款、信用卡。随着网络银行的发展，我国银行也将为网上营销提供高效、优质的结算服务，如招商银行的"一卡通"、中国银行的"电子钱包"等。

（三）配送功能

无论有形产品还是无形产品，都需要借助网络营销渠道实现产品和服务从生产者（经营者）向消费者的转移。无形产品（服务、咨询、软件、音乐等）可在网上完成直接配送。例如，软件产品可在网上免费下载或购买；MP3 格式音乐可在网上直接下载使用；等等。有形产品的配送需要借助专业的物流配送体系（第三方物流公司）来完成。我国的专业性物流配送中心发展滞后，究其原因：一是基础设施建设滞后；二是物流公司的服务理念落后；三是整个社会的配套服务较差。在发达国家，货物的配送主要通过专业的物流配送公司完成，如美国联邦快递公司（http：//www.fedex.com），业务覆盖全球。我国邮政部门开展的"特快专递"也是物流配送成功的个案。

二、网络营销渠道的类型

在传统营销渠道中，营销中间商是营销渠道中的重要组成部分。中间商之所以在营销渠道中占有重要地位，是因为利用中间商能够在广泛提供产品和进入目标市场方面发挥最高效率。营销中间商凭借其业务往来关系、经验、专业化和规模经营，提供给公司的利润通常高于设立自营商店所能获取的利润。但互联网的发展和商业应用，使得传统营销中间商凭借地缘原因获取的优势被互联网的虚拟性所取代，同时互联网的高效率的信息交换，改变了过去传统营销渠道诸多环节，将错综复杂的关系简化为单一关系。互联网的发展改变了营销渠道的结构。

网络营销渠道类型可以分为两大类。

（一）通过互联网实现的从生产者到消费者的网络直接营销渠道

这就使传统中间商的职能发生了改变，由过去环节的中间力量变成为直销渠道提供服务的中介机构，如提供货物运输配送服务的专业配送公司，提供货款网上结算服务的网上银行，以及提供产品信息发布和网站建设的 ISP 和电子商务服务商。网上直销渠道的建立，使得生产者和最终消费者直接连接和沟通。

（二）通过融入互联网技术后的中间商提供网络间接营销渠道

传统中间商由于融合了互联网技术，大大提高了中间商的交易效率、专门化程度和更大的规模经济，从而比某些企业通过网上直销更有效率。例如，网上商店利用互联网的虚拟性，可以低成本地扩大目标市场范围，美国的 Amazon 网上商店的发展吸引了许多出版商在其网上销售产品。当然，新兴的中间商也对传统中间商产生了冲击，如美国零售业巨头 Wal－Mart 为抵抗互联网对其零售市场的侵蚀，在 2000 年元月份开始在互联网上开设网上商店。

三、网络营销渠道的方式与建设

（一）网络销售渠道的方式

一般来说，网络销售渠道的方式主要有两种以下方式。

1. B2B，即企业对企业的方式

这种方式每次交易量很大，交易次数较少，并且购买方比较集中，因此网上销售渠道的建设关键是建设好订货系统，方便购买企业进行选择；由于企业一般信用较好，通过网上结算比较简单。另一方面，由于量大次数少，因此配送时可以进行专门运送，既可以保证速度也可以保证质量，减少中间环节造成的损耗。

2. B2C，即企业对消费者方式

这种方式的每次交易量小，交易次数多，而且购买者非常分散，因此网上渠道建设的关键是结算系统和配送系统，这也是目前网上购物必须面对的门槛。由于国内的消费者信用机制还没有建立起来，加之缺少专业配送系统，因此开展网上购物活动时，特别是面对大众购物时必须解决好这两个环节才有可能获得成功。

在选择网络销售渠道时还要注意产品的特性，有些产品易于数字化，可以直接通过互联网传输，如大多数的无形产品和服务都可以通过互联网实现远程传输，可以脱离对传统配送渠道的依赖。但大多数有形产品，还必须依靠传统配送渠道来实现货物的空间移动，对于部分产品所依赖的渠道，可以通过互联网进行改造，以最大限度提高渠道的效率，减少渠道运营中的人为失误和时间耽误造成的损失。

在网络营销渠道方式中，企业把整个营销渠道运作过程看作一个系统，以消费者或用户需求为出发点，从增强营销过程的整体性和系统性，减少环节之间的障碍、矛盾与风险的角度出发，达到降低营运成本，提高营销效率和顾客满意度的目的。

基于以上的考虑，我们认为，网络营销渠道建设，将主要通过整个营销渠道过程的观念创新、运行机制创新和技术创新，实现营销渠道过程的整体决策优化来构建。

（二）网络营销渠道的构建

1. 观念创新

与以生产者或产品为起点的传统营销渠道模式不同，网络营销模式以用户为整个渠道系统过程起点，以市场用户需求为拉动力。在这种渠道模式下，渠道系统的各方从实现有效率的需求出发，努力减少或降低对实现顾客总价值作用不大甚或不必要的流转成本，从而使用户和营销渠道系统各成员共同受益。

2. 运行组织与机制创新

与渠道系统中企业各自为政、多环节分散管理的传统营销渠道模式不同，网络营销模式强调超越各个企业的界限，实现供货商与中间商（包括批发商、零售商）的合作，承认供货商和中间商都是营销渠道系统的一部分，以合作、联盟或分销规划的形式达到营销组织的系统化、一体化，从而保证营销渠道的通畅和快捷。

3. 技术手段的创新

其主要表现在，网络是以现代信息网络技术和计算机软件技术为支撑。在网络营销模式下，以建立计算机网络系统为基础，通过中央计算机处理系统组成的内部局域网，随时了解各销售点信息，通过 Internet 全球网及时向供应商提出订货要求，并通过供应商配送系统或中心完成补货，形成整个供应链系统的运作，从而大量减少分销系统的库存，降低成本。显而易见，由于有了 POS（销售点管理）、EOS（电子订货系统）、EDI

（电子数据交换）、EFT（电子转账）、BC（商品条形码）等现代信息技术，使信息传递更加准确，提高营销渠道效率成为可能。

在具体建设网络营销渠道时，还要考虑以下几个方面的问题。

首先，从消费者的角度设计渠道。只有采用消费者比较放心、容易接受的方式才有可能吸引消费者网上购物，以克服网上购物的"虚"的感觉。如在中国，目前采用货到付款方式比较让人认可。

其次，设计订货系统时，要简单明了，不要让消费者填写太多信息，而应该采用现在流行的"购物车"方式模拟超市，让消费者一边看物品比较选择，一边让消费者选购。在购物结束后，一次性进行结算。另外，订货系统还应该提供商品搜索和分类查找功能，以便于消费者在最短时间内找到需要的商品，同时还应对消费者提供想了解的有关产品信息，如性能、外形、品牌等重要信息。

再次，在选择结算方式时，应考虑到目前实际发展状况，应尽量提供多种方式方便消费者选择，同时还要考虑网上结算的安全性。对于不安全的直接结算方式，应换成间接的安全方式。

最后，关键是建立完善的配送系统。消费者只有看到购买的商品到家后，才真正感到踏实，因此建设快速有效的配送服务系统是非常重要的。在现阶段我国配送体系还不成熟的时候，在进行网上销售时要考虑到该产品是否适合于目前的配送体系。正因如此，目前网上销售的商品大多是价值较小的不易损坏的商品，如图书、小件电子类产品。

四、网络营销渠道的战略思路

许多成功公司的经验表明，他们取得竞争优势的一个重要来源，即渠道差别。但即使是在网络经济突飞猛进的时代，企业要想在市场上取得竞争优势，必须实现营销渠道模式与客户购买行为的相互匹配；否则，任何先进的技术、产品和销售手段都可能是徒劳的。因此，选择并确定适应网络经济时代企业的营销渠道战略，无疑是非常重要的。在网络经济时代，适应网络营销模式的渠道战略思想是：以用户为中心，立足于通过渠道网络或其他途径的适时的顾客反馈，实现成本最低、销售最好、客户忠诚度和利润更高的营销渠道整合，从而确立以渠道为中心的竞争优势。

要真正实现上述营销渠道战略，构架网络经济时代的网络营销模式的企业应从以下战略思路开展工作：

（1）树立渠道优势就是竞争力的思想，加大对渠道系统投入和建设的力度。

（2）以网络尤其是国际互联网为基础，建立顾客适时反馈机制。如企业负责人或有关主管（不仅仅是营销部门或公共关系部门）定期上网倾听顾客意见或与顾客交流，定期与有关客户或消费者座谈，获取有关的信息。

（3）积极构建网络营销模式所需要的信息网络，开发实施整合渠道优势的网络营销模式，达到渠道系统与顾客购买行为、产品特点与企业效益的有机结合。

（4）积极推进新型商流和物流渠道形式的探索与发展，尤其应积极探索连锁经营、网上营销、数据库营销等形式。同时，在建立一定的物流配送中心的基础上，大力发展提供社会化、契约化配送服务的"第三方物流"渠道。

第二节　传统营销渠道与网络营销渠道的比较

从传统营销管理的角度分析，销售渠道的层次设计、相互匹配及全面管理都是一件很繁杂的工作。对于网络营销渠道而言，营销渠道已经变为网络这一单一的层次，其作用、结构和费用与传统营销渠道有很大的变革和进步，网络营销渠道主要有网络直销和网络间接销售等。传统营销渠道与网络营销渠道在作用、结构和费用等方面都有些不同。

一、作用的比较

传统的营销渠道是指某种商品或劳务从生产者向消费者转移时所经过的途径。对于传统的营销渠道，除了生产者和消费者外，很多情况下还有许多独立的中间商和代理中间商存在。在这种情况下，商品或服务通过营销渠道完成了商品所有权的转移，也完成了商品实体或服务的转移。

对于传统营销渠道，其作用是单一的，它只是把商品从生产者向消费者转移的一个通道。从广告或其他媒体获得商品信息的消费者，通过直接或间接的分销买到自己所需要的商品，除此以外，消费者没有从渠道中得到任何其他的东西。这种营销渠道的畅通，一方面靠的是产品自身的品质；另一方面则主要依赖于广告宣传和资金流转的情况。

对于网络营销渠道而言，其作用是多方面的：

（1）网络营销的渠道是信息发布的渠道。企业的概况和产品的种类、规格、型号、质量、价格、使用条件等，都可以通过这一渠道告诉用户。

（2）网络营销渠道是销售产品、提供服务的快捷途径。客户可以从网上直接挑选和购买自己所需要的商品，并通过网络方便地支付款项。

（3）网络营销渠道既是企业间洽谈业务、开展商务活动的场所，也是对客户进行技术培训和售后服务的地方。

所以，企业是否开展网络营销，不仅仅是标志着一个企业的信息化水平和现代化程度的问题，更重要的是网络营销能够给企业带来实实在在的好处。例如，网络营销的市场规模大，信息传递快，商品品种多，可靠性能强，流通环节少，交易成本低，因此，能使企业在迅速变化的环境中，灵活敏捷地抓住机遇，迅速地做出有效反应。一方面，网络营销及时把产品提供给消费者，满足用户的需要；另一方面，有利于扩大销售，加速物资和资金的流转速度，降低营销费用。

二、结构的比较

传统营销渠道，按照有无中间商可以分为直接分销渠道和间接分销渠道。直接分销渠道是指由生产者直接把商品卖给用户的营销渠道。凡包括一个或一个以上中间商的营销渠道则称作间接分销渠道。根据中间商数量的多少，可以把营销渠道分为若干级别。直接分销渠道没有中间商，又叫零级分销渠道。间接分销渠道则包括一级、二级、三级，甚至更多级的渠道。传统营销渠道的结构见图9-1。

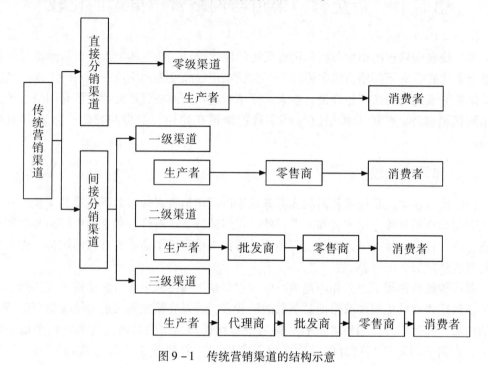

图9-1 传统营销渠道的结构示意

网络营销渠道也可以分为直接营销渠道和间接营销渠道，但与传统营销渠道相比较，网络营销渠道的结构要简单得多。网络营销渠道结构见图9-2。

网络的直接分销渠道和传统的直接分销渠道都是零级分销渠道，这方面没有多大的区别；而对于间接分销渠道而言，网络营销中只有一级分销渠道，即只有一个信息中介商（商务中心）来沟通买卖双方的信息，而不存在多个批发商和零售商的情况，所以也就不存在多级分销渠道。

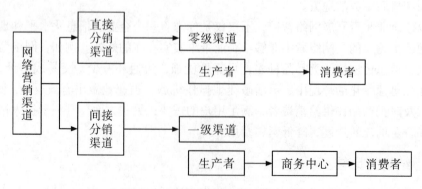

图9-2 网络营销渠道的结构示意

三、费用的比较

由于网络营销渠道的结构比传统营销渠道的结构大大减少了流通环节,因此有效地降低了流通成本。

企业通过传统的直接分销渠道销售商品,通常采用两种具体方法:第一种方法是直接出售,没有仓库。例如,企业在某地派出推销员,但并不在那里设置仓库。推销员在那里卖了货物后,把订单寄回企业,企业把货物直接寄给购物者。采用这种方法,企业只需要支付推销员的工资和日常的推销费用。第二种方法是直接出售,并设有仓库。采用这种方法,企业一方面要支付推销员的工资和推销费用,另一方面还要支付仓库的租赁费。

通过网络的直接分销渠道销售产品,网络管理员可以从互联网上直接受理世界各地传来的订货单,然后直接把货物寄给购物者。这种方法所需的费用仅仅是网络管理员的工资和极为便宜的上网费用,人员的出差费用和仓库的租赁费用都不需要了。

通过传统的间接分销渠道销售产品,必须有中间商,而且中间商往往不是一个。这样就会造成中间商越多,流通费用就越高,产品的竞争力也就在其流转过程中逐渐弱化或消失。

网络的间接分销渠道完全克服了传统的间接分销渠道的缺点。网络商品交易中心通过因特网强大的信息传递功能,完全承担着信息中介机构的作用。网络商品交易中心把中介机构的数目减少到一个,从而使商品流通的费用降到最低限度。这种现代化的交易模式是对几千年来传统交易模式的一个根本性变革。

第三节 网络直接营销渠道

一、直接营销的含义与特点

(一)直接营销的含义

直接营销(Direct Marketing),是指生产者将其产品直接销售给消费者。由于日益增多的企业和机构将这种方式作为与消费者沟通的渠道和向消费者销售产品或服务的途径,直接营销作为一个行业已成长为极具发展前景的新兴行业。

作为一种营销方式的直接营销,美国著名学者鲍勃·斯通在其著作的《成功的直接营销方法》一书中认为,直接营销具有这样几个方面的关键性质:①互动性;②一种或多种广告媒体;③可测量的反应;④不受地域限制的交易。

(二)直接营销的特点

1. 以市场营销观念为指导思想

市场营销观念是随着整个市场由卖方市场向买方市场转变而形成的。这种观念的基本要旨,便是企业的全部经营行为以消费者需要为导向。作为20世纪70年代形成并发展的直接营销便是这一大背景下的产物,它强调的仍然是以比竞争对手更及时、更有效的方式传递目标市场上所期待的满足。这一点,无疑是直接营销理论的核心所在。

2. 以整体营销为行为基础

无论是作为零售方式的直接营销抑或作为促销手段的直接营销,均以消费者需要识别、需求评价、市场细分、目标市场选择为基础,形成所谓整体营销或一体化营销(Integrated Marketing),而传统的直接销售(Direct Sale)既非以消费者需要为导向亦不存在上述一体化的行为特征。

3. 以付费媒体作为促销信息的传递手段

与广告一样,直接营销也通过付费媒体传播广告或服务信息。但与广告不同的是,广告采用的是大众传媒而且缺乏对受众的基本了解和认识,直接营销则是根据消费者特征,比如姓名、地址、电话号码、电子邮件密码等,采用相宜的媒体进行有针对性的信息传递。正是由于直接营销的这种信息传递功能,使直接营销具有促销的属性。

4. 以交互回应为行为机制

不管采用直邮、电话、电子邮件、商品目录书或是数据库营销等一种直销工具或几种直销工具,直接营销都致力于让消费者产生直接的回复反应。这种反应既可以是消费者的直接订购,也可以是询问或参观直销商的产品陈列室,并且直销商或制造商根据接受信息的受众与产生反应的消费者之比,可测算反应率的高低,进而据此采用R—F—M模式(R指最近何时购买;F指购买频率;M指购买金额)建立消费者数据库和与消费者之间交互回应的机制。

5. 促销与销售的合一

从传统的促销组合角度看,广告司职传播产品、服务的信息沟通作用,销售促进或营业推广起着进一步刺激消费者欲求的作用,人员销售则最终完成产品的销售;而直接营销不管采用何种直销工具,这些工具均具针对性地传递产品、服务信息,实施销售促进及实现销售的功能。这样,广告、销售促进、人员销售三大促销工具虽然相关但却是相互分离的功能,在直接营销上得到了完整的统一。

二、网络直接营销渠道的优缺点

网络直接营销,是指生产厂家借助联机网络、计算机通信和数字交互式媒体,且不通过其他中间商,将网络技术的特点和直销的优势巧妙地结合起来进行商品销售,从而直接实现营销目标的一系列市场行为,即指生产商通过网络直接销售渠道直接销售产品。目前通常做法有两种:一种做法是企业在因特网上建立自己的站点,申请域名,制作主页和销售网页,由网络管理员专门处理有关产品的销售事务;另一种做法是企业委托信息服务商在其网点发布信息,企业利用有关信息与客户联系,直接销售产品。

互联网的建设和实施,大幅度降低了信息交换和沟通成本,降低了为达成交易花费的信息搜索和处理成本,消费者和生产者都可以很容易在网络上搜索和获取交易对象的信息。生产者和消费者的直接交易成本非常低廉,而且可以随时随地进行。在直接交易中,消费者可以直接要求生产者提供定制的产品和服务;生产者也可以直接了解消费者购买行为和相关市场信息，便于直接掌握市场，及时制定经营管理策略。由于经济发展和生活水平提高，消费者开始追求个性化需求和产品服务，要求生产者进行小批量定制生产并及时掌握消费者需求和动态，因此市场需求也要求生产者和消费者进行直接沟通，直接交易正好适应市场发展需求。

网络直接营销渠道有以下优点：

（1）能够促成产需直接见面。企业可以直接从市场上收集到真实的第一手材料，合理安排生产。

（2）网络直销对买卖双方都会产生直接的经济利益。由于网络直销使企业的营销成本大大降低，从而使企业能够以较低的价格销售自己的产品，同时，消费者也能够买到大大低于现货市场价格的产品。

（3）营销人员可以利用网络工具，如电子邮件、公告牌等，随时根据用户的愿望和需要开展各种形式的促销活动，迅速扩大产品的市场份额。

（4）网络直销使企业能够及时了解用户对产品的意见、要求和建议，从而使企业针对这些意见、要求和建议向顾客提供技术服务，解决疑难问题，提高产品质量，改善企业经营管理。

网络直接营销渠道有以下缺点：

由于越来越多的企业和商家在互联网上建站，使用户处于无所适从的尴尬境地。面对大量分散的域名，网络访问者很难有耐心一个个地去访问一般企业的主页。特别是对于一些不知名的中小企业，大部分网络漫游者不愿意在此浪费时间，或者只是在"路过"时走马观花地看一眼。据有关资料介绍，我国目前建立大众企业网站，除个别行业和部分特殊企业外，大部分网站访问者寥寥无几，营销数额不大。为解决这个问题，必须从两方面入手：一方面需要尽快组建具有高水平的专门服务于商务活动的网络信息服务点；另一方面需要从直接分销渠道去寻找解决办法。

从近几年国外发展情况看，虽然几乎每个企业在网络上都有自己的站点，但绝大多数企业仍然委托知名度较高的信息服务商，如美国的邓白氏、日本的帝国数据库等发布信息。由于这些信息服务商知名度高、信誉好、信息量大，用户一旦要查找企业信息或商品信息便会自然想到利用它们，因此检索访问的人数非常多。我国在这方面起步较晚，比较出色的是外经贸部的中国商品交易市场（http：//www.chinamarket.com.cn）网站。这个网站于1998年3月正式开通，同年6月迅速跃居互联网上中国经贸信息发布之首，每天访问人数稳定在15万人次以上。

第四节　网络营销的中间商

一、网络营销中间商的选择

在现代化大生产和市场经济条件下，企业在网络营销活动中除了自己建立网站外，大部分都是积极利用网络间接渠道销售自己的产品，通过中间商的信息服务、广告服务和撮合服务，扩大企业的影响，开拓企业产品的销售空间，降低销售成本。因此，对于从事网络营销活动的企业来说，必须熟悉、研究国内外网络营销中间商的类型、业务性质、功能、特点及其他有关情况，必须能够正确地选择网络营销中间商，顺利地完成商品从生产到消费的整个转移过程。

在选择网络营销中间商时，必须考虑成本、信用、覆盖、特色、连续性五个方面的因素，也称为5C因素。

（一）成本（Cost）

这里的成本是使用中间商信息服务的支出。这种支出可分为两类：一是在中间商网络服务站建立主页的费用，另一类是维持正常运行时的费用。在两类费用中，维持费用是经常的，不同的中间商之间有较大的差别。

（二）费用（Credit）

这里的信用是指网络信息服务商所具有信用程度的大小。相对于其他基本建设投资来说，建立一个网络服务站所需的投资较少，因此，信息服务商就有如雨后春笋般地出现。目前，我国还没有权威性的认证机构对这些服务商进行认证，因此在选择中间商时应注意他们的信用程度。

（三）覆盖（Coverage）

覆盖是指网络宣传所能够波及的地区和人数，即网络站点所能影响的市场区域。对于企业来讲，站点覆盖并非越广越好，而是要看市场覆盖面是否合理有效、是否能够最终给企业带来经济效益。在这一点上，非常类似于在电视上做广告。例如，"短腿"产品（如啤酒）在地区性电台做广告的效果较好；而"长腿"产品（如药品）则非常适合于在全国性电视台做广告。

（四）特色（Character）

每一个网络站点都要受到中间商总体规模、财力、文化素质、服务态度、工作精神的影响，在设计、更新过程中表现出各自不同的特色，因而具有不同的访问群。因此，企业应当研究这些顾客群的特点、购买渠道和购买频率，为选择不同的电子中间商打下一个良好的基础。

（五）连续性（Continuity）

网络发展的实践证明，网络站点的寿命有长有短。如果一个企业想使网络营销持续稳定地运行，那么就必须选择具有连续性的网络站点，这样才能在用户或消费者中建立品牌信誉、服务信誉。为此，企业应采取措施密切与中间商的联系，防止中间商把别的企业的产品放在经营的主要位置。

二、网络营销中间商的功能

为了克服网络直销的缺点,网络商品交易中间商(亦称中介机构)应运而生。中间商成为联结买卖双方的枢纽,使网络间接销售成为可能,中国商品交易中心、商务商品交易中心、中国国际商务中心等都属于此类中介机构。此类中介机构,在发展过程中仍然有很多问题需要解决,但其在未来虚拟网络市场的作用是其他机构所不能代替的。

从经济学的角度分析,网络营销中间商有以下四个基本功能。

(一) 网络营销中间商简化了市场交易过程

如果在生产者和消费者之间增加一个中间商(中介机构),发挥商品交易机构集中、平衡和扩散三大功能,则每个生产者只需通过一个途径(中介机构)与消费者发生交易关系,每个消费者也只需通过同一个途径与生产者发生交易关系。由此可见,网络商品交易中介机构的存在,大大简化了交易过程,使生产者和消费者都会感到满意和方便,效果十分明显。

(二) 网络营销中间商有利于平均订货量的规模化

对生产企业而言,大工业的规模化生产性质决定了生产企业必须追求平均订货规模的扩大。而我国现有的商品分销渠道很难适应生产企业的这种要求。这就造成了参与流通的商品的流通成本加大,有的情况下还造成了工业生产能力的极大浪费,严重影响了我国工业企业的竞争能力,特别是在国际市场上的竞争能力。为避免这种情况继续发展,工业企业不遗余力地寻找自己的商业合作伙伴,从而导致主体商业在国民经济中的衰落,生产电视机的长虹集团和郑州百货文化站的合作就是一个典型的例证。作为连接生产者和消费者的一种新型纽带,网络商品交易中介机构一方面以最短的渠道销售产品,满足消费者对商品价格的要求;另一方面能够通过计算机自动撮合的功能,组织商品的批量订货,满足生产者对规模经济的要求。这种具有功能集约的商品流转程式的出现,为从根本上解决工业发展中批量组货与订货的难题创造了先决条件。

(三) 网络营销中间商交易活动常规化

在传统交易活动中,影响交易的因素多得不可胜数。价格、数量、运输方式、交货时间和地点、支付方式等,每一个条件、每一个环节都可能使交易失败。如果这些变量能够在一定条件下常规化,交易成本就会显著降低,从而有效地提高交易的成功率。

网络商品交易中介机构在这方面做了许多有益的尝试。由于是虚拟市场,网络商品交易中介机构可以全天候地运转,避免了时间上和时差上的限制;买卖双方的意愿通过固定的表格统一和规范的表达,避免了相互扯皮;中介机构所属的配送中心分散在全国各地,可以最大限度地减少运输费用;网络交易严密的支付程序,是买卖双方彼此增加了信任感。显然,由于网络商品交易中介机构的规范化运作,减少了交易过程中大量的不确定因素,降低了交易成本,提高了交易成功率。

(四) 网络营销中间商便利了买卖双方的信息收集过程

传统的交易中，买卖双方都被卷入一个双向的信息收集过程。这种信息搜寻既要付出成本，也要承担一定的风险。信息来源的局限性使得生产者无法预测消费者的需要，消费者则无法找到他们所需要的东西。网络商品交易中介机构的出现为信息的收集过程提供了便利。网络商品交易中介机构本身是一个巨大的数据库，其中聚集了全国乃至全世界的众多厂商，也汇集了成千上万种商品。这些厂商和商品实行多种分类，可以从各个不同的角度进行检索。买卖双方可以在不同的地区和不同的时间在同一个网址上查询不同的信息，方便地交流不同的意见，在中介机构的协调下，匹配供应需求意愿。

在现代化大生产和市场经济条件下，企业在网络营销活动中除了建立自己的网站外，大部分都是积极利用专业网络间接销售渠道销售自己的产品，通过中介上的信息服务、广告服务和撮合服务，扩大企业的影响，开拓企业产品的销售空间，降低销售成本。因此，对于从事企业营销活动的企业来说，必须熟悉和研究国内外电子商务交易中间商的类型、业务性质、功能、特点及其他有关情况，必须能够正确地选择中间商，顺利地完成商品从生产到消费的整个转移过程。

双道法是企业网络营销的最佳选择。在西方众多企业的网络营销活动中，双道法是最常见的方法。所谓双道法，是指企业同时使用网络直接营销渠道和网络间接营销渠道，以达到销售量最大的目的。在买方市场的现实情况下，通过两条渠道推销产品比通过单一渠道更容易实现"市场渗透"。

有人认为，目前企业不应急于在互联网上建立自己的网站，这种看法是值得商榷的。不可否认，除了少数大企业和部分计算机软硬件经销商外，目前许多企业的网站访问者不多，对提高企业的竞争力的贡献十分有限。但据此就断言企业在网上建站时机还不成熟是欠考虑的。企业在互联网上建站，一方面为自己打开了一扇对外开放的窗口，另一方面也建立了自己的网络直销渠道。事实也充分证明了这一点。例如，国外Amazon，国内青岛海尔集团、东方网景网上书店的实践，都说明企业上网建站大有可为，建站越早，受益越早。不仅如此，一旦企业的网页和信息服务商链接，例如与外经贸部政府网站链接，其宣传作用更不可估量，不仅可以覆盖全国，而且可以传播到全世界，这种优势是任何传统的广告宣传都不能比的。对于中小企业而言，设立网站更具有优势，因为在网络上所有企业都是平等的，只要网页制作精美，信息经常更换，一定会有越来越多的顾客光顾。

第五节　网络营销中的物流

一、网络营销条件下物流体系的模式

网络营销的具体实施有多种模式可以选择。由于从事的专业不同，ISP、ICP及其他信息服务提供商更多地从如何建立网络营销信息服务网络、如何提供更多的信息内

容、如何保证网络的安全性、如何方便消费者接入、如何提高信息传输速度等方面考虑问题，至于网络营销在线服务背后的物流体系的建立问题则因为涉及另一个完全不同的领域，信息产业界对此疑问较多。实际上，完整的网络营销应该完成商流、物流、信息流和资金流四方面，在商流、信息流、资金流都可以在网上进行的情况下，建立物流体系的模式应该被看作网络营销的核心业务之一。

我国的网络营销物流体系有以下几种模式。

（一）网络营销与普通商务活动共用一套物流体系

对于已经开展普通商务的公司，可以建立基于互联网的网络营销销售系统，同时可以利用原有的物流资源，承担网络营销的物流业务。拥有完善流通渠道的制造商或经销商开展网络营销业务比 ISP、ICP 或互联网站经营者更加方便。国内从事普通销售业务的公司主要包括制造商、批发商、零售商等。制造商进行销售的倾向在 20 世纪 90 年代表现得比较明显，从专业分工的角度看，制造商的核心业务是商品开发、设计和制造，但越来越多的制造商不仅有庞大的销售网络，而且还有覆盖整个销售区域的物流、配送网，国内大型制造商的生产人员可能只有 3000～4000 人，但营销人员却有 1 万多人，制造企业的物流设施普遍要比专业流通企业的物流设施先进，这些制造企业完全可能利用原有的物流网络和设施支持网络营销业务，开展网络营销不需新增物流、配送投资，对这些企业来讲，比投资更为重要的是物流系统的设计、物流资源的合理规划。而批发商和零售商应该比制造商具有组织物流的优势，因为它们的主业就是流通。在美国，如 Wal-Mart（http：//www.wal-mart.com）、Kmart（http：//www.kmart.com）、Sears（http：//www.sears.com）等；在国内，像北京的翠微大厦、西单商场等都开展了网络营销业务，其物流业务都与其一般销售的物流业务一起安排。

（二）ISP、ICP 自己建立物流系统或利用社会化的物流、配送服务

自从中国加入 WTO 的双边贸易协定以来，有许多 ISP、ICP 都想进入中国网络营销市场，国内一些企业与国外的信息企业合资组建网络营销公司时解决物流和配送系统问题的办法主要有以下两种。

1. 自己组建物流公司

因为国内的物流公司大多是由传统的储运公司转变过来的，还不能真正满足网络营销的物流需求，因此，国外企业借助于他们在国外开展网络营销的先进经验在中国也开展物流业务。本书认为，今后将会有一批为网络营销服务的物流公司以这种方式出现。对于国内的企业来说，如果采取这种方式投资应十分慎重，因为网络营销的信息业务与物流业务是截然不同的两种业务，企业必须对跨行业经营产生的风险进行严格的评估，新组建的物流公司必须按照物流的要求来运作才有可能成功。在网络营销发展的初期和物流、配送体系还不完善的情况下，不要把网络营销的物流服务水平定得太高。另外，可以多花一些精力来寻找，培养和扶持物流服务供应商，让专业物流服务商为网络营销提供物流服务。

2. 外包给专业物流公司

第三方物流是指由供方与需方以外的物流企业提供物流服务的业务模式，而将物流外包给第三方物流公司是跨国公司管理物流的通行做法。按照供应链的理论，将不是自己核心业务的业务外包给从事该业务的专业公司去做，这样从原材料供应到生产，再到产品的销售等各个环节的各种职能，都是由在某一领域具有专长或核心竞争力的专业公司互相协调和配合来完成，这样所形成的供应链具有最大的竞争力。因此，康柏 Compaq（http：//www.compaq.com）和戴尔 Dell 分别将物流外包给 Exel（http：//www.exel.com）和 FedEx（http：//www.fedex.com）。亚马逊 Amazon 在美国国内的网络营销物流业务由自己承担，但美国市场以外的业务则外包给 UPS（http：//www.ups.com）等专业物流公司。在中国境内的跨国公司在从事网络营销业务时，物流业务一般都外包给中国当地的第三方物流服务商。可以认为，将物流、配送业务外包给第三方是网络营销经营者组织物流的可行方案。但中国的第三方物流经营者要适应网络营销的需求变化还需要进行大量的努力，因为这一行业比较落后，中国加入 WTO 后，发达国家的物流公司可能很快就会进入中国，这一方面会加剧国内物流行业的竞争，但同时对促进网络营销的发展会大有好处。

（三）第三方物流企业建立网络营销系统

区域性或全球性的第三方物流企业具有物流网络上的优势，正如上面讨论的问题一样，它们大到一定规模后，也想将其业务沿着主管业务向供应链的上游或下游延伸，向上延伸到制造业，向下延伸到销售业。例如，1999 年美国联邦快递公司（FedEx）决定与一家专门提供 B to B（Business-to-Business）和 B to C（Business-to-Consumer）解决方案的 Intershop（http：//www.intershop.com）通信公司合作开展网络营销业务。美国联邦快递公司一直认为，该公司从事的不是快递业而是信息业，公司进军网络营销领域的理由有两个：①该公司已经有覆盖全球 211 个国家的物流网络；②公司内部已经成功地应用了信息网络，这一网络可以使消费者在全球通过因特网浏览服务器跟踪其发运包裹的状况。美国联邦快递公司认为，这样的信息网络和物流网络的结合完全可以为消费者提供完整的网络营销服务。像美国联邦快递公司这样的第三方物流公司开展网络营销业务，它完全有可能利用现有的物流和信息网络资源，使两个领域的业务经营都做到专业化，实现公司资源的最大利用。但物流服务与信息服务领域不同，需要专门的经营管理技术，第三方物流公司涉足网络营销和信息服务领域要慎重。

第三方物流企业运作有以下几方面的特点：

1. 信息化

电子商务时代，物流信息化是电子商务的必然要求。物流信息化表现为物流信息的商品化、物流信息收集的数据库化和代码化、物流信息处理的电子化和计算机化、物流信息传递的标准化和实时化、物流信息存储的数字化等。因此，条码技术（BarCode）、数据库技术（Database）、电子订货系统（Electronic Ordering System，EOS）、电子数据交换（Electronic Data Interchange，EDI）、快速反应（Quick Response，QR）、以及有效的客户反应（Effective Customer Response，ECR）、企业资源计划（Enterprise Resource

Planning，ERP）等技术与观念在我国的物流中将会得到普遍的应用。信息化是一切的基础，没有物流的信息化，任何先进的技术设备都不可能应用于物流领域，信息技术及计算机技术在物流中的应用将会彻底改变世界物流的面貌。

2. 网络化

物流领域网络化的基础也是信息化，这里指的网络化有两层含义：一是物流配送系统的计算机通信网络，不仅物流配送中心与供应商或制造商的联系要通过计算机网络，与下游顾客之间的联系也要通过计算机网络通信，比如物流配送中心向供应商提出订单这个过程，就可以使用计算机通信方式，借助于增殖网（Value-Added Network，VAN）上的电子订货系统（EOS）和电子数据交换技术（EDI）来自动实现，物流配送中心通过计算机网络收集下游客户的订货的过程也可以自动完成。二是组织的网络化，即所谓的企业内部网 Intranet。比如，台湾的电脑业在 20 世纪 90 年代创造出了"全球运筹式产销模式"，这种模式的基本点是按照客户订单组织生产，生产采取分散形式，即将全世界的电脑资源都利用起来，采取外包的形式将一台电脑的所有零部件、元器件、芯片外包给世界各地的制造商去生产，然后通过全球的物流网络将这些零部件、元器件和芯片发往同一个物流配送中心进行组装，由该物流配送中心将组装的电脑迅速发给订户。这一过程需要有高效的物流网络支持，当然物流网络的基础是信息、电脑网络。

3. 合同制

在经营形式上，采取合同型物流。物流企业的配送中心与公用配送中心不同，它是通过签订合同，为一家或数家企业（客户）提供长期服务，而不是为所有客户服务。这种配送中心有由公共配送中心进行管理的，也有自行管理的，但主要是提供服务；也有可能所有权属于生产厂家，由专门的物流公司进行管理。

4. 自动化

自动的核心是机电一体化，表现为无人化、自动化的效果，另外还可以扩大物流作业的能力、提高劳动生产率、减少物流作业的差错等。其自动化设备有条码自动识别系统、自动分拣系统、自动存取系统、自动导向车、货物自动跟踪系统等。

5. 智能化

这是物流自动化、信息化的一个高层次的运用。

6. 人性化

在我国，要将一个传统的物流公司改造成一个专业的第三方物流公司，要使这些公司完全具有以上第三方物流公司的特点，除了有效地使我国现有的物流资源得到有效配置，使原属于分散在各部各国有工厂的资源社会化外，还应将引进国外先进的管理模式作为其中最重要的一环。因为对一家第三方物流公司来说，可以在一天之内将北京市所有闲置库房、闲置车辆收在自己的麾下，但对这些资源如何管理、如何适应网络营销的发展、如何满足客户的各种要求，是现阶段第三方物流公司互相竞争的关键。

（四）我国物流企业的类型及改革方案

1. 我国现有物流企业的类型

（1）中央直属的专业性物流企业，专营生产资料的物资储运总公司和外运总公司，仓储主要针对本系统，因此商流物流分离，受行政控制。

（2）地方专业性物流企业，地方商业系统的储运公司及粮食仓储系统，完全受当地行政领导。

（3）兼营性物流企业，集物流与商流为一体的物流企业，比重大，数量正不断增多。

长期以来，由于受计划经济的影响，我国物流社会化程度低，物流管理体制混乱，机构多元化。商务部、交通部以及中央各部均各自为政，没有统一的领导。这种分散的多元化物流格局，导致社会化大生产、专业化流通的集约化经营优势难以发挥，规模经营、规模效益难以实现，设施利用率低，布局不合理，重复建设，资金浪费严重。由于利益冲突及信息不通畅等原因，造成余缺物资不能及时调配，大量物资滞留在流通领域，造成资金沉淀，发生大量库存费用。另外，我国物流企业与物流组织的总体水平低，设备陈旧，损失率大、效率低，运输能力严重不足，形成"瓶颈"制约物流的发展。

针对我国经济发展及物流业情况，借鉴发达国家走过的道路和经验，我国从 1992 年开始了物流配送中心的试点工作，原国内贸易部印发了《关于商品物流（配送）中心发展建设的意见》。《意见》提出，大中型储运企业要发挥设施和服务优势，改造、完善设施，增加服务项目，完善服务功能，向社会化的现代物流中心转变；小型储运企业和有一定储运设施规模的批发企业向配送中心转变。

近年来，随着连锁商业的发展，配送中心的建设受到重视，特别是连锁企业自建配送中心的积极性提高。但一些小型的连锁企业店铺数量少，规模不大，也在筹建配送中心，以期实现 100% 的商品由自己的配送中心配送。而一个功能完善的社会化的配送中心的投资相当巨大，配送量过小，必然造成负债过多，回收期长，反过来又影响连锁企业的发展；同时，社会上又有相当数量的仓库设施在闲置，形成了投资上的浪费。

为了使物流配送中心的建设不走或少走弯路，引导配送中心的发展建设，原国内贸易部于 1996 年发出了《关于加强商业物流配送中心发展建设工作的通知》，指出了发展建设物流配送中心的重要意义，提出发展建设的指导思想和原则等。同时，还印发了《商业储运企业进一步深化改革与发展的意见》，提出了"转换机制，集约经营，完善功能，发展物流，增强实力"的改革与发展方针，确定以向现代化物流配送中心转变，建设社会化的物流配送中心，发展现代物流网络为主要发展方向。

随着市场经济的快速增长，特别是连锁商业的发展，各种形式的配送中心如雨后春笋般发展起来。根据所掌握的资料，我们对目前国内外的各种物流配送中心的情况进行了分析，结论是：它们大都跨越了简单送货上门的阶段，基本上属于真正意义上的物流配送，但在层次上仍是传统意义上的物流配送，即处于物流配送初级阶段，尚不具备或基本不具备信息化、现代化、社会化的新型物流配送的特征。因此，在经营中存在着传统物流配送所无法克服的种种弊端和问题。令人可喜的是，国家有关部门已认识到这些问题，正从宏观调控上努力引导我国物流配送业朝着信息化、现代化、社会化的新型物流配送方向上发展，一些有识的政府官员、企业界、理论界人士也在共同进行着这方面的探讨，并已开始实施。

2. 物流业改革方案

物流业改革的方案是：建立集物流、商流、信息流、资金流于一体的新型物流配送中心。

1996年10月11日，原国内贸易部颁发了《关于进一步深化国有商业改革和发展的意见》。《意见》特别强调要"发展建设以商品代理和配送为主要特征，物流、商流、信息流有机结合的社会化物流配送中心"。

在我国加速物流配送中心的建设符合世界目前物流信息化、社会化、现代化、国际化的发展方向，它使流通过程里的物流、商流、信息流三者有机地结合起来。原来，物流、商流和信息流是"三流分立"的，而信息化、社会化和现代化的物流配送中心把三者有机地结合在一起。从事配送业务离不开"三流"，其中信息流更为重要。实际上，商流和物流都是在信息流的指令下运作的。畅通、准确、及时的信息从根本上保证了商流和物流的高质量和高效率。

我国目前的商品经济比较发达，但物流配送明显滞后。长期以来，商流和物流分割，严重影响了商品经营和规模效益。实践证明，市场经济需要更高程度的组织化、规模化和系统化，迫切需要尽快加速建设具有信息功能的物流配送中心。发展信息化、现代化、社会化的新型物流配送中心是建立和健全社会主义市场经济条件下新型流通体系的重要内容。我国是发展中国家，要借鉴发达国家的经验和利用现代化的设施，但目前还不可能达到发达国家物流配送中心的现代化程度，只能从国情、地区情、企业情出发，发展有中国特色的新型物流配送中心。随着网络营销的日益普及，中国的物流配送业一定会按照新型物流配送中心的方向发展。

二、物流配送

物流配送是指在经济合理区域范围内，根据用户要求，对物品进行拣选、加工、包装分割、组配等作业，并按时送达指定地点的物流活动。

（一）网络营销时代物流配送的特征

根据国内外物流配送业发展情况，在网络营销时代，物流配送有以下特征。

1. 物流配送反应速度快

在网络营销下，新型物流配送服务提供者对上游、下游的物流配送需求的反应速度越来越快，前置时间越来越短，物流配送速度越来越快，商品周转次数越来越多。

2. 物流配送功能集成化

在网络营销下，物流配送着重于将物流与供应链的其他环节进行集成，包括物流渠道与商流渠道的集成、物流渠道之间的集成、物流功能的集成、物流环节与制造环节的集成等。

3. 物流配送服务系列化

在网络营销下，新型物流配送除强调物流配送服务功能的恰当定位与完善化、系列化，除了传统的储存、运输、包装、流通加工等服务外，还在外延上扩展至市场调查与预测、采购及订单处理，向下延伸至物流配送咨询、物流配送方案的选择与规划、库存控制策略建议、货款回收与结算、教育培训等增值服务,在内涵上提高了以上服务对决策的支持作用。

4. 物流配送作业规范化

网络营销下的新型物流配送强调功能作业流程、作业、运作的标准化和程序化,使复杂的作业变成简单的、易于推广与考核的运作。

5. 物流配送目标系统化

新型物流配送从系统角度统筹规划一个公司整体的各种物流配送活动,处理好物流配送活动与商流活动及公司目标之间、物流配送活动与物流配送活动之间的关系,不求单个活动的最优化,但求整体活动的最优化。

6. 物流配送手段现代化

网络营销下的新型物流配送使用先进的技术、设备与管理为销售提供服务,生产、流通和销售规模越大、范围越广,物流配送技术、设备及管理更加现代化。

7. 物流配送组织网络化

为了保证对产品促销提供快速、全方位的物流支持,新型物流配送要有完善、健全的物流配送网络体系,网络上点与点之间的物流配送活动保持系统性和一致性,这样可以保证整个物流配送网络有最优的库存总水平及库存分布,运输与配送快捷、机动,既能铺开又能收拢。分散的物流配送单体只有形成网络才能满足现代生产与流通的需要。

8. 物流配送经营市场化

新型物流配送的具体经营采用市场机制,无论是企业自己组织物流配送,还是委托社会化物流配送企业承担物流配送任务,都以"服务成本"的最佳配合为目标。

9. 物流配送流程自动化

物流配送流程自动化是指搬运等按照自动化标准作业、商品按照最佳配送路线等。

10. 物流配送管理法制化

在宏观上国家要有健全的法规、制度和规则来规范其经营活动;在微观上,新型物流配送企业要依法办事,按章行事。

(二)物流配送中心运作类型

物流配送中心按运营主体的不同,大致有四类配送中心。

1. 以制造商为主体的配送中心

这种配送中心里的商品100%是由自己生产制造的,用以降低流通费用、提高售后服务质量和及时地将预先配齐的成组元器件送到规定的加工和装配工位,从商品制造到生产出来后条码和包装的配合等多方面都较易控制。

2. 以批发商为主体的配送中心

商品从制造者到消费者手中之间的传统流通有一个环节叫批发。一般是按部门或商品类别的不同,把每个制造厂的商品集中起来,然后以单一品种或搭配向消费地的零售商进行配送。这种配送中心的商品来自各个制造商,它所进行的一项重要的活动是对商品进行汇总和再销售,而它的全部进货和出货都是社会配送的,社会化程度高。

3. 以零售商为主体的配送中心

零售商发展到一定规模后，就可以考虑建立自己的配送中心，为专业商品零售店、超级市场、百货商店、建材市场、粮油食品商店、宾馆饭店等服务。社会化程度介于前两者之间。

4. 以仓储运输业者为主体的配送中心

这种配送中心最强的是运输配送能力，地理位置优越，如港湾、铁路和公路枢纽，可迅速将到达的货物配送给用户。它提供仓储储位给制造商或供应商，而配送中心的货物仍属于制造商或供应商所有，配送中心只是提供仓储管理和运输配送服务。这种配送中心的现代化程度往往较高。

从物流配送采用的模式上来看有三种主要类型。

(1) 集货型配送模式。该种模式主要针对上家的采购物流过程进行创新而形成。其上家生产具有相互关联性，下家互相独立；上家对配送中心的依存度明显大于下家，上家相对集中，而下家较分散。同时，这类配送中心也强调其加工功能。此类配送模式适于产品或半成品物资的推销，如汽车配送中心。

(2) 散货型配送模式。这种模式主要是对下家的供货物流进行优化而形成。上家对配送中心的依存度小于下家，而且配送中心的下家相对集中或有利益共享（如连锁业）。采用此类配送模式的流通企业，其上家竞争激烈，下家需求以多种品种、小批量为主要特征，适于原材料或半成品物资配送，如机电产品配送中心。

(3) 混合型配送模式。这种模式综合了上述两种配送模式的优点，并对商品的流通全过程进行有效的控制，有效地克服了传统物流的弊端。采用这种配送模式的流通企业，规模较大，具有相当的设备投资，如区域性物流配送中心。在实际流通中，多采取多样化经营，降低了经营风险。这种运作模式比较符合新型物流配送的要求。

(三) 网络营销的物流配送流程

网络营销的物流配送流程一般包括备货、储存、分拣及配货、配装、配送运输、送达服务及配送加工。

1. 备货

备货是配送的准备工作或基础工作，备货工作包括筹集货源、订货或购货、集货、进货及有关的质量检查、结算、交接等。配送的优势之一，就是可以集中用户的需求进行一定规模的备货。备货是决定配送成败的初期工作，如果备货成本太高，会大大降低配送的效益。

2. 储存

配送中的储存有储备及暂存两种状态。配送储备是按一定时期的配送经营要求形成的对配送的资源保证。这种类型的储备数量较大，储备结构也较完善，视货源及到货情况，可以有计划地确定周转储备及保险储备结构及数量。配送的储备保证有时在配送中心附近单独设库解决。另一种储存形态是暂存，是具体执行配送时，按分拣配货要求，在理货场地所做的少量储存准备。由于总体储存效益取决于储存总量，所以，这部分暂存数量只会对工作方便与否造成影响，而不会影响储存的总效益，因而在数量上控制并不严格。还有另一种形式的暂存，即分拣、配货之后形成的发送货载的暂存，这个暂存主要是调节配货与送货的节奏，暂存时间不长。

3. 分拣及配货

分拣及配货是配送不同于其他物流形式的有特点的功能要素，也是配送成败的一项重要的支持性工作。分拣及配货是完善送货、支持送货的准备性工作，是不同配送企业在送货时进行竞争和提高自身经济效益的必然延伸，也可以说是送货向高级形式发展的必然要求。有了分拣及配货就会大大提高送货服务水平，所以，分拣及配货是决定整个配送系统水平的关键要素。

4. 配装

在单个用户配送数量不能达到车辆的有效载运负荷时，就存在如何集中不同用户的配送货物进行搭配装载，以充分利用运能、运力的问题，这就需要配装。和一般送货的不同之处在于，通过配装送货可以大大提高送货水平及降低送货成本，所以，配装也是配送系统中有现代特点的功能要素，也是现代配送不同于以往送货的重要区别之处。

5. 配送运输

配送运输属于运输中的末端运输、支线运输，它和一般运输形态的主要区别在于：配送运输是较短距离、较小规模、额度较高的运输形式，一般使用汽车做运输工具。与干线运输有所不同的是干线运输的干线是唯一的运输线，而配送运输由于配送用户多，一般城市交通路线又较复杂，如何组合成最佳路线，如何使配装和路线有效搭配等，是配送运输的难点，也是较复杂的工作。

6. 送达服务

配好的货运输到用户还不算配送工作的完结，这是因为送达货和用户接货往往还会出现不协调，使配送前功尽弃。因此，要圆满地实现运到之货的移交，并有效地、方便地处理相关手续并完成结算，还应讲究卸货地点、卸货方式等。送达服务也是配送独具的特殊性。

7. 配送加工

在配送中，配送加工这一功能要素不具有普遍性，但往往是有重要作用的功能要素。主要原因是通过配送加工，可以大大提高用户的满意程度。配送加工是流通加工的一种，但配送加工有它不同于一般流通加工的特点，即配送加工一般只取决于用户要求。其加工的目的较为单一。

案例一　戴尔计算机公司：网上直销先锋

计算机销售最常见的方式就是由庞大的分销商进行转销。这种方式似乎坚不可摧，也令许多计算机制造厂商的直销屡屡受挫，因为广大的消费者似乎已经认同了这种销售形式。而戴尔计算机公司（以下简称戴尔公司）却抗拒了这种潮流，决定通过网络直销PC机，并接受直接订货，精彩地演绎了业界的经典故事。

1. 戴尔公司的核心概念

在戴尔刚刚接触电脑的时候，他用自己卖报纸存的钱买了一个硬盘驱动器，用它来架设一个BBS，与其他对电脑感兴趣的人交换讯息。在和别人比较关于个人电脑的资料时，他突然发现电脑的售价和利润空间没什么规律。当时一部IBM的个人电脑，在店里的售价一般是3000美元，但它的零部件很可能六七百美元就买得到，而且还不是IBM的技术。他觉得这种现象不太合理。另外，经营电脑商店的人竟然对电脑没什么概念，这也说不过去。大部分店主以前卖过音响或车子，觉得电脑是一个"可以大捞一把"的时尚，所以也跑来卖电脑。光是在休斯顿地区就忽然冒出上百家电脑店，这些经销商以两千美元的成本买进一部IBM个人电脑，然后用3000美元卖出，赚取1000美元的利润。同时，他们只提供顾客极少的支持性服务，有些甚至没有售后服务。但是因为大家真的都想买电脑，所以这些店家还是大赚了一把。

意识到这一点后，戴尔开始买进一些和IBM机器里的零件一模一样的零部件，把他的电脑升级之后再卖给认识的人。他说："我知道如果我的销量再多一些，就可以和那些电脑店竞争，而且不只是在价格上的竞争，更是品质上的竞争。"同时他意识到经营电脑"商机无限"。于是，他开始投身于电脑事业，在离开家进大学那天，他开着用卖报纸赚来的钱买的汽车去学校，后座载着三部电脑。

在学校期间，戴尔的宿舍经常会有一些律师和医生等专业人士进出，把他们的电脑拿来请戴尔组装，或是把升级过的电脑带回家去。他还经常用比别人低得多的价格来销售功能更强的电脑，并多次赢得了得克萨斯州政府的竞标。他说："很多事情我都不知道，但有一件我很清楚，那就是我真的很想做出比IBM更好的电脑，并且凭借直接销售为顾客提供更好的价值及服务，成为这一行的佼佼者。"

戴尔从一个简单的问题来开展他的事业，那就是：如何改进购买电脑的过程？答案是：把电脑直接销售到使用者手上，去掉零售商的利润剥削，把这些省下来的钱回馈给消费者。这种"消除中间人，以更有效率的方式来提供电脑"的原则，就是戴尔电脑公司诞生的核心概念。

2. 直接模式的开始

1988年，戴尔公司股票公开上市发行，"直接模式"正式宣告开始。

从一开始，他们的设计、制造和销售的整个过程，就以聆听顾客意见、反映顾客问题、满足顾客所需为宗旨。他们所建立的直接关系，从电话拜访开始，接着是面对面的互动，现在则借助于网络沟通，这些做法让他们可以得到顾客的反应，及时获知人们对产品、服务和市场上其他产品的建议，并知道他们希望公司开发什么样的产品。

直销模式使戴尔公司能够提供最有价值的技术解决方案：系统配置强大而丰富，无与伦比的性能价格比。这也使戴尔公司能以富于竞争力的价格推出最新的相关技术。戴尔在他的回忆录中说道："其他公司在接到订单之前已经完成产品的制造，所以他们必须猜测顾客想要什么样的产品。但在他们埋头苦猜的同时，我们早有了答案，因为我们的顾客在我们组装产品之前，就表达了他们的需求。其他公司必须预估何种配置最受欢迎，但顾客直接告诉我们，他们要的是一个软盘驱动器还是两个，或是一个软驱加一个硬驱，我们完全为他们定做。"

与传统的间接模式相比，直接模式真正发挥了生产力的优势。因为间接模式必须有两个销售过程：一是从制造商向经销商，另一则是从经销商向顾客。而在直接模式中，只有一级销售人员,并得以把重心完全摆在顾客身上。在这点上,戴尔公司并没有以一种方式面对顾客,他们把顾客群进行细分,一部分人专门针对大企业进行销售,而其他人则分别负责联邦政府、州政府、教育机构、小公司和一般消费者。这样的架构对于销售大有好处,因为销售人员不必一一搞懂多家不同制造商所生产的不同产品的全部细节,也不必记住每一种形态的顾客在产品上的所有偏好,而在处理自己客户的问题时则成了行家里手,这使得戴尔公司与客户之间合作的整体经验更为完善。

同时,按单订制的直销模式使戴尔公司真正实现了"零库存、高周转"。正如戴尔所说:"人们只把目光停留在戴尔公司的直销模式上,并把这看作是戴尔公司与众不同的地方。但是直销只不过是最后阶段的一种手段。我们真正努力的方向是追求零库存运行模式。"

由于戴尔公司按单定制,它的库存一年可周转 15 次。相比之下,其他依靠分销商和转销商进行销售的竞争对手,其周转次数还不到戴尔公司的一半。对此,波士顿著名产业分析家 J. 威廉·格利说:"对于零部件成本每年下降 15% 以上的产业,这种快速的周转意味着总利润可以多出 1.8%~3.3%。"

点评

在过去 10 年里,许多计算机制造厂商都想绕过零售商而进行直接销售,但大多都以失利告终,而戴尔公司的直销却获得了成功。我们认为,戴尔公司的营销模式有以下特点:

(1) 直接同顾客联系。整个设计、制造和销售过程都是以聆听顾客意见、反映顾客需求为出发点。

(2) 利用最流行的网络进行直销,使顾客的购买更加方便快捷,因而销售的效率也大大提高。

(3) 价格优势也是直销最具竞争力的因素之一。相对于增值转销而言,由于绕过了零售商,价格较为低廉,因而真正发挥了生产力的优势。

(资料来源:戴尔:网上直销先锋,http://piano.bokee.com/144225.html,2007-09-29)

链接思考

(1) 戴尔计算机公司的直销渠道为什么能够成功?

(2) 网络可以为戴尔计算机公司的直销模式提供什么帮助?

(3) 查阅相关资料,分析戴尔计算机公司的直销模式在美国和我国是否有差别?为什么?

案例二 华为手机拓展社会化营销渠道

手机终端业务已经成为华为当前发展的一大引擎。2011 年,华为全球消费者业务销售收入达到 446 亿元,同比增长 44.3%;2012 年,华为销售给终端用户的智能手机总量为 2720 万部,较上一年增长 73.8%,并在第四季度首次跻身于全球三大智能手机制造商行列。

不过,销量辉煌的背后暴露出的是华为手机的渠道短板。华为终端从其母公司华为技术分拆出来运作几年来，截至2012年年底运营商渠道的出货量仍占华为终端出货总量的80%，只有20%属于电商等社会渠道。因为渠道短板，尽管出货量巨大，在消费者的心目中华为手机仍然是一个弱势品牌。例如，2006年华为为沃达丰提供的3G手机V710，甚至没打上华为的Logo。

运营商渠道的好处在于稳定的出货量和高额补贴，但当运营商补贴越来越少时，手机企业的利润自然也就越来越少。目前，国内三大运营商的补贴呈逐年下降趋势。因此，尽管华为终端的出货量在增长，利润率却不高。华为的利润增长仍主要来自于通信设备。相反，社会渠道虽规模不大，但利润率偏高，且相比前者对华为终端自有品牌的提升帮助较大。

因此，华为手机市场部经理徐宇翔向《新营销》记者透露，华为未来要进行渠道多元化发展，做深运营商渠道，拓展社会化公开渠道和电商网络渠道。由于电商消费群体对华为高端手机的认可度和接受度较高，华为高端手机主要选择电商平台操盘。

1. 单一的运营商渠道

目前尽管手机终端业务已成为华为的顶梁柱，曾几何时却是一个不起眼的"小角色"，按照华为老总任正非的说法是："当年我们没想过做终端，我们是被迫上马的，因为我们的3G系统卖不出去，没有配套手机，要去买终端，买不到，才被迫上马。"

2010年以前，华为基本上是在为运营商生产手机，与3G网络设备一起，捆绑式销售给运营商。手机是网络设备的"添头"，不直接卖给消费者，很少进行推广宣传，定位是运营商终端定制，因此华为手机没有独立的市场营销渠道。手机终端的"添头营销"是华为辅助销售通信设备的重要筹码。

虽然华为手机"名不见经传"，但这个"添头"多年来一直保持着销售额两位数的百分比增长，比如从2007年到2009年，华为终端销售额从26亿美元到40亿美元，再到50亿美元。但惊人的销量增长并没有给华为终端带来丰厚的利润，华为终端董事长余承东曾经透露："华为手机利润低得可怜，净利率低至个位数。"这是因为面对运营商渠道，华为手机一直以低价获取销售增长，由于运营商定制的手机出厂价被严重压低，所以利润很低。严重的产品导向、低调的营销姿态、过度依赖运营商渠道，让华为手机高销量、低利润。2012年余承东曾在微博中说："去年几乎所有的运营商高层及渠道伙伴都跟我说，尽管你的产品挺好，以你华为手机品牌很低的知名度，手机售价无法超过2000元。"

过分依赖运营商渠道，不仅导致高销量、低利润，还对华为手机品牌建设十分不利。截至2012年底，运营商定制依旧占到华为手机出货量的80%。由于缺少直面消费者的机会，常年缺乏个人消费者基因，华为手机被认为"在产品设计上软肋尽显"，难以在越来越追求用户体验和差异化的智能手机市场得到消费者认可。

事实上，不仅是华为，目前国内知名手机厂商都在为运营商渠道"痛并快乐着"。华为、中兴、酷派、联想等国内手机厂商，能够在短时间内超过国外手机品牌的市场份额，与运营商的大力支持密不可分。酷派、联想、中兴都采取"运营商渠道捆绑销售"策略，其出货量迅速逼近三星等国外品牌。

但是，运营商不可能永远是国产手机的"奶牛"。随着补贴日益减少，国产手机过度依赖电信运营商渠道的风险越来越大。如何进入社会渠道、开放渠道，成为决定国产手机品牌生死的共同命题。

2. 拓展电商渠道

华为的渠道策略是做深运营商渠道，加速拓展社会化公开渠道，同时大力发展新兴的电商网络渠道。华为的渠道多元化发展，意味着华为要与产业链上更多的合作伙伴携手前行，同时在内部团队上要引进更多渠道人才。目前华为正尽力开拓社会化渠道。

2013年，被冠以"C2B手机"头衔的华为手机Mate发布，可以视为华为布局电商渠道的一个里程碑。华为Mate是与天猫联合推出的一款手机，产品从研发之初，就利用天猫平台海量的用户数据进行消费需求匹配，锁定目标消费者，围绕他们做了大量的调研与访谈，调研涉及CPU、核数、内存、屏幕材质等等，最终推出售价2688元的Mate手机。事实上，它是以消费者需求为导向开发的一款手机，即以消费者需求决定生产什么样的手机，所以华为把它叫作"C2B手机"。

之所以说Mate手机具有里程碑意义，是因为这是华为手机由面向运营商到面向消费者的一次勇敢转身。由于长期制造运营商定制手机，难以与消费者沟通，了解市场需求，让华为手机在用户体验和产品差异化的过程中，很容易"看走了眼"。因此，Mate手机的C2B模式，被华为视为"一次史无前例的商业模式创新"。Mate手机也意味着华为要另辟蹊径，开拓电商渠道。

徐宇翔说："我们针对不同的产品会采取不同的营销策略，会结合电商的消费群体特征以及产品的特点而定。一般来看，电商消费群体在口碑上对华为高端产品的认可度与接受度较高，这对华为高端产品的规模化推广可以提供很好的支持。"华为的电商渠道布局将从高端手机开始，并且产品渠道差异化，也可以减少运营商渠道与社会化（电商）渠道的矛盾。"对品牌而言，不同的产品策略，不同的营销政策，都能达到平衡渠道的效果。对华为来说，目前华为的电商渠道与传统渠道及运营商渠道之间的关系不是对立关系，而是互补关系。目前通过电商渠道销售的主要产品，如荣耀四核等，是为电商渠道特别定制的，与其他渠道的产品不形成冲突，后来荣耀四核在线下渠道和运营商渠道销售时，价格高出线上渠道很多。"

种种迹象表明，华为接下来将有一系列大的战略举措来加强渠道建设，包括组织结构调整、人才引进等。2013年6月，华为发布了"一款震惊世界的手机"Ascend P6。余承东说："我们只能做世界第一的产品，因为世界第二的产品就没有人能记住。"在直面消费者的电商渠道，一向沉默无语的华为也学会了大声吆喝。

（资料来源：梁健航，全球品牌网 http://www.globrand.com/2013/543790.shtml，2013-08-23）

链接思考

（1）华为手机的销售为何选择从运营商渠道转向社会化公开渠道和电商网络渠道？

（2）在利用社会渠道销售手机时，华为是如何解决电商渠道、传统渠道及运营商渠道间的关系的？

本章小结

与传统营销渠道一样，以互联网作为支撑的网络营销渠道也应具备传统营销渠道的功能。网上销售渠道就是借助互联网将产品从生产者转移到消费者的中间环节。本章介绍了传统营销渠道与网络营销渠道的区别，网络渠道的功能和网络直接销售的渠道类型，还介绍了网络环境下的新型中间商，以及网络营销中的物流渠道。

关键概念

营销渠道　直销渠道　网络中间商　物流模式

思考题

(1) 简述网络营销渠道模式。
(2) 试比较网络营销渠道和传统渠道的异同。
(3) 简述直接营销及其特点。
(4) 简述网络直销及其特点。
(5) 分析网络营销中介机构存在的合理性。
(6) 分析第三方物流企业的运作模式。

第十章 网络营销促销策略

本章学习目标

通过本章学习,应该掌握以下内容:①了解网络促销的概念、特点及程序;②了解网络营销广告策划的特点、发布渠道和方式;③了解网络营销公关的概念、特点以及网络营销公关策略。

第一节 网络营销促销概述

一、网络营销促销的含义

网络营销促销,是指利用现代化的网络技术向虚拟市场传递有关产品和服务的信息,以启发需求,引起、辅助和促进消费者的购买欲望和购买行为为目的的各种活动。

从营销角度分析,网络营销促销,是指以人员或非人员的方法,帮助或说服顾客购买某种商品或劳务,对卖方(企业)产生好感,引起购买欲望和购买行为的各种活动。因此,从这个角度来说促销是一个启发需求、促成消费的过程。

从信息角度分析,网络营销促销,是指将产品或服务的信息传递给目标顾客,从而引起其兴趣,促进其购买,实现企业产品销售的一系列活动。因此,从这个角度考虑促销的实质是传播与沟通信息。

从技术角度分析,网络营销促销,是指利用现代化的网络技术向虚拟市场传递有关产品和服务的信息,从而引起消费者的购买欲望和购买行为的各种活动。

二、网络营销促销的特点

(一) 网络营销促销与传统营销促销的区别

传统营销促销和网络营销促销都是让消费者认识、了解、熟悉企业的产品,最终引导消费者的兴趣,激发他们的购买欲望,并付诸行动。由于互联网本身所具有的多种特性,如跨越时空、交互性、超前性、多媒体性等,使得网络营销促销在时间、空间、信息传播模式、顾客参与程度上与传统促销相比有很大差别,主要区别如下。

1. 时空观念的变化

目前,社会正处于两种不同的时空交替作用的时期,在这个时期,受看两种不同的时空观念的影响。在传统的营销观念下,人们的生活和生产是建立在工业化社会秩序上的，在这个秩序中存在精确的时间和空间；而网络促销则没有物理上的时间和空间限制。以产品流通为例，传统产品的生产、销售和消费者之间存在地理位置的限制，网络营销则大大地突破了这个限制，使之成为全球范围的竞争；传统产品的订货都有一个时间的限制，而在网络上，有些订货和购买可以在任何时间进行。这就是最新的电子时空观，企业的营销促销人员必须认识这种时空观念的变化，调整自己的促销策略和具体实施方案。

2. 信息沟通方式的变化

促销的基础是买卖双方的信息沟通。在网络上这种沟通是十分丰富的。在网上可以传输多种媒体的信息，如文字、声音、图像等信息，多媒体信息处理技术提供了近似于现场交易过程中的产品表现形式，同时这种双向的、快捷的、互不见面的信息传播就能够将买卖双方的意愿表达得淋漓尽致，也留给对方充分的时间进行思考。

3. 消费群体和消费行为的变化

在网络环境下，消费者的概念及其消费行为都发生了很大的变化，网络购物者是一个特殊的群体，具有不同于一般大众的消费需求。这些消费者直接参与生产和商业流通的循环，他们普遍进行大范围的选择和理性的购买。这些变化对传统的促销理论和模式产生广泛重要的影响。

（二）网络营销促销的主要特点

由于网络营销促销特定的促销对象和促销平台，使得其促销活动有别于传统促销，突出地表现为以下三个特点：

1. 网络化——网络营销促销通过网络技术传递信息

网络促销是通过网络技术传递产品和服务的存在、性能、功效及特征等信息的。它是建立在现代计算机与通讯技术基础之上的，并且随着计算机和网络技术的不断改进而改进。

2. 虚拟化——网络营销促销是在虚拟市场上进行的

这个虚拟市场就是互联网。互联网是一个媒体，是一个连接世界各国的大网络，它的营销促销是在虚拟的市场上进行的。

3. 全球化——互联网虚拟市场是全球性的

互联网虚拟市场的出现，将所有的企业，不论是大企业还是中小企业，都推向了一个世界统一的市场。传统的区域性市场的小圈子正在被一步步打破。

三、网络营销促销的功能及作用

（一）网络营销促销的功能

1. 告知功能

告知功能又叫信息发布，网络营销促销能够把企业的产品、服务、价格等信息传递给目标公众，引起公众的注意。

2. 说服功能

网络营销促销的目的在于通过各种有效的方式，解除目标公众对产品或服务的疑虑，说服目标公众坚定购买决心。例如，在同类产品中，许多产品往往只有细微的差别，用户难以察觉。企业通过网络促销活动，宣传自己产品的特点，使用户认识到本企业的产品可能给他们带来的特殊效用和利益，进而乐于购买本企业的产品。

3. 反馈功能

网络促销能够通过电子邮件、网站意见箱、BBS等及时地收集和汇总顾客的需求和意见反馈给企业管理层。由于网络促销所获得的信息基本上都是文字资料，可靠性强，对企业经营决策具有较大的参考价值。

（二）网络营销促销的作用

1. 创造需求

运作良好的网络促销活动，不仅可以诱导需求，而且可以创造需求，发掘潜在的顾客，扩大销售量。

2. 稳定销售

通过适当的网络促销活动，树立良好的产品形象和企业形象，使更多的用户形成对本企业产品的偏爱，达到稳定销售的目的。许多原因都可能造成一个企业的产品销售量时高时低，被动性很大，这是产品市场地位不稳的反映。企业通过适当的网络促销活动，树立良好的产品形象和企业形象，往往有可能改变用户对本企业产品的认识，使更多的用户形成对本企业产品的偏爱，达到稳定销售的目的。

四、网络营销促销的实施程序

对于任何企业来说，如何实施网络营销促销都是一个新问题。每一个营销人员都必须摆正自己的位置，深入了解产品信息在网络上传播的特点，分析网络信息的受众，设定合理的网络促销目标，通过科学的实施程序，打开网络促销的新局面。

根据国内外网络营销促销的大量实践，网络营销促销的实施程序可以由以下几个步骤组成。

1. 确定网络营销促销对象

网络营销促销对象是针对可能在网络虚拟市场上产生购买行为的消费者群体提出来的。随着网络的迅速普及，这一群体也在不断膨胀。这一群体主要包括三部分人员：产品的使用者、产品购买的决策者、产品购买的影响者。

2. 设计网络营销促销内容

网络营销促销的最终目标是希望引起购买。这个最终目标是要通过设计具体的信息内容来实现的。消费者的购买过程是一个复杂的、多阶段的过程，促销内容应当根据购买者所处的购买决策过程的不同阶段和产品所处的寿命周期的不同阶段来决定。

3. 决定网络营销促销组合方式

网络营销促销活动主要通过网络广告促销和网络站点促销两种促销方法展开。但由于企业的产品种类不同，销售对象不同，促销方法与产品种类和销售对象之间将会产生多种网络促销的组合方式。企业应当根据网络广告促销和网络站点促销两种方法各自的特点和优势,根据自己产品的市场情况和顾客情况,扬长避短,合理组合,以达到最佳的促销效果。网络广告促销主要实施"推战略",其主要功能是将企业的产品推向市场,获得广大消费者的认可。网络站点促销主要实施"拉战略",其主要功能是将顾客牢牢地吸引过来,保持稳定的市场份额。

4. 制定网络营销促销预算方案

在网络营销促销实施过程中,使企业感到最困难的是预算方案的制定。在互联网上促销,对于任何人来说都是一个新问题。所有的价格、条件都需要在实践中不断学习、比较和体会,不断地总结经验。只有这样,才可能用有限的精力和有限的资金收到尽可能好的效果,做到事半功倍。因此,首先,必须明确网上促销的方法及组合的办法;其次,需要确定网络促销的目标;最后,需要明确希望影响的是哪个群体、哪个阶层,是国外的还是国内的。

5. 衡量网络营销促销效果

网络营销促销的实施过程到了这一阶段,必须对已经执行的促销内容进行评价,衡量一下促销的实际效果是否达到了预期的促销目标,并加强网络营销促销过程的综合管理。

第二节 网络营销广告策略

一、网络营销广告的概念与特点

网络营销广告也称为网络广告,是指在互联网站点上发布的以数字代码为载体的经营性广告,利用网站上的广告横幅、文本链接、多媒体的方法,在互联网刊登或发布广告,通过网络传递到互联网用户的一种高科技广告运作方式。

简单地说,网络营销广告就是在网络平台上投放的广告。

随着信息产业的高速发展,以 Internet 为传播媒介的网络广告已成为当今最热门的广告形式。这使得无论广告公司与营销厂商都面临着改变营销传播方法及选取媒体的压力和机遇。与传统的四大传播媒体(报纸、杂志、电视、广播)广告及户外广告相比,网络广告具有得天独厚的优势,是实施现代营销媒体战略的重要部分。广告界甚至认为互联网络广告将超越户外广告,成为传统四大媒体之后的第五大媒体。

凭借互联网具有的不同于传统媒体的交互、多媒体和高效的独有特性,网络营销广告呈现以下不同于传统媒体广告的特点:

(1) 网络广告传播的广泛性。它可以通过 Internet 把广告信息全天候、24 小时不间断地传播到世界各地。

(2) 网络传播信息的非强迫性。报纸、杂志、电视、广播、户外等传统传媒在传播信息时,都具有很大的强迫性,强迫观众接受它们所传播的信息,而网络传播的过程则完全是开放的,非强迫性的。

（3）广告受众数量的可统计性。传统媒体广告很难准确知道有多少人接收到广告信息，而在 Internet 上可通过权威公正的访客流量统计系统客户广告被多少用户看过，以及这些用户查阅的时间分布和地域分布，从而有助于客商正确评估广告效果，审定广告投放策略。

（4）网络信息传播的感官性。网络广告可以使消费者能全方位亲身体验产品、服务与品牌，还可以在网上进行预定、交易和结算，这些是传统媒体所无法实现的。

（5）网络信息传播的交互性。对于网络广告，只要受众对该广告感兴趣，仅需轻按鼠标就能进一步了解更多、更为详细、生动的信息。

（6）网络传播灵活的实时性。在传统媒体上发布广告后更改的难度比较大，即使可以改动也需要付出很大代价，而对于网络广告而言则容易得多，Internet 网站使用的是大量的超级链接，在一个地方进行修改对其他地方的影响很小。网络广告制作简便、成本低，容易进行修改。

网络广告的常见形式包括 Banner 广告、关键词广告、分类广告、赞助式广告、E-mail 广告、电子杂志广告、公告栏广告、新闻组广告、web（www）广告等。Banner 广告所依托的媒体是网页，关键词广告是搜索引经营销的一种形式，E-mail 广告又分为邮件列表广告、电子邮件式广告两种，Web（www）广告包括旗帜广告、通栏广告、按钮广告（Button）、浮动广告、矩形广告、弹出窗口和文字广告几种。可见网络广告本身并不能独立存在，需要与各种网络工具相结合才能实现信息传递的功能。

二、网络营销广告的策略

网络营销广告策略主要包括广告信息、广告媒介和广告时间三方面的决策。

（一）网络营销广告信息的决策

不同的广告信息可以引起目标接受者（浏览者）的不同反应，因而也会产生不同的广告效果。由此，在网络营销企业的广告决策中，必须明确向目标接受者（浏览者）提供的信息。

1. 网络广告信息的产生

网络广告信息的产生一方面可以通过征询消费者、上网浏览者、竞争者或者有关的专家的意见，让他们对网络广告应向浏览者、消费者传递的信息提出建议。另一方面，网络广告信息的产生也可通过对消费者心理进行分析，首先了解消费者使用产品的目的和不同的阶段效果的体验，其次了解浏览者上网时一般喜欢的广告版面设计风格，最后根据这两方面决定向信息的接受者提供什么样的网络广告信息。

在网络广告信息对于消费者的作用结果的体验必须实事求是。例如，对于一种新的洗涤剂，如果是属于理智型消费者，要求产品去污的功能强，在网络广告中特别强调本产品强大的去污功能，但是如果消费者通过网络购买了这种洗涤产品后，发现去污的功能一般，那么这位消费者就有可能再也不访问该网络营销企业的网站了。也就是说，企业可能永远失去这位消费者，这是因为在网络上传播的信息，浏览者往往会带有一定的警惕性，一旦上当受骗，就会产生"一朝被蛇咬，十年怕井绳"的心理，将这些公司的网站列入"黑名单",在一定的圈子里传递,就可能使这些公司失去一大批消费者。

2. 网络广告信息的表达

同样的网络广告主题表达方式不同,产生的效果就不一定完全相同。比如,脑白金的广告用姜昆与大山来做送礼的方式来表达主题,就比一般的只用给老人送礼效果更好,因为姜昆与大山这两人之间的师徒关系是大家都知道的,同时姜昆与大山又是著名的相声演员,产生了一种名人表达的感召力,这容易被一般的消费者接受。同样使用科学证据来表达产品的功能比一般介绍产品的功能效果要明显,在某种特定环境气氛下表达某些广告主题比在一般环境条件下表达对顾客的感染力也要强得多。因此,根据表达网络广告信息时所产生的感染力不同,适当选择一些好的表达方式,能争取较好的网络广告表达效果。

3. 网络广告信息的评价

网络广告信息的要求是必须具有明确的主题,这样便于顾客对产品产生深刻的印象,提高广告效果。在对广告信息进行评价时,一般应从满意性、独特性、可变性等方向考虑。

网络广告信息所表达的内容只能为浏览者提供某些方面的满足,让他们感到满意,然后才可能引起浏览者接受信息的兴趣,接受网络营销企业所销售的商品;网络广告信息使用一些独特的、与众不同的表达方式,才会有较大的可能吸引浏览者的眼光,使他们产生一定的新奇感,如使用一些fLash手段、多媒体方式,表现出产品的独特之处,使浏览者产生较深的印象,激发起浏览者的购买欲望;网络广告信息必须具有可信性,广告信息虽然可以做一些艺术手段的加工,但是艺术加工并不等同随意的作假,一旦网络广告信息所表达的信息使浏览者产生不信任感,那么这些浏览者是不可能向网络营销企业下订单的。

4. 网络广告的目标

根据网络营销企业的营销策略和目标顾客的情况,网络广告目标可以分为告知性的广告目标、说服性广告目标和提示性的广告目标共三种类型。

(1)告知性广告目标。即通过网络广告使浏览者了解有关的产品信息,主要适用于以下情况:让浏览者了解某种新的产品已经投放市场;向浏览者介绍某种新产品的新用途;介绍网络营销企业的产品价格调整情况;解释产品的使用、保养方法;介绍网络营销企业能提供的服务项目;纠正消费者对企业的模糊印象;消除顾客购买产品的后顾之忧,树立网络营销企业形象和提高企业的知名度、可信度。

(2)说服性的广告目标。即通过广告使浏览者偏爱于购买网络企业的产品。大多数广告目标属于这一类型。主要适用于以下情况:当产品竞争十分激烈时,网络企业通过广告使消费者认识到企业产品的特色,能为顾客带来较为满意的使用价值,促使浏览者选购本企业的产品;当市场上同类产品很多时,促使浏览者对本企业的产品牌号产生偏爱,鼓励顾客在短期内购买产品,转变顾客对某些产品特征的感受,使顾客真正了解产品的价值等。

(3)提示性的广告目标。即通过广告提醒浏览者采取某种行为。主要适用于以下情况:当产品处于成熟期时,网络营销企业通过反复做广告,使浏览者经常想到本企业的产品；提醒浏览者在不久的将来需要某种产品，如天气冷了，提醒浏览者及时进补等等。与这类广告目标相类似的还有加强性广告目标，即通过广告使现有的购买者确信自己的购买决策是正确的。

（二）网络广告媒介决策

网络营销企业决定了广告信息和广告目标后，下一个任务是选择网络广告媒介以传递广告信息，即制作广告媒介决策，这一决策包括三个方面的内容：①决定广告的覆盖面、显示频率和效果；②选择广告媒介的类型；③选择具体的广告媒介。

1．决定广告覆盖面、显示频率和效果

所谓广告的覆盖面，是指在特定的时间内通过某种广告媒介接收到广告信息的浏览者数量；广告的显示频率，是指在一定的时期内向浏览者传递同一内容的广告信息次数；广告效果，是指广告信息对浏览者的影响力。

决定广告的覆盖面、显示频率和效果是选择广告媒介的前提，因为不同的广告媒介有不同的覆盖面，如一个国际著名网站的覆盖面是全世界；当地的网站虽然它的覆盖面也是全世界的，但绝大部分是供当地的浏览者访问的，因而其覆盖面主要是当地的浏览者。

显示频率对广告效果也有很大的影响，显示次数太少，浏览者就很难记住广告内容，印象肤浅，当然，显示的次数越多，效果也并不一定就好，因为显示次数多，不仅广告费用会大幅度地增加，而且浏览者会对重复的同一广告内容产生一定程度的厌烦感，一般地说，同一广告内容应根据所要销售的商品和其他条件，决定显示的次数。

2．选择广告媒介的类型

广告媒介是指传递广告信息的物质载体，由于任何广告都离不开广告媒体，网络广告也同样存在着广告媒体的选择问题。网络营销企业选择在何种网络广告媒体上发布商品广告信息，应考虑各种媒体的优缺点，除此之外，还应考虑以下几方面的因素。

（1）目标市场的媒介习惯：对青少年来说，选择游戏、娱乐的网络广告媒介就比较理想。

（2）产品的性质：例如，妇女服装宜选择在一些时尚网站发布。

（3）广告的内容：如果是让浏览者知道本企业在最近召开商品发布会，则宜选择在网站的首页上发布。

（4）广告的费用：不同的网站发布商品广告的费用相差很大。

3．选择具体的广告媒介

在每一类网络广告媒介中，往往有许多具体的广告媒介可供网络营销企业选择，企业应根据广告的内容、对象和效果等因素决定具体的广告媒介。

（三）网络营销广告时间决策

网络营销企业确定了具体的网络广告媒介后，还要考虑网络广告的发布时间，如对季节性商品，企业应在销售旺季前做广告。

三、网络营销广告策划

网络媒体的特点决定了网络广告策划的特定要求。如网络的高度互动性使网络广告不再只是单纯的创意表现与信息发布,广告主对广告回应度的要求会更高;网络的时效性非常重要,网络广告的制作时间短,上线时间快,受众的回应也是即时的,广告效果的评估与广告策略的调整也都必须是即时的。因此,传统广告的策划步骤在网络广告上运用可以说应有很大的不同,这对现行的广告运作模式是一个很大的冲击。

(一) 网络营销广告策划的特点

可以说广告策划就是广告商在自己头脑中实施广告,具有事前性、全局性和指导性的特点。这些特点是网络营销广告与传统广告共有的。

1. 事前性

事前性,是指广告策划是在具体广告实施之前的"演习",它对广告的各个环节,比如制作、投放、实施等进行的具体的事前安排,是在整个广告活动开始之前,对即将开始具体实施的广告的计划、谋略和安排。一项广告成功与否的因素虽然多种多样,但没有良好有效、独特新颖的策略方案是很难吸引顾客的。有效的广告策划来自设计者的匠心独运、事先的种种周密布置以及对信息的充分利用。

2. 全局性

全局性,是指这项工作不仅要直接利用上一阶段广告信息调查时得来的种种有用信息,更重要的是要在这些信息的基础上在头脑中或实验室里设计出具体的广告,这就要对广告的每一环节都有考虑。广告策划的主要特点之一就是生成广告这一活动常常体现为组合型或系列化活动,它所做的工作要贯穿到整个广告活动全部业务中去。这一过程的全局性还体现在它常常与企业的实体运作相关联,比如企业的产品特点、产品性质、企业文化等。在进行广告策划时,它所要达到的目标一定要与这些因素联系在一起,甚至本企业与周围社会的关系也要考虑进去。因此,广告策划在某种意义上来说是对与企业及与企业产品相关联的所有信息的排列组合,以达到全面规划的目的。在广告界存在"整体广告策划"的说法,它就是在广告专业化水平下广告发展的趋势和必然。对网络广告来说,这种全局性的策划也是广告操作中的必要环节,本质上与传统广告是相同的。

3. 指导性

指导性,是指广告策划的过程就是为后来广告的具体制作实施提供一个蓝图,后来的实际操作要以此为依据。在一项广告的制作中,常常要分成不同的步骤,比如广告创意、广告制作、广告发布、广告媒介等,这样分开有一定的好处,它有利于各种专业化的操作。但这种分开的步骤必须在最终得到整合加工,这就是广告策划的任务,它的指导性就体现在对各个子环节进行补充修正。广告策划为整个广告活动提供具体的实施样本、行为依据、评价标准。如果没有广告策划的指导,这些分开的环节就难以统一起来,各个环节就会失去方向和依据,最终会使整个广告形神不统一,自然就无法有效地推广产品打开市场。网络广告的策划有与传统广告策划不相同的特点。网络广告的媒体主要是网络,一般在传统广告中,媒体组合是常用的方式,很难就某单一媒体进行一项广告。但在网络广告中,可利用的媒体只有网络一种,因此它更具有挑战性。网络广告策划可能只是企业整体广告策划的一个组成部分,因此它是局部中的全局性行为,即网络广告策划要服务于企业整体广告策划的安排和布置。因此,在进行网络广告策划时除了要考虑到广告策划的共同特点外,还要考虑如何将网络广告纳入企业的整体发展战略,纳入企业的营销战略中去的问题。

(二) 网络营销广告策划的操作过程

网络营销广告策划在本质上仍然属于广告策划的一种,因此,在实施过程中的环节与传统广告有很多相同的做法。具体可以将网络营销广告策划操作过程分成准备阶段、制作阶段、检测阶段、实施阶段。

1. 准备阶段

准备阶段的主要工作是将前一期的调查信息加以分析综合,形成正式的研究报告。前一期调查的信息是广告策划的基础,是广告实施中的依据,在相当程度上决定着广告策划及广告实施的效果和成败。广告信息的调查包括从产品、顾客到市场,甚至媒介的方方面面,比如企业状况、消费偏好、顾客收入、宗教文化等。在准备阶段,要充分利用已有信息对下一阶段的实施提供一个成型的计划。广告学本身是一门基于实践的应用性学问,广告策划更多的是实践的总结而不是学术的演绎。因此,广告过程的每一个环节都要充分考虑到实践,因此,实践是比理论更重要。在现代企业,尤其是跨国企业中,广告的操作更是体现实际商业活动的特色,也几乎没有任何广告学能涵盖所有广告中的每一环节。所以说,在广告策划准备阶段,也许其他学问和知识更能起作用,如美术、摄影、色彩、心理学等知识。因此,在策划的准备阶段,对知识的准备也是必要的。很难想象一个没有一定艺术天赋和心理学基础的人会在广告设计中获得成功。

2. 制作阶段

制作阶段是广告策划的实质性阶段,在这一阶段首先要对成型的资料进行汇总,经过综合、分析、整合,从而得出初步结果,这个结果对下一阶段的实施具有指导意义。这一阶段的首要工作仍然是整合资料,是对上一阶段整合的继续,其中关键的环节是对人员及分析工具的选取上,因为这是一个创造性的分析过程,在不同人手中、在不同的分析工具下有可能得出不同的结论,甚至有些会是互相矛盾的。那么,对人员及分析工具的选取就显得十分关键,一般来说,有多年广告经验,对企业情况包括产品、企业文化等有较多了解的人会更好一些,同时,制作主体应该非常熟悉广告信息,并有一定的分析综合、去伪存真的能力。在分析工具上更多的是使用电脑技术和互联网。但是,电脑绝不会进行创造性思考,充其量在信息加工上有一定的作用,因此,这一阶段的工作更多的是依靠人脑来完成。

经过分析与整合后,就需要对这些零散的信息形成一个较具体的纲要。广告信息是为广告实施服务的,广告的实施依赖于这些信息,但又不是这些信息的简单复制,在分析整合的基础上,要对广告目标、广告媒介、广告载体、广告语言、广告时间、广告地域、广告对象等问题,形成初步的书面材料。这一过程既是前一阶段的分析结论,又是下一步行动的开始，因此，每一点的形成都不能有任何失误，否则将影响后来一系列计划，所谓失之毫厘，谬之千里。在这一计划的形成过程中，不仅广告设计的全体人员应参与其中，而且企业的产品设计者、生产者、企业经营者、企业决策层都应参与其中，群策群力才能形成能统领企业整体战略的广告计划。这一计划一旦形成，任何个人都不应轻易改动，即使有明显的商业环境改变，也应请示决策层集体做出决定，除非突发性事件情况下来不及这样做。

纲领性的计划书一旦形成，广告策划的操作过程就已过半了。但计划的形成并不是一次完成的，在后来的实践中还应对不足之处做出修正，甚至反复多次修正才最终形成稳定的计划书。在修正过程中，不仅要考虑到产品的时间性、企业的发展重点，企业战略的方向这些自身因素，更多地应看到商业环境的变化，比如竞争对手的异军突起、广告地域的自然灾害、广告对象的政治环境改变、新产品的问世等外在的商业环境因素。这些因素的改变有可能使整个广告计划面临全线改组的命运，但真要是有了变化，这种改变是必须的。否则，一项无效的广告计划不仅耗费时间、金钱，而且会对企业形象带来消极影响。在网络广告中，这一点尤其如此，网络本来就多变化，这一媒介有传统媒介不能比的时效性和新颖性，在网络上从事广告也必须适应网络本身的特点。因此，对网络广告来说，计划的随时修改更正可能更频繁一些。

经过修正的计划就要进入实施阶段，在这一阶段，首先要由某个设计人员写出一份具体的执行计划，这项计划不仅要体现了操作过程的内容，而且对具体实施中的细节也要考虑周到。力求做到具体、翔实、可靠、全面。比如，考虑网站的选择、投入费用、费用计算、播放时间、播放频率、图形设计、语言选择、误差纠正、广告更新、版面调整、经济周期、产品季节性等非常具体的方面。具体的执行计划并不需要太多的人参与其中，只要对广告全过程及公司运作有一定了解的人都能胜任此工作。这项计划是广告实施前的最后蓝本。

3. 检测阶段

检测阶段是对最后出台的广告实施计划的审定和测评。这一阶段将上一阶段拟制的稿件送给广告主或企业主。呈送过程中有必要把更加具体详细的实施计划向企业主进行解释说明，解释者应该是这项计划自始至终的参与者和制定者，因为他才能从实质和核心上去把握这则广告。解释者应该以公正，坦诚的心态与企业主进行沟通，以便二者真正达成一致共识，这直接关系到广告设计与实施者与企业的合作状况，从而影响广告的整体效果。这一过程是一个沟通与协调的过程，使广告与产品真正达成浑然一体。这对二者的利益关系也有潜在的影响，如果这一协调过程失败或未达到圆满，很有可能在未来的实施过程中留下很多后患。

评议者收到计划后一般提出一些修改意见，这时的修改与广告设计人员和执行人员没有关系，主要是企业主的意见反馈，是对稿件来进行设计人员的审定，也是整个广告计划的最后审定工作，其目的是更加有效地提高广告效果，一般来说，企业主的修正与广告设计人员的设计不会有根本性的冲突，因为二者在总体目标上没有利益冲突，但是也显然会有一些不合的地方，这时广告制作者应充分听取企业主的意见，因为企业主对该种产品的商业环境有更充分更深刻更准确的把握。广告设计者毕竟只是从某些方面出发去把握产品,很难做到全面。当然,在明显的失误面前,广告设计者应坦诚地提出来并讲明道理,相信企业主会理解的。在实践中,许多广告人埋怨企业主专横、武断,这也许是二者在沟通上存在困难,这一阶段的沟通应该是很重要的,它不仅关心到广告的实施,而且对双方敬业精神也是一个考验。只有坦诚的合作,才会有双方的敬业,才会带来广告的成功。

4. 实施阶段

网络营销广告操作的最后一个阶段是实施阶段。经过设计人员的测评与修正,最后由企业主的测评和修改,整个计划就确定了。确定好的策划方案呈送到广告主手中,广告主再与网站沟通,进入实施阶段。这几方的权利义务关系在实施阶段也需要从书面上以合同的形式加以确认,合同一经签订,整个网络广告的策划工作可谓大功告成。签约方可以根据合同中的权利义务具体行事。只要在上述过程中不出现大的问题,设计者、执行者能坦诚相待,广告的实施只需按部就班,并不复杂。关键的环节在实施之前,其中如果有某个环节出现问题,则有可能导致整个计划失败。有人说,网络广告的成功在文字背后,就是指网络广告策划的操作过程是至关重要的。

四、网络营销广告发布

(一) 网络营销广告发布渠道及方式

网上发布广告的渠道和形式众多,各有长短,企业应根据自身情况及网络营销广告的目标,选择网络广告发布渠道及方式。目前可供选择的渠道及方式主要有以下方面。

1. 主页形式

建立自己的主页,对于企业来说,是一种必然的趋势。它不但是企业形象的树立,也是宣传产品的良好工具。在互联网上做广告的很多形式都只是提供了一种快速链接公司主页的途径,所以,建立公司的 web 主页是最根本的。从今后的发展看,公司的主页地址也会像公司的地址、名称、电话一样,是独有的,是公司的标识,将成为公司的无形资产。

2. 网络内容服务商

如新浪、搜狐、网易等,它们提供了大量的互联网用户感兴趣并需要的免费信息服务,包括新闻、评论、生活、财经等内容,因此,这些网站的访问量非常大,是网上最引人注目的站点。目前,这样的网站是网络广告发布的主要阵地,但在这些网站上发布广告的主要形式是旗帜广告。

3. 专类销售网

这是一种专业类产品直接在互联网上进行销售的方式。进入这样的网站,消费者只要在一张表中填上自己所需商品的类型、型号、制造商、价值等信息,然后按一下搜索键,就可以得到你所需要商品的各种细节资料。

4. 企业名录

这是由一些 Internet 服务商或政府机构将一部分企业信息融入他们的主页中。如香港商业发展委员会的主页中就包括汽车代理商、汽车配件商的名录,只要用户感兴趣,就可以通过链接进入选中企业的主页。

5．免费的 E-mail 服务

在互联网上有许多服务商提供免费的 E-mail 服务，很多上网者都喜欢使用。利用这一优势，能够帮助企业将广告主动送至使用免费 E-mail 服务的用户手中。

在 Internet 中到处都充满了商机。另外一种广告发布形式正在被更多的商家所利用，即电子邮件广告。传统的邮寄广告是广告主把印制或书写的信息，包括商品目录、货物说明书、商品价目表、展销台请柬、征订单、明信片、招题画、传单等，直接通过邮政系统寄达选定的对象的一种传播方式。电子邮件的广告信息以 E-mail 的方式发送给有关的网上用户。

6．黄页形式

在 Internet 上有一些专门用以查询检索服务的网站，如 Yahoo！这些站点就如同电话黄页一样，按类别划分，便于用户进行站点的查询。在其页面上，都会留出一定的位置给企业做广告。采用这种方法的好处，一是针对性强，查询过程都以关键字区分；二是醒目，处于页面的明显处，易于被查询者注意，是用户浏览的首选。

7．网络报纸或网络杂志

随着互联网的发展，国内外一些著名的报纸和杂志纷纷在网络上建立了自己的主页；有一些新兴的报纸或杂志，放弃了传统的"纸"的媒体，完完全全地成为一种"网络报纸"或"网络杂志"。其影响非常大，访问的人数不断上升。对于注重广告宣传的企业来说，在这些网络报纸或杂志上做广告，也是一个较好的传播渠道。

8．新闻组

新闻组是人人都可以订阅的一种互联网服务形式，阅读者可成为新闻组的一员。成员可以在新闻组上阅读大量的公告，也可以发表自己的公告，或者回复他人的公告。新闻组是一种很好的讨论和分享信息的方式。广告主可以选择与本企业产品相关的新闻组发布公告，这将是一种非常有效的网络广告传播渠道。

9．免费的 Internet 服务

在 Internet 上有许多免费的服务，如国内的 http：//www．163．cn，http：//www．263．net，http：//www．telebrid．com．cn 及国外的 http：//www．bigfoot．com，http：//www．hotmail．com，等等都提供免费服务。

由于 Internet 上广告内容繁多，即使公司建有自己的 web 页面，也需要用户主动通过大量的搜索查询工作，才能看到广告的内容。而这些免费的 Internet 服务就不同，它能帮助公司将广告主动送至想查询此方面内容的用户手中。

10．利用网上 IP 电话和网上传真发布广告

IP 是英文"Internet Protocol"的缩写，我国标准的译名叫"网际协议"，是利用网络进行通信交流必须遵守的网上通信协议。IP 电话就是以 IP 为基础的网络电话。目前所称的 IP 电话严格讲就是 Internet 电话，主要有电脑对电脑、电脑对电话、电话对电脑和电话对电话四种方式。

网络传真是通过互联网络使传真件发送到普通传真机上或对方的 E-mail 信箱中的服务，这种服务的开通为 Internet 用户提供了便捷的通讯方式，而且传真通讯费用降至

普通传真的 70% 左右。网络传真除了具有价格优势以外，与普通传真相比还具有灵活方便的特点。一般在使用普通传真时，如果遇到对方不在或占线，往往需要进行令人烦恼的不停的拨叫，而使用网上传真就可以免去等待，只要把传真内容、传真号码交代清楚，以后的工作就由 Internet 来做了。网上传真有 E-mail 方式发送和在 web 页面发送传真两种方式。在"瑞得在线"主页上的"特色与经典"栏目里可以找到"免费网上传真"，可以试着在这里发送免费的传真。

以上几种通过 Internet 做广告的渠道和方式中，主页形式是最主要的。选择怎样的渠道和方式，要根据企业诉求对象的特点和广告的目标以及网上用户的情况来决定，也可以将若干方式组合应用。

（二）网络营销广告发布要点

1. 版位

显然，旗帜广告的最佳位置在首页的上方，该位置叫第一视点，网页一打开即可被看到。相对而言，网页最下面也是较好的广告位置，因为浏览过程在此停留较长的时间，用户拖动滚动条往往一拖到底，最下面的广告必定会被看见。更为理想的情况是在页面上面和最下面设置相同的广告。

此外，距离网页主要内容的最近位置也比较好，因为用户的注意力"焦点"就在边上。

2. 选择合适的网站

最适合于发布网络广告的网页当然是被访问次数最高的网页。网页的广告价值具体要通过统计数字说明。统计的主要内容是访问网页的用户数量、人次、频度等，同时也包括其他内容，如访问人员的类型、年龄、文化程度和消费习惯等。

五、网络营销广告效果评估

通过对网络广告效果的评估，可为日后的广告运作提供依据。评估的基本内容包括两个方面：一是对访问量的评估，比较其在计划与执行上的区别；二是研究每个广告的衰竭过程，方法是将同一广告每天的点击率在坐标轴上连成线，研究每个广告衰竭的时间，为确定更换广告的时间间隔提供依据。

（一）网络营销广告效果评估的内容及指标

广告的根本目的在于促成消费者购买产品。由于网络广告的作用是一项缓慢的过程，其效果也不仅仅表现为销售效果，因此应把广告的传播效果、经济效果以及社会效果几方面综合衡量，并按照网络营销广告活动过程分阶段进行评估。

1. 网络营销广告传播效果评估的内容及指标

广告除了具备复合性的特点之外，还具备阶段性的特点。这是因为广告对于广告主来说最终目的是促进产品的销售，但是这个广告目的不可能一步实现，中间势必要经过几个阶段。于是有人针对这一广告传播的阶段性过程提出了"AIDA 公式"（AIDA

Formula），它指的就是潜在消费者从接触广告开始，一直到完成某种消费行为的几个动作，具体阶段如下：A（Attention）为注意，I（Interest）为兴趣，D（Desire）为欲望，A（Action）为行动。与传统广告相比，网络广告在传播渠道上发生了变化，广告的表现方式也不一样，但是，广告基本的"AIDA 公式"仍是值得遵从的法则。广告主可以依据不同的广告目的，用"AIDA"来检验网络广告的效果。广告的 AIDA 的每一个阶段都可以作为网络广告传播效果评估的内容。网络营销广告效果评估内容如表 10-1 所示。

表 10-1　网络营销广告效果评估的内容

网络营销广告 AIDA （评估的内容）		网络营销广告的传播效果评估指标	
Attention	注意	Advertising Impression	广告曝光次数（媒体网站）
Interest	兴趣	Click & Click Through Rate（CTR）	点击次数与点击率（广告主网站）
Desire	欲望	Page View	网页阅读次数（广告主网站）
Action	行动	Conversion & Conversion Rate	转化次数与转化率（广告主网站）

（1）广告曝光次数（Advertising Impression）。广告曝光次数是指网络营销广告所在的网页被访问的次数，这一数字通常用 Counter（计数器）来进行统计。假如广告刊登在网页的固定位置，那么在刊登期间获得的曝光次数越高，表示该广告被看到的次数越多，获得的注意力就越多。

（2）点击次数与点击率（Click&Click Through Rate）。网民点击网络营销广告的次数就称为点击次数。点击次数可以客观准确地反映广告效果。而点击次数除以广告曝光次数，就可得到点击率（CTR），这项指标也可以用来评估网络广告效果，是广告吸引力的一个指标。如果刊登这则广告的网页的曝光次数是 5000，而网页上的广告的点击次数为 500，那么点击率是 10%。点击率是网络广告最基本的评价指标，也是反映网络营销广告最直接、最有说服力的量化指标，因为一旦浏览者点击了某个网络广告，说明他已经对广告中的产品产生了兴趣，与曝光次数相比这个指标对广告主的意义更大。不过随着人们对网络广告的深入了解，点击率这个数字越来越低。因此，在某种程度上，单纯的点击率已经不能充分反映网络广告的真正效果。

（3）网页阅读次数（Page View）。浏览者在对广告中的产品产生了一定的兴趣之后进入广告主的网站，在了解产品的详细信息后，他可能就产生了购买的欲望。当浏览者点击网络营销广告之后进入介绍产品信息的主页或者广告主的网站，其对该页面的一次浏览阅读称为"一次网页阅读"。而所有浏览者对这一页面的总的阅读次数就称为网页阅读次数。这个指标也可以用来衡量网络营销广告效果，它从侧面反映了网络营销广告的吸引力。

（4）转化次数与转化率（Conversion & Conversion Rate）。网络营销广告的最终目的是促进产品的销售，而点击次数与点击率指标并不能真正反映网络营销广告对产品销售情况的影响，于是，引入了转化次数与转化率的指标。"转化"被定义为受网络广告影响而形成的购买、注册或者信息需求。那么，我们推断转化次数就是由于受网络营销广告影响所产生的购买、注册或者信息需求行为的次数，而转化次数除以广告曝光次数，即得到转化率。网络广告的转化次数包括两部分，一部分是浏览并且点击了网络营销广告所产生的转化行为的次数，另一部分是仅仅浏览而没有点击网络广告所产生的转化行为的次数。由此可见，转化次数与转化率可以反映那些浏览而没有点击广告所产生的效果，同时，点击率与转化率不存在明显的线性关系，所以出现转化率高于点击率的情况是不足为奇的。但是，目前转化次数与转化率如何来监测，在实际操作中还有一定的难度。通常情况下，将受网络营销广告的影响所产生的购买行为的次数看作转化次数。

2. 网络营销广告经济效果评估的内容及指标

网络营销广告的最终目的是促成产品的销售，那么广告主最关注的是由于网络广告的影响而得到的收益。我们知道，收益是广告收入与广告成本两者的差，因此，网络营销广告经济效果评估的内容及指标可以概括为：

（1）网络广告收入（Income）。网络广告收入就是指消费者受网络广告刊登的影响产生购买而给广告主带来的销售收入。

（2）网络广告成本（Cost）。目前有以下几种网络广告的成本计算方式，即按千次广告播映率所付出的成本（Cost per Mille，CPM）、按千次广告点击率付出相应的成本（Cost per Click，CPC）、每行动成本（Cost per Action，CPA）。

CPM 是目前应用最广，也是使用起来最简单的指标。广告主投放网络营销广告的费用是一个明确的数字，而广告曝光次数是由 ISP 或 ICP 直接提供的，所以 CPM 能够很容易地计算出来。然而 CPM 的真实性要受到质疑，这是因为广告曝光数字是由 ISP 或 ICP 提供的，他们为了宣传其网站经营效益，必然要夸大曝光数字。这样，网络广告的 CPM 的客观性要降低，不能真实地反映网络广告的成本。

CPC 也是目前常用的指标，这一数据的产生是基于点击次数计算出来的，而点击次数除了 ISP 或 ICP 提供外，广告主是可以自己进行统计的。所以，利用 CPC 在一定程度上限制了网站作弊的可能，在很大程度上提高了评估的准确性。但是如果一个浏览者点击了广告而没有进行下一步的行动就关闭了浏览器，那么广告效果只是停留在曝光上，CPC 的数值就比实际情况偏小，这是不科学的。由于 CPM 和 CPC 两个指标都存在一定的局限性，所以有人提出了 CPA 指标。

CPA 指标对于广告主是最有借鉴意义的，因为网络营销广告的最终目的就是促进产品的销售，这是通过消费者的行动来实现的。但是由于目前技术的限制，很难将那些在网络广告的影响下产生实际行动的数字准确地统计出来，所以这个指标应用起来受到了很大的限制。

3. 网络营销广告社会效果的评估内容及指标

网络营销广告的社会效果主要是对广告活动所引起的社会文化、教育等方面的作用。无论是广告构思、广告语言，还是广告表现，都要受到社会伦理道德的约束。评估网络营销广告的社会效果，受一定的社会意识形态下的政治观点、法律规范、伦理道德以及文化艺术标准的约束。意识形态不同，约束的标准也不同，甚至相反。对网络广告社会效果的评估，很难像对网络广告传播效果和经济效果评估那样用几个指标来衡量，因为网络营销广告的社会影响涉及整个社会的政治、法律、艺术、道德伦理等上层建筑和社会意识形态。所以，网络营销广告社会效果只能用法律规范标准、伦理道德标准和文化艺术标准来衡量。

（二）网络营销广告评估所需数据的获得方式

网络营销广告效果评估的一项基础的工作就是获得统计数据，这是评估工作得以进行的前提。目前，网络营销广告效果评估数据主要通过以下三种方式来获得数据。

1. ISP 或 ICP 通过使用访问统计软件获得

就是用一定的统计软件来获得广告曝光、点击次数以及网民的个人情况的一些数据。利用这类软件，广告主可及时了解在什么时间、有多少人访问过载有广告的页面，有多少人通过广告直接进入到自己的网站。一些比较流行的软件如 AdIndex 可以跟踪网民对产品品牌印象变化的情况。同时，广告主可以通过 cookie 技术获得每个网民的 IP 地址和消费习惯，使得网络广告在网站上刊登时更具有针对性，cookie 技术可以区别不同地址甚至同一地址不同网民的信息，以此来为广告主提供不同类型的统计报表。

由于这些数据是出自各广告服务商网站自己的软件，因此这种监测模式很不合理，弊病颇多。最简单的作弊方式如网站的经营者可以不停地刷新放置有广告的页面；比较复杂的方式是利用传销中的转包手段，即网站经营者以较低的价格将广告转包给其他一些乏人问津的小网站，后者尽管访问人次较少，但如果这类网站为数众多，则其流量也是相当可观的。所以，广告客户往往对数据的可信度抱有疑虑。如果统计数据出自第三方，其可信度当然会有所提高，因此，现在广告主开始选择由第三方提供技术力量并进行广告监测的评估方式。

2. 委托第三方机构进行监测

委托第三方机构进行监测来获得评估数据广告效果评估特别强调公正性，所以最好由第三方机构独立进行，传统媒体广告在这方面已经形成一套行之有效的审计认证制度，并且也有专门的机构来从事这一工作，如美国的盖洛普、中国的央视—索福瑞等。第三方独立于 ISP 或 ICP 之外，因此在客观程度上有所提高，减少了作弊的可能，使统计数据的可信度增强。国外的 Media Metrix 这样的网络调查公司，利用对网民的随机抽样来评估网上广告行为，获得效果评估数据。目前网络广告效果评估的标准和体系还很不完善，相信随着各界人士对这个问题的关注程度的提高，不久网络广告的效果评估体系就会确立，而且评估技术和评估方法会有很大的进步，那时网络广告的效果评估将会更加客观、准确。

3. 通过客户的反馈量

这是指通过广告投放之后网站的在线提交量和电子邮件数量增加的幅度来判断广告发布的效果。

（三）选择网络营销广告监测机构的基本标准

对打算发布网络广告的企业来说，选择一个好的网络营销广告监测机构是十分重要的，这类机构正在处于发展的雏形阶段，民间也相继出现了一些组织或机构，目前对监察机构的基本认同标准主要包括：客观，公正，权威；不能"一家独秀"，要有相应的制约规则的约束；熟悉商业及市场的运作模式；熟悉广告行业的运作模式；已经或能够与媒体提供商建立广泛良好的合作关系。

（四）网络营销广告效果评估方法

网络营销广告最令人得意之处，就在于其可测量性，因而可以制定准确的收费标准，如基于广告显示次数的 CPM 计价法，或者基于广告所产生效果的 CPC（每点击成本）或 CPA（每行动成本）计价法，但是，随着 Banner 广告的平均点击率从最初辉煌时期的 30% 降低到 0.5% 以下，如果仍然按照可测量的反馈信息来评价网络广告，显然不能充分反映真实的效果。

网络营销广告的效果评价关系到网络媒体和广告主的直接利益，也影响到整个行业的正常发展。广告主总希望了解自己投放广告后能取得什么回报，于是就产生了"究竟怎样来全面衡量网络营销广告的效果"的问题。常用的方法主要有对比分析法、加权计算法和点击率与转化率的评估方法。

1. 对比分析法

无论是 Banner 广告，还是邮件广告，由于都涉及点击率或者回应率以外的效果，除了可以准确跟踪统计的技术指标外，利用比较传统的对比分析法仍然具有现实意义。当然，不同的网络广告形式，对比的内容和方法也不一样。

对于 E-mail 广告来说，除了产生直接反应之外，利用 E-mail 还可以有其他方面的作用。例如，E-mail 关系营销有助于我们与顾客保持联系，并影响其对我们的产品或服务的印象。顾客没有点击 E-mail 并不意味着不会增加将来购买的可能性或者增加品牌忠诚度，从定性的角度考虑，较好的评价方法是关注 E-mail 营销带给人们的思考和感觉。这种评价方式也就是采用对比研究的方法：将那些收到 E-mail 的顾客的态度和没有收到 E-mail 的顾客做对比，这是评价 E-mail 营销对顾客产生影响的典型的经验判断法。利用这种方法，也可以比较不同类型 E-mail 对顾客所产生的效果。

对于旗帜广告或者按钮广告，除了增加直接点击以外，调查表明，广告的效果通常表现在品牌形象方面，这也就是许多广告主不顾点击率低的现实而仍然选择旗帜广告的主要原因。当然，品牌形象的提升很难随时获得可以量化的指标，不过同样可以利用传统的对比分析法，对网络广告投放前后的品牌形象进行调查对比。

2. 加权计算法

所谓加权计算法就是对投放网络广告后的一定时间内，对网络广告产生效果的不同层面赋予权重，以判别不同广告所产生效果的差异。这种方法实际上是对不同广告形式、不同投放媒体或者不同投放周期等情况下的广告效果比较，而不仅仅反映某次广告投放所产生的效果。

3. 点击率与转化率

点击率是网络广告最基本的评价指标，也是反映网络广告最直接、最有说服力的量化指标，不过，随着人们对网络广告了解的深入，点击它的人反而越来越少，除非特别有创意或者有吸引力的广告。造成这种状况的原因可能是多方面的,如网页上广告的数量太多而无暇顾及,浏览者浏览广告之后已经形成一定的印象无须点击广告,或者仅仅记下链接的网址在其他时候才访问该网站,等等。因此,平均不到1%的点击率已经不能充分反映网络广告的真正效果。于是,对点击以外的效果评价问题显得重要起来,与点击率相关的另一个指标——转化率,被用来反映那些观看而没有点击广告所产生的效果。

第三节 网络营销公关策略

"公共关系"一词来自英文Public Relation,简称公关或PR。公关是一门"内求团结,外求发展"的经营管理艺术,是一种信息沟通,是创造"人和"的艺术。公关的目的在于为企业广结良缘,在社会公众中树立良好的企业形象和社会声誉。

一、网络营销公关概述

网络公关(Public Relation on Line),又叫网络营销公关或线上公关,是指企业利用互联网在电子空间中实现企业和公众之间的双向互动式全球沟通,利用高科技表达手段营造企业形象,为现代公共关系提供了新的思维方式、策划思路和传播媒介。网络公关意在改善、促进公众关系和谐发展,在利用互联网传播方式的同时接受以互联网的形式跟公众交流互动,接受网民建议,用互联网铭记个体真实的历史。

网络营销公关区别于传统营销公关的根本原因是网络本身的特性和公关业发展的需要。在这两者的综合作用下,传统公关理论不能完全胜任对网络公关的指导。这需要在传统公关理论的基础上,从网络的特征和公关业需要两个角度出发对公关观念作重新的演绎和创新。但不管怎样,网络公关仍然居于公关理论的范畴,是企业公关这棵老树上的一朵新花。

公关是一种重要的促销工具,它通过与企业利益相关者包括供应商、顾客、雇员、股东、社会团体等建立良好的合作关系,为企业的经营管理营造良好的环境。网络公关与传统公关功能类似,只不过是借助互联网作为媒体和沟通渠道。网络公关较传统公共关系更具有一些优势,所以网络公关越来越被企业一些决策层重视和利用。

Internet,是人类社会从来未有过的全新的传播媒体,是21世纪信息高速公路的雏形。公关是一种组织的传播行为和传播职能,必须迅速吸收和掌握Internet这种最新的传播沟通技术,开发Internet中丰富的传播资源,发挥Internet强大的传播优势。"国际电脑互联网"主要通过电脑、光缆和现成的电话通讯线路,将全世界多个国家和地区的用户联结起来,共享资源,使其各个用户之间通过电子邮件、数据库和其他数据共享方式,得到更好的通讯与交流,形成一个全球范围的电脑互通网络。从而为现代公关提供新的思维方式、新的策划思路和新的传播媒体,为网络公关呈现出无限广阔的前景。

因此,网络公关是社会组织为塑造组织形象,借助互联网络、电脑通信和数字交互式媒体等传播、沟通手段,与企业利益相关者包括供应商、顾客、雇员、股东、社会团体等建立良好的合作关系,为企业的经营管理营造良好的环境。

一般说来,通过网络公关要达到以下一些目标:①与网上新闻媒体建立良好合作关系;②通过互联网宣传和推广产品;③通过互联网建立良好的沟通渠道,包括对内沟通和对外沟通。

二、网络营销公关的内容

(一) 网络营销公关的特点

虽然网络营销公关和传统营销公关在很多方面具有共同点,但是网络营销毕竟是在虚拟的网上世界中开展的,因此网络营销公关具有其独特之处,主要表现在以下几个方面。

1. 公关要素不同

公关由三个要素组成:公关主体、公关客体、公关中介。

(1) 公关主体。这是指公关活动的发动者,也就是谁在进行公关活动。网上公关的主体主要指网上的各种组织、团体、企业和个人。与此相关,网络营销公关活动的主体应该是利用网络开展商务活动的各种网上企业。因为网络具有互动的特性,所以这些网上企业在网络营销公关活动的几乎所有环节中都能发挥主动作用,这是网络公关主体区别于传统公关主体的重要特征之一。这一特征使得网络营销中的公关与传统营销中的公关相比具有更大的促销优势。

(2) 公关客体。也称公关公众,这是指公关所要影响的对象。网络营销的公关客体是指与网上企业有实际或潜在利害关系或相互影响的个人或群体。网络社区就是最典型的网络营销公关客体。网络社区有两种类型,一种是围绕网上企业由利益驱动形成的垂直型网络社区,包括投资者、供应商、分销商、顾客、雇员和目标市场中的其他成员等。另一种是围绕某一主题形成的横向网络社区,包括生产类似产品和提供相应服务的其他企业,以及同网上企业一样面临类似问题与分享相同价值观的个人、社会团体、行业协会及联合会等其他组织。他们活动的主要场所是网络论坛、新闻组、邮件列表等。这两类网络社区成员都和相关网上企业存在着实际的或者潜在的利害关系,所以他们都是网上企业的公关的客体。

(3) 公关中介。这是指以什么为媒介开展公关活动。网络公关的活动场所是虚拟的网络世界,因此网络公关的中介应当是特意为这个虚拟世界设计的 E-mail、Internet 邮件列表、新闻组和网络论坛等。

2. 主动权不同

网络营销的公关能使企业掌握更多的主动权。在传统的新闻传播中,编辑、记者、导演等人的权力很大,他们扮演了最后裁判的角色。企业的新闻消息是否见诸当天的报纸,由他们决定;新闻消息的表现风格和隐含的内容,由他们决定。他们完全可以从个人的好恶出发,主观地认为这则消息不会引起读者的注意而粗暴地将其"枪毙"。换言之,在传统的新闻传播中,企业新闻稿发布的主动权不掌握在企业手中。网络营销中公关活动的新闻传播可以避免传统营销新闻稿发布的这种缺陷。网络可以使企业直接面对社会公众，在网络上，企业可以避开必须面对的对企业新闻发布操有生杀大权的编辑、记者、导演等这些充当裁判员角色的人员。企业可以直接通过网上论坛、新闻组等方法发布企业新闻。企业新闻发布的主动权完全掌握在企业自己手中。

更重要的是，企业利用网络发布新闻，在影响社会公众的同时，还会影响传统媒体中的编辑、记者、导演，一旦把他们的注意力吸引到本企业在网上发布的新闻，激发了他们对这些新闻的浓厚兴趣时，他们会主动在传统媒体上对企业的这些新闻进行宣传，这实际上是无代价的企业公关活动。

3. 时限不同

事实上，网络营销公关中的新闻传播已经使期限变得毫无意义。网络公共关系中的新闻传播与利用传统的报纸、杂志发布新闻，最根本的区别在于：报纸或者杂志的发布都有一个时间周期，月刊一个月才发布一次，周刊一周发布一次；即使是日报，其新闻消息也只能一天发布一次。而利用网络进行新闻发布却可以全天24小时滚动发布，企业可以随时将有关新闻上网发布。这一事实将对企业的公关活动产生深远的影响。

4. 对象范围不同

网络营销公关的对象可以做到"一对一"。传统公关活动都是针对某一特定群体的，传统公关活动的内容也是针对某一特定群体的现状和特点进行设计的。但是网络营销中的公关活动改变了这种状况。E-mail是网络公关常用的公关中介之一，因为E-mail具有即时互动的特征，所以企业在利用E-mail组织公关活动时，完全可以与社会公众建立"一对一"的信息交流与沟通。

（二）网络营销公关的优势

网络公关的中介和传统的公关中介没有太多的差别。网络公关和传统公关都能实现以下目标：①建立公司更有利的形象；②将产品显露给更多的公众；③在目标顾客中增强形象、提供信息并创造对产品的需求；④和新顾客建立关系；⑤巩固和老顾客之间的关系。

但网络公关与传统公关（这里指通过报纸、杂志、电视、广播等媒体进行的新闻传播）相比，有着以下更加明显的优势。

（1）由于网络互动的特点，使企业能掌握公关的主动权，能够在对公众（客体）产生直接影响的同时与新闻记者建立良好关系。在传统的新闻传播中，编辑、记者、导演等人充当"守门员"的角色，他们决定企业的新闻风格和发布与否。与传统新闻传播的这种局限相比，网络给企业的公关活动提供了巨大无比的机会。网络使企业可以直接面向消费者发布新闻而不需要媒体的中介，这是一个极为重要的革命。网上企业通常是通过网络论坛、BBS、新闻组、E-mail及其他方法直接发布企业新闻。运用适当的完全符合网络礼仪的网上公共关系，对企业和顾客来说都是一笔巨大的财富，同时它可以影响公众和记者。

（2）互联网对新闻传播产生的另一个深远影响是期限的消失，不像报纸或杂志只能每天或每月发行一次，在网上可以全天24小时随时发布新闻，这有点类似于广播新闻，一有消息更新即可播出，而不限制每天固定的发布时间或每天的发布次数。这种改变对公关人员来说既是机会也是挑战。记者需要更多的信息,企业新闻发布的机会也增多了,但是同时那种慢节奏的公关工作方式也不复存在。以前,你去走访一个每周二出版的商业刊物的记者时,你知道他在下周一之前不可能刊印你的企业的新闻。现在的情况是,也许在你返回你的办公室之前,你的新闻已在网上发布了。这种改变对公关专家来说,意味着他们不能控制新闻发布的时间安排,这就要求企业公关专家能及时将企业新闻发送给所有的记者。给记者发送拖延了的信息,会让记者有一种被人轻视的感觉,即使这则新闻是昨天刚发生的。需要提醒的是,网上企业的信誉难建立,易丢失。记者在网上很容易核查企业提供的新闻的真实性,有时他们甚至会因为虽然是准确但不完整的数据而惩罚企业。

(3) E-mail即时互动的特性使得网上公关具有创建企业和顾客"一对一"关系的优势。

(三) 网络营销公关的方式

公关,无论作为一种思想、观念或者人们的一种行为方式和技巧,在人类历史发展的不同时期,都有着不同程度的发展。它为现代网络公关的产生和发展打下了坚实的基础。互联网给营销公关注入了新的方式。

目前,技术条件下的网络公关主要运行方式有以下方面。

1. 信息搜集

网络使得公关资料的信息容量远远超过了传统传播方式下所能得到的资料。一方面,组织可以密切监测公共论坛等场合中对公司的评论和态度,辨识顺意公众、逆意公众和独立公众,或者通过查询相关的新闻组、网络论坛来发现新的利益群体,研究市场态势,为组织提供有价值的信息。另一方面,公众可以在线直接查询企业数据库及相关信息,与该组织联系,了解该组织的有关情况,从而对该组织的整体印象做出自己的评价。这就要求该组织的基本出发点是"为了满足顾客需求",站点的设计特点之一就是便于顾客的使用,使顾客能够直接反馈信息。对于企业来说,这种顾客直接反馈系统可以激发工作人员的想法,提高质量。这样,供应商、零售商、顾客的重要参与形成了一个互动的系统。

对于外部公众,组织要采取不同的信息搜集方式。如对竞争者、政府、媒体、社区公众,就和对顾客群体的方式不同。应该通过研究不同的公众特点及其在网上的活动方式,开展有针对性的信息搜集工作。同时,方便快捷的网上调查,将使组织以更经济的方式快速得到需要的资料和信息。调查,是就公众对该组织形象的评价进行统计分析,用数据或文字的形式显示公众的整体意见,或者就某一具体公关活动条件进行实地考察。通过调查,可以使一个组织准确地了解其在社会公众中的形象地位,从而策划有效的公关活动方案,及时有效地把握公众舆论。而网络使调查变得经济且更具时效性。

2. 信息发布

网络使得一个组织可以不需要新闻记者或编辑的介入,直接面向公众发布新闻和信息。虽然由记者采写的新闻对企业有很大的价值,但媒体会对新闻稿进行删改,可能产生信息失真。因而组织很有必要自己发布信息。通过网络发布信息的方式有很多种。目前，可以通过网上新闻服务商直接发送公司新闻，公众可以用关键词搜索，找到这则新闻。可以在自己的站点上发布，还可以在与本组织有关的网络论坛上招贴相关新闻稿。采用电子邮件的方式则需要慎重，以免引起反感。组织还可以通过举办网上新闻发布会和网上年会向自己的公众发布信息。国外有此先例：Bell & Howell 曾首次在网上举行年会。所有股东利用公司免费提供的软件参加年会，并可通过电子邮件向董事会提问。许多重要的报纸都报道了这一消息。此外，网上论坛等场所经常举办一些研讨性质的特定专题讨论，组织可以经常出席，为论坛提供有价值的判断和见解。这有助于提高组织的知名度、树立专家形象。出于提高论坛专业性的考虑，论坛的系统管理员也欢迎这类信息。组织还可创建新闻稿页面，提供简明扼要的专题文章，就某些问题提出富有洞察力的建议、实际操作步骤等。如果组织在心理学方面有专长，可以写一些类似"缓解紧张感的十种方法"等话题的文章，其中摘要和关键字必不可少，以便检索。同时可以鼓励其他媒体对文章的采用，使其广泛传播。在发布新闻方面，随着技术的进步，将会有更多的新手段、新方式出现。例如，运用多媒体方式，包括音频、视频、图片、文本、动画等多种表现形式或者组合发布新闻和信息。这将有助于信息传递更生动、有效和互动。

3. 建立公众档案

网络的便捷使组织可以及时掌握公众的最新资料，了解其需求状况和发展动态，使资料经常更新，得到最接近现实状态的公众信息。除了对公众数量的控制增多以外，还使组织掌握更多有关公众的资料，不仅可以达到内部资源共享，而且对企业描述未来发展趋势及战略选择，有着不可低估的意义。但由于网上信息众多，因而对信息的利用和管理有着一定的难度。我们不可能对所有的公众一视同仁，而必须有所侧重。这就要用到 ABC 分析法，区分出首要公众、次要公众和边缘公众，有利于组织集中主要的人力物力有效地开展公关活动。对登记在案的顾客信息，组织要非常珍视，不可滥用，恪守对顾客负责、为公众服务的信条，赢得顾客的信任。这样才能更好地提升组织在网上的知名度和美誉度，从而延伸到现实的组织实体。

4. 进行个性化公关

在传统公关中，对公众的刻画是粗线条的、群体式的。先进的互联网技术使得组织有能力获得公众更详尽的资料，根据所得的较为详尽的个性化资料进行公众化的服务。需要注意的是，组织对公众的问题应该尽量快速详尽地予以答复。国外著名的 CISCO 公司的经验是：利用客户数据库，使一部分用户获得密码，允许他们接近公司某些重要的信息，而对另一部分用户则保密。这样，公司能灵活地按照不同类型的顾客创建内容和服务，同时将客户的问题分层分类，公布回答各类问题的优先顺序，还公布各层次问题的时间限制。如果出现的问题涉及某人的根本利益，那么，公司就建议此人打电话。北京市政府创建的首都之窗网站，从 2001 年 8 月起日均访问达 4000 次以上。这种电子政务的方式也可以认为是一种个性化的公关手段。通过政务公开、办公便民，使北京市民对市政府的印象有了很大的改观。由于网络全球化特点，使跨地域传播成为可能。如何进行广域受众管理，针对有着很大文化差异和时空差距的公众开展有效公关，是一个新的课题。

5. 内部信息共享

重复的调查和信息处理对整个组织来说是一种浪费。公关部门的调查资料和组织内部其他部门之间的信息在某种程度上达到共享，将会有效地提高组织的工作效率和效果，抓住发展时机，有效地实现组织的目标。网络公关利用局域网技术实现这种资源共享是相当方便的。目前开发的很多内部管理软件也使这种共享成为可能。但这是有前提的。它要求组织的信息系统本身要流畅缜密；明确各部门的工作内容、性质、职权、职责的关系；信息按既定路线和层次进行有序传递；在信息联系中心设置称职的管理人员；保持信息联系的连续性；对信息的更新和删减由专人负责；等等。

6. 互动传播交流

社会组织利用网络技术通过多媒体等丰富的表现方式，创造出某种氛围，在潜移默化中展示自己的形象。这不是强制的、单方面的宣传和灌输，而是在遵循网络礼仪的情况下，充分利用网络舆论和网络传播的优势来协调与公众的关系。组织可以建立网上社区，在社区内提供知识性、趣味性、互动性的信息或者游戏。例如洪恩在线（www.hongen.com）网站，是北京金洪恩电脑软件公司创办的一个网络社区。洪恩利用其制作英语学习软件的优势，创立了该网站。上面不仅有学习英语的各种知识，而且有很多近几年相关的热门考试信息及话题。最值得一提的是该站点丰富的论坛及其运行机制。成为该站会员的网民大都是文化程度比较高的年轻人，话题十分广泛，其中大多是固定的网络成员。这个站点是我国比较成功的网络公关站点之一。又如阿里巴巴网站在人才招聘上很有特色。它不像许多公司那样，一方面大肆宣传人才招聘，另一方面对众多的求职者在收到简历后简单地说句"等着吧"就杳无音信，该站在招聘后，对落选者一一发出电子邮件，告知对方"您已被纳入本企业的人才数据库，等有空缺时希望有机会合作"。这种做法对企业来说只是举手之劳，对公众却产生了意想不到的效果。对于这种能经济、快捷地提升企业形象的做法，我们何乐而不为呢？

（四）网络营销公关策略

1. 与新闻记者建立友好关系的策略

（1）坦诚。由于企业的信誉在网上难建易失，且记者们利用网络更容易查清信息是否真实，所以与新闻记者建立友好关系的第一条原则就是要开诚布公。

（2）有用的信息来源。与记者建立友好关系的另一个重要策略是使自己成为他可依赖的有效的信息来源。要想做到这一点，应当注意以下几方面：①对记者的请求、提问及时回复；②根据记者的需要积极为他们提供企业、产品等各方面的信息；③使记者能和企业中掌握信息的人员顺利接触；④全面细致地了解企业、产品的情况；⑤了解竞争者的有关情况；⑥了解整个行业的情况；⑦如果对一些问题暂时不能回答，坦率地承认并许诺竭力找到问题的答案。

（3）利用 E-mail 和记者联络。利用与电话联系相比有许多优点。记者们通常要花大量的时间出席新闻会议、展览会、采访新闻人物等，电话联系的效果常常很难令人满意，而且费用较高。则可以较好地克服这些问题，因为 E-mail 没有时间段的限制，所以记者可以在任何空闲的时候根据情况给予为答复。实际上有很多记者每天都要检查

E-mail 信箱好几次，而且通过 E-mail，企业可以得到记者的明确答复。目前，对 E-mail 这种通信方式持积极欢迎态度的记者多数是报道科技界新闻的，但随着互联网技术的进一步发展以及人们的网络意识的增强，不久的将来这种通信方式将会为大多数的记者所接受。

（4）考虑记者接受信息的方式。不是所有的记者都欢迎 E-mail 这种通信方式，有的可能喜欢你发传真、邮寄或打电话给他。MediaMap 公司的调查发现，只有 20% 的报道科技界新闻的记者热衷于使用 E-mail，但预计这种情况会渐渐改变。所以在向记者传递信息之前，首先要问清楚他喜欢哪种信息 E-mail。

（5）不要滥用 E-mail。使用 E-mail 时要注意以下几点：①请勿同时给许多记者发同一个 E-mail，因为很可能会出现报道冲突的情况；②不要通过读者反馈的 E-mail 地址给杂志社发电子邮件，这样做你的邮件可能到不了记者手中；③在你参与新闻组或邮件列表时，要以公司新闻发言人的身份发送 E-mail，否则记者可能会以为你是其他人员，你的意见不能代表公司的意见，从而不会重视你的信息。

（6）在新闻组、邮件列表等场所发现记者的要求。精明的网络记者会在网络论坛、新闻组等场所招贴他的要求，征求信息、采访对象等。通过网络论坛、邮件列表上的信息，发现记者的需求，及时回复他们的请求，这些都是与记者建立关系的有效方法。

（7）参与由记者、编辑主持的网上闲谈。很多记者、编辑经常主持一些杂志的网上闲谈、网上会议。在这些场合，你可以通过发言、提问等方式给他留下深刻印象。

2. 电子推销信的写作策略

公关中的一种常用策略是给相关记者发送电子推销信。写电子推销信要遵循简洁的原则，直切主题。电子推销信全文最好不要超过一个屏幕的大小（24 行）。根据记者的需要合理安排内容，不同的记者需要的信息重点也不相同，所以公司给所有的记者都发送内容重复的电子推销信不太合适。在发送电子推销信时，要先考虑记者的目标公众是以下哪一种。记者的目标公众不一样，他们所写文章的侧重点也不一样。如面向零售商的新闻记者要寻找的信息是制造商采用哪些激励措施来刺激零售；面向广大消费者的记者则寻找他的读者感兴趣的新产品的信息；面向垂直市场的记者要了解介绍新产品对公司的股票会有什么影响等。了解了记者的信息需求，可使公司的电子推销信更有效。

标题要富有吸引力。标题是在记者 E-mail 信箱中显示的有关新闻的第一行信息，所以它的吸引力具有重要意义。在电子推销信的末尾添加一个返回到公司的链接，请求记者给予答复。如果你想在网上寻找记者，可以通过以下途径实现：①在杂志、报纸的发行人一栏中查找，现在越来越多的杂志、报纸已列出记者们的 E-mail 地址；②在展览会、新闻发布会等场所遇到有关记者时可当面询问他的 E-mail 地址；③通常记者的名片总有他的 E-mail 地址，或在文章的末尾也会附上他的 E-mail 地址。

3. 网络社区的公关策略

网络使企业直接面向社区发布新闻成为可能，而不需要新闻记者或编辑的介入。虽然由记者采写的新闻对企业有很大的价值，但也不应忽视企业直接面向网络社区发布新闻的作用，这是因为记者或编辑会对新闻稿作删改，不可能完全从企业的角度写作。他们对企业的新闻稿常见的可能处理方式是：完全放弃；全文印发（这是非常罕见的情况）；部分采用（但不加任何评论）；部分采用（加入竞争者的评论）；部分采用（加入分析家的评论，改换了你的观点）；部分采用（和竞争者的内容放在一起同时编发）；删除了支持你的主要观念的关键事实。

直接面对网络社区的公关策略如下。

（1）通过网上新闻服务商直接发送公司新闻。这样可以避免新闻媒体的介入，直接面向网络社区发送公司的新闻稿。社区成员可以用关键词搜索，找到这则新闻。通常利用网络新闻服务商发送新闻的费用比在传统媒体上的花费要低得多。

（2）在自己的站点上发布新闻稿。这是越来越多的网上企业都要用的策略。

（3）在与本公司有关的网络论坛上招贴公司新闻稿。公司采用这个策略时首先要选择相关的论坛，并确信这个论坛系统管理员允许在其论坛上招贴新闻（可先给论坛系统管理员发送一个询问函，在得到肯定答复后发送新闻）。

（4）创建面向网络社区成员的单向邮件清单。通过创建面向顾客、零售商、编辑及其他网络社区的重要人物的单向邮件清单，及时将公司新闻发送给他们，可以巩固和提高公司与他们的关系。邮件清单是一种允许你将信息发送到清单地址上的 E-mail 信息中的工具。采用这种策略需要注意的是，要得到每个清单中成员的同意，才可将公司信息直接发至他的 E-mail 信箱，否则就会违背网络礼仪。

（5）帮助网络社区成员解决问题。公司对网络社区的无私奉献会得到真诚回报。通过为网络社区成员提供有用的富有创见的信息，可以提高公司形象，建立公司的网上信誉，这对公司尤其对网上企业来说可谓是无价之宝。

（6）提供简明扼要的专题文章。这类文章就某些专题提出富有洞察力的建议、实际的操作步骤等，这样做能给人一种该专题专家的印象，有利于企业形象的树立。人们非常欢迎这类文章，因为它不仅信息量大，而且简短易读。这类文章也容易写作，首先陈述问题，然后提出几点意见或步骤。

（7）鼓励其他途径对文章的采用。竭力鼓励其他途径免费采用文章，可以提高企业知名度，为企业创造利益来源。

（8）利用网上会议建立面向网络社区的公共关系。互联网和网络服务商能为企业提供多种形式的网络会议的服务。

（五）网络营销公关的主要原则

1. 及时性

企业在进行网络公关活动时，公关信息应及时传播，企业应整合网络公关与同步的营销活动，否则网络市场瞬息万变，活动的稍微延误将使企业错失良机。

2. 一致性

企业在网络进行的公关活动，应作为企业市场活动的一部分，符合企业整体形象的要求，网络公关与传统公关相辅相成，或传递同一个信息，或各有侧重点，这与企业的经营目标是一致的，不可自相矛盾；否则可能使顾客无法正确理解公关活动所传达的企业信息。

3. 针对性

企业的网络公关活动，应本着承前启后的原则，为处于不同阶段的顾客进行服务。对于潜在顾客，把握顾客的真正需求，讲述产品的优势；对使用中的顾客，征询顾客对产品的意见；对于对产品有抱怨的顾客，要摸清抱怨的原因，分析问题是出于顾客还是出于企业，并提出解决的办法。

4. 联系性

企业的网络公关作为沟通企业与顾客的途径之一，是一个连续的过程。公关活动的长期中断，将会疏远企业与顾客之间的关系，不利于顾客忠诚度的建立。

三、基于互联网的事件营销

（一）事件营销概述

1. 事件营销的概念

事件营销（Event Marketing），是指经营者在真实与不损害公众利益的前提下，有计划地策划、组织、举办和利用具有新闻价值的活动，通过制造有"热点新闻"效应的事件，吸引媒体和社会公众的注意与兴趣，以迅速提高企业品牌的知名度和美誉度、塑造企业良好形象，最终促进产品或服务销售。简单地说，事件营销就是通过把握新闻的规律，制造具有新闻价值的事件，并通过具体的操作，让这一新闻事件得以传播，从而达到广告的效果。事件营销在公关营销中，屡屡被证明是一种强有力的手段和方式。

2. 事件营销的优势

事件营销有几个其他营销手段无法比拟的优势：

（1）投入小，产出大。据有关人士统计、分析，企业运用有创意的事件营销手段取得的传播投资回报率，能有效地帮助企业建立商品品牌的形象，直接或间接地影响和推动商品的销售。

（2）消费者的信息接收障碍比较小。事件营销的传播最终体现在新闻上，有效地避免了像广告被人本能排斥的情况发生，观众对于新闻的信任程度远远要高于广告。

（3）避开由于媒体多元化而形成的噪音干扰，提升企业品牌的注目率。

（4）传播深度和层次要高。一个事件如果成了热点，会成为人们津津乐道、互相沟通的话题，传播层次不仅仅限于看到这条新闻的读者或观众，可以形成二次传播；而相比之下，广告的传播一般说来，只是看见的就看见，没看见的就没看见了，传播仅局限在一个层面上。

事件营销之所以效果显著，与消费者喜好热闹的天性有关。特别是国人大都热衷看热闹，如能很好地策划、利用某一事件激发人们的好奇心理，营销者将会收到良好的市场促销效果。

3. 事件营销的特征

事件营销也和其他的许多事物一样，有其自身固有的特征；分析和研究事件营销的特征，有助于我们更好地了解和把握它。事件营销有如下特征：

（1）全局性。事件营销所具有的全局性有两个层面的含义：一个指的是对事件的内在价值要做通盘筹划，全局性思考。有的事件的利用有可能会对企业自身产生不良影响，有的则是正势反势都有，关键看事件营销策划者如何把握利用了。利用得好当然是没有问题，利用得不好则有可能会剑伤自身，要事先预留好防范措施，不要临时抱佛脚，因为一旦应对失措，将会造成无可挽回的后果。

另一个指的是事件营销并非一个策划、一个创意就可以了，而是全局的系统工程，不仅仅涉及市场营销部门，而且涉及人力资源、财务、后勤保障、行政等诸多部门，一般需要老总亲自挂帅，统筹全局，才有可能成功。

（2）相对性。事件营销并非小企业的制胜利器，而是大企业、小企业都可以使用。著名的如IBM的"深蓝"计算机与卡斯帕罗夫争夺国际象棋棋王的事件，就是一个堪称经典的事件营销，最后卡斯帕罗夫以2.5比3.5的比分败给电脑"深蓝"，IBM计算机因此而名声大噪，成为当时计算机业的霸主，甚至就连开发维护"深蓝"计算机的技术工作人员都个个身价倍增，其中的两名主创者都被其他公司分别以高薪挖走，一时在业界声名鹊起。

但在决定事件营销时，必须考虑投入产出比，要权衡利弊，不可做不自量力的事情。例如像奥运会这一盛事，如果有哪个公司可以争得总冠名权，那再默默无闻的公司也会一举扬名天下知，问题是一是这是不可能的，二是这样所需的资金要数以十亿百亿计，相信也没有什么企业可以负担得起。所以说事件营销的相对性就像买东西时的性能价格比一样，是企业要事先考虑权衡的。

（3）可控性。事件营销虽然具有全局性和相对性，但并非是不可控的。事件营销的精髓就在于以创意创新来利用事件、驾驭事件，因此，事件营销具有可控性。事件营销的可控性表现在以下三个方面：①事件营销是可以事先筹划，周密安排的。例如2008年北京奥运会就是一个大商机，如何根据其规模、影响、具体时间等为契机进行企业的营销工作，就需要企业事先做出周密部署和安排。②对一些突发性事件要知道如何利用，怎么利用对自己利益最大又没有牵强附会之感，这就要求企业管理人员和营销人员善于审时度势，在最短的时间内权衡利弊，正确处置。③在无从筹划，又没有什么突发事件可以利用的情况下，要善于创造事件。这一点最可以看出营销人员的功力，因为这样做可以考虑我们企业的长远发展、品牌建设、市场划分等，根据消费者的好恶来进行策划。最成功的事件营销应该是那种达到了企业营销的目的，同时又看不出策划的迹象，即类似于武林高手在武功达到巅峰时的那种"无招胜有招，无剑胜有剑"的境界。

（4）二重性。事件营销具有矛盾的二重性。一方面良好的事件营销可以让企业扬名千里，声誉大振，另一方面事件营销如果不合消费者口味，不合道德规范和法律约束，甚至因有炒作嫌疑而引起消费者的反感，那就会反过来剑伤自己，以至于断送产品或企业的前途。

虽然说市场营销本来就是风险与机遇并存的，但由于事件营销的特殊性，对这一矛盾就表现得更加淋漓尽致。风险是会带来企业营销损失的潜在因素，而机遇则是会给企业营销带来收益的潜在因素。机遇与风险同在，构成了事件营销的矛盾二重性。所以，如何利用好事件的矛盾二重性，给企业带来尽可能高的收益，就成为我们必须研究的课题。

（5）不确定性。企业的营销活动或营销事件，其结果有多种可能，各种结果出现的可能性即概率的大小是不一样的。人们无法准确预知哪种结果会出现，这种状态就是不确定性。不确定性分为客观不确定性和主观不确定性。客观不确定性是指实际结果与预期结果的差距，多是由于环境变化、差错以及其他不可预知的因素造成的；主观的不确定性是个人对营销事件的认识和评估，它同个人的知识、经验、精神和心理状态有关。不同的人对同一事件的预期、实施及反馈会有不同的理解和主观判断，构成了主观不确定性。

事件营销的不确定性要求我们要事先考虑周全，形成完善的方案，也要求我们能够因势利导，这样才能最大限度地把握成功。

（二）互联网对事件营销具有积极作用

1. 概述

事件营销会发动很多潜在的消费者参与。这其中暗含的一个条件是：这些潜在消费者具有更大的主动性。他们对于事件本身具有更多认知，更容易记住营销内容。因此，对产品的认知也就更加深入。

互联网的存在让事件营销获得了"新生"。在最短时间内发动大量的人做事，没有比互联网更为便宜和快捷的媒介了。所以说，运用互联网进行事件营销，应该也是未来广告的一个发展趋势。

互联网本身还是内容的载体。基于目前互联网的 WEB 2.0 模式，网络的很多内容本身都是由消费者制作生成的。某个消费者在进行了某次购买之后，可能到网络社区中记录下使用某商品的感受，这些内容就成为其他消费者进行商品选购的一个意见参照。

每个消费者在网络传播中，不仅是一个信息接收者，同时还是一个信息发出者。由此扩散出去的信息，在无形中形成了大众的口碑营销。这种双向互动的网络传播特性，无疑对事件营销具有积极的作用。

2. 互联网对事件营销的积极作用

根据 20 世纪末的一项调查，76% 的美国人获知重大新闻的渠道是电视和有线电视，9% 的人通过无线电广播，25% 的人依赖印刷版报纸，另外 12% 的人已经把票投给了互联网。互联网已经成为人们获取新闻的主流渠道之一。

从传播的角度分析，互联网开创了人际传播、群体传播和大众传播在同一载体同时并存的新的传播形态。而对于企业制造的事件营销而言，这种新的传播方式带来的空间主要存在于以下方面：①互联网快速反应，使公关事件可以在最短的时间内进行传播；②互联网为其他媒体形式提供了更多的新闻素材，促进了其他媒体对新闻的转载；③网络的可参与性，可以使一个公关事件引起更多的讨论；④互联网使多个资料库互相连接，一些成功的、经典的事件营销可以在出现相关新闻时随时被链接出来。

简单来说，新闻传播的过程可以表示为：信息采集—选择—加工—发布—反馈。互联网的出现完全影响了新闻传播整个的过程，从而对事件营销起到以下积极作用。

（1）互联网提供了更快的新闻通道。在互联网出现之前，及时的更新信息已经是新闻媒体追逐的潮流,发达国家的广播电视已经实现 24 小时播出。每一小时滚动播出一次新闻。日报也开始印刷不同时段"版本"以跟进最新的内容。通讯社的新闻竞争甚至进入以分钟计的阶段。但是,传统媒体总是会面临诸多的其他工作环节,比如后期的编辑、印刷、发行等。电视和广播节目虽然可以实现现场直播的功能,但受到节目设置安排的限制。互联网出现以后,由于新闻的发布不需要经过太多环节,所以"及时"地发布新闻更加成为可能。所以,一些重大的商业事件也完全可以借助这种及时的力量不受空间限制地得到传播。

2003 年 7 月 25 日到 8 月 2 日,西班牙皇家马德里足球俱乐部受邀到中国参加了一场友谊比赛。中国以国内最顶尖的足球运动员来和这个俱乐部球队抗衡。由于众多世界指知名的体育明星出现,所以这一事件引起了广大体育爱好者的兴趣。从 7 月 25 日皇家马德里足球队抵达云南昆明开始直到离开为止,皇马超级巨星的一言一行都以最快的速度在互联网上得到了传播,而这一比赛的其他花絮,赛事赞助者等都在同一实践搬到了互联网上。云南红塔集团等赞助商也随时出现在人们视线里,对促销云南红塔集团产品起到积极作用。

(2) 互联网让事件营销更容易被转载。目前的记者可以通过互联网搜索到无止境的信息,接触到以前根本接触不到的秘密的信息,而且几乎不受空间的限制。记者还可以进行网上调查,迅速取得专家的反馈。美国哥伦比亚新闻研究生院和纽约米得博格协会对 3400 名新闻从业人员的调查表明,上网作为获取新闻线索和新闻采访的手段,其地位已经仅次于报纸记者的面对面采访和杂志记者的电话采访。一个发生在天津的事件,在被当地的媒体报道以后,消息可以迅速地传播到互联网上去,然后这则消息就会被海南岛、新疆、云南的媒体编辑注意到,只要消息本身具有足够大的新闻价值,它就会被人们发现和阅读。所以,对于事件营销的策划人来说,只要有一个足够引起人们关注的新闻点,你的新闻马上可以传遍整个世界。

(3) 互联网提供对事件营销更方便的反馈和参与。互联网提供了人们可以广泛地发表意见的场所。尤其是网络 BBS 论坛的形式,使人们可以自由发表对重大新闻事件的观点看法。在此之前,如果人们对某一个事件有了看法,只可以在小范围内通过口耳传播的方式进行。真正把意见传达到大众媒体然后再广泛传播开去的,少之又少。但是互联网不同,只要你有了不同的声音,随时可以写到网上去,全世界的人都可以看到。企业策划的事件营销往往具有一定的争议性,这种争议在网上爆发以后,就可以非常容易地把这一事件扩大化,从而满足企业的初衷。互联网也为经营传统媒介的媒体提供了除书信、电话、问卷调查之外的新的反馈渠道,可以实现在线信息采集。

(4) 在互联网上事件营销不担心被编辑删减。1998 年 1 月 17 日深夜,一个名叫麦特·德拉吉的自由撰稿人,在他的个人网页上最早发布了克林顿与白宫实习生莱温斯基性丑闻的消息,迅速掀起了美国新闻史上前所未有的绯闻报道狂潮。人们称之为麦特·德拉吉现象。与德拉吉不同,之前已经获得这条令全球舆论为之震惊的消息的《新闻周刊》,在付印前一分钟抽掉了这条十分敏感的新闻,因为长期形成的媒体意识使他们认为没有理由认为公众的知晓权比私人的隐私权更加重要。

对于具有商业味道的事件营销新闻来说,传统媒体的编辑总是有非常多的戒律,他们会尽量把新闻中的商业气息冲淡。但是在互联网上，由于相对把关权的分散，新闻本身的新闻价值事实上是相对更加重要的。在互联网出现之前，新闻信息总是通过少数的、集中的、相对易于控制的新闻媒体把关，再传播给分散的不定量的受众，而互联网使得信息把关权被分散掉了。简单地说，要在传统的媒体上发布信息，可是要花点工夫的，但是要在互联网上发布事件营销信息，那可就简单得多了。只要你有一台电脑、一根细细的电话线，再加上你几个灵活的手指就可以了。

（5）只要是好的事件，就生命长青。互联网上的新闻成品与传统的新闻有很大不同。数字化使传统媒介难以做到的多媒体报道在网上十分普遍。现在，记者编辑在写作和加工稿件时，都将文字、照片、图表、音频、视频材料结合起来处理。多媒体的新闻模式可以加深人们对新闻的感兴趣程度，同时也可以加深人们对新闻的理解和记忆。

网络链接的使用，不仅一些重大的旧闻在网上永久停留，而且使之成为新的新闻报道的有机组成部分。旧闻的存在真的是太重要了，这意味着你精心策划的一个案例可以永远地被人提到，唯一的关键就是，它值得与否。

案例一 新疆青少年出版社图书"双十一"网络营销促销

轰轰烈烈的 2013 年"双十一"（11 月 11 日）网络促销结束了，在短短的 24 小时中，马云"销售额突破 300 亿"的预言不仅成为现实，而且 350 亿的销售业绩再次向世界展示了中国人的消费热情和实力。虽然，在同比销售增长 180% 中（2012 年是 191 亿元）图书所占份额仍然不足 0.5% 的现实多么令出版人感到尴尬和遗憾，绝非其他任何形式图书促销活动堪比的"双十一"单日销售量，总还是让众多出版人在尴尬、遗憾之余又多了几分兴奋、期盼。新疆青少年出版社 2013 年是第二次参与"双十一"图书促销活动，在参加 2013 年"双十一"图书促销活动的 1100 家图书销售商（含出版社）中，新疆青少年出版社位居第 70 名（新疆青少年出版社还参加了其后的"双十二"促销活动）。销售业绩的进步是明显的，但更多的收获却非销售金额可以衡量，现就新疆青少年出版社网店参加"双十一"促销活动情况进行分析。

1. 前期准备

准备工作大体包括以下方面：

（1）图书品种组织。即对本版图书的品种、库存和以往销售情况进行统计分析，确定适合参加"双十一"促销的具体品种和存货准备。

（2）销售预热。即对本版图书中具有比较优势的图书提前组织开展促销，进一步巩固其在同类图书中的排名，如该社的美绘版"四大名著"。

（3）竞争展示位。积极与天猫商城对接，在游戏规则允许的前提下，争取图书会场各板块的主打展示，如在少儿图书 TOP100 中，该社申请到 4 个展示位，在小众图书 TOP100 中，该社申请到 6 个展示位。

（4）网页美化设计。即对网店主页和参加促销的具体图书进行页面宣传美化和文字再加工。

（5）宣传预热。该社动员汉文业务的全体编辑发微博、微信，利用网络传播途径共同参与"双十一"促销宣传，一些编辑还提前介入网店客服工作，获得了一定的网络销售实战经验。

（6）组织物流。为预防因"双十一"交通过于拥堵而致发货不畅的问题，提前与物流公司商定对策，并提前组织完成了图书包装。

（7）技术等后勤保障准备。如应对办公楼断电断网的技术支援以及网络销售的专用耗材。

2. "双十一"的销售情况

2013年"双十一"，备货图书421种约120万码洋，当日访客6704人，比平日增长1103.5%，成交额达12.68万元，比2012年"双十一"成交金额4万元的销售业绩高出3倍有余，约占网店全年总成交额13.6%，在天猫同类店铺中成交排名第70位，超越了94%的店铺。

因准备工作相对扎实，"双十一"成交的图书于2013年11月13日全部发出，比2012年提前4天。

任何事物都有其两面性。网络销售在为出版社传统经营模式打开一片天地的同时，也对传统出版社经营管理的转型提出了更高的要求。网络销售既需要熟知电子商务技术的专门人才，也需要具备良好沟通能力且熟知图书产品的导购人员，这对于更多的传统出版社而言无疑是图书发行环节的一次革命。然而，近年来国内外实体书店"多米诺骨牌"式的接踵倒下和图书电商的风生水起，昭示着未来图书发展必定是网络销售的天下，与其"坐以待毙"，不如搏一线生机。等待是没有任何意义的。尽管新疆青少年出版社相比同时参加活动的当当、博库（浙江新华）、文轩（四川新华）、凤凰（江苏新华）四大图书销售商当日成交均过千万的业绩，无异于九牛二毛；但终究新疆青少年出版社迈出了网络自营的第一步，无论成功与失败都将成为新疆出版业前行道路上的一块举足轻重的基石。

（资料来源：徐江. 尴尬之余的期盼——新疆青少年出版社图书网络促销分析. 新疆新闻出版，2014（2）.）

案例二　陕西兴平市2006年农产品网络营销促销

1. 兴平辣椒出口马来西亚

2006年7月3日，这是一个不平常的日子，陕西省兴平市汤坊乡果菜脱水厂的副厂长彭海云登上了飞往马来西亚的航班，这个首次出国的辣椒经销商带上了新买的录像机，边走边拍，到达马来西亚后，他发现了来自陕西省兴平市的辣椒在马来西亚的市场上销量非常好，很受消费者欢迎，每500克的售价在4.5马来币，在吉隆坡街头，看着宽阔的街道，他感慨地对马来西亚的辣椒出入口商荣盛有限公司的许建源经理说："兴平辣椒能卖到马来西亚，这多亏了中国农业部的'一站通'，是它让我们网上相识，网上成交，今年的成交额就有380万元人民币。"

2. 兴平大蒜出口韩国

2006年6月16日下午，兴平市赵村镇小田村的村民正在忙着整理大田中收获的大蒜，两位韩国客商的到来让这个关中小村充满着好奇的气氛。陪同韩国客商考察的是兴平市雅虎酱菜厂的厂长何为，考察期间，韩国客商在村民家中造取了大蒜样品和雅虎酱菜厂生产的盐渍蒜米样品。

一个星期后韩国客商发来传真，要采购小田村的盐渍大蒜米200吨，价格每吨达4500元，成交额达70万元，直发韩国釜山和任川，喜讯传来，村民奔走相告，这多亏了网络促销，原来兴平市雅虎酱菜厂内设了一个农村信息服务站，群众查询信息方便了，厂子固定专人在农业部的一站通、省农业厅的网上展厅上发布信息，终于引来了韩国客商，使兴平这一传统大蒜加工产业上了一个新的台阶，提高了兴平农产品的知名度和美誉度。

2006年6月25日，兴平市农业信息中心通过查询中国大蒜网、山东农业信息网等网站，发现大蒜的市场价格呈逐步上扬的趋势。信息中心在报送主管领导审签后，立即将此信息编写成短信通过兴平联通和兴平移动的形式发布给兴平市农产品保鲜贮藏协会的成员。成员得知这一信息后，增加了收购网点，收购数量稳步上升，使兴平的大蒜价格由上市初期的每斤0.8元上升到1.2元，为大蒜种植户增收1440万元，同时收购大蒜的成员也取得了可观的经济效益，达到了广大种植户与经营户成员的双赢。

3. 兴平市正东村小蘑菇创出了大市场

近日，兴平市东城办正东村村支部书记武管社的手机就没有停过，自从兴平市农业信息中心把正东村年产蘑菇1万吨的信息在农业部"一站通"上发布后，咸阳新阳光蔬菜批发市场、西安人人乐超市、胡家庙蔬菜批发市场的销售商纷纷打电话订购蘑菇。每到下午3~5时，拉运蘑菇的车就接二连三地来到了正东村，仅西安胡家庙蔬菜批发市场的订购量一天就达50吨。

4. 网络促销使企业进入e时代

西安味巧食品有限公司的采购经理张小利在网上看到兴平盛产辣椒的信息后，打电话到兴平农业信息中心核实，希望推荐厂家进行合作。兴平农业信息中心在第二天就与兴平市汤坊果菜脱水厂厂长彭武云一起把企业的营业执照等相关手续和辣椒样品送到西安，经过面对面的洽谈，双方达成合作意向，现供货额已达10余万元。

面对农业信息需求的复杂化趋势，兴平市农业信息中心及时调整思路，积极与锦丰集团、宝鸡建忠集团、顶新集团、三太子集团等知名企业联系，鼓励兴平企业参与招投标，终于使兴平市的辣椒、大蒜、面粉等成为食品加工企业的合格供应商。其中兴平市百富面粉有限责任公司为三太子集团供应面粉，成交额达240万元；兴平市宝航微生物工程有限责任公司为顶新集团供应辣椒酱、豆瓣酱，成交额达360万元。农业信息的综合应用产生了良好的经济效益和社会效益。

（资料来源：作者为兴平市农林局农业信息中心人员，信息发布日期为2007年5月27日。）

本章小结

网络营销促销是指利用现代化的网络技术来组织促销活动，向虚拟市场传递有关产品和服务的信息，以启发需求，引起、辅助和促进消费者的购买欲望和购买行为为目的的各种活动。网络营销促销与传统营销促销的区别体现在时空观念的变化、信息沟通方式的变化、消费群体和消费行为的变化三方面。网络营销促销具有网络化、虚拟化及全球化的特点。网络营销促销具有告知功能、说服功能、反馈功能、创造需求、稳定销售等作用。网络营销促销的实施包括确定网络促销对象、设计网络促销内容、决定网络促销组合方式、制定网络促销预算方案、衡量网络促销效果、加强网络营销促销过程的综合管理等六个步骤。

网络营销广告是指在互联网站点上发布的以数字代码为载体的经营性广告。网络营销广告策略的制定主要包括广告信息、广告媒介和广告时间三方面的决策。网络营销广告策划具有事前性、指导性和全局性的特点。策划分成准备阶段、制作阶段、检测阶段以及实施阶段四个阶段。目前，网络广告发布的方式包括主页形式、网络内容服务商、专类销售网、企业名录、免费的 E-mail 服务、黄页形式、网络报纸或网络杂志、新闻组、免费的 Internet 服务、利用网上 IP 电话和网上传真发布广告等多种。网络营销广告效果的评估包括网络广告传播效果的评估、网络广告经济效果的评估以及网络广告社会效果的评估。目前，网络广告效果评估的数据获得方式包括 ISP 通过使用访问统计软件获得、委托第三方机构进行监测以及通过客户的反馈量。网络广告效果评估方法主要有定性和定量两大类，对比分析法为定性类评价方法，加权计算法和点击率与转化率为定量类评价方法。

网络营销公关是指通过国际电脑互联网，为组织收集和传递信息，在电子空间中实现组织和公众之间双向互动式的全球沟通。网络营销公关有着自身的特点和优势。网络营销公关主要运行方式包括信息搜集方面、信息发布方面、建立公众档案、个性化公关、内部信息共享、互动传播交流等几种。

关键概念

网络营销促销　网络营销广告　网络公关　事件营销

思考题

(1) 什么是网络营销促销、网络营销广告、网络营销公关？
(2) 网络营销促销与传统营销促销有哪些区别？
(3) 网络营销促销具有哪些特点和功能？
(4) 网络促销的实施包括哪几步？
(5) 网络营销广告策略如何制定？
(6) 网络营销广告策划的特点是什么？
(7) 网络营销广告发布有哪些方式？
(8) 如何评估网络营销广告的效果？网络营销广告效果评估方法有哪些？
(9) 网络营销公关与传统营销公关相比较，其特点是什么？

参考文献

[1] 李友根. 网络营销学 [M]. 修订版. 北京：中国财政经济出版社，2003
[2] 史征. 网络营销 [M]. 杭州：浙江大学出版社，2003
[3] 肖海明. 网络营销理论与实务 [M]. 南昌：江西省高校出版社，2005

[4] 张涛. 网络营销 [M]. 广州：广东高等教育出版社, 2006
[5] 邓少灵. 网络营销理论与实践 [M]. 北京：人民交通出版社, 2006
[6] 薛辛光. 网络营销学 [M]. 北京：电子工业出版社, 2004
[7] 陈子剑. 浅谈事件营销 [J]. 江苏商论, 2005 (2): 46-48

第十一章 网络营销的定价与支付策略

本章学习目标

通过本章的学习，应该掌握以下内容：①了解网络营销定价的特点及影响定价的因素；②掌握几种主要的网络营销定价策略；③了解网络支付的含义、特点、分类及常用的支付工具。

第一节 网络营销定价概述

从狭义方面说，价格就是人们为得到某种商品或服务支出的货币数量。

从广义方面说，价格是指消费者为获得某件商品或某项服务与销售者所做的交换，其中包括货币、时间、精力和心理成本等。

在整个经济发展历程中，早期大多数价格是由买卖双方协商确定。19世纪末开始，伴随着商品制造业和大规模零售业的发展，由卖方规定统一单一价格的固定价格策略成为主导。在互联网日益普及的今天，固定价格的模式开始发生逆转，网络使得全球范围内的买方和卖方对商品进行协商定价成为可能，网络给营销定价带来了新的机遇和挑战。

一、网络营销对定价的影响

（一）对买卖双方的影响

买方和卖方由于所处立场不同，所以对价格的认识也不相同。而在买卖双方看来，网络营销对定价所产生的影响也各有差异。

1. **对买方的影响**

（1）信息搜索成本降低。网络作为一种新媒介，其突出的特点就在于信息的传递和互动。通过网络，消费者可以足不出户就能很方便快捷地查找到所需的产品信息，以及相关的生产商、销售商等方面的资料。这种便利性大大节约了用户的时间和精力，降低了购物过程中的信息搜索成本。

（2）信息更加完全。在现实市场中，信息本身是不完全，买卖双方之间无论在商品质量，还是商品价格方面，都存在着信息不对称的现象。由于这种信息势差的存在，在交易过程中，买方通常都处于相对劣势的地位。通过网络，关于商品质量和价格的信息可以迅速传播，消费者可以登录网站进行查询。利用在网上日益流行的一种价格比较搜索引擎，用户除了能够了解关于某件特定商品的基本信息，还能够快速获得该件商品在不同卖家所出售的价格，以及这些卖家各自的资质等级评定。这样买方就可以非常容易地进行比较，并做出优化选择。此外，由一些具有威信的监督网站以及众多用户所提供的监督和评论信息，也能够有效降低不完全和非对称信息给买方所带来的交易风险。

（3）讨价还价能力提高。由于网络的信息共享性和查询，当买方运用网络来评估产品和比较价格时，他们获得的信息更加完备，可供选择的商品更多，可供选择的卖方余地也更大，这就意味着买方在不同卖方之间转换的转移成本和壁垒降低，讨价还价的能力提高。

（4）更多参与商品生产过程。与传统的消费者相比，网络上的消费者拥有更强大的工具、更全面的信息和更多的选择，他们在交易中的地位逐渐上升。消费者会主动通过各种渠道获取有关信息并进行分析比较，增强对产品的信任和购后满意度。同时，顾客还可以与企业和销售方在网上进行信息交流沟通，通过电子邮件、在线论坛、焦点小组、网上调查等方式对产品从设计到定价和服务等方面发表意见。顾客不单单是作为商品的购买者，而且越来越多地参与到商品的生产过程中，成为生产型消费者。

2．对卖方的影响

（1）交易成本降低。互联网对定价较为突出的影响在于借助网络平台的在线交易功能，使原本在高位沟通成本、信息收集成本以及交易履行成本约束下的交易行为得以在低成本下进行。

对消费者而言，互联网降低了他们交易的时间成本，这种效用在卖方身上同样也得到充分的体现。厂商和销售方可以很方便与供应商和合作伙伴联系，在线传递订单，直接通过网络采购来缩短采购周期，减少库存。卖方还能够通过网络为顾客提供便捷的售后服务和技术支持，提高客户关系管理的效率。

网络能够连通全世界，并且是 7×24 小时全天候的运行状态。这使得在网上销售产品突破了以前时间和地域上的局限性，顾客在任何时间、任何地点都可以进行查询和交易。与传统营销的实体场所租金、营业时间限制相比，网络营销表现出了独特的优越性。

此外，网络营销对于销售渠道也产生了较大的影响。在传统的营销方式下，企业常常需要消耗大量的人力、物力和财力去构筑销售网点。在网络上，厂商可以通过网络直销手段减少中间商和市场流通环节，弱化代理商、批发商、零售商的作用，使销售渠道趋于一种扁平化，从而降低销售成本，使产品具有较大的价格优势。

（2）替代产品和服务的威胁加大。因特网的强项是以较低的成本提供以信息为基础的服务。对于那些数字类产品和虚拟产品的销售者来说，由于进入壁垒较低，其模式很容易被其他竞争对手仿效。作为"快速跟进者"（Fast Fellows），竞争对手通常会以低价打进市场，以占据市场份额。面对这种威胁，销售者必须提出恰当的定价策略进行应对，如降低价格，或者维持价格但增加产品的其他品牌特征，即给产品和服务增值。

（3）为个性化定价提供了条件。虽然企业在网络中面临着比传统营销环境下更激烈的价格竞争，顾客也拥有了比原先更多的主导权，但力量对比的转移并不意味着卖方会受到不公正的待遇。企业能够搜集到比过去更为详细的有关其顾客的信息，并可通过强大的数据库系统进行分析,获取顾客购买行为、消费模式等方面的知识。营销人员可以直接与潜在顾客联系并进行单独的有针对性的促销和定价。这就像军备竞赛,给予了双方更加有力的武器。

(二) 对商品价格的影响

信息技术和网络技术代价高昂,一旦应用于实践,将大大提高成本收益,其结果是使商品价格走高或走低。

1. 网络营销促使商品价格上涨

(1) 网上客户服务。在网络应用的初期,一些企业由于能够通过网络提供客户服务,形成了竞争优势。如今,越来越多的企业都能够通过电子邮件、网上答疑、技术支持平台等方式提供客户服务。因而,原先的网上客户服务已经不再是一种竞争优势,而变成参与竞争的必要手段,而且代价高昂。

(2) 实体类商品配送。网络营销的商品可大致分为实体商品和数字化商品两大类。与开展邮购业务的厂商相类似,网络零售商在实体类物流配送方面也面临着"最后一公里"的成本问题。尽管商品本身实行低价,但是用户需要额外支付的配送费用。如果用户觉得配送费用过高,就会放弃购物。对于实体类商品来说,配送费用是商品价格中不可忽略的部分。对于数字化的商品,配送费用则要低得多。

(3) 网站的开发和维护。网络营销需要进行设备的购置、网络的构架、人员的培训、网站的维护等,前期投入较高的固定成本,而且多为沉没成本。这也将成为可能导致商品价格抬高的因素。

(4) 开发新客户所需费用。除了已有的显在客户之外,企业还需要着力去挖掘和吸引潜在顾客,例如投放网络广告、采用搜索引擎营销、网站推广、互换链接、支付会员推荐佣金等方式。为了抵消这些高额的成本投入,使企业不得不考虑:我们必须得到多少订单?商品价格要提高多少?而网络用户对品牌的忠诚度与离线用户相比,还有待进一步提高。

2. 网络营销促使商品价格下降

网络也有利于网络经营者降低费用,从而以低价为用户提供商品,形成较高的客户价值。以下是厂商可以借助网络技术来降低成本的方法。

(1) 自我服务的订购。在网络环境下,用户通过订单系统,能够自主完成订单填写任务,从而为厂商节省了订单输入和票据处理的人工费用。与实体交易相比,网络交易中的形成和处理电子货物清单的平均费用、银行转账的平均费用等都要节约很多。全球知名的网络设备零售商思科公司的用户在网上订购商品,日常文本工作的减少为公司节省了数亿美元的成本。

(2) 实时库存。一些生产商运用电子数据交换系统(EDI),通过协调价值链和产品的即时递送服务来降低库存。有些零售商甚至实现了零库存,节省了大量的融资成本。

(3) 客户服务。前面提到,网上客户服务会增加企业的成本,但如果厂商用自动化客服代替过去的人工客服,就可以节省大量费用。

(4) 数字化商品的配送。与实体类商品不同，数字化商品的配送不需要物流公司来承担，而通过网络渠道就可以完成虚拟化传递配送，例如用户从网站上付费下载音乐、软件等。与实体商品的物理配送相比，网络渠道配送费用低廉，甚至可以忽略不计。

二、网络营销定价的特点

（一）全球性

网络营销面对的是全球化的开放市场，用户可以在世界各地直接登录网站进行购买，而不用考虑网站属于哪一个国家或地区。目标市场从过去受地理限制的局部市场扩展到范围广泛的全球性市场，这使得网络营销定价必须考虑目标市场范围的变化给定价带来的影响。由于产品来源地和销售目的地与传统市场渠道差距很大，企业不能再固定运用统一的定价策略来面对差异极大的全球性市场，需要采用本地化的方法，在不同的国家建立地区性网站，以适应地区市场消费者需求的变化。

（二）价格透明度增加，降价压力增大

在前面我们分析过，由于网络环境下销售商没有物理上的展示，不需要开设实体店面和建立分销网络，因而交易成本的降低使得商家有了降低价格的条件。与此同时，价格透明度的增加是产生降价压力的又一个原因。

通过互联网，顾客接触商品以及价格方面的信息显著增加，他们不但可以浏览不同商家的网站，还可以浏览中介提供的价格比较搜索引擎。这些引擎可以根据顾客的查询条件，列出特定商品在不同卖家所售卖的价格，以及这些卖家的信息、资质评级等。在现实市场中，都存在着不同程度的价格离散现象，而网络的开放性和互通性使得价格信息更为透明，买方在应对价格离散的时候也更具有了主动性，商家则面临更大的定价压力。

企业在制定价格的过程中受到来自市场结构的影响。如果竞争者越多，价格越透明，市场就越接近完全竞争市场。完全竞争市场意味着组织缺少对价格的控制能力，必须响应竞争对手的价格战略。互联网作为一种全球化现象，它增加了价格透明度，导致市场朝着完全竞争市场方向发展，并产生更具竞争性的定价，从而加大了企业的降价压力。

（三）顾客主导定价

所谓顾客主导定价，是指为顾客通过充分了解市场信息来选择购买或者定制生产自己满意的产品或服务，同时以最小代价（产品价格、购买费用等）获得这些产品或服务。这种方式使顾客在价格上拥有了更多的话语权，能够使顾客以最小成本获得最大收益，实现自身价值的最大化。

顾客主导定价的策略主要有定制生产定价和拍卖市场定价。顾客主导定价是一种双赢的发展策略，既能更好满足顾客的需求，又能使企业对目标市场有更充分的了解，使

其经营生产和产品研制开发可以更加符合市场竞争的需要。

三、网络营销定价的创新

(一) 以低价为特征的固定定价

20世纪的大规模工业生产导致了对每种商品实行固定的单一定价，这种方式适合于标准化的大众市场。传统定价的特点是固定定价占主导，固定定价（Fixed Pricing）也叫"菜单价格"，是指由商家制定商品价格，消费者只能被动接受。由于价格固定，对每位消费者商品售价都相同。大多数实体零售店都采取这种定价方式。网络定价也采用固定定价的策略，不过网上使用的固定定价策略低价特征非常突出。厂商一开始便通过低价进入市场，并竭力扩大市场份额；或者采取促销式的固定定价，目的是开发新客户、维系老客户、完成销售活动。

除了以低价为特征的固定定价之外，网络营销定价更为明显的创新在于融入了更多的变动要素，充分利用网络特性，使非固定定价发挥得更为充分，包括动态定价、差别定价、协商价格等。

(二) 动态定价

动态定价的方法在早期的营销活动中就已存在，只是到了大规模的工业化生产时代，由于消费者数量剧增，企业无法收集到足够的信息，因而没有能力实现个性化和动态的定价。而在网络条件下，价值链的透明性、客户讨价还价能力的提高，使得回归动态定价成为可能，而且这种机制也显得更为重要。

航空公司很早以前就开始使用动态定价软件，根据用户类型、对价格敏感程度，以及市场需求变化来即时制定机票价格。而一些商家采用拍卖和投标定价的模式，利用Web的实时功能，让价格随买卖者在网上的竞价和供求关系而波动。相对于传统的固定单一定价而言，动态定价可以更有效地促成更多的交易。

在动态定价的基础上，结合最优定价方法便产生出最优动态定价模式。在这种模式下，产品价格被看作自变量，通过使价格人为地动态变动增加利润。比如，航空公司利用网络和信息技术快速收集数据、计算最优价格并传递信息，根据先前所积累的销售数据，绘制出详尽的动态需求曲线，而后在不同的时段和销售区间制定不同的最优价格，以期获得最大收入。

(三) 差别定价

差别定价是指厂商根据产品本身版本的差异，或者顾客群体的不同特征，制定不同的价格。这种定价方式可分为两种类型：一是基于产品版本的差异给予差别定价；二是基于顾客自身特征的差异（包括对于产品认知价值的不同、消费行为的差异等），对顾客进行细分，辅以不同价格。差别定价在传统的市场营销活动中就予以采用，它并不是网络营销的独创。而网络差别定价的独特之处在于：首先，网络营销的产品在版本划分上更为便利，特别是信息类的商品，可以非常方便地对其进行分割和重新组合，以形成不同的版本系列。对于可以进行定制化生产的产品来说，满足顾客的定制需求也就意味着价格的高度个性化。其次，厂商可以在线收集大量消费者的个人信息、观测其消费行为，利用商业智能软件分析、挖掘、识别消费者的个体差异，并针对不同的顾客制定不同的价格。与传统差别定价相比，网络差别定价更为方便，且差别化程度更高。

（四）协商价格

营销活动早期，买卖双方是面对面协商价格。直到铁路、运河体系等便利的交通运输系统出现之后，才使产品能够广泛地分销，产生了统一定价。因特网使我们在定价方面完成了一个循环。买卖双方发现，他们之间的互动成本突然间变得非常便宜，便宜到了没有十足理由不对商品进行竞争性投标。买方在网上竞标时，通常会给出自己的价格。双方通过在线议价系统，经过多轮讨价还价的谈判之后，会几次形成商品价格，最终达成双方满意的价格。

第二节　网络营销定价的影响因素

价格的形成是个极其复杂的过程，它受到多种因素的影响和制约。随着营销环境的日益复杂，制定价格策略的难度越来越大，企业不仅要考虑成本补偿问题，还要考虑消费者承受能力、竞争环境以及其他各种影响定价的因素。一般来说，影响企业产品网络营销定价的因素同样有市场需求、产品成本、竞争因素和其他因素四个方面。

一、市场需求

传统的市场营销理论认为，产品的最高价格取决于产品的市场需求，最低价格取决于该产品的成本费用，在最高价格与最低价格之间的价格调节，取决于竞争者同种产品的价格水平。

在市场中，定价与市场需求是一对相互影响的变量。一般来说，价格与需求成反向关系。价格越高，需求越低；价格越低，需求越高。同时，市场的供求关系也会影响产品的价格。当产品的市场需求大于供给时，价格通常会提高；当产品市场需求小于供给时，价格通常会降低；在市场供求基本一致时，产品的售价多数都为买卖双方能够接受的"均衡价格"。

另外，市场需求变动程度受到价格变动程度的影响，我们用需求的价格弹性这一指标来进行衡量。对于需求价格弹性较大的商品，通过较小幅度的降价能够获取较大幅度的需求量增加，其营销价格会相对较低；对于需求价格弹性较小的商品，通过降价带来的需求量增加较小，其营销价格会相对较高。例如，航空公司如果降低机票价格，消费需求会急剧上升，特别是网上订票，价格变动范围更大。对于书籍和CD等商品，网络市场表现出比实体市场更大的弹性。可以认为，网络用户对价格变化会更敏感，这也能够在一定程度上解释网上商品普遍低价的这种现象。

二、产品成本

需求大多会对产品的定价划定上限,产品成本对定价划定下限。对企业来说,将产品价格定为高于成本的水平,才能补偿生产上的耗费,并获得一定利润。虽然成本是企业制定定价策略时的一个关键因素,但也应同产量、销量、资金周转等因素综合起来考虑。

(一) 产品成本的类型

1. 固定成本与可变成本

在实际生产过程中,产品成本是由产品在生产过程和流通过程中耗费的物质资料和支付的劳动报酬所形成的,一般由固定成本和变动成本两部分组成。固定成本是指在短期内不随企业产量和销售收入的变化而变化的生产费用。变动成本是指能够随生产或销售收入的变动而直接变化的成本。

2. 平均成本与边际成本

平均成本是单位产品的平均成本,等于产品总成本与产品总量的比值。边际成本是指企业每多生产一件产品所增加的成本。一般来说,边际成本的变化取决于产量的大小。当生产量增加的初期,由于固定生产要素的管理效率逐渐提高,呈现产量增加收益递增的现象,边际成本递减。随着产量达到一定程度之后,由于增加的可变生产要素无法获得足够的固定生产要素的配合,变价成本又将出现递增的现象。由于边际成本大多先下降后上升,当边际成本等于平均成本时,企业达到最佳生产规模状态。

(二) 网络营销中产品成本结构的变化

1. 信息成本

传统的购物过程包括广告介绍、朋友推荐或直接接触来了解产品信息,然后交易,这个过程中所支付的成本都直接与信息有关,它关系到最终的选择是否正确。网络能够提供更多更完备的信息,使顾客能方便、快捷地进行交易,从而相对降低在营销过程中获取和使用信息的成本,这也是网络营销相对传统营销的一大优势。需要指出的是,信息成本的降低是一个长期的概念。从短期来看,比较前期所付出的软硬件购置费、上网费、通信费等基础成本,网络所降低的信息成本并不足以补偿提高的基础成本,但随着营销活动的持续开展、商品的丰富、用户数量的增多,降低的信息成本将超过前期所增加的基础成本。

2. 学习成本

网络营销通常也被认为是一种知识营销,因为二者之间密切相关。知识营销是通过有效的知识传播方法和途径,将企业所拥有的对用户有价值的知识(包括产品知识、专业研究成果、经营理念、管理思想以及优秀的企业文化等)传递给潜在用户,并逐渐形成对企业品牌和产品的认知,为将潜在用户最终转化为用户的过程和各种营销行为。网络营销的核心思想是通过合理利用互联网资源(如网络营销工具和方法等),实现网络营销信息的有效传递,为营造有利于企业发展的经营环境奠定基础。知识营销需要一定的信息传播途径,网络营销是实现知识营销战略的最佳手段之一。网络营销需要向用户传递有价值的信息,而知识营销的内容是网络营销信息源中对用户最有价值的部分。用户在网络营销当中,需要掌握获取信息的技术手段,同时需要更多地了解包含有高科技知识含量的新产品。因此,用户获取商品信息以及消费商品的过程,实际上也是一个学习的过程,由此而产生的学习成本成为网络营销成本中的组成部分。

3. 印象成本

在网上,印象是一种重要的成本,它是通过相关概念之间发生联系而产生的。比如亚马逊、阿里巴巴等网站,其名称和品牌,是以用户原先较为熟悉的概念印象为基础,这样能够有效地减少消费者知晓和接受这个品牌的时间、心理等方面的成本,而且消费者会通过自身对原有概念的印象及理解,形成对目前品牌的认知定位。当该品牌准备向其他领域拓展时,对其自身印象的使用可能会取得相反的效果,它可能要为此改变消费者原有的印象,而这个成本是很高的。一方面,网络品牌可以借助于消费者熟悉的概念而达到降低印象成本的目的;另一方面,当初始印象确定之后,它也会对今后业务转型或拓展造成较大的影响。

三、竞争因素

市场竞争环境也会影响商品的价格制定。根据市场竞争因素的不同,厂商会根据不同的市场类型采取不同的价格策略。

(一)完全竞争

市场上有许多厂商和消费者,销售相同的商品,买方可以自由选择。在这种情况下,无论是买方还是卖方,都不能对产品价格进行影响,产品差异和营销沟通所起的作用微乎其微,只能在市场既定价格下从事生产和交易,所以厂商一般不会花太多的时间去制定营销策略。

(二)垄断竞争

市场上有许多买家和卖家,生产和销售有差别的同种商品,商品之间同时具有不同质性和较大的可替代性。厂商可以向消费者展示自己产品的特性,以各种差别价格而不是单一价格进行交易。

(三)寡头垄断竞争

指少数几家厂商控制整个市场的产品的生产和销售的一种市场结构。该市场的典型特征是各个厂商之间的定价和营销策略相互影响较大,如果某一厂商商品价格下降,消费者就会转向购买其商品,以至于厂商的价格决策要考虑竞争对手的反应。

(四)完全垄断

只有一家生产厂商,形成独占市场,交易的数量和价格由垄断者单方面决定。这种情况一般在现实中很少见到。

四、其他因素

除了上面三个主要因素之外,其他的因素也会对企业营销价格产生不同程度的影响。例如品牌因素,如果产品本身有较大的品牌优势,定价时可考虑将这种无形资产价值加入其中;在产品和服务的循环周期的不同阶段,产品价格也会随之调整变化;不同的渠道模式(如直接销售、有渠道商参与的间接销售等)会在不同程度上导致产品价格的差异。另外,企业的目标定位、政府或行业组织的干预,也成为影响价格制定的因素。

第三节　网络营销定价策略选择

一、网络营销的定价方法

定价方法,是指企业在特定的定价目标指导下,依据对成本、需求及竞争等状况的研究,运用价格决策理论,对产品价格进行计算的具体方法。下面将在传统营销定价方法的基础上,讨论网络营销定价方法所表现出的新特征。

传统市场营销活动中,企业对产品营销价格的确定方法主要有成本导向、需求导向、竞争导向和基于产品生命周期定价法四种类型,每种方法的定价基础有所不同。这些基本原理也同样适用于网络营销,但由于网络市场与传统市场的差异,导致了网络营销的定价方法与传统营销的定价方法不尽相同。在网络营销中,成本导向定价方法逐渐被淡化,以需求为导向的定价方式将成为主要的方法,同时,竞争导向定价方法将得到强化。

(一)成本导向定价法

成本导向定价是企业常用的定价方法,它是指以成本作为定价的基础,以成本确定商品的营销价格。当企业成本变动时,价格也随之做出相应的调整。这种定价方法的优点是能够补偿企业的全部成本费用,并获得合理利润,且计算方法简便易行,能够保持价格的相对稳定;缺点是在一定程度上忽视了市场需求,价格缺乏竞争力。

网络营销环境下,成本导向定价方法的适用性有了局限。首先,网络带来的是更为透明的信息和更为多样化的用户需求,而成本导向是一种卖方主导的定价方式,对于顾客需求和市场竞争状况往往关注不够。其次,对于数字化类型的网络商品,其成本结构已经大大不同于传统的物质产品,在较高的固定成本投入之后,其边际成本是比较低廉的,如果采用边际成本的定价方法,显然会对厂商造成不利。因而,成本导向定价方法在网络营销中将被逐渐淡化。

(二)需求导向定价法

需求导向定价不是以成本为基础,而是根据市场的需求状况、产品利益或顾客所能理解的产品价值来确定产品价格。它使顾客感到购买该产品能够比购买其他产品获得更多的价值（利益），其优点是充分考虑了顾客的需求，有利于扩大企业销售，且价格竞争具有较强的适应性；其不足之处是难以准确把握顾客需求差异的变化。在实际的应用过程中，需求导向定价法又衍生出认知价值定价法、需求差异定价法等具体的定价方法。

认知价值定价法，指企业以消费者对产品价值的理解度为定价依据，根据产品在消费者心目中的价值来制定价格。这种以顾客为导向的定价方法，其难点是要获得消费者对有关产品价值理解的准确资料，而在网络市场中，利用互联网企业能够及时准确地掌握和了解顾客的预期价格，对价值评估的准确性将会得到提高。

需求差异定价法指产品价格的确定以需求为导向，首先强调适应消费者需求的差异性，而将成本补偿放在次要的地位，其好处是可以使企业定价最大限度地符合市场需求，促进销售。根据需求特性的不同，需求差异定价法通常有以用户群体特征为基础的差别定价、以地点为基础的差别定价、以时间为基础的差别定价等几种形式。互联网的互动性和快捷性使企业避免了因为难以准确和动态把握顾客差异化需求而使定价容易发生误差或过时的问题。例如，利用网络定制生产方式，顾客可以自行设计自己所需产品，并以此制定相应的产品价格，从而以不同的价格实现顾客的多样化的满足感。

（三）竞争导向定价法

竞争导向定价主要是企业根据竞争者的价格来确定本企业商品的价格。这种方法的特点是，价格与产品成本和需求不发生直接关系，而主要以竞争对手的价格变动为依据。前面曾经提到，网络对于定价的一个突出的影响就在于增强了定价的竞争导向。企业需要开发足够灵活以应对市场竞争的定位战略，但又足以使企业在特定的渠道商获利。拍卖定价法就是比较典型的以竞争为基础的定价方法。拍卖行受卖方委托，在特定场合公开叫卖，引导多个买方报价，利用买方竞争求购的心理，从中选择最高价格。目前，如 eBay 等拍卖网站的兴起，使拍卖定价法在网络营销中得到了较快的发展。它利用在线拍卖交易平台，丰富了拍卖商品的种类，扩大了买方范围，改变了传统拍卖的低效率，降低了交易成本。

（四）基于产品生命周期的定价法

产品生命周期（Product Life Cycle），简称 PLC，是产品的市场寿命，即一种新产品从开始进入市场到被市场淘汰的整个过程，可划分为引进期、成长期、成熟期、衰退期四个阶段。在引进期之前是产品的研发生产环节，也称为开发期。如果是对产品的整个产生销售过程进行考察，那么开发期也被纳入到生命周期当中。我们这里侧重于网络营销过程，因而采用的是四个阶段的划分方法。基于生命周期的定价不单局限于某一种定价导向，而是根据产品在市场上所处的不同阶段，选择相应的定价策略，是一种动态的定价方法。

1. 引入期

新产品经研发生产之后，开始投向市场，便进入了引入期。这时产品一般具有鲜明的产品个性和技术创新性。但产品品种少，顾客对产品的了解程度并不高。传统营销理论中通常以撇脂定价和渗透定价作为这个阶段的策略选择。前者能够带来短期的高额利润，但市场份额受限；后者以低价姿态进入市场，能够获取较大的市场份额，但容易给人造成一种低科技含量的错觉。对于网络营销的产品，需要借助于网络效应的扩散影响，同时需要向消费者传递产品所包含的知识技术含量，因而在这个阶段比较适宜的是灵活定价策略。

灵活定价策略是 Marn 和 Zawad 在 2001 年首次提出的。这种策略认为，网络在造成企业信息透明化的同时，也使消费者的信息透明化。通过各种网络技术，企业可以了解到更多的消费者信息，测试消费者的价格敏感性，及时方便地调整价格，针对消费者的不同价格偏好来对消费者进行细分，并采用不同的价格策略，而不仅仅是一味地采用撇脂或者渗透方法。

2．成长期

当产品经过引入期，销售取得成功之后，便进入了成长期。成长期是指产品通过试销效果良好，购买者逐渐接受该产品，产品在市场上站住脚并且打开了销路。这是需求增长阶段，需求量和销售额迅速上升，生产成本大幅度下降，利润迅速增长。与此同时，竞争者看到有利可图，将纷纷进入市场参与竞争。由于竞争者和仿制者开始出现，产品开始差异化，这时会出现不同市场结构，应该根据不同的市场结构和产品本身的特征制定相应的价格策略。

如果市场上有多家商家竞争，技术很容易被跟进和模仿，竞争性定价策略就比较适合于这种市场结构。通过随时分析竞争对手的价格策略变动，实时调整自己的价格策略，使自己具有相对价格优势。如果市场格局属于垄断竞争类型，产品技术虽然可以复制，但竞争对手的进入壁垒比较高，企业可以考虑选择锁定定价策略，即先使产品成为市场主流，获取足够的用户规模，然后再通过产品升级、相关服务收费等来取得利润。

3．成熟期

经过成长期之后，产品进入大批量生产并稳定地进入市场销售，随着购买产品的人数增多，市场需求趋于饱和。主流化产品的消费者往往具有被锁定的特征，其转移成本非常大。此时的购买行为也往往是重复购买，消费者对产品价格信息了解得更为透彻，相应的价格敏感性也较高。

成熟期的定价策略主要有以下方面。

（1）差异化定价策略。由于消费者具有被锁定的特征，所以为企业提供了通过产品的改良包括版本的升级、型号、功能上的差异来实施差异化策略的运作空间，对不同的版本类型制定不同的价格，以满足不同层次的用户的需求。

（2）低价定价策略。网络对于产品生产销售的影响之一就是缩短了产品的生命周期，产品的更新速度会更快。差异化定价策略的前提条件是产品能够实行差异化，当产品差异化不易实行时，消费者更易接受较低的价格。

（3）品牌定价策略。产品如果具有良好的品牌形象，产品的价格将会因品牌效应而具有较大的提升空间。在产品成熟期，产品主流化程度越大，品牌效应也相对越大。这时，主流化产品采用品牌定价策略，既可以增加企业盈利，又可以让消费者心理感到满足。

4. 衰退期

随着科技的发展以及消费习惯的改变等原因，产品在市场上已经"老化"，产品的销售量和利润持续下降，市场上出现了其他性能更好、价格更低的新产品。这一阶段，企业通常会选择低价甚至是免费价格策略来出售原先的老版本产品，以应对新产品的上市和新一轮生命周期的到来。

二、网络营销的定价策略

在网络环境下，由于网络交易成本较为低廉，同时网上交易能够充分互动沟通，网络顾客可以选择的余地增大及交易形式的多样化，因此，企业应充分审视所有销售渠道的价格结构，再设计合理的网上交易价格。此时，价格确定的技巧将受到较大的制约，但同时也为以理性的方式研究拟定价格策略提供了方便。

以下部分主要介绍几种主要的网络营销的定价策略。其中既包括一些常见的传统定价策略，它们在网络营销条件下有了新的发展，也有网络条件兴起的新的定价方法。

（一）低价策略

网络在一定程度上降低了企业的销售交易成本，而且消费者可以从网上更加方便地获取到更多的产品信息，能够以最优惠的价格购买产品。在这种条件下，网上销售的商品价格一般要低于传统市场价格。具体来看，低价策略又可分为以下三种：

（1）直接低价。定价时大多采用成本加一定利润，有时甚至是零利润，公布的价格往往比同类产品要低。这种策略一般是生产性企业在网上进行直销时采用的定价方式。

（2）折扣低价。在原价基础上进行折扣来定价，这种方式以原价为参照，可以让顾客直接了解产品的降价幅度，形成价格上的对比效果，从而促进顾客的购买。如网上书店里的图书价格通常就采用这种策略，将图书的原价、折扣价、折扣幅度都标出，让顾客一目了然。

（3）促销低价。企业为了打开网上销售的局面，推广新产品，也会采用临时促销策略。比较常用的是有奖销售、附带赠品等。例如，在一些购物网站上，只要购买的商品满足一定的金额要求，就可以获得免费配送的优惠。

（二）免费策略

免费策略是市场营销中常用的营销策略，主要用于促销和推广产品，一般是短期和临时性的。网络营销中，免费不仅仅是一种促销策略，还是一种非常有效的产品和服务定价策略。具体来说，免费价格形式有四类：①完全免费，即产品和服务从购买、使用到售后服务所有环节都实行免费服务；②限制级免费，即产品和服务可以被有限次使用，超过一定期限或使用次数后，免费权利就失效，软件、游戏的试用版本就属于这种方式；③部分免费，如艾瑞咨询公司所提供的调查报告分为简版和完整版，简版可以通过注册免费下载，而完整版就需要付费购买；④捆绑式免费，即购买某产品或服务时赠送其他产品和服务，免费的是赠送的产品部分，而原产品是需要付费的。

免费策略之所以在网络上普及，可以从以下两个方面来分析：首先，某些商品具备能够实行免费的特性，如音乐、软件、信息服务等，它们具有数字化、无形化、零边际制造成本等特征，在生产成本和传递方面都拥有优势，为实行免费价格提供了条件。其次，互联网的兴起和发展很大程度上得益于免费策略的实施，通过对免费商品和服务的使用、体验，用户逐渐认知并接受了这些品牌，从而导致用户的使用习惯和消费期望大大倾向于免费和低价的方式。

现在网络上越来越多的商品和服务采用的已不再是单纯的免费定价，而是一种新型的将产品和服务进行分离的免费策略。我们所熟悉的"剃须刀"法则中，吉列公司给顾客免费派送刀架这种耐用商品，但刀片这种耗材类的商品需要顾客自己购买。网络营销中，厂商实行产品免收服务收费，给消费者提供免费的产品，而后续的技术服务需要支付费用，如软件商品可以免费下载，但后期的版本升级需要付费。通过这种方式，厂商能够吸引用户的前期参与使用，然后通过后期的服务收费来获取持续性利润。

（三）定制定价策略

定制定价策略包括定制生产和定制定价。由于消费者的个性化需求差异性大，加上消费者的需求量少，因此企业实行定制生产必须在管理、供应、生产和配送各个环节上，适应这种小批量、多样式、多规格和多品种的生产和销售变化。定制定价策略是在企业进行定制生产的基础上，利用网络技术和辅助设计软件，帮助消费者选择配置或者自行设计个性化产品，同时顾客承担自己愿意支付的价格。著名的DELL电脑公司，其网上定购系统采用的就是这种定价策略，顾客可以根据自己的需求和喜好选择电脑硬件、软件、外设、服务等方面不同的配置，并支付不同配置水平条件下所对应的价格。

（四）使用定价策略

使用定价指的是顾客通过互联网注册后可以直接使用某公司的产品，顾客不需要将产品完全购买，只需要根据使用次数进行付费即可。通过付费，顾客拥有有限次数下的产品使用权，而不拥有产品的所有权。如数据库生产商，将其数据产品放置在网上，对于一般个人用户，按下载次数或数据条数付费；对于单位用户，通常采取时限包库方式付费。使用定价的产生是由于顾客对产品的需求越来越多，产品的使用周期也越来越短造成的。采用使用定价策略的商品要适合通过网络传输，易于实现远程调用，如音乐、软件、影视等。

（五）撇脂定价和渗透定价策略

这两种策略都是针对新产品定价的常见策略，但是定价高低程度不同。撇脂定价是一种追求短期利润最大化的定价策略，指新产品进入市场初期，采用高价位策略，以便在短期内尽快收回投资，就像从牛奶中撇取其中所含的奶油精华一样。其优势是能够迅速收回投资，获取高额利润，给产品后期的降价提供了空间，并且产品形象高贵；劣势是高价位导致销售份额受限，竞争对手容易以相对低价跟进，且易造成牟取暴利之嫌。

渗透定价和撇脂定价相反，在新产品上市之初将价格定得较低，目的是吸引大量购买者，扩大市场份额。采用这种定价策略的前提条件之一是，新产品的需求价格弹性较大，市场对价格敏感度高，意味着厂商可以通过较小幅度的降价获取较大幅度的市场份额增长。有效的渗透定价能使企业占取较大的市场份额，并利用低价微利阻止竞争对手的进入，但同时也意味着后期的提价空间受限。

（六）差异化定价策略

网络环境使得商品定价由原先的固定定价模式向灵活定价模式转变，差异化定价策略就是其中的典型应用。这种策略建立在需求导向定价方法基础之上，可分为多重定价策略和歧视定价策略两种类型。

1. 多重定价策略

多重定价是指厂商对于同一件商品通过不同角度进行分割或组合，赋以不同价格，从而实现市场细分。多重定价的商品之间属于同类商品，但存在版本划分的差异，如杀毒软件可分为企业版、多用户版、个人用户版，这三个版本在服务协议和功能上有所不同，价格上也不同。多重定价策略表面上看起来是源于商品版本的差异而产生了价格的多重性，实际上多重版本所对应的是用户需求的多样性，只有版本划分与市场细分相契合，能够满足用户不同层次的需求，这样的多重定价才是有效的。目前网上收费的电子图书基本上是按阅读字数来定价，而如果根据图书的质量和更新速度来进行多重定价也不失为一种有益的尝试。

2. 歧视定价策略

歧视定价指企业针对不同用户的支付意愿和支付能力，对同种商品制定不同收费价格，使各类用户都能购买该商品，从而实现企业收益最大化。这种定价方式下的商品是同一种商品，不存在商品版本之间的区分，其定价的支持点在于，不同顾客对同一件商品的价值认知和消费体验不同，从中所获得的收益也不同，因而愿意支付的费用也不同。歧视定价的难点也正是在于，如何准确获取用户对于商品的真实认知评价。如果没能对用户不同的认知和支付意愿进行有效划分，对于支付了不同价格购买同一件商品的消费者，其心中的"公平效应"往往会使歧视定价产生不公平和谋取暴利的印象。

无论是多重定价还是歧视定价，只要市场可以细分，不同的价格能够反映产品的差异性和消费者不同的需求层次，并且差异定价带来的收益增加大于因市场细分产生的成本，差异定价就是一种有效的策略。

（七）在线拍卖竞价策略

在线拍卖是传统拍卖方式在网络上的新应用，根据供需关系，在线拍卖竞价主要有以下三种方式。

1. 正向拍卖

正向拍卖，也称为竞价拍卖。由卖家标示出售的商品和底价，由众多买家来竞相出价购买。正向拍卖在C2C的网上交易中比较常见，包括二手商品、收藏品，甚至普通商品。例如，eBay网站就是比较著名的拍卖网站。

2. 逆向拍卖

逆向拍卖，也称为竞价拍卖，是竞价拍卖的逆向过程。首先买方提出所需的商品和一个能够接受的价格范围，由商家出价，出价可以是公开的或者隐蔽的，买家与出价最低或者最接近自己意愿的商家成交。由于买卖双方之间的信息不对称，逆向拍卖通常都需要一个中介代理来帮助买方和卖方完成信息的搜寻匹配和交易的达成。在 Priceline 公司的网站上，顾客提交自己何时到达何地的信息，并给出愿意接受的价格。Priceline 就会将顾客的报价和签约航空公司的航班价格之间进行比对，查找并提供符合顾客要求的航班机票。

3. 集体议价

集体议价，即多个买方对同一件商品共同下单订购，该商品的订购价格将随参与人数的增加而下降。通过这种需求集合，买方以数量的优势换取优惠的价格。目前网络上日益流行的团购就属于集体议价方式，买卖双方可以对产品价格进行更有弹性的协商。

第四节 网 络 支 付

自 20 世纪 70 年代，计算机和网络通信技术开始在银行业得到普及应用，为了提高银行的支付结算效率，一些电子化的支付方式（如信用卡、电子汇兑等）开始逐步投入使用。20 世纪 90 年代，互联网在全球范围普及和应用，电子商务得到迅速发展，一些原有的支付方式逐渐开始使用计算机网络特别是因特网为运行平台，在这个背景下出现了网络支付方式。

网络支付是指以计算机网络系统特别是因特网为基础，利用银行所支持的电子货币工具，以电子信息传递的形式来实现资金的流通和支付，清偿购买者和销售者之间的债权债务关系，并实现与此相关的货币支付和资金清算过程，由此为电子商务和其他服务提供金融支持。网络支付系统是一种基于互联网并适合电子商务环境的电子支付，可以认为是电子支付的一个新的发展阶段。

一、网络支付的特点与分类

（一）网络支付系统的体系结构

网络支付的过程涉及客户、商家、银行或金融机构以及认证管理部门之间的安全商务互动。在这个过程中，包含有具体的购物和支付结算两个大的流程，为了保证这两个流程的顺利实现，各种安全技术、认证体系都被纳入其中。因此，网络支付是一个包含了众多参与实体的复杂过程，其体系结构如图 11-1 所示。

在图 11-1 中，"客户"和"商家"分别是指通过因特网购买商品或劳务的交易双方，因特网为双方提供网络平台。"客户开户行"和"商家开户行"则分别指交易双方拥有资金账户的开户银行，任何支付结算业务都必须通过银行才能实现。"金融专用网络"是指同一银行内部以及不同银行之间进行通信的专用网络，该网络不对外界开放，

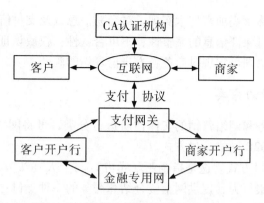

图11-1 网络支付系统体系结构示意

仅供内部使用,因此具有较高的安全性。

"支付网关"位于因特网和金融专用网络之间,其主要作用是安全连接因特网和专用网络,将不安全的网络交易信息传给安全的银行专用网络,起到隔离和保护专用网络的作用。支付网关的主要功能有:将互联网传来的数据包解密,并按照银行系统内部的通信协议将数据重新打包;接收银行系统内部传回来的响应消息,将数据转换为因特网传送的数据格式,并对其进行加密。支付网关主要完成通信、协议转换和数据加解密功能,从而保护金融专用网络的正常安全运行。"认证机构(CA)"指具有权威性和公正性的第三方信任机构,专门提供网络身份认证服务,负责签发和管理数字证书。

(二)网络支付的特点

1. 全程虚拟化

网络支付整个过程在网络系统中完成,交易双方无须会面,通过网络系统就可以进行资金结算。交易过程采用电子支票、电子票据等数字化工具,且需通过认证中心验证和确保双方的真实身份和资质。从过程、单据、信用等方面来看,网络支付表现出了明显的电子化和虚拟化特征。

2. 方便、快捷、高效

传统的支付结算方式多是手工处理,票据传递时间长,效率较低。与此不同,网络支付通过网络传输的交易信息以及支付信息,使得资金流转速度大大提高,促使交易更为快速地完成。

3. 低成本

网络支付服务系统的建立、维护和升级需要投入一定的成本。当支付系统运作顺利之后,网络支付方式以数字信息形式出现的电子现金、电子支票等支付工具在资金的支付与结算过程中所耗费的成本,较之传统支付过程中所花费的纸质现金、纸质票据要小,资金结算速度加快,企业运作效率提高。

4. 安全性能要求较高

在网络支付过程中,信息的保密性、完整性、交易双方身份的真实性等都是至关重要的问题。随着网络通信技术的不断发展,越来越多的安全防护机制被应用到网络交易中。对称密钥与非对称密钥加密技术实现了对交易信息以及支付信息的保密性；数字签名、数字信封等技术可保证信息的完整性、不可否认性；权威认证机构CA的建立以及由其所颁发的数字证书则可实现对商务各方身份真伪的验证。

（三）网络支付的分类

根据开展电子商务和网络营销的实体性质进行分类，可将网络支付大致分为两类：B2C网络支付方式、B2B网络支付方式。

（1）B2C网络支付方式。这是指企业（卖方）与个人（买方）通过互联网上的电子商务网站交易时，银行为其提供网上资金结算服务的一种支付方式，如信用卡、智能卡、电子钱包、电子现金及个人网络银行等。这种网络支付方式较适用于金额不大但交易次数频繁的网络交易支付结算，应用方便灵活，交易风险较小。

（2）B2B网络支付方式。这是指企业与企业进行网络交易时采用的网络支付，它的主要支付方式如电子支票、电子汇兑系统、国际电子支付系统SWIFT与CHIPS、中国国家现代化支付系统CNAPS、金融EDI、企业网络银行等。与B2C方式相比，企业与企业之间的网络交易次数相对不那么频繁，但交易金额较高，因而对该支付系统在安全性方面的要求要高于对支付效率的要求。

二、网络支付常用工具与模式

（一）网络支付主要工具

目前国际通行的网络支付工具主要有银行卡（包括电子信用卡、电子借记卡等）、电子支票、电子现金、电子钱包等。有了这些常用的支付工具，就可以通过一些常用的互联网支付手段来实现网络支付。

1. 银行卡

随着金融电子化进程的不断推进，银行卡逐渐广为流行。按照信用性质与功能，银行卡可分为信用卡、借记卡、复合卡和现金卡四种。信用卡也称贷记卡，是一种支付与信贷两种银行业务功能融合的银行卡；借记卡与一定的活期账户相对应，其实质是活期存折的电子化延伸，银行须向借记卡持有人支付活期利息；复合卡兼具贷记卡和借记卡功能；现金卡事先存有一定金额的电子现金，该卡不对应于任何银行账户，故银行不用向现金卡持有人支付利息。

银行卡支付模式因结算方式不同，可分为三种支付模式："信用卡类"支付模式、"借记卡类"支付模式以及"电子现金类卡"支付模式。其中，"电子现金卡类"支付模式将在后面电子现金支付工具部分介绍，"借记卡类"其功能完全可以由信用卡覆盖。

信用卡支付是目前人们日常消费中使用较多的一种支付工具，与其他支付模式相比，信用卡支付模式使用相对简单且易被消费者接受。此外，相比电子现金、电子支票等其他网上支付方式，信用卡支付涉及的法律方面的问题比较少。信用卡支付从1995年应用于互联网到现在，先后经历了四个阶段：无安全措施的信用卡支付、基于第三方代理的信用卡支付、基于 SSL（Secure Socket Layer Protocol，即安全套接层协议）的信用卡支付、基于 SET（Secure Electronic Transaction，即安全电子交易协议）的信用卡支付。

信用卡支付模式比较适合于 B2C 模式下的网络交易，小额的 B2B 模式也比较适用。由于其具有可以透支消费的功能，故采用记名消费模式，因此丧失了匿名性的特征，不太适合于 C2C 模式下的网上交易。

2. 电子支票

为了满足电子商务交易中商务各方大额资金往来划拨的需要，一些银行和技术开发商发明了另一种支付手段，即电子票据。电子票据又以电子支票为主要表现形式，是纸质支票的电子化延伸。付款方向收款方发出电子支票以支付货款，收款方用此电子支票向银行启动支付，属于收款方启动支付的模式。这一网上支付手段要求：客户在银行必须有账户，且存有一定量的资金。

目前，电子支票支付系统主要运行在金融专用网络上，并通过一套完整的用户识别、标准报文、数据验证等规范化协议来实现数据的安全传输，该方式类似于金融 EDI 模式。而如何将应用于金融专用网络上的电子支票支付系统扩展到公共网络上，使其应用更为普及、成本更为低廉，是当前电子支票系统研究的主要问题。

3. 电子现金

电子现金又称数字现金，是纸质现金的电子化，是一种储值型的支付工具。其使用与纸币相类似，可在线处理，也可以离线处理。电子现金兼有纸币与数字化的优势，具有低成本、安全性、可分性、不可重复性、匿名性、不可追踪性等特性。

电子现金根据存储介质不同，可以分为卡基电子现金和硬盘数据文件形式电子现金两类。硬盘数据文件形式电子现金由于其存储在计算机硬盘中，故在线进行支付更为方便，但携带不便；卡基电子现金可离线使用，也可在线使用，其介质轻薄，携带方便，但使用时需要安装专用的读卡设备。

电子现金使用的匿名性是其最大的优点，保证了客户在与商家进行交易时身份不被泄露。在使用电子现金进行支付的过程中，可离线使用，几乎不需要银行的介入，并且 IC 卡形式的电子现金在携带与保管上比纸质现金更为方便。

4. 电子钱包

所谓电子钱包，英文大多描述为 E-Wallet 或 E-Purse，它是一个客户用来进行安全网络交易特别是安全网络支付并且存储交易记录的特殊的计算机软件或硬件设备，能够存放客户的电子现金、信用卡号、电子零钱、个人信息等，经过授权后又可方便地有选择地取出使用的新式网络支付工具，可以说是"虚拟钱包"。

电子钱包的组成体系分为电子钱包服务系统、客户端电子钱包软件和电子钱包管理器三部分。在使用电子钱包时，将有关的应用软件安装到电子商务服务器上，利用电子钱包服务系统就可以把自己的信用卡或电子现金上的数据输入进去。在发生收付款时，如果客户要用信用卡或电子现金付款，顾客只要单击相应图标即可完成。

（二）第三方支付模式

第三方支付模式是一种全新的支付模式。这种支付模式是介于客户与商家之间的第三方服务性机构，独立于金融机构、客户和商家，具有足够高的诚信度；主要通过计算机技术、网络通信技术，面向开展电子商务的商家提供电子商务基础支撑与应用支撑服务。其目的在于一方面约束买卖双方的交易行为，为买卖双方的信用提供担保，从而减少网上交易中信息的不对称性；另一方面降低网络支付的风险，并增强网络支付的专业化程度，提高支付效率。

国外 Paypal 公司推出的 Paypal 及国内阿里巴巴旗下的支付宝是目前比较典型的第三方支付工具。据艾瑞咨询集团发布的《2007—2008 年中国电子支付行业发展报告》显示，2007 年我国第三方网上支付交易额规模达 976 亿元，同比增长 101.2%；在高速增长的网络支付交易额中，以支付宝、财付通为代表的非第三方支付平台占绝对主流，2007 年支付宝占第三方网上支付市场比重为 48.8%，财付通占 17.4%，独立第三方支付平台数量众多，但市场份额相对较小，竞争十分激烈。

三、网上银行

网上银行是指利用 Internet 和 Intranet 技术，为客户提供综合、统一、安全、实时的银行服务，包括提供对私和对公的个人或团体的全方位的银行业务，还可以为客户提供跨国支付和结算等其他贸易、非贸易的银行服务，网上银行的范围涉及电子支票兑付、在线交易登记、支票转账等几乎全部的金融业务。

网上银行为客户提供的服务包括利用因特网信息发布和沟通的一切手段，其主要目的是实现随时（whenever）随地（wherever）与任何账户（whomever）利用任何方式（whatever）进行的安全支付结算等服务。

网上银行的业务可分为三部分：①传统商业银行服务（如转账结算、汇兑、代理收费、发放工资、账户查询等）以及证券清算、外币业务、信息咨询、消费信贷等新型商业银行服务；②在线支付，既包括商户对客户（B2C）模式下的购物、订票、证券买卖等零售交易，也包括商户对商户（B2B）模式下的网上采购等批发交易以及金融机构间的资金融通与清算；③新的业务领域，比如集团客户通过网上银行查询子公司的账户余额和交易信息，在签订多项协议的基础上实现集团公司内部的资金调度与划拨，提供财务管理等理财服务。

案例　亚马逊的差别定价试验

2000 年 9 月中旬，亚马逊进行了一项著名的差别定价试验，选择了 68 种 DVD 碟片进行动态定价试验，试验当中，亚马逊根据潜在客户的人口统计资料、在亚马逊的购物历史、上网行为以及上网使用的软件系统确定对这 68 种碟片的报价水平。例如，名为《泰特斯》（*Titus*）的碟片对新顾客的报价为 22.74 美元，而对那些对该碟片表现出兴趣的老顾客的报价则为 26.24 美元。通过这一定价策略，部分顾客付出了比其他顾客更高的价格，亚马逊因此提高了销售的毛利率，但是好景不长，这一差别定价策略实施不到一个月，就有细心的消费者发现了这一秘密。通过在名为 DVDTalk（www.dvdtalk.com）的音乐爱好者社区的交流，成百上千的 DVD 消费者知道了此事，那些付出高价的顾客当然怨声载道，纷纷在网上以激烈的言辞对亚马逊的做法进行口诛笔伐。更不巧的是，由于亚马逊前不久才公布了它对消费者在网站上的购物习惯和行为进行了跟踪和记录，这次事件曝光后，消费者和媒体开始怀疑亚马逊是否利用其收集的消费者资料作为其价格调整的依据，这样的猜测让亚马逊的价格事件与敏感的网络隐私问题联系在了一起。

为挽回日益凸显的不利影响，亚马逊的首席执行官贝索斯只好亲自出马做危机公关，他指出亚马逊的价格调整是随机进行的，与消费者是谁没有关系，价格试验的目的仅仅是为测试消费者对不同折扣的反应，亚马逊"无论是过去、现在或未来，都不会利用消费者的人口资料进行动态定价"。贝索斯为这次的事件给消费者造成的困扰向消费者公开表示了道歉。不仅如此，亚马逊还试图用实际行动挽回人心，亚马逊答应给所有在价格测试期间购买这 68 部 DVD 的消费者以最大的折扣，据不完全统计，至少有 6896 名没有以最低折扣价购得 DVD 的顾客，已经获得了亚马逊退还的差价。

至此，亚马逊价格试验以完全失败而告终，亚马逊不仅在经济上蒙受了损失，而且它的声誉也受到了严重的损害。

亚马逊这次差别定价试验的失败，从战略制定到具体实施都存在严重问题。

1. 战略制定方面

首先，亚马逊的差别定价策略同其一贯的价值主张相违背。在亚马逊公司的网页上，亚马逊明确表述了它的使命：要成为世界上最能以顾客为中心的公司。在差别定价试验前，亚马逊在顾客中有着很好的口碑，许多顾客想当然地认为亚马逊不仅提供最多的商品选择，还提供最好的价格和最好的服务。亚马逊的定价试验彻底损害了它的形象，即使亚马逊为挽回影响进行了及时的危机公关，但亚马逊在消费者心目中已经永远不会像从前那样值得信赖了，至少人们会觉得亚马逊是善变的，并且会为了利益而放弃原则。

其次，亚马逊的差别定价策略侵害了顾客隐私，有违基本的网络营销伦理。亚马逊在差别定价的过程中利用了顾客购物历史、人口统计学数据等资料，但是它在收集这些资料时是以为了向顾客提供更好的个性化的服务为幌子获得顾客同意的，显然，将这些资料用于顾客没有认可的目的是侵犯顾客隐私的行为。

2. 具体实施方面

首先，从微观经济学理论的角度看，差别定价未必会损害社会总体的福利水平，甚至有可能导致帕累托更优的结果，因此，法律对差别定价的规范可以说相当宽松，规定只有当差别定价的对象是存在相互竞争关系的用户时才被认为是违法的。但同时，基本的经济学理论认为一个公司的差别定价策略只有满足以下三个条件时才是可行的：①企业是价格的制定者而不是市场价格的接受者；②企业可以对市场细分并且阻止套利；③不同的细分市场对商品的需求弹性不同。

DVD 市场的分散程度很高，而亚马逊不过是众多经销商中的一个。从严格的意义上讲，亚马逊不是 DVD 价格的制定者。但是，假如我们考虑到亚马逊是一个知名的网上零售品牌，以及亚马逊的 DVD 售价低于主要的竞争对手，所以，亚马逊在制定价格上有一定的回旋余地。当然，消费者对 DVD 产品的需求弹性存在着巨大的差别，所以亚马逊可以按照一定的标准对消费者进行细分，但问题的关键是，亚马逊的细分方案在防止套利方面存在着严重的缺陷。亚马逊的定价方案试图通过给新顾客提供更优惠价格的方法来吸引新的消费者，但它忽略的一点是：基于亚马逊已经掌握的顾客资料，虽然新顾客很难伪装成老顾客，但老顾客却可以轻而易举地通过重新登录伪装成新顾客实现套利。至于根据顾客使用的浏览器类别来定价的方法同样无法防止套利，因为网景浏览器和微软的 IE 浏览器基本上都可以免费获得，使用网景浏览器的消费者几乎不需要什么额外的成本就可以通过使用 IE 浏览器来获得更低报价。因为无法阻止套利，所以从长远角度，亚马逊的差别定价策略根本无法有效提高赢利水平。

其次，亚马逊歧视老顾客的差别定价方案同关系营销的理论相背离，亚马逊的销售主要来自老顾客的重复购买，重复购买在总订单中的比例在 1999 年第一季度为 66%，一年后这一比例上升到了 76%。亚马逊的策略实际上惩罚了对其利润贡献最大的老顾客，但它又没有有效的方法锁定老顾客，其结果必然是老顾客的流失和销售与盈利的减少。

最后，亚马逊还忽略了虚拟社区在促进消费者信息交流方面的巨大作用，消费者通过信息共享显著提升了其市场力量。当知情的消费者把他们的发现通过虚拟社区等渠道广泛传播，这样，亚马逊自以为很隐秘的策略很快就在虚拟社区中露了底，并且迅速引起了传媒的注意。

亚马逊的这次差别定价试验是电子商务发展史上的一个经典案例，这不仅是因为亚马逊公司本身是网络零售行业的一面旗帜，还因为这是电子商务史上第一次大规模的差别定价试验，并且在很短的时间内就以惨败告终。我们从中能获得哪些启示呢？

首先，差别定价策略存在着巨大的风险，一旦失败，它不仅会直接影响到产品的销售，而且可能会对公司经营造成全方位的负面影响。所以，实施差别定价必须慎之又慎，尤其是当公司管理层面临短期目标压力时更应如此。具体分析时，要从公司的整体发展战略、与行业中主流营销伦理的符合程度以及公司的市场地位等方面进行全面的分析。

其次，一旦决定实施差别定价，那么选择适当的差别定价方法就非常关键。这不仅意味着要满足微观经济学提出的三个基本条件，而且更重要的是要使用各种方法造成产品的差别化，力争避免赤裸裸的差别定价。常见的做法有以下几种：①通过增加产品附加服务的含量来使产品差别化。②同批量订制的产品策略相结合。订制弱化了产品间的可比性，并且可以强化企业价格制定者的地位。③采用捆绑定价的做法，捆绑定价是一种极其有效的二级差别定价方法，捆绑同时还有创造新产品的功能，可以弱化产品间的可比性，在深度销售方面也能发挥积极作用。④将产品分为不同的版本。该方法对于固定生产成本极高、边际生产成本很低的信息类产品更加有效，而这类产品恰好也是网上零售的主要品种。⑤为有效控制风险，有时在开始大规模实施差别定价策略前还要进行真正意义上的试验，以评测风险，建立相应防范措施。

（资料来源：http://www.netkey.com.cn/viewpoint/viewpoint.htm.）

本章小结

网络营销中的价格策略是整个网络营销组合中最活跃的因素，带有强烈的竞争性导向和灵活性。网络环境对于买方和卖方都产生了影响，营销的定价模式逐渐由过去的固定定价转向以消费者需求为导向的、动态灵活的定价模式，常用的定价策略包括一些常见的传统定价策略，它们在网络营销条件下有了新的发展，也有网络条件兴起的新的定价方法。在电子商务和网络营销活动中，网络支付成为重要的环节，网络支付工具将向着更为安全、方便、高效的方向发展。

关键概念

动态定价　需求导向定价　竞争导向定价　免费价格策略　差异化定价　网络支付　第三方支付模式　网上银行

思考题

（1）网络对于企业产品定价的影响表现在哪些方面？
（2）什么是需求导向定价法、成本导向定价法和竞争导向定价法？
（3）网络营销的定价策略有哪些？
（4）网络支付常用的工具有哪些？
（5）登录比较购物网站，如www.bizrate.com，www.shopping.com，www.qunar.com，查找某一特定商品的信息，以此分析网络如何使商品价格变得透明。
（6）登录DELL网站，利用其网络定制系统，自行配置一台电脑，体验定制化生产的过程和定制化生产定价模式。
（7）登录Priceline网站（www.priceline.com），了解其机票的逆向拍卖方式，并与正向拍卖方式进行比较分析。

参考文献

[1] 卓骏. 网络营销 [M]. 北京：清华大学出版社，2005
[2] （英）戴夫·查菲，等. 网络营销战略、实施与实践 [M]. 2版. 吴冠之，译. 北京：机械工业出版社，2004
[3] （美）朱迪·斯特劳斯，等. 网络营销 [M]. 4版. 时启亮，金玲慧，译. 北京：中国人民大学出版社，2007
[4] （美）贾帝许·N. 谢斯，等. 网络营销 [M]. 喻建良，等，译. 北京：中国人民大学出版社，2005
[5] 李纲，张天俊，吴恒. 网络营销教程 [M]. 武汉：武汉大学出版社，2005
[6] 冯英健. 网络营销基础与实践 [M]. 北京：清华大学出版社，2007

[7] 张卓其,史明坤.网上支付与网上金融服务[M].大连:东北财经大学出版社,2006

[8] 张宽海,等.网上支付与结算[M].北京:机械工业出版社,2008

[9] 艾瑞咨询集团.2007—2008年中国电子支付行业发展简版报告[R].2009

[10] 曾祖梅.基于生命周期的网络产品定价策略浅议[J].商业经济文萃,2005(2):92~94

[11] 朱莹.网络电子书籍多重定价模型研究[J].情报杂志,2008(9):143~145

第十二章 客户关系管理策略

本章学习目标

通过本章的学习,应掌握以下内容:①了解客户关系管理的概念与策略;②了解数据库营销、关系营销、一对一营销等营销的策略与实施要点;③了解网络客户服务的含义和网络客户服务工具;④了解客户关系管理系统的结构、功能和模块。

第一节 客户关系管理概述

一、客户关系管理的产生、内容与策略

(一) 客户关系管理的产生

客户关系管理是当今最受管理学界关注的营销与管理策略之一,是由 Group 于 20 世纪 90 年代中期正式提出的。然而,从客户关系管理的起源和发展历程来看,客户关系管理并不是什么新概念、新生事物。早在许多年以前,聪明的杂货店老板就意识到,必须关注那些具有销售前景和利润潜力的重要客户。为使其"现金牛"(Cash Cow)源源不断、蜂拥而来,这些杂货店老板为重要客户提供了更高质量的产品和热情周到的服务。客户关系管理的产生主要源于三个方面的原因。

1. 需求的拉动

在需求方面,20 世纪 80 年代中期开始的业务流程重组实现了对制造、库存、财务、物流等环节的流程优化和自动化,但销售、营销和服务领域的问题却没有得到相应的重视,其结果是企业难以对客户有全面的认识,也难以在统一信息的基础上面对客户。而另一方面,在客户时代,挽留老客户和获得新客户对企业来说已经变得越来越重要,这就产生了现实和需求之间的矛盾。

2. 信息技术的推动

在信息技术和管理理念方面:我国企业的办公自动化程度、员工计算机应用能力、企业信息化水平、企业管理水平都有了长足的进步。数据仓库、商业智能、知识发现等技术的发展,使收集、整理、加工和利用客户信息的质量大大提高。

3. 管理理念的更新

信息技术和互联网不仅为我们提供了新的手段,而且引发了企业组织架构、工作流程的重组以及整个社会管理思想的变革,在这种背景下,企业有必要而且有可能对面向

客户的各项信息和活动进行集成，组建以客户为中心的企业，实现对客户活动的全面管理，这就是所谓的"客户关系管理"。

（二）客户关系管理的定义

客户关系管理，是指利用信息科学技术，实现市场营销、销售、服务等活动自动化，使企业能更高效地为客户提供满意、周到的服务，以提高客户满意度、忠诚度为目的的一种管理经营方式，是一种旨在改善企业与客户之间关系的新型管理机制。客户关系管理既是一种管理理念，又是一种软件技术。以客户为中心的管理理念是客户关系管理实施的基础。客户关系管理的目标是一方面通过提供更快速和周到的优质服务吸引和保持更多的客户，另一方面通过对业务流程的全面管理来降低企业的成本。

为了确切理解客户关系管理的含义，可以将客户关系管理拆分为三个关键词：管理、关系、客户。

（1）管理。管理意味着客户关系管理属于企业管理范畴。这直接说明了客户关系管理不仅仅是一套软件，而是企业管理的范畴，涉及企业的运营战略、业务流程、企业文化等方面。

（2）关系。关系意味着这种管理是一种关系管理。人类自形成社会之后，就存在人与人之间的关系，在工业生产和规模经济之后，企业与企业、企业与人之间的关系就日益复杂重要，而且越来越影响着企业的发展，所以形成了关系管理范畴。

（3）客户。客户意味着客户关系管理是围绕客户为中心的关系管理，客户是焦点。企业的最终产品是消费者，企业的生产过程就是为消费者提供服务的过程，更是基于消费者的基础，一旦客户不存在了，产品和企业也就不复存在。在以客户为基础的管理中，客户关系管理的核心就是要"了解他们、倾听他们"，这也是所谓的"以客户为中心"、"360度客户关怀"等概念的基础。

总之，客户关系管理是一种选择客户、管理客户，确保企业长期价值最大化的商业战略。它的基本思想是：需要客户导向的商业哲学和企业文化，并以此作为营销过程、销售过程和服务过程的有效支持。从理论上讲，即以增加客户价值为中心，把客户看作企业宝贵的外部资源，通过各种渠道、借助先进的技术，将每个客户和企业间的互动行为都记载下来，建立客户资料数据库，供销售、营销和管理人员分析客户需求、制定企业规划、降低成本和提高生产效率等，并据此提供给客户最满意的产品和最周到细致的服务，有效地满足客户的个性化需求，提高客户满意度，达到客户忠诚，改善客户关系和提高企业的市场竞争能力。

（三）客户关系管理的核心内容

随着竞争的不断加剧，客户关系管理正成为企业增强核心竞争力的重要手段。以客户为中心，为客户提供个性化的产品，不断提高客户的满意度和忠诚度是企业实施客户关系管理的主要目标。客户忠诚度是指客户信任某企业及其产品的承诺，表现为与企业保持长期关系和重复购买的程度。忠诚度越高的客户的价格敏感性越低，这几乎是所有客户关系管理实施中所认同的公理。随着企业和客户之间关系的不断发展，客户忠诚度不断提高，客户的效用相应提高，保持客户所需要的成本随之下降，从而使得双方的得益都有所提高。随着忠诚度的提高，双赢的程度增加越多。

客户的忠诚度越高，其转移成本越大，企业产品价格的容许变化区间也越大。因此对同等大小的产品价格变化，忠诚度高的客户更不敏感。曾有学者通过实证证明了市场其他竞争条件相同下，客户转移成本越大，市场份额越大。

在客户不发生转移的情况下，不同忠诚度的客户具有不同的价格敏感性是客户的感知价值不同的结果。客户的忠诚度越高，其感知价值越大，价格敏感性越低。由于忠诚度高的客户的可忍受价格变化范围较大，当产品价格提高某一固定大小，忠诚度越高的客户发生转移的可能性越小。然而，对于企业而言，并不是所有的客户都是上帝，提高客户的忠诚度是有成本的，不同的客户提高忠诚度的成本是不一样的。企业的天性是追求利润，因此企业需要区分客户，从而围绕能够产生利润的客户提供服务，提高他们对企业的忠诚度。因此，从客户关系管理的角度来看，企业以目标客户为中心，不断提高客户的忠诚度是提高企业市场竞争力的关键。

（四）客户关系管理的策略

客户关系管理按照其所面向客户关系的不同阶段可以分为客户关系开发、客户关系维护、客户关系挽回。

客户关系处于不同的阶段，企业采取的策略应有所不同。

1. 客户关系开发阶段策略

客户关系是企业利润的源泉，也是企业赖以发展的基础。一个企业需要不断地开发新客户关系以获得新的客户资源，从而获得新的利润点。新的客户关系不应单单理解为新的客户，也应包含对老客户所提供的新的服务或者产品。因此，开发新的客户关系可采取以下策略：

（1）客户建档策略。客户建档策略是通过为客户建立档案来掌握顾客的个别特征信息。从海量客户信息中，区分不同客户的潜在需求，寻找和定位目标客户。

（2）老客户、新消费的需求诱导策略。老客户、新消费的需求诱导策略是以老客户为基础，有针对性地开发或刺激其潜在需求，不断开拓市场。

（3）市场细分策略。利用不同的分类标准将市场划为各个子市场，再根据各个子市场的不同特征相应采用不同的策略。

2. 客户关系维护阶段策略

客户关系维护是客户关系管理中的一个必要的环节，依照"二八"定律，企业开发一个新客户的成本利用老客户的成本的4倍，企业的80%的利润也来自20%的老客户。因此，维护与保持原有的客户关系是客户关系管理不可或缺的原则，可采取以下策略：

（1）参与性服务策略。所谓参与性服务策略，即厂家所提供的产品或服务不再只局限于既定统一的产品，而是让顾客利用网络参与产品的设计，获得更加贴近自己兴趣的、高度满意的个性化产品。

（2）连锁效应策略。所谓连锁效应策略，即通过分析顾客正在进行的购买行为来推断顾客的其他需要，以此来提高产品的销售，同时提高顾客的满意度。

（3）顾客自服务策略。所谓顾客自服务策略，即是充分发掘顾客群体潜力，通过顾客之间的互相交流来提高顾客服务质量。

（4）情感沟通策略。不论是在传统商务环境下还是在电子商务环境下，与顾客建立良好的关系都是客户关系管理的关键。

3. 客户关系挽回阶段策略

客户的需求是多样的，一个企业也是无法满足所有用户的所有要求。所以对一个企业而言，客户流失是无法避免的：客户关系挽回也是一个必要的环节。毕竟挽回一个客户的成本是低于新客户的开发成本的，减小客户流失，也是客户关系管理的基本要求。挽回客户关系可采取以下策略：

（1）追踪服务策略。即是企业对所有的顾客提供追踪服务，而不再仅仅地限定某一时间区间。

（2）挽回策略。企业需要总结客户关系流失原因，从而在对企业内部流程和工作方式进行改进，从而提高企业的盈利能力和推动企业流程的重构。

二、客户关系管理与企业战略

经济全球化使现代企业面临的市场竞争无论在广度还是深度上都进一步扩大，竞争者已不仅仅包括行业内部已有的或潜在的竞争对手，而且在利益机制驱动下，提供替代产品或服务的竞争者、供应商和客户也纷纷加入到竞争者行列中。因此，现代企业的核心任务是以先进的管理思想为指导，采取科学的技术手段，与客户保持长期良好的关系，维持并不断提高客户份额，最终实现企业核心竞争力的增长。当今社会，网络的蓬勃发展在创造新的商业行为及经济模式的同时，也逐渐改变着人们的生活方式与消费行为。无论是实体环境还是网络环境，客户价值的实现是企业赢利的关键因素。企业进行客户关系管理的目的正在于有效地捕获客户需求和动机，进而产生影响客户消费的驱动因素。CRM 是一种基于企业发展战略上的经营策略，这种经营策略是以客户中心的，不再是产品导向而是客户需求导向。

（一）客户关系管理在企业战略管理中的地位与作用

一个企业的战略应该以企业资源优势和企业所擅长的方面为基础。而一个企业获得竞争优势的最佳道路是：企业拥有具有竞争价值的资源和能力，而竞争对手不拥有与自己对抗的资源和能力，同时竞争对手开发可比能力要付出沉重的代价或者要经历一段很长的时间。因而，企业的各种战略均应建立在充分利用自己的核心能力上。

客户资源的垄断性和不易模仿性决定了客户才是企业资源优势之真正所在，是真正的竞争优势之所在。若要掌握这些资源，只有依靠客户关系管理才能实现，所以客户关系管理是企业战略管理得以发挥优势的根本手段，是企业战略分析与战略定位的出发点、是实现企业战略目标、打造自身竞争力的主要依据，更是促成企业战略形成的思想基础。客户关系管理系统是在互联网环境下，辅助这一企业战略观得以实现的有力工具，并将客户关系管理界定为：企业在新的市场环境（高度扰动的市场环境）下，通过对企业客户关系的互动引导，识别、保留和发展价值客户，达到企业盈利最大化目的的企业战略管理。

从企业战略角度理解，客户关系管理在企业战略的作用表现在以下方面：

（1）客户关系管理是一种企业发展的整体战略观，是企业决策的基础，涉及企业的各个层面，团队协作是实现这一战略必不可少的条件。

（2）客户关系管理的核心是价值。在对客户的识别、保留和发展的整个生命周期里，对价值的评判始终是贯穿其中的核心问题。这种价值评判包括两个方面，一是企业为客户提供的价值的评价，一是客户对企业的价值贡献的评价。客户关系管理的实施过程是一个使关系增值的管理过程。

（3）客户关系管理的重要性。客户关系管理强调的是企业与客户长期的价值互动关系，最大化长期互动关系的效用，可实现客户与企业的双赢。

（4）客户关系管理是集中于价值客户的认识、保留和发展的动态管理。由于客户关系管理关注的是长期价值关系，因此，对于客户的选择显得尤为关键。客户关系管理并不是对所有客户不加区别地对待，而是不断为价值客户提供优厚的价值服务，并从价值客户得到卓越回报的一种有目的的价值交换战略。

（5）客户关系管理实质上是对企业客户资产的增值管理。客户要成为企业的无形资产，两个必备的条件是：企业与客户之间有事实关系存在，以及对这种关系，企业有数据和文件记录来保证双方之间的双向沟通。显然，客户关系管理的实质就是对企业客户资产的增值管理。

（二）以客户关系管理为基础的战略管理为企业带来竞争优势

1. 全面提升企业的核心竞争力

当今的信息时代，地理和环境不再具有以往的意义，规模和权力也不再能确保市场份额，技术发展和全球化趋势减弱甚至消除了许多过去妨碍经济增长的障碍。然而，详细而灵活的客户信息和良好的客户关系以其难以复制的特性，成为当今企业最为有效的竞争手段。

2. 重塑企业营销功能

如今企业的竞争已经转变成为供应链之间的竞争，也就是说企业经营从以生产为支点变为以客户为支点，客户—竞争—品牌成为密不可分的要素，捕捉客户机会和迎合客户需求的准确性和速度决定企业的生存，企业需要一个信息通畅、行动协调、反应灵活的客户关系管理系统。

3. 提升销售业绩

客户关系管理可以重新整合企业的客户信息资源，使以往"各自为战"的销售人员、市场推广人员、电话服务人员、售后服务人员等开始真正的协调合作，成为围绕"满足客户需求"这一核心宗旨的强大团队。

4. 降低成本，提高效率

客户关系管理的实施使得团队销售的效率和准确率大大提高，服务质量的提高也使得服务时间和工作量大大降低，这些都无形中降低了企业运作的成本。

5. 利用整合信息提供卓越服务，提高客户忠诚度

利用客户资料，针对客户需求加强对客户的服务，提高客户对服务的满意度。通过整理分析客户的历史交易资料，强化与客户的关系，以提升客户再次光顾的次数或购买数量，经由客户确认、客户吸引和客户保留以提高获利率。

第二节 客户关系管理的营销策略

一、数据库营销

提到网络，总使人想到四通八达的网络，功能强大的服务器，其实，网络真正的价值在于奔流在网络中的信息，在于散布在网络中的信息集散地——数据库。作为当前最有效的数据存储和管理技术，数据库一直充当着互联网的数据基地。当前，大部分的网页数据存储在各种数据库中。无论是对网页的更新，对市场调查数据的存储，还是对客户数据的收集、处理等，最有效、成本最低的方法仍然是数据库技术。因此，数据库技术注定与企业网络营销连在一起。这种通过数据库技术和网络技术为主要支撑，以满足客户需求为中心的营销理念，称为数据库营销。

数据库营销，是指企业通过收集和积累会员（用户或消费者）信息，经过分析筛选处理后预测消费者有多大可能性去购买某种产品，以及利用这些信息给产品以精确定位，有针对性地制作营销信息，以达到说服消费者去购买产品的一种营销方式。数据库营销以与顾客建立一对一的互动沟通关系为目标，依赖庞大的顾客信息库进行长期促销活动，是一种全新的销售手段，是一种针对客户进行的深度挖掘与关系维护的营销方式，是一套内容涵盖现有顾客和潜在顾客，可以随时更新的动态数据库管理系统。数据库营销的核心是数据挖掘。企业通过搜集和积累，将与消费者相关的大量信息，如客户、产品、市场、人口统计、销售趋势、竞争和交易等信息存储于营销数据库中，通过一定的数据模型和软件对数据进行分析，从而实现更加准确的产品定位、销售管理等。营销活动与顾客数据库的关系如图12-1所示。

传统的营销主要建立在定性的基础上，企业对市场的了解往往是经验，而不是实际数据。而数据库的引入，使营销工作建立在准确的、海量的数据基础上，不但可以使用多种计算和决策方法，更加充分地了解顾客的需求，了解顾客的价值，评估顾客的价值，分析顾客需求和交易行为，更准确地进行市场调查和预测，改善企业营销决策的准确性，而且，由于数据库能够不断更新，能够及时反映市场迅速变化的实际状况，使企业营销决策更符合现实。因此，数据库营销是企业掌握市场的重要途径，可以帮助企业准确了解用户信息，方便地建立与用户的双向联系，确定企业目标消费群，准确分析竞争者的优劣势，及时反馈和检验营销效果，使企业促销工作具有针对性，从而提高企业营销效率。

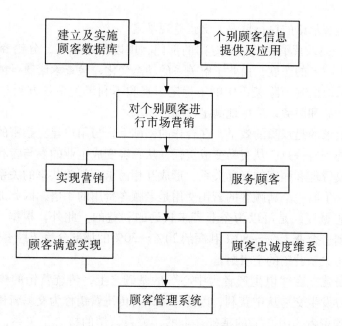

图 12-1 营销活动与顾客数据库的关系

二、关系营销

关系营销，是指把营销活动看成是一个企业与消费者、供应商、分销商、竞争者、政府机构及其他公众发生互动作用的过程。其核心是建立和发展与这些公众的长期、稳定的良好关系，通过为顾客提供高度满意的产品，提供有效的服务来加强与顾客的联系，保持与顾客的长期关系，培育顾客忠诚度，并在与顾客保持长期关系的基础上开展营销活动，实现企业的营销目标。

（一）关系营销的特征

关系营销具有如下特征：

（1）双向沟通。在关系营销中，沟通应该是双向而非单向的。双向沟通意味着更广泛的信息交流和信息共享，意味着企业和顾客之间有更多的理解才有可能赢得双方的合作和支持。

（2）合作。关系营销强调以人为本，以客户为中心，每一次交易都看作双方互惠的合作，并期待未来更多的合作。

（3）双赢。关系营销不是通过损害其中一方或多方的利益来增加其他各方的利益，而是通过合作增加关系各方的利益。

（4）亲密。关系营销不只是要实现物质利益的互惠，还必须让参与各方能从关系中获得情感的需求满足。实际上，与客户建立亲密的关系是对客户心理和更高级需求的满足。亲密的关系也是合作和协调的基础。

（5）承诺。企业为获得多方的信任，满足多方的需求，必须做出高度的承诺，并在营销过程中检查承诺的执行情况,真正兑现承诺。

(6) 控制。关系营销要求建立专门的部门,用以跟踪顾客、分销商、供应商及营销系统中其他参与者的态度,由此了解关系的动态变化,检查承诺履行情况和多方的反馈意见,及时采取措施消除关系中的不稳定因素和不利于关系各方利益共同增长的因素,及时改进产品和服务,更好地满足市场的需求。

关系营销追求的是双赢的效果,在合作的基础上,与用户建立亲密的关系,使企业的利益与用户的利益一致,从交易变成责任,从顾客变成企业的参与者和拥护者,从管理营销组合变成管理和顾客的互动关系,形成互相需求、利益共享的关系,才能实现双赢。根据研究,争取一个新顾客的营销费用是老顾客费用的 4 倍,因此加强与顾客关系并建立顾客的忠诚度,是可以为企业带来长远的利益的。此外,根据"二八"定律,即必须优先与创造企业 75%～80% 利润的 20%～30% 的那部分重要顾客建立牢固关系,这些顾客是公司关系营销的宝贵财富。

传统营销是建立在"以生产者为中心"的基础之上,传统营销的核心是交易,企业通过诱使对方发生交易从中获利,因此,可以将传统营销称为交易营销。而关系营销是建立在"以消费者为中心"的基础之上的,关系营销的核心是关系,企业通过建立双方良好的互惠合作关系从中获利。传统营销把视野局限于目标市场上,而关系营销所涉及的范围包括顾客、供应商、分销商、竞争对手、银行、政府及内部员工等。传统营销关心如何生产、如何获得顾客;而关系营销强调充分利用现有资源来保持自己的顾客。

现代市场营销的一个重要思想和发展趋势是"以人为本",从交易营销转向关系营销,从过去推测性商业模式转向高度回应需求的商业模式:不仅强调赢得用户,而且强调长期地拥有用户;从单一销售转向重视长期利益;从以产品性能为核心转向以服务为核心;从重视产品研发到注重提高反应速度和回应力。而网络营销可以为企业处理好与顾客的关系,把服务、质量和市场有机地结合起来,提高营销的效能,这是一种企业和消费者双赢的模式。

(二) 关系营销的要点

从企业与顾客互动的角度,关系营销的要点如下:
(1) 分析和寻找用户。
(2) 向客户提供售后产品和服务以及承诺。
(3) 不折不扣地履行承诺并尽可能地满足顾客的需要。
(4) 检查对顾客的承诺的实现情况,认真总结顾客的反馈意见,并拿出解决办法。
(5) 加强与客户的沟通和联系,加强合作联系。
(6) 千方百计留住老客户。

(三) 关系营销中互联网的作用

互联网作为一种有效的双向沟通渠道,企业与顾客之间可以实现极低费用的沟通和交流,它为企业与顾客建立长期关系提供有效的保障。事实上,互联网的应用,为关系营销提供了最好的手段。

第一，顾客可以直接提出自己的个性化需求，甚至参加到企业的产品设计中来，而企业通过互联网可以及时地了解消费者的需求和愿望，及时答复并迅速做出反应。根据顾客的个性化需求，企业可以利用柔性化的生产技术最大限度满足顾客的需求，企业与顾客的关系更加密切，为顾客在消费产品和服务时创造更多的价值。

第二，企业也可以从顾客的需求中了解市场、细分市场和锁定市场，最大限度降低营销费用，提高对市场的反应速度。同时，企业通过互联网的低成本获得的利润，可以通过让利或提高服务质量等形式，返还给消费者，使其得到更多的实惠。

第三，利用互联网，企业可以低成本、不受时间和空间限制地与客户保持通畅的联系，随时通报企业的产品或活动信息，如新产品性能和培训消息等，为顾客提供优质的服务。

第四，通过互联网，企业也可以了解到消费者的一些特殊的需要，通过一些人文的关怀措施，建立用户与企业的亲密关系，使消费者更加关心企业的发展。

第五，通过互联网，企业还可以实现与企业相关的企业和组织建立关系，以低廉成本帮助企业与企业的供应商、分销商等建立协作伙伴关系，实现双赢发展。

三、一对一营销

一对一营销是指企业在与客户直接互动的基础上，根据单个客户的特殊需求来改变自己的经营行为。这一思想由唐·佩伯斯和马莎·罗杰斯首先提出，自20世纪90年代以来，一直受到商界的大力推崇。

一对一营销是适应消费观念转变的产物，其产生的基本背景是消费个性的回归和竞争的激化。一对一营销在理念上体现为三个转变：从满足顾客的同质性需要向个性化需要转变；从顾客需求的单向性满足向交互性转变；从满足新顾客需求向满足老顾客需求转变。

（一）一对一营销的核心理念

一对一营销的核心理念是以"客户份额"为中心，通过与每个客户的个性化交流，与客户逐一建立持久的、长远的学习型关系，为客户提供定制化的产品。一对一营销的目标是提高短期商业推广活动及终身客户关系的投资回报率，提升整体的客户忠诚度，并使客户的终生价值达到最大化。

1. 客户份额

一对一营销认为，决定一个企业是否成功的关键不是市场份额，而是客户份额。客户份额形象地说就是"钱包份额"，即客户在一个企业上的消费占其同类消费总额的比重。客户份额越大，客户对企业就越忠诚，企业竞争优势就越强。从这个意义上讲，企业规划一对一营销的过程也就是在一对一的基础上提高每一位顾客的客户份额的过程。

需要指出的是，不同的客户对企业的价值是不同的，一对一营销并不是对所有客户的"钱包份额"都给予等量关注。一对一营销将顾客分为三类：第一类客户能够给企业带来最大盈利；第二类客户能带来一定的利润，且有可能发展成为企业最大的利润来源;第三类客户是无利可图的客户。一对一营销将工作的重点放在第一类客户上,并注重发展同第二类客户的关系。

2. 互动型学习关系

一对一营销的一大特点就是企业与顾客之间不是单向的交流,而是双向的互动沟通。为争取更大的顾客份额,企业需要对客户进行细致深入的了解,这是通过双向的交流与沟通来实现的。随着企业与客户一对一关系的深入,双方不断互动、学习和适应。企业越深入了解顾客的偏好,顾客告诉企业的内容越多,由此导致双方关系不断巩固发展。

在一对一营销中,企业与顾客是一种学习型关系。这种关系基本上就是随着一次一次的交流,与客户之间的沟通愈加密切,也就只是所谓的"从干中学"。这种一对一的学习型关系是一对一营销策略的中心所在。

企业与顾客建立起来的这种长期性互动型学习关系,将成为抵御竞争的坚固屏障。创建一种学习型关系背后的基本战略,就是将自己置于关系状态的另一边:创造机会让顾客教你他需要什么。记住这些需要并将其反馈给顾客,由此永远保住顾客的业务。任何一个竞争者要深入了解一个新客户,都是一个长期的过程,它得从头开始一点一滴地接受客户传授的知识。而企业与老顾客之间,由于双方经过长期的了解已达成某种默契,企业能够轻易地为顾客提供他所真正需要的产品,因此顾客也不愿意简单地结束这种关系。

3. 定制化作业

定制化是一对一营销的本质特征。定制意味着企业要努力满足每一位顾客提出的不同要求,这根本有别于传统企业的作业模式。因此,一对一营销要求企业在销售和服务模式上、在库存管理、在生产和采购环节及在财务结算等各方面,都做出相应的调整和改革,以适应新的要求。

(二) 一对一营销的实施步骤

一对一营销的执行和控制是一个相当复杂的机制,它不仅意味着每个面对顾客的营销人员要时刻保持态度热情、反应灵敏,更主要也是最根本的是,它要求能识别、追踪、记录个体消费者的个性化需求并与其保持长期的互动关系,最终能提供个体化的产品或服务,并运用针对性的营销策略组合去满足其需求。所以,"一对一营销"的基础和核心是企业与顾客建立起一种新型的学习关系,即通过与顾客的一次次接触而不断增加对顾客的了解。

具体来说,一对一营销的实施步骤如下:

1. 企业识别顾客

"销售未动,调查先行",占有每一位顾客的详细资料对企业来说相当关键。可以这样认为,没有理想的顾客个人资料就不可能实现"一对一营销"。这就意味着,营销者对顾客资料要有深入、细致的调查、了解,对于准备"一对一营销"的企业来讲,关键的第一步就是能直接挖掘出一定数量的企业顾客,且至少大部分是具有较高价值的企业顾客,建立自己的"顾客库",并与"顾客库"中的每一位顾客建立良好关系,以最大限度地提高每位顾客的生涯价值。

2. 企业顾客差别化

不同客户之间的差异主要在于两点：他们对公司的商业价值不同，他们对产品的需求不同。因此，对这些客户进行有效的差异分析，可以帮助企业更好地配置资源，使得产品或服务的改进更有成效，牢牢抓住最有价值的客户，取得最大程度的收益。因此，"一对一营销"认为，在充分掌握了企业顾客的信息资料并考虑了顾客价值的前提下，合理区分企业顾客之间的差别是重要的工作内容。

3. "企业—顾客"双向沟通

"一对一营销"的一个重要的组成部分就是，降低与客户接触的成本，增加与客户接触的收效。前者可以通过开拓"自助式"接触渠道来实现，如用互联网上的信息交互代替人工的重复工作。至于后者的实现，则需要更及时地、更充分地更新客户信息，从而加强对客户需求的透视深度，更精确地描述客户的需求"图样"。具体地说，也就是把与客户的每一次接触放在"上下文"的环境中，对上次的接触或联系何时何地发生、何种方式发生、已经进行到哪里心中有数，这次的接触就从这个"断点"开始，从而连出一条绵延不断的客户信息链。

4. 企业行为"定制"

（1）分析以后再重构。将生产过程重新解剖，划分出相对独立的子过程，再进行重新组合，设计各种微型组件或微型程序，以较低的成本组装各种各样的产品以满足顾客的需求。

（2）采用各种设计工具。根据顾客的具体要求，确定如何利用自己的生产能力满足顾客的需要，即"一对一营销"最终实现的目标是为单个顾客定制一件实体产品，或围绕这件产品提供某些方面的定制服务，比如开具发票的方式、产品的包装式样等，不一而足。

企业顾客识别、企业顾客差别化、"企业—顾客"双向沟通和企业行为"定制"这四个步骤在实施过程中环环相扣、紧密相连。企业顾客识别与企业顾客差别化是企业的"内部解析"，而"企业—顾客"双向沟通与企业行为"定制"则是企业的"外部努力"，是作为外部公众的消费者看得见、摸得着的。"内部解析"是"外部努力"的前提和基础，而"外部努力"则是"内部解析"的目的和延伸。可以这样认为，"四步走"方略对于任何一个准备尝试或已经开始实施"一对一营销"的企业来说是一套通用的准则，准确地讲应该说是指明了方向。

四、基于客户关系管理的营销策略创新

客户关系管理通过将人力资源、业务流程与专业技术进行有效的整合，最终为企业的客户或消费者的各个领域提供完美的集成，使得企业可以更低成本、更高效率地满足客户的需求，并与客户建立起基于顾客满意基础上的一对一营销模式，从而让企业可以最大程度地提高客户忠诚度，挽回失去的客户，保留现有的客户，不断发展新的客户，发掘并牢牢地把握住能给企业带来最大价值的客户群。客户关系管理的理论基础是关系营销，技术基础是数据库营销，实现方式是一对一营销。

基于客户关系管理的营销策略创新主要表现在以下方面:

(1) 以"关系"为核心。大量营销实践表明,虽然营销过程的焦点仍然是顾客,但必须拓展视野,营销策略的研究不应只限于分析卖方和买方的互动过程,而应把与分销商、供应商、竞争对手、公关机构、政府部门及内部员工等所有的交换关系纳入研究的范畴。

(2) 动态创造市场、超越竞争。传统营销策略理论强调了解顾客需求,并使产品和服务适应顾客需要,但实际上这是一种难以实现的理想状态。实际上,消费者的消费本身就带有一定的盲目性,而且越来越受制于自身之外的各种因素的影响,尤其是来自于市场产品提供者的引导。因此,企业营销策略的创新要有创造市场、超越竞争的市场观念:要改变以往从静态的角度分析市场、研究市场,然后再迎合市场的做法;强调以动态的观念,主动地发现潜在市场,创造需求,制造流行。

(3) 营造顾客高度满意。进入 20 世纪 90 年代以后,顾客需求日益分散化、复杂化、个性化和多变化,在理性消费的基础上渗透了越来越多的情感因素。单靠产品质量、式样规格、服务态度等孤立的因素已经无法满足顾客需求。顾客在交换中寻求的是一种综合价值的实现,这种综合价值对顾客来说就是"高度满意"。企业营销策略的创新要能够向顾客提供超过服务本身价值和超过顾客的期望值的"超值服务",从而树立良好的企业形象,营造顾客高度满意。

(4) 以双赢为目标的全新竞争策略。现代竞争方式和竞争规则一改以往企业"你死我活"的思路而坚持"双赢策略",转向更深层次的合作竞争,即为竞争而合作,靠合作来竞争。特别是当企业日益成为相互依赖的事业共同体时,这种竞合策略不仅是从实现优势互补、资源共享、降低风险等利益考虑,而且是为实施某种竞争策略,建立和巩固市场竞争地位。

(5) 双向交流沟通。新的营销策略应使交流沟通成为双向的。如果仅仅是顾客联系企业,无法使企业与客户建立特殊关系。如果由企业主动和顾客联系,进行双向的交流,对于加深顾客对企业的认识、察觉需求的变化、满足顾客的特殊需求以及维系顾客等有重要意义。广泛双向的信息交流和信息共享,可以使企业赢得支持与合作。

(6) 营销非功能化。新的营销观念应打破传统营销理念把市场营销只作为企业经营管理的一项重要功能这一框架。传统营销理念只把营销活动看成企业经营的一个职能,把企业文化等管理问题仅仅作为市场营销的相关因素考虑。新的营销策略应强调"营销非功能化",即营销不是一项可以单独存在的功能,公司的所有部门都要努力为顾客的利益服务,企业的营销活动应成为企业各部门的工作。

第三节　网络客户服务

互联网的出现预示着消费者主权时代的到来,消费者必将成为商业活动的主宰。电子商务的发展使商业竞争空前激烈,越来越多的企业已经认识到"想着客户"比"只顾竞争"更为重要。"最大限度地为客户提供满意服务"成为电子商务成功的基本准则。与此同时,互联网的发展为服务提供了前所未有的理想平台,如何利用这个平台为客户提供简单、实用、可靠、个性化的服务已经成为众多企业关注的中心。

一、网络客户服务概述

(一)网络客户服务的内容

客户服务是指一种以客户为导向的价值观,它整合及管理在预先设定的最优成本—服务组合中的客户界面的所有要素。广义而言,任何能提高客户满意度的内容都属于客户服务的范围之内。因此,客户服务是企业为提高客户满意度(产品和服务满足客户期望的程度)而进行的一系列活动。

客户服务可以帮助客户解决在购买活动中所遇到的一系列问题,但传统的服务往往将负担加在客户的身上,让客户自己去直接解决问题或到某一地点咨询并且一点一点地收集信息,电子商务的应用提高了客户服务的自动化程度。但在电子商务发展的初期,并没有对客户服务提出很高的要求,所以第一代客户服务的内涵相对来说是比较简单的。而目前,随着电子商务应用的深入,电子商务商家必须迅速地对客户的各不相同的且不断增加的要求做出反应,因而也对客户服务提出了更高的要求。对电子商务时代的企业来说,为了提高客户的忠诚度,对客户的服务应渗透到交易前、交易中、交易后的各个阶段中,将客户服务贯穿于产品的整个生命周期。

1. 交易前的客户服务——推荐选择阶段

消费者在电子商务中遇到的一个主要问题是如何找到特定的商品。为了方便顾客购物,网上商店应提供搜索服务,使顾客可以快捷地找到想要得到的东西。另外在网上购物不像在传统商店那样可以直观地了解商品,所以网上商店还应提供一些有关商品的信息,以便顾客做出决策。网上商店应根据上网顾客的不同身份、爱好和需求,将每一名顾客视为特殊的一员对待,自动提供不同的商品信息和服务,方便顾客购买商品,让顾客有宾至如归的感觉。以外,应建立客户档案,对老客户进行消费诱导服务。

2. 交易中的客户服务——供货订购阶段

(1)可提供让顾客定制产品的服务。用户通过互联网的程序引导,可对产品或服务进行选择或提出具体要求,企业可以根据顾客的选择和要求,及时进行生产并提供及时服务,使得顾客能跨越时空地得到满足要求的产品和服务。

(2)可提供顾客跟踪订单状态的服务。当顾客在网上下单后,肯定非常关心什么时候能拿到商品,那么公司应提供这方面的服务来满足消费者。

(3)可提供多种方便安全的付款方式。网上商店要提供灵活多样的付款方式以方便顾客。例如,顾客可以选择信用卡、现金汇款、支票结算等方式。

(4)可提供应时配送服务。顾客在线购物最关心的问题就是所购商品能否准时到货。顾客在网上购买的,一种是实物产品,如服装、玩具和食品;另一种属于数字产品,包括音乐、电影、电视、软件、报纸、杂志、期刊、图片等。对于实物产品,企业应把及时配送服务作为业务的重点。对于数字产品,可以通过网上下载服务直接实现商品的送货。

3. 交易后的客户服务——跟踪处置阶段

（1）向顾客提供持续的支持服务。企业可通过在线技术交流、在线技术支持、常见问题解答、资料图书馆、实时通讯以及在线续订等服务，帮助消费者在购买后更好地使用商品。

（2）开展顾客追踪服务。在电子商务环境下，企业通过顾客建档，利用网络的强大优势，对顾客的售后服务应该是终身的。良好的售后服务永远是留住顾客的最好方法。

（3）良好的退货服务。由于在线购物时，顾客不能真实、直观地了解商品，难免会出现一些差错。作为企业应提供良好的退货服务，这样可以增加顾客在线购买此商品的信心。

（二）网络客户服务的主要功能

随着 IT 技术的飞速发展，电子商务也给消费者带来令人眼花缭乱的变化。技术的每一次革新都意味着服务的升级和完善。目前，实施电子商务的企业在网上提供的客户服务的主要功能包括以下方面。

1. 互动沟通功能

为留住老客户和吸引新的消费者，企业在建立 Web 站点时应充分考虑回答客户询问的需要，让客户方便快捷地获得所要的信息。为使之更有效，可以使用智能代理。

2. 选择比较功能

电子商务实施中的一个主要问题是帮助消费者找到自己想要的产品。客户一旦发现了所需要的产品（服务）信息，则通常希望能比较一下同类产品的价格。所以，网络环境下客户服务的一项重要工作是为客户提供搜索引擎，以满足这种要求。

3. 技术支撑功能

为了吸引消费者在网上购物，电子商务企业可以说是花费了不少的精力，而售后的服务工作对于提高客户的满意度来说，也是一个不可忽视的重要部分。为此许多企业在自己的 Web 站点上为客户提供了产品的详细的技术和维护信息，而许多技术信息在网上寻找是很困难的。因此这种售后服务必须具有便捷、灵活、低廉、直接等特点。

4. 信息反馈功能

客户可以在网上查看自己的账户余额，并可随时随地检查自己的商品运输状态。这样，银行的传统作息时间被打破了，客户可以在自己认为方便的任何时候检查账户的余额、在各账户间传递资金，也可以进行投资并监视投资情况。

5. 个性定制功能

直接在线定制，则使得电子商务企业的客户服务又向前迈进了一大步。一些音乐站点，现在就允许客户从音乐库中挑选喜欢的音乐进行 CD 的定制，而这在传统音乐商店中是没有的。而一些出售服装的站点，则允许客户随意组合自己的整套衣服，包括尺寸大小、颜色、款式等，还可以让客户挑选送货日期等。这样的服务大大提高了企业的销售额，而且还增加了回头客的比率。

二、网络客户服务工具

对电子商务时代的企业来说,为了提高客户服务的水平,可以运用很多与网络有关的新工具来支持客户服务,常见的网络客户服务工具有以下方面。

1. 建立个人网页

许多企业的 Web 站点都允许客户建立自己的个人网页。这些页面可以用来记录客户的购买和喜好,利用个人页面企业还可将产品的信息及反馈卡等传送给客户。

2. 建立客户数据库

通过建立客户数据库,企业可以记录下客户的购买信息、出现的问题和客户的请求,并通过对这些信息的分析利用来更好地提高客户服务的水准。用传统的手段如客户填写反馈卡来收集这类信息,一般要在交易后 1～3 个月才能完成,而现在可以实时或接近实时地完成,还可通过即时应答来追踪和分析这些信息。而且,交易信息保存处理也更为方便,可以根据产品、客户等不同的准则进行归类,从而更好地支持企业的营销活动,支持对客户的服务。

3. 常见问题回答 FAQs

FAQs(Frequently Asked Questions)是最简单也是最全面的处理重复客户提问的工具,也是电子商务企业经常使用的一种客户服务工具。利用 FAQ,客户可以自己在 Web 上获得常见问题的回答,从而使得企业在这方面的费用降至最低。当然,一些非标准的客户提问则还是需要其他工具如 E-mail 的帮助。

4. 聊天室

聊天室可以提供客户服务支撑,吸引新客户和增进客户忠诚度。

5. 电子邮件与自动应答

在客户服务中最流行的工具应首推电子邮件。由于价格低廉且快速,所以企业常利用电子邮件来传递信息,如各种确认信息、产品信息、对问题的回答(绝大部分是客户查询)等。但电子邮件的发送简单也导致了其有泛滥成灾的趋势。有些企业一周甚至一天就可能会收到成千上万封电子邮件,人工来回答这些电子邮件既费时又费力,而且还无法满足客户希望快速得到回音的要求,因为许多企业都许诺 24 小时内给客户答复。所以现在许多企业都采用自动电子邮件应答系统,该系统会自动检查日常接收到的邮件并作翻译,利用智能代理自动地应答客户的查询。

6. 帮助桌面和呼叫中心

帮助桌面是客户服务的最重要工具之一,客户可以通过电话、传真或 E-mail 与公司通讯。由于最初的通讯是通过电话进行的,所以远程帮助桌面往往被称为呼叫中心。

除了利用上面这些工具和方法外,为提高客户服务水平,电子商务企业还应充分注重人的作用,即培养和造就一批训练有素的客户服务代表,使他们能熟练地运用信息技术存取客户的历史、采购、喜好等数据,并与呼叫中心代理保持联系。通过这种方法,公司可以维持一定的人员与在线客户接触,以了解客户的要求、倾听客户的反映和增强企业与客户的联系。

三、网络的营销自动化

传统的数据库营销是静态的，经常需要好几个月的时间才能对一次市场营销战役的结果做出一个分析统计表格，许多重要的商机经常在此期间失去。网络时代，借助先进的网络与通讯技术，通过展开客户关系管理来帮助企业进行营销管理，企业可以实现全面的营销管理自动化。

一方面，通过对以往客户交易的相关记录的分析，可以了解客户对企业已有产品和服务的接受与喜好程度，从而帮助企业进行产品的改进与新产品的开发，使企业在产品设计之初就比竞争对手对市场需求有较好的把握；另一方面，通过对客户交易记录的分析，可以进行客户细分，对不同客户开展分组管理，并可根据已有客户的个性特点发掘潜在客户。从更广的范围上来说，根据获得的这些信息，企业可以策划有效的营销战略，比如为不同客户提供个性化的营销需求信息，根据顾客喜好以电子邮件或新闻组的方式与之进行联系，实施有针对性的促销活动，并可对各种渠道（包括传统营销、电话营销、网上营销等）所接触的客户进行记录、分类和辨识，提供对潜在客户的管理，通过浏览由在线数据分析产生的图表报告，评估每项活动的有效性及回报等。更进一步，可以通过跟踪和评估各种市场活动的成效，及时调整和改进相应的营销方针，实现以最小的营销投入获得最大营销收益的目的。

从总体上说，网络的营销自动化软件可以分成三个领域，即高端营销管理、Web方式营销、营销分析。

（1）高端营销管理。高端营销管理主要集中在涉及B2C营销（如金融服务和电信等）的公司里。它的重点一般是帮助企业制订营销计划、管理和跟踪（而不是执行）计划的执行。B2C公司一般都具有很大的用户规模。有时用户数量可以达到成千上万甚至几十万个，相应的用户数据库会超过太比特级。这些数据库的规模和需要的基础设施引起了硬件厂商，如Digital Compaq、IBM等的极大兴趣。这些厂商已经开发了全套的企业网络营销自动化产品来满足B2C市场的需求。高端营销管理需要用户已经实现了一个数据仓库结构，并且具有成熟的基础来管理庞大的数据仓库。

（2）Web方式营销。Web方式营销绝大多数用在B2B市场上（较少的用户数量，所有的目标用户都具有现成的E-mail地址）。这些用户除了直接邮寄、传真和电话外还使用Internet作为主要营销工具。Web营销包括旨在收集更多客户信息的大量电子邮件、反映营销全过程的Web站点和用于某些目标客户的个性化的Web页面。

（3）营销分析。营销分析的重点是分析销售和营销的所有主要方面（如赢利），并且将它与客户活动数据和ERP数据关联起来，以便进一步改进营销策略。

第四节　客户关系管理系统的构建

一、客户关系管理系统的结构

客户关系管理系统是计算机软件技术人员利用信息技术，针对"营销、销售、客户服务和客户分析"等面向客户领域而设计出的各种软件功能模块的组合，以最大限度地支持客户关系管理的经营理念在企业范围内的具体实践。

客户关系管理系统的结构如图12-2所示。

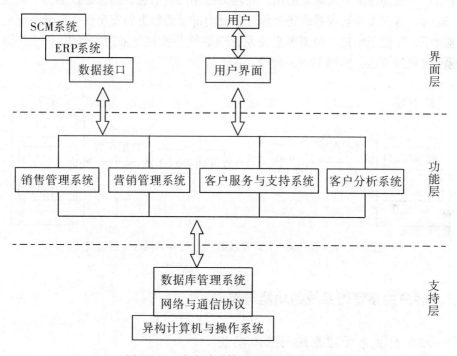

图12-2　客户关系管理系统的结构示意

界面层是客户关系管理系统同客户进行交互、获取信息的接口，通过提供直观的、简便易用的界面，用户或客户可以方便地提出要求，得到所需的信息；数据接口可以使客户关系管理系统与其他企业管理系统实现高效的集成。

功能层由客户关系管理基本功能的各个分系统构成，各分系统又包含若干业务，这些业务可构成业务层，业务层之间既有顺序的又有并列的这些分系统包括销售管理系统、营销管理系统、客户服务与支持系统和客户分析系统。

支持层则是指客户关系管理系统所用到的数据库管理系统、操作系统、网络通信协议等，是保证整个客户关系管理系统正常运作的基础。

二、客户关系管理系统的网络结构选择

客户关系管理系统是建立在 Internet 和 Intranet 等网络技术基础之上,其网络结构离不开 C/S(Client/Server)模式和 B/S(Browser/Server)模式。

总的来说,C/S 模式具有交互性强、安全性好、处理速度快、网络负荷低等优点,适合于企业内部应用。而 B/S 模式则是通过将传统的 C/S 结构中服务器部分分解为数据服务器和应用服务器(Web 服务器),构成三层结构客户服务器体系,从而简化了客户端,减少了系统的开发和维护,便于用户操作使用。由于采用 Web 技术,因此更适合 Internet 应用。

由于客户关系管理系统不仅要和企业内部打交道,还要与外部客户联系,即使是企业内部用户,也要保证不同地域的用户处理的是相同的信息,即保证数据的一致性和同步性;同时,客户关系管理系统还要保证企业内部敏感数据的安全性,保证系统的功能易用与统一,并便于维护。根据客户关系管理的这些特性,采用 C/S 与 B/S 并用的混合应用模式最为合适,如图 12-3 所示。

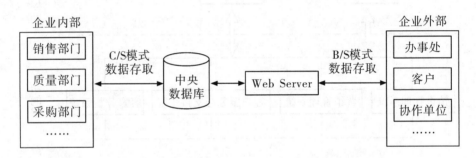

图 12-3 客户关系管理系统的 C/S 与 B/S 混合应用模式

三、客户关系管理系统的功能与组成

(一)客户关系管理系统的基本功能

客户关系管理概念的基本思想就是"以客户为中心",而企业运作过程中的多数环节都与客户有关,所以客户关系管理的功能几乎涵盖了营销、销售、客户服务和支持等企业管理的各个方面。总的来说,一个有效的客户关系管理系统应具备如下基本功能。

(1)畅通有效的客户交流渠道。将电话、传真和 Web 访问等有效的交流渠道协调起来,使企业的客户能够以自己喜好的形式与企业交流,进行业务往来,并能保证整个系统的完整、准确和一致。

(2)完整、准确、一致、共享的客户信息。企业通过多渠道的客户数据采集获取完整、准确、一致并在企业内部实现共享的客户信息,对各种有关企业客户和潜在客户的信息要及时反馈,使企业中任何与客户打交道的员工都能全面了解客户关系,根据客户需求进行交易,了解如何对客户进行纵向和横向销售,记录自己获得的客户信息。

（3）分析处理能力。客户关系管理系统要能够对市场活动进行规划、评估，对整个活动进行全方位的透视，能够对各种销售活动进行追踪，并拥有对市场活动、销售活动的分析能力。

（4）全面支持互联网。客户关系管理系统的用户，包括企业的客户和雇员，可不受地域等条件的限制，能随时随地通过 Web 浏览器访问企业的业务处理系统，获取客户信息。

（5）集成的工作流。工作流是指在离散的商业流程中，发送给负责执行某个具体步骤的用户的信息和工作项目的自动路由。客户关系管理系统应具备强大的工作流引擎，以确保部门任务尽可能动态和无缝完成。

（6）管理者的决策工具。客户关系管理系统要能够从不同角度提供成本、利润、生产率、风险率等信息，并对客户、产品、职能部门、地理区域等进行多维分析，不只是帮助实现商业流程的自动化，而且是管理者进行决策的辅助工具。

然而，客户关系管理应用从总体来说还不够成熟，还没有形成充分系统化的应用。这表现在两方面：一是客户关系管理应用的模块到底需要多少才算足够和完整，目前还没有定论，每个开发商都在根据自己对客户关系管理的理解来打造这些模块；二是客户关系管理应用中各个模块之间的集成度仍然不尽如人意，不能够环环相扣。下面从分析客户关系管理系统的基本功能出发，结合实践经验，提出客户关系管理软件系统应具备的基本组成模块。

（二）客户关系管理系统的组成

1. 销售管理模块

销售管理也称作销售自动化，它的产生早于客户关系管理。销售管理就是要把销售人员以及销售管理人员每天所从事的各种销售活动尽可能"信息化"、"标准化"，使销售力量"合理化"的主要目的是打破目前普遍存在于企业的"销售单干"现象，通过对客户信息、后台业务信息的高度共享以及销售流程的规范化，提高企业整体的销售业绩。销售管理模块的组成如图 12-4 所示。

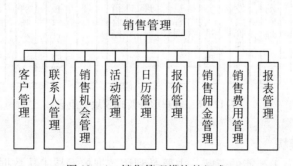

图 12-4　销售管理模块的组成

2. 营销管理模块

企业通过有效的营销手段让客户了解企业和企业的产品，即要把企业的营销信息通过合适的渠道（广告、促销活动、电子邮件、电话等）向合适的群体传递。营销管理就是在恰当的时间向恰当的客户提供恰当的建议。营销管理模块的组成如图12-5所示。

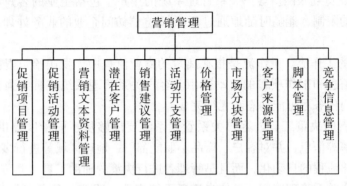

图12-5 营销管理模块的组成

3. 客户服务管理模块

客户服务的目的是维护企业与客户的长期关系。虽然销售管理与营销管理也是直接或间接地提高客户服务质量，但他们首先是从提高企业内部工作效率的角度出发的，只有客户服务才真正把"客户的需求和客户的感受"放在第一位，好的客户服务是使客户保持忠诚的关键。客户服务管理模块的组成如图12-6所示。

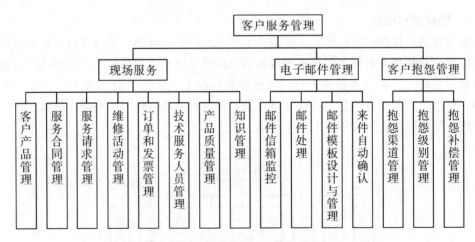

图12-6 客户服务管理模块的组成

4. 客户分析模块

客户分析属于人工智能的范畴，主要是利用数据挖掘技术从数据库中挖掘出有价值的带有规律性的行为模式，并对未来趋势做出预测，从而使企业长期受益。客户分析模块将分析结果以报告或图表的形式提交给管理者，为其提供进行决策的辅助工具。客户分析模块的组成如图12-7所示。

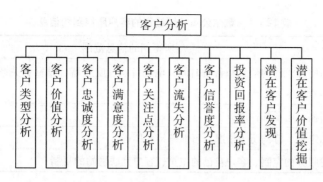

图 12-7 客户分析模块的组成

客户关系管理的目的不仅仅在于要创造新客户，更为重要的是要维系老客户，提高客户的满意度与忠诚度，提升客户的价值和利润。它所蕴含的资源和商机，将为企业提供一个崭新且广阔的利润空间。对于任何一个想从经营发展泥泞中脱离出来或者想使自己的企业有更大发展的企业管理者而言，实践客户关系管理无疑是一项比较明智的选择。

案例一　戴尔计算机公司的客户关系管理

戴尔计算机公司（简称戴尔公司）创立于 1984 年，截至 1996 年 6 月 30 日的过去 4 个季度中，戴尔公司的收益达到 217 亿美元，是全球名列第二、增长速度最快的计算机公司。戴尔公司还是互联网商务中的领导者，每天在线销售额达 1000 万美元，它采取"直线订购模式"，即按照客户要求制造计算机，并向客户直接发货。这种销售模式取得如此辉煌的成果，得益于该公司先进的经营理念——以客户为中心，以客户需求为目标，以客户关系管理为手段，在正确的时间为每个客户提供正确的商品。

源于供应链管理（SCM）与客户关系管理相结合的操作模式使戴尔公司可以明确地了解客户要求，并迅速做出回应。通过直线订购模式，公司与客户结成了无形的、和谐的战略联盟。通过"直线订购模式"，戴尔公司主要获得了以下三个方面的好处：

（1）戴尔公司不通过经销商销售电脑，每卖一台电脑，就取得现金，现金流量大，有助于企业运营的弹性。

（2）戴尔公司的订单与库存信息相连，有订单才进货，因此大幅度降低库存成本。

（3）通过网上与直销渠道，戴尔公司与购买电脑的消费者建立第一线的关系。公司可以提供客户化的服务，并且充分掌握所有客户的资料。

公司在对待客户方面有着超前于他人的不同考虑。公司在线销售方式的核心是强有力的和灵活的对待客户的方式，不仅能够反映出对待大型的、利润丰厚的客户的重要性，也为所有的客户创造了价值。戴尔公司拥有基于客户重要性的在线信息政策。客户收到的信息数量因他们的客户级别而异，如表 12-1 所示。越重要的客户收到的信息越全面，得到的服务也就越广泛，也许价格也更优惠。

表12-1 戴尔公司不同级别的客户所得到的信息

客户层次	所得到的信息范围
所有客户	产品信息、订购信息和备货时间、电脑订购、配置器、投资者关系、雇佣情况、支持和表格
注册客户	新闻稿、电子邮件服务
签约客户	折扣定价、订购历史情况、习惯链接和广告
白金客户	上述服务的定制、客户自己的主页、客户互联网站的复制

戴尔公司的客户三角反映了在各个级别中客户数量与客户收到的信息范围之间的对应关系。在这个三角的底部,是"所有客户"层,这一层信息的覆盖面最广,对任何访问戴尔公司网站的人都适用;从注册客户开始,公司提供个性化信息,可以要求对有关信息的跟踪;签约客户的采购历史都得以保存,他们可以查询这些历史资料,了解累计的销售额,建立习惯链接,享有定制化的服务和特殊折扣;白金客户得到的服务最具有个性化,可以在线与产品设计者一起讨论,保证新产品能够充分满足客户的需求。

戴尔公司给我们的启示就是对客户关系的良好管理。而对客户进行管理的前提就是拥有全面的客户信息。可以说,戴尔公司的成功最大的优势在于对客户信息的占有,与消费者建立第一线的关系。通过向不同层次的客户提供不同层次的信息和不同级别的服务,是公司活动能够反映客户个人的特殊需求和希望,并以此帮助公司建立不断加深与客户的关系,使公司从拥有的相对固定的客户群中获得利益的最大化和关系的持久发展。

案例二 美国 State Farm 保险公司客户关系管理的实施

创建于1922年的 State Farm 保险公司,是美国最大的互助保险公司,也是排名第二的保险公司。全美超过五分之一的汽车都在 State Farm 投保。State Farm 在短短的80年间,从一个小小的汽车互助保险公司发展成为现在财富500强排名第25、全球最大的金融机构之一,其多样化的优质服务是功不可没的。

State Farm 从成立开始就认识到了客户关系的重要性。因为金融保险行业的客户关系是稳定、长久的,有的客户甚至一生只和一家银行或保险公司做交易。在金融保险行业,客户关系已经成为所有商业关系中最为重要的一种。正如 State Farm 的广告词说的那样:"Like a good neighbor, State Farm is there."(犹如一个好邻居,State Farm 无处不在。)对 State Farm 来说,"好邻居"服务就是无论何时何地,只要客户有需要,State Farm 能够提供面对面的服务。

1. 成长的烦恼

到20世纪90年代,美国政府对其金融立法做了调整,取消了保险公司从事证券业务的限制。保险业务已经发展成熟的 State Farm 决定扩大自己的经营领域,从事信贷和证券业务。因为新增加的信贷和证券业务与原有的保险业务是各自独立的业务部门,公司的业务一下子增加了许多。这就要求有更多的人员和机构来操作。庞大的人员和机构很大程度上加大了管理的难度，并增加了经营运营成本。

业务增加以后，State Farm 的客户量也大量增加，客户所需要的数据越来越多。呼叫中心系统已经不再能满足客户的需求。与此同时，随着互联网的迅速发展，金融保险业的交易手段发生了很大的变化。很多顾客开始利用电子邮件和公司进行联系。State Farm 要想保持在行业的前头，就必须充分利用互联网提供的机遇来创新发展自己的业务。而且，互联网出现以后，保险公司的网上销售方便了客户同时比较各家保险公司的价格，价格已经不再能成为竞争的手段，服务就显得更加重要。如何在网络时代保持并提高公司的服务，成为一个更加亲切、更加周到的好邻居，成为摆在 State Farm 面前最为急迫的问题。整合公司所有业务的信息，实施顾客关系管理系统势在必行。

2. 寻宝解忧

除了想解决呼叫中心的需求问题以外，State Farm 还希望通过客户关系管理系统来改善并提高自己的业务水平。所以在确定实施客户关系管理系统以后，如何选择最合理的客户关系管理软件，State Farm 做了很多考虑。

开始，State Farm 打算用自己的 IT 部门来做这套系统，因为他们自己的 IT 部门有 6000 多名员工，而且有很强的研发能力。但是，经过仔细的分析考察以后，State Farm 的管理层最终还是决定让专业软件公司来做。因为专业客户关系管理系统公司的产品专业性强、质量可靠、综合成本低、产品按时上线的可能性高，而且专业公司还富有创新精神。最后，经过严格的挑选，State Farm 选用了 WebTone Technologies 的客户关系管理系统。

WebTone 的客户关系管理思想正好能跟 State Farm 的需求相吻合：①它把 State Farm 的各种金融保险业务的信息有效地整合在一起；②它的界面对 State Farm 原有其他系统的界面开放；③它提供了产品推销、信用管理和顾客利润分析系统；④它把别的系统的数据都整合到一起，这样就可以更快更方便地为客户解决问题。

State Farm 没有采用知名品牌，如 SAP、PeopleSoft 等大公司的系统，最主要的原因是这些知名品牌公司的优势在于 ERP。而且 SAP、PeopleSoft 的客户关系管理系统是在他们的 ERP 系统上附加的，State Farm 不想因为上一套客户关系管理系统而重新购买一套昂贵的 ERP 系统。

更重要的是，虽然 WebTone 只是一个比较小的客户关系管理软件公司，它对金融保险行业却更加专注。

3. 对症下药

作为一个金融保险公司，State Farm 最关心的是客户的利润率，因为公司生存的关键是在保证顾客满意的条件下为公司赢得利润。但是，客户的利润率和金融风险挂钩，是一个风险和回报的问题。比如说，给风险大的客户贷款，有可能回报很高，但是也有可能损失很大。如何计算风险是金融保险公司赢利的关键。所以 State Farm 希望它的客户关系管理系统能够提供合理准确的计算方法来计算风险。Webtone 提供了可以准确计算风险的系统，还提供了不同的计算方法，包括行为模型计算和期权计算方法。

State Farm 的客户有 6000 万多个，客户有大有小，客户的需求各不相同。State

Farm 不可能用同样的处理方法来处理不同的客户需求。有些需求只要通过自动处理就可以解决问题，有的却需要人为地处理。能够合理安排顾客群是 State Farm 选择 Webtone 主要原因之一。

随着互联网的普及，越来越多客户希望通过电子邮件来处理业务。因为发送电子邮件非常简单快捷，过去只需要一封普通信件就能解决的问题，现在客户却可能发 10 个电子邮件来解决。人为地阅读这些数量很大的电子邮件几乎是不可能的。Webtone 系统里面带有人工智能阅读电子邮件的功能，能够自动地对电子邮件进行分类；不仅如此，有些邮件系统直接通过邮件就自动处理了。

State Farm 在满足客户需求的同时，也非常讲求内部管理的效益。如何合理有效地安排员工的工作、评估员工的工作成绩，在客户关系管理中也是很重要的。Webtone 的数据分析工具，能够分析什么人都做了什么工作等等，为安排有效员工的工作、评估员工的业绩提供了有益的参考。

4. 成全新的"好邻居"

系统上线工作以后，很快就取得了显著的效果：

（1）呼叫中心的效率和成本都降低了。因为客户关系管理系统和别的系统都连接着，有效地把信息整合起来。处理事务的员工很快就能调用客户的详细资料，尽快地帮助客户发现问题、解决问题。这对于拥有 6000 多万个客户的 State Farm 来说，可以大量减少呼叫中心员工的数量，从而大大降低人力成本。

（2）销售能力明显提高，销售量增长了将近 100%。实施客户关系管理信息得到整合以后，客户到门市办理业务的时候，业务员可以同时了解客户其他方面的需求，有的放矢地进行产品推销。比如说在客户购买保险的时候，可以争取客户再开个银行账户或者股票交易帐户。

（3）在员工培训方面，这个系统的 User Friendly（用户之友）让新手学起来非常容易上手。而且系统已经把别的系统的数据都整合好了，员工只需要学习新系统，而没有必要把旧系统都重新学习一遍。因此在营业部，State Farm 对新雇员的系统训练时间从过去的两周缩短到现在的两天。

建立了一个完善的客户关系管理系统的建立，使公司办事效率明显提高，使客户的满意度也大大提高了。因为员工可以获取最正确的信息，从而制定出适合顾客的方案。此外，由于对所有客户的信息进行了整理，通过必要的分析，可以总结出哪些是长久顾客，从而寻找有价值的客户。不是所有的客户都是有价值的客户，企业在确定目标顾客群体之后，对客户的直接和间接的贡献价值进行评估，从中选择有价值的客户，为之提供服务，使效率明显提高。

（资料来源：软件世界-赛迪网。）

链接思考

（1）美国 State Farm 保险公司客户关系管理实施成功的关键因素有哪些？

（2）美国 State Farm 保险公司客户关系管理实施成功对中国保险业有何启示？

本章小结

信息技术的飞速发展、互联网的诞生以及商业性应用等新的经济模式的变革昭示着新的经济形态——网络经济的诞生,并由此给产业经济和企业管理带来了深刻的变化。客户关系管理作为新型的管理理念、管理战略和管理软件以及技术体系的结合体,因适应了新经济发展的要求从不断涌现的电子商务新概念、解决方案中脱颖而出,并迅速受到越来越多的企业的重视和关注。

本章阐述了客户关系管理的内涵以及客户关系管理在企业战略中的地位和作用;分析了客户关系管理的营销策略,如数据库营销、关系营销、一对一营销等;接着介绍了网络客户服务的内涵和网络客户服务工具;最后探讨了客户关系管理系统的体系结构及其功能模块构成。

关键概念

客户关系管理　数据库营销　关系营销　一对一营销　网络客户服务　营销自动化

思考题

(1) 何谓客户关系管理?为什么企业要进行客户关系管理?
(2) 客户关系管理与企业战略有何关系?
(3) 什么是数据库营销?
(4) 什么是关系营销?这种营销方式有何特点?
(5) 何谓一对一营销?如何开展一对一营销?
(6) 为什么要开展网络客户服务?网络客户服务主要包括哪些内容?
(7) 试述几种常见的网络客户服务工具。
(8) 何谓营销自动化?
(9) 试分析客户关系管理的体系结构。
(10) 客户关系管理系统的功能有哪些?分别由哪些模块组成?

参考文献

[1] 江志明. 论制造型企业的再造——从大众营销到一对一营销 [D]. 复旦大学硕士论文, 2004
[2] 富方. 适应电子商务发展的优质客户服务 [J]. 经济师, 2003 (11)
[3] 蔺文晶. 电子商务时代的客户服务分析 [J]. 今日科技, 2004 (5)
[4] 王烨, 卢雄. 客户关系管理应用系统的开发研究 [J]. 河北师范大学学报(自然科学版), 2003 (5)
[5] 蔡娟. 基于Web的客户关系管理系统研究 [D]. 华中科技大学硕士论文, 2006
[6] 余立平. 网络营销 [M]. 北京:中国时代经济出版社, 2006
[7] 徐秋慧. 营销理念的新发展及营销策略的创新趋势 [J]. 通信管理与技术, 2005 (1)

第十三章 网络营销中的用户体验

本章学习目标

通过本章的学习，应该掌握以下内容：①了解用户体验的含义与内容；②了解用户体验的实施策略；③了解以用户体验为导向的网站设计方法。

第一节 用户体验概述

一、用户体验的含义

随着体验经济的迅速发展，提供个性化的产品和服务成为应对体验经济的必由之路。体验经济的个性化特征验证了心理学家马斯洛的"需求层次"理论，即人类最高的需求层次——"自我实现"。一方面，体验经济的发展推动各行各业关注用户体验，尤其是交互活动中的体验；另一方面，用户个性化意识增强，主动参与到信息服务中，通过持续、有效的交互表达自身需求，从而获得满意的个性化服务。因此，用户体验对信息服务的作用已经引起了国内外相关组织的关注。

（一）什么是用户体验

体验通常是由于对事件的直接观察或是参与造成的，不论事件是真实的，还是虚拟的。体验会涉及顾客的感官、情感、情绪等感性因素，也会包括知识、智力、思考等理性因素。体验的基本事实会清楚地反射于语言中，例如，描述体验的喜欢、赞赏、讨厌、憎恨等动词，以及可爱的、诱人的、刺激的、酷毙的等形容词。根据心理语言学家已经研究表明，类似这些与体验相关的词汇在人类的各种语言中都是存在的。体验通常不是自发的而是诱发的，同时，体验也是非常复杂的，没有两种完全相同的体验，体验是一种非常个性化的东西。

1. **用户体验的含义**

用户体验可划分为三个层次内容：第一层次指持续不断的信息流向人脑，用户通过自我感知确认体验的发生，这是一种下意识体验；第二层次指有特别之处且令人满意的事情，这是体验过程的完成；第三层次把用户体验作为一种经历，作为经历的体验考虑到使用的特定环境，能帮助用户与设计团队之间共享其发现。不同人从不同角度对用户体验进行了定义，但迄今为止还没有达成共识。James Garrett 认为，用户体验是指产品在现实世界的表现和使用方式。积极用户经验指创造产品的组织和用户都能实现的目标。"可用性"是成功用户经验的属性之一,但仅有可用性并不能带给用户积极体验。Kuniavsky 认为,准确定义用户体验非常困难,原因之一在于用户需要与环境和他人不断进行交互,用户体验无所不在。

2. 用户体验的内容

James Garrett 认为,用户体验包括用户对品牌特征、信息可用性、功能性、内容性等方面的体验。Norman 则将用户体验扩展到用户与产品互动的各个方面。Leena Arhippainen 认为,用户体验包括使用环境信息、用户情感和期望等内容。用户体验被认为是从不同角度来看待针对个人目的的系统使用。Nik van Dam 等指出,现实世界的体验影响用户感知由信息系统展现的虚拟环境,不同文化和民族背景的用户对界面的期望以及由界面提供的信息理解方式也存在差异。Hassenzahl 对用户体验中非技术特征的一些方法进行区分,为了更好地理解用户的技术体验,应注意到情感因素的作用,他认为非技术特征可分为享受、美学和娱乐三类。实际上,交互过程中获得的体验受用户、产品、社会因素、文化因素和环境的影响,所有这些因素影响用户与产品交互过程中的体验。

(二) 网络带来互动的用户体验

计算机技术促成了一个和物质空间对应的数字化的虚拟空间的诞生,互联网和虚拟现实打开了新型互动的可能,现实社群与虚拟社群两相对立,以一种交互并置的方式相互映照。

网络媒体与那些直接的人与人的接触性体验不同,它提供了更广泛的互动机会,更具有创造互动体验的能力。和此前的媒介相比,网络交互的独特之处在于,它促进了陌生人之间的交往。人们似乎躲在屏幕后面,因此少了许多顾忌,这种面具下的互动无疑给网络人际交往带来了巨大的活力。一方面,信息发出者有选择地展示自我,最佳化表现自己;另一方面,信息接收者由于传播暗示和潜在的非同步传播的减少,理想化对对方的认识。正如布兰达·瑞尔所言,交互媒体并不是关于信息,而是关于体验。

网络所带来的互动体验更趋向于被受众事后回味,且受众也更愿意为此而非其他类型的体验付出更多。在新媒介所触及的这些元素,通常更多地出现在非计算机领域的现实生活中。网络的虚拟世界在与生活的真实世界相竞争,虚拟社群与现实社群在竞争;网络虚拟体验并不是和自己的同类在竞争,而是与现实生活中的所有体验在竞争,因而使人觉得更有价值、更难忘。

1. 网络媒介的交互体验界面

网络交互界面介于人类与机器之间。人/机分野的每一边都各自真实存在:显示器的一侧是牛顿式的物理空间,另一侧是虚拟的网络空间。交流双方属于不同的质,交互界面则在这两个不同的质之间搭起建立在共同认知基础之上的统一的桥梁。它反映的不是交流双方的主客体关系,而是一种等同关系:机器不仅仅是工具,也是我们社会的积极参与者。

高品质的界面容许人们毫无痕迹地穿梭其间,有助于促成这两个世界间差异的消失,同时也改变了这两个世界间的联系类型。一方面,数字化知觉正努力通过高科技手段逐步成为现实。如利用鼠标进行触觉反馈,让使用者的手感觉不同频次的震动以模拟屏幕中显示的物体表面的肌理。又如对各种典型气味的分子结构和性质进行分析,并赋予它们不同的数字编码;用户只需进行人机合成,即可与某种实体、动作或场景同步嗅到气味,随之而来的是电脑与人进行相同体验的知觉狂欢。另一方面,交互界面重在传达人们如何思维,如何建构知识框架,又如何获取、处理和组织信息量的方式等基于认知心理的信息,以使其更符合人们的认知习惯。而且,互动性这种特征允许设计界面本身与受众进行即时的交流与对话。界面则随受众的反馈智能地变化或改进,又即时反馈给受众。这也使交互设计成为一种有趣的个性化的艺术设计形式。

例如,网络界面中的反馈与控制是一种简单的方式,它将使受众、用户、参与者、客户不断了解交互的阶段,并使其体验到操纵的感受。交互活动应该在指向及其应答的框架里进行。即被赋予特殊时空轨迹的行为一定是被对方注意了的,这个朝向在时空边界内是协调一致的,而且,这些行动具有和主要轨迹活动本身同样重要的互动意义。当然,作用、反作用和相互作用之间是有区别的。也许计算机永远都实现不了真正意义的交互,但新颖的界面将会使系统更加契合、完整、易于操作,动态性和趣味性更强。Monke Media(http://www.monkey.com)采用了一种有趣的导航方式,使人感觉似乎是该站点基于用户自身的选择而做出相应的动态配置。视觉化的界面根据光标的位置而扩大或缩小、隐藏或翻转。实际上这是一种很简单的技术,却非常有效。同时,声音的提示无疑更提升了浏览的交互体验。而 Visual Thesaurus(http://thesaurus.plumbdesign.com)建立了一个文字含义的互动网络。这些文字根据用户的选择而飘向或远离用户,指引用户以一种非常有创造力的方式流畅浏览,让人无法拒绝。要想获得良好的用户体验,网络必须有效、有用、有娱乐性,还必须以一种令人乐于接受的方式呈现自己。

2. 网络媒介的交互体验创新

在过去的在线体验中,体验设计主要基于审美需求。现在设计师开始寻找和理解用户真正的需求,通过有效的设计,提供可学习的、可控制的、可供专用的、容易变化的同时也能满足审美经验的产品。交互性也从酷的外表和屏幕上移动的动画转向用户期望的、能够在网上参与的设计活动去满足用户的需求、愿望、目标、能力。硬件和软件已经成为一个整体,图形设计和工业设计的产品必须被看作物体与空间这个大系统的一部分。交互设计将人的价值整合其中。体验的设计越来越被人们重视,以便创造丰富的交互体验帮助人们去交流、理解、表达。基于网络媒介的交互体验设计,就是要满足人类分享信息与娱乐的需要和交流的欲望。

创造有意义的、美妙的体验,这是交互设计所追求的。毋庸置疑,较之读书、看电视,或是使用任何一种已知的交互产品,大家都更愿意选择在丰盛的宴会上和朋友畅谈令人激动的话题。但如何能够设计出那种体验并延续它呢?也许,我们要更多地从舞蹈、戏剧、演唱、讲故事或即兴创作这些领域学习交互体验的知识;但同时也要了解技术和媒体的局限,因为我们还是得依靠现有的条件进行沟通和传达。

二、网络经济环境下的用户体验价值

随着网络不断地深入人们生活,网络技术迅速地改变着传统经济的内容、方式和组织机制,逐渐形成了一种新的经济形式——网络经济。在网络经济环境下,用户对产品个性化、人性化的要求越来越高,其参与意识也越来越强,用户对产品服务的体验也越来越受到关注。如微软 Windows XP 操作系统,其中 XP 就是指"体验",而惠普公司更是提出了"全面客户体验"的概念。

(一) 网络经济与用户体验

网络经济是指借助网络化、数字化技术而开展的一种全新的经济活动,它通过互联网加快信息的传递和交流,极大地降低了经济与社会活动的成本,提高了社会运作效率和企业的经济效益。网络经济是建立在知识和信息资源充分利用基础上的经济形式,信息作为一种经济资源受到了前所未有的重视,成为影响经济增长的决定性因素。

由于用户至上已经深入企业管理理念之中,加上体验经济学的发展,对于从事网络产品服务的企业,可以借助互联网交互性的特点,采用一定的方式及时掌握用户对网络产品的体验情况,并将其作为表征该产品的重要信息源。

对应于电子商务领域,用户体验是指用户访问一个网站或使用一个产品或者服务的全部体验。它就是用户对网络产品综合的印象和感觉,认为其是否成功,是否觉得享受,是否还想再来使用,以及对其存在的问题、疑惑和 BUG 能够忍受的程度。

(二) 网络经济环境下用户体验的特点

在网络经济环境下,用户体验具有以下特点:

1. 用户体验具有更强的参与性

交互性是互联网最大的特点之一,在互联网平台下,用户对网络产品功能的体验参与性更强。在 CRM 理论中企业就强调用户的参与性,而对于用户体验,由于网络产品本身的使用环境就是网络,用户所亲身经历的感受可及时通过网络反馈,成为企业网络产品再提高的信息源,其参与过程在交互状态下完成。

2. 用户体验具有非常强的动态性

其表现在用户在不同时间、不同状态下对同一产品感受是不一样的,用户的体验是动态发展的。例如,当一个人刚刚接触互联网时与他已发展成为网虫时相比,其对互联网的感觉肯定是不一样的。由于用户体验的动态性,所以企业不仅要关注用户瞬时的体验,更应该关注用户长久的体验、发展的体验。只有这样,才能充分挖掘客户价值,建立一种与客户持久的学习型关系,既利用网络引导客户需求,又利用客户需求开发和改进网络产品。

3. 用户体验具有个性化和人性化的特点

不同的人由于他的性格、年龄、经历乃至文化背景的不同,其对产品的体验也各不相同,可见用户体验是一种纯主观心理感受。现代社会是多元化社会,人们的自我追求和价值观都呈多样化,满足用户个性化需求成为企业开发网络产品不容忽视的问题。企业产品应该充分利用互联网，使用户在体验过程中获得更自由的选择空间，来实现其个性的张扬。这样努力使网络产品与每个用户融为一体，产品不再是冷冰冰的，而是赋予了人性化，与用户结合一体的活生生的事物，从而最大程度满足了用户精神上的需求。当然，用户体验的个性化、人性化特点也给企业进行用户体验的设计、收集及分析工作带来了许多不确定性。

4. 用户体验具有技术集成性的特点

用户体验的实现有它的技术基础的，这个基础是一个多技术的集合体，包括计算机网络技术、信息分析和数据挖掘技术、原型设计技术（包括网页设计与图形和动画制作技术）、在线分析技术等。

5. 用户体验具有产品的相关性

任何用户体验都是以产品为核心的，而不同产品给用户带来的愉悦角度是不一样的，这就决定了用户体验的不同。例如，对于一个提供资讯服务的网站，用户体验重点在于网站资讯提供情况（包括其权威性、及时性、全面性等），网站的界面设计（美观性和友好性），网站服务质量、网站的交互性和网站访问的速度，等等；而对于网络游戏产品，用户体验的重点在于游戏的娱乐性和刺激性，游戏的界面的美感和友好性，游戏的难度，游戏中的 BUG 情况，甚至还有游戏情节安排，等等。

（三）用户体验的价值

对于任何一个借助互联网开展业务的企业而言，用户体验已成为其价值的主要部分。互联网把用户体验的重要性提高到战略高度，因为它对提高企业盈利能力和客户的期望值有直接的作用。用户体验的质量将成为电子商务发展和大众接受度的关键因素。在电子商务竞技台上的赢家将是那些深谙用户体验价值和以客户为中心设计实践的人。

用户体验在电子商务的消费关系中起着重要作用，可以用一些指标来衡量网络体验的成功与否，如变换率、回头客、访问持续时间、购物卡作废率等。用户体验也是一种建立在线客户关系的新工具，是企业获得和保持市场份额的关键竞争优势。

美国斯坦福大学商学院的莫汗·文卡塔查拉姆、华盛顿大学的希瓦拉姆和苏尔斯·恺撒研究了电子商务公司中的网络用户体验。在研究中，他们根据一项分级服务制定的网站在线质量评估标准，确定了 47 家提供优质在线用户体验的网站。这项服务对用户体验的不同方面，如导航的容易程度、客户信心大小、产品选择种类、虚拟社区建设和价格领先情况等进行了分级，并利用这些分级计算出了网站的产品质量分数。研究发现，就平均而言，用户体验质量每提高 1%，网站的访问流量就会增加 1.66%，收入就会增加 0.84%。所有这些表明，提高在线体验质量能够更好地为客户服务。

三、网站信息构建中的用户体验因素

当前网站设计和网络信息服务系统开发所面对的新问题是如何以用户体验为中心，以改善信息浏览、信息检索和数据交换为目的，开发交互式网络数据资源应用系统。在网络中，用户可能会遇到以下情况：由于标题具有超链接功能，用户能够迅速获取想要的信息，同时，搜索服务帮助用户获取准确有用的结果，然后按自己的感受选择所需信息，体验是快捷的；用户被网站中各种精美的图标和图片吸引，尽管网站形式多样、内容丰富，但组织方式难以与需求认知相协调，用户很难找到想要的专业信息。以上两种情况表明成功的信息构建必须在任何时候都满足用户需求，而不是单纯地吸引用户注意力或仅限于给用户留下深刻印象。

用户体验强调帮助用户在获取所需信息的过程中形成满意的体验，在网站信息构建过程中始终考虑用户体验因素。概括而言，用户体验因素有以下几个方面：

1. 战略层因素

战略层要素主要包括站点目标和用户对象的定位。战略层需要把商业利益和其他目标结合在一起，并且与用户的需要和愿望保持一致。战略层关注用户需求和目标定位，是网站信息构建的基础。

战略层既要考虑自身目标，又要界定用户群及服务内容。用户对象对网站设计有重要影响，面对网络经验丰富的专业人士和面对一般性的普通用户，其技术实现方式就不一样，对"使用方便"的理解，两个群体也是不一样的。

2. 范围层因素

范围层要素主要指网站包括哪些范围的特征和功能，在一定范围内它针对不同的特征和功能，选择不同的技术手段，确保用户体验与站点的信息资源组织与服务业务的开展相一致。

范围层把战略层的目标进行了细分，确定网站有哪些特征和功能，对各种信息的特征进行详细的描述，对网站的功能进行说明，从而有效地组织信息内容，以利于不同的用户获取信息。

3. 结构层因素

结构层确定站点的各种特征和功能组合的方式，主要解决用户所需信息的分布结构，区分信息的重要程度，以确定导航目标设置，允许用户按需浏览有序分布的信息源。

结构层通过互动设计，定义系统如何响应用户，实现各种信息资源在网站中的布局安排。同时，根据网站目的确定突出哪些内容，选择恰当的技术手段更新服务内容。

4. 框架层因素

框架层要素主要包括按键、列表、照片以及许多文本的设置。框架层的作用在于优化设置这些元素，使之产生最大的效应和效率，以便用户需要时通过标识就能找到需要的按键。

框架层通过界面设计和导航设计，合理安排界面要素，以易于理解的方式表达信息，使用户能够与系统服务进行交互。

5. 表现层因素

表现层由一系列网页构成，网页是表现层的基本元素。表现层要素包括网页色彩的搭配、文字变化、图片处理和网页布局。其目旨在通过有形界面将网站内容进行展示。通常表现层主要与视觉设计有关，如有人对网站可信性评价研究，发现46%与网站的外观有关，远远大于任何其他因素。表现层因素要充分考虑用户不同的偏好、不同的工作环境和物理能力，必须充分理解用户的感觉系统（视觉、听觉、触觉），考虑信息交换和传递手段,通过合适的板块、文字、图案、图片、动态效果和色彩表现具体的信息内容和意境,应用合适的技术表现网页效果,吸引访问者。互联网技术为多方位、多层次,从平面到立体、从无声到有声、从虚拟到现实和从静态到动态地表现网站内容提供了可能。

综上所述,网站构建中的用户体验因素如图13-1所示。

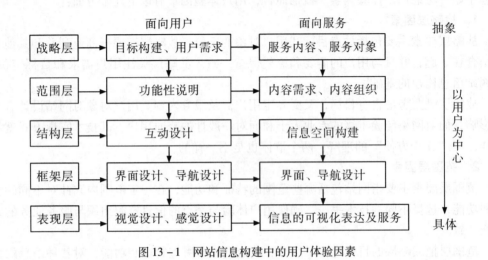

图13-1 网站信息构建中的用户体验因素

第二节 用户体验需求

网站的商业模式不同,业务目标将会有所不同。

在确定业务目标时,首先应回答以下问题:①公司的业务目标是什么。②客户是谁、如何细分,用户是新手还是老手,他们是否有清晰的购物目标等。③对客户来说,企业的在线价值主张是什么。网络体验是否能使客户的生活更加轻松、有效;网络体验是否改进了业务流程,简化了操作过程。④从商业的角度看,企业设计用户体验的目的是什么。⑤品牌对网络用户体验有哪些影响。⑥竞争对手在其网络用户体验中提供哪些服务。

其次,要明确用户体验的需求,用户体验需求涉及以下几个方面:①背景环境。体验发生平台是什么,是发生在单一平台上、台式电脑上、手持设备上,还是手机上;体验发生平台的环境是什么,办公室、路上、家里、灯光是否昏暗、是否有危险等。②可扩展性。用户体验发展过程中可能发生什么变化,例如,是否与移动电子设备连接,是否需要转接器,等等。③期望。用户曾经历的体验会使其对本网站的体验产生何种期望。④流程。使用用户体验的典型任务流是什么。⑤导航。用户必须完成的关键任务是什么,什么途径可以使用户最有效地做到这一点。⑥交易。重要的交易有哪些,它们是如何开始和完成的。⑦定性分析。使用体验的感受如何。⑧定量分析。完成任务需要多长时间,如果有搜索引擎这样的工具,必须点击几下才能操作,第一次使用体验需要多长时间等。

最后,要理解什么样的体验能够最好地表达产品特色,既需要完善的设计,又需要理解其技术平台和限制条件。通过构建体验矩阵能够把经营目标同产品特色和相应的体验要求结合起来。它像一个清晰的路线图,使用户体验的设计为公司经营目标服务。对于每一个经营目标,还必须确定能够实现该目标的产品特色和用户体验机制。例如,如果经营目标是增加公司的交易量,那么实现该目标的一个重要因素就是鼓励交易活动的进行。在用户体验中,这可以通过设计方便的交易按钮和简单清晰的交易过程来实现。

一、捕获用户体验需求

对网络体验而言,除提供具体的价值,如有形的信息、娱乐等内容外,还包括一些用户的体验需求,主要有以下几方面:

1. 使用简单

使用简单是非常关键的,它对于通过网络用户体验建立客户关系非常重要。使用简单涉及导航和交易完成等方面,糟糕的用户体验一般会使用户感到迷惑,不知道如何继续,从而使之产生挫折感,在交易完成之前就半途而废。

2. 方便和高效

用户需要方便和高效,他们希望完成任务所需的每种类型的体验都有特定的方式提供方便和高效。对于零散的购物者来说,这意味着寻找产品、确定价格和进行购买。对于在线商人来说,这意味着迅速获得完成交易所需的信息和知识,并且迅速、安全地完成交易(例如,通过在线渠道更加迅速、更加有效完成任务的能力)。

3. 获得尊重

尊重可以通过多种方式体现出来,如语气和语言。网络用户希望网站使用他们理解的语言和语气跟他们对话,如果用户是网站新手,他们不希望各种专业术语以及详细、隐晦的信息来指导他们如何使用网站。当出现问题时,他们不想知道"404 错误"是什么意思,也不想去解读错误信息里的专业术语。很多大型的电子商务网站其实对这个问题都不够重视,如果网站还没有告诉您全部信息就要求您输入信用卡号码,您有什么感觉,这将很难与客户建立信任关系。同时,尊重也包括对用户隐私的尊重,以及对用户感受的尊重,如果为了促销,不断用各种不受欢迎的电子邮件骚扰用户,而又不为其带来任何价值,那么用户很快就会不胜其扰。

二、用户体验的衡量标准

电子商务的成功受用户体验的影响,而且用户体验是建立新型客户关系的重要方面。专家们分析了过去几年一些成功网站的经验,发现用户体验与其成功有很大的相关性。对网络用户体验的衡量标准包括:转换率(购买者/购物者比率)、参与程度和访问网站的时间、查看/购买比率、思想共享程度以及其他财务尺度如客户保持率等。衡量用户体验是否成功是科学与艺术的结合,它不仅涉及硬性标准,如新注册用户数量、网站收入等,还涉及软性指标,如转化率、参与程度、独立访问者数等。随着互联网公司不断开发出新的在线客户关系,上述标准还将发生变化,但网络经济中的一些基本标准还将继续使用,如独立用户数量、单位用户收入和单位网页收入等。

以衡量标准分析在线体验的效果,解读和分析从用户那里捕捉来的体验数据,从而判断某个体验设计实施效果如何,客观地选择能够产生最好结果的体验。

提高效率和生产率是衡量网络用户体验的一种方法。下面以一家大型金融服务公司为例进行分析:①把浏览者变为客户,增加客户数量;②增进客户关系,提高客户保持率;③提高公司内部的生产率。

为了满足第一个目标,必须使一大部分访问者采取行动与公司建立关系。对于潜在客户而言,这意味着向公司发送电子邮件索要手册或与客户服务人员电话联系。对于客户来说,这可能意味着购买更多的产品或服务来加深与公司的关系。用户体验应该通过相关的方式激励客户采取行动。要实现这个业务目标,简易的操作是非常重要的,这可以直接衡量用户体验在实现业务目标方面的效率。如果大量的使用者仅仅访问主页后就离开,或者从未进入"索要手册"网页,那么,业务目标无法实现。

设计用户体验是为公司业务目标服务的,因此,衡量用户体验的效果要与其是否推动业务目标的实现为主要依据。图13-2是公司根据业务目标构造的体验设计,它直观显示了围绕设计用户体验要达到的目标。

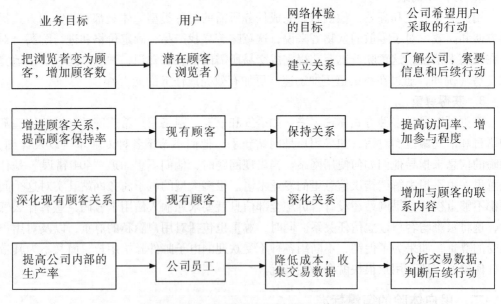

图13-2 公司围绕业务目标的用户体验设计

为了提高客户保持率,网络用户体验必须有足够的吸引力,为用户带来足够的价值,促使用户回访和对公司产生更大的信任。为此,公司必须彻底理解客户所要寻求的价值和能够带来这种价值的在线体验。如果用户寻求的是速度、效率和公司相关信息的快速获得,那么在线体验就必须满足这些需求,为客户带来相应的价值。与在现实世界建立关系相似，在线体验必须能够持续为客户带来价值，这样才能使用户逐渐产生一种信任感和舒适感。

赢得客户和留住客户的方法是鼓励客户同公司建立持续发展、不断深化的关系。公司的价值就体现在客户的保持上（回头客是赢利的关键），因此公司应该集中发展用户体验中那些有益于保持客户的方面。把改进网站体验中那些能够提高客户忠诚度的因素，如设计更好的导航系统、提高网站的个人化程度、增进网站的整体可用性等，客户的人数会逐渐增加。

客户保持率这个尺度容易测量，但是难以恰当纳入用户体验的设计。My Yahoo! 是 Yahoo 的个性化网站，它的用户体验在上述两个尺度方面就做得很好，其用户可以快速体会到个性化设计的价值。在 My Yahoo! 主页上点击一下，用户就能进入个人网站；而且这个网站还能进行进一步的个性化处理。在这个过程中，没有任何阻碍，没有冗长的注册过程，没有不恰当的私人问题（例如，您的生日是哪天）。相反，按照 My Yahoo! 用户体验的设计，用户可以更快捷、更方便地获得有关信息，感受用户体验的价值，还可以点击一下进入其他个性化网站，加深同 My Yahoo! 的关系。

三、用户体验的实施策略

（一）在用户体验中捕捉用户的期望

成功的用户体验往往表现为几个"什么"的信息：在用户体验中，最终用户的价值是什么？体验中能够取悦用户实质内容是什么？能够满足用户需要并让他们以最有效的方式完成任务的方面有哪些？如何使用户体验满足这样的需要？

收集这些信息最有效的途径就是咨询你的用户。研究表明，如果用户的呼声一开始就被考虑进来的话，绝大多数产品都会很成功。例如，微软公司推出网站浏览器 IE 3.0 闪电般的成功，就是用户体验版本在最早的时机感知到用户需求，并交到了用户手中。

用户的体验期望往往代表一类用户的普遍需求，如"我最想做的事情就是可以在任何计算机上自由贸易"。阿里巴巴的成功也在于捕捉到商人的体验需求，"操作简单，生意容易做"。互动性是网络用户体验的另一方面，注重网站用户的反馈，并及时根据用户反馈调整网站内容。

用户体验建立在对传统业务理解的基础之上。例如，要设计网络银行的用户体验，首先要清楚地了解客户们在现实的银行活动中所表现出来的愿望与行为；相对于传统的体验来说，客户们更加重视那些网络体验方面；观察客户日常生活中的行为来确定他们的愿望与任务。这些观察会影响用户体验的设计，并形成体验的核心部分，这些核心部分往往能够带来创造利润的机会。

（二）可用性与赢利能力相结合

用户体验的评价要从两方面来考虑，企业评价网络用户体验的成功标准是：收入、客户保持率；用户对此的评价是：完成交易与实现愿望的方法是否简单易用；客户受挫后如何处理。对用户而言，成功意味着以最小的代价，最有效率地实现愿望和完成任务，网站拥有者以频道效率作为衡量成功的尺度。

一些互联网公司非常重视对用户体验的测量。例如，拥有900万注册用户的Emode.com公司，采用16种不同的变量来测量用户体验，每周测试一次。他们不仅分析用户的所作所为，确定他们在网站上的位置，还分析用户对新增功能的反应，通过这种方法来不断改进他们的用户体验模型。

对于用户体验数据的收集与分析，目前已有一些专门的工具。例如，美国的Vividence研究公司开发了一款软件，帮助企业收集与测量网络用户体验的效果，从而得知，哪些体验是有效的，哪些是无效体验。

（三）信息架构的可扩展性

可扩展性是衡量技术与业务适应快速增长与使用的可能性的尺度。当网络流量急速增长时，信息架构必须很好地适应这种增长，还必须让最终用户一目了然。扩展到成百上千甚至数以百万计的用户，这意味着用户体验决不能以任何方式降级，以免业务受到损失。

信息架构将业务目标融合到一个能够满足用户目标并允许他们有效完成各自任务的结构框架中，并能够为网站带来用户体验的关键路径（见图13-3）。

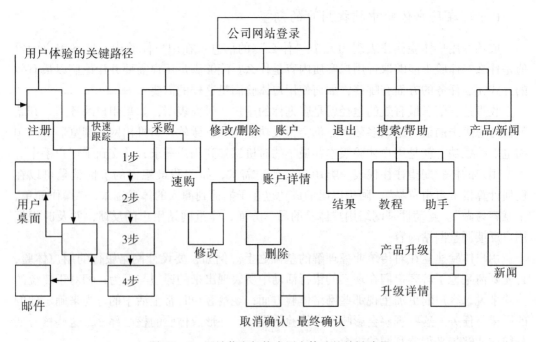

图13-3 网站信息架构中用户体验的关键路径

下面以一家大型国际公司为例说明，信息结构的可扩展性将对网站改版或增加新内容提供方便。该家公司开发了一套非常直观的用户体验，包括作为图形文字显示的所有导航元素。该公司网站通过框架结构把导航部分从网站内容中勾画出来，但这些框架影响到增加用户体验的能力。为了给导航部分增加新的元素，或者升级现有的导航系统，公司必须高价聘请外部的顾问。随着公司的不断发展，公司通常希望在网站给自己的客户提供公开出版的研究报告与白皮书，但是采用框架的设计方案一般很难满足公司的需要，因为收到更新报告邮件的客户却不能够直接通过点击链接来访问某网页。信息通道不畅势必要求网站全面地重新构建，这将是一个长期的、代价颇高的过程。

（四）确保用户初次体验顺利

用户第一次体验既可能使产品或服务获得成功，也可能彻底破坏产品或服务的形象。就像男女情人第一次约会，最初的经历可以导致关系的进一步加深，但是也可能造成快速分手。

下面列出了用户初次体验时常见的错误：①网站构架反映的是企业的目标与需要，而不是用户的目标与需求；②站点导航妨碍访问进程，如标注不清楚的选项致使用户不得不"猜测"链接的终点在何方；③语言或者色调不适合特定用户群体；④没有进行交易的简单方法等。

下面的做法可以增进用户初次体验的感受：①网站导航强调所有用户群体的目标，并且加快访问进程；②用户体验机制帮助系统以一种容易理解消化的形式展示网站的价值主张；③演示过程清楚易懂，并且有关于可能造成误操作的技巧与警告等。

（五）易用性贯穿整个体验过程

易用性要始终贯穿于用户体验的全过程，做到无处不在，存在于体验的任何一个微小的动作和点击中。每一次点击都应增加价值，已有的体验不断地增加价值砝码。例如，迪斯尼世界是一个体验中充斥着娱乐与悬念的环境，扔一个纸杯在地上，一个微笑的迪斯尼人物以一种为了制造悬念的优雅姿态走过，然后该纸杯被扫走。用户体验要尽力做到主动、清晰并且实用。

糟糕的导航能力往往隔断重要业务信息的获取。用户不能确切地知道他们在寻找什么，而导航组织不能使他们轻松地弄清楚他们要什么，或者顺利完成他们的任务。每一个部分的目录名称不能确切地反映其内容，导航系统仅仅是根据公司组织结构而不是根据用户的目标与任务而建立。例如，当用户试图移动鼠标点击某项选择时，用户一移开原来的选择，所有的选择马上都消失了。这就是可用性的问题。

（六）渠道整合，增进品牌体验

规划用户体验战略时，把网络体验与其他的体验渠道整合是一种可行的做法。如果有人看了用精美纸张印刷的、带有美丽照片的宣传手册之后印象颇佳，但是访问网站时却发现手册的每一页都已经扫描进网页，而且导航条胡乱置于屏幕之上，那么他的这种美好印象也会大打折扣。如果下载等待的时间太长，同时又缺乏搜索功能，那么，就意味着客户会回头使用纸制手册，再也不会访问网站了。这就是不同渠道间的品牌体验存在着不一致。

各种体验渠道应提供一致的用户体验，如果用户在网站浏览产品之后，打电话定购，而这时公司却不能把内部销售人员的报价和网上报价统一起来，那说明该公司在不同渠道上的信息还不能做到一致,这会给用户体验带来负面影响,也谈不上品牌的跨渠道融合。

第三节 基于用户体验的网站设计

网站设计发展经历了静态网站、交互式网站、商业应用、特殊应用的过程,随着企业对网络应用的理解和认识,对网站的功能要求越来越复杂,如今网站项目的设计已经不能再仅仅简单地利用静态 html 文件来实现,尤其对于注重客户体验的网站系统,其开发过程更需要强调流程和分工,建立规范、有效的开发机制,以适应用户不断变化的需要。

例如,要设计一个网上商店系统,业务主角有普通访客、下订单会员、管理会员及订单的业务员、网站的商品信息发布人员、商品供应厂家的业务管理人员、物流配送管理员等;网站设计项目涉及的领域很多,狭义地讲包括了网页制作、美工设计、程序编码、系统及网络管理等专业技术,广义上又包含了企业管理、市场营销、心理学、广告学等更多领域的知识,在项目进行过程中还涉及项目管理工具、文档和设计开发管理规范、开发及测试环境部署等特殊领域的问题。因此,整个设计团队要应用软件工程的知识来管理开发过程。

以用户体验导向的网站设计,其整个过程循环往复(如图 13-4 所示)。

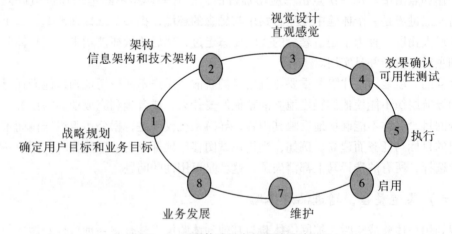

图 13-4 用户体验导向的网站设计过程

一、用户体验导向的网站结构层设计

(一)信息架构

信息架构是用户体验要素中结构层面的内容,信息架构设计要具有可伸缩性,满足业务目标的发展以及终端用户的体验需要。在战略规划阶段构建的用户体验矩阵,是信

息架构设计的基础,从结构层、框架层到表现层的设计用户体验流程如图 13-5 所示。

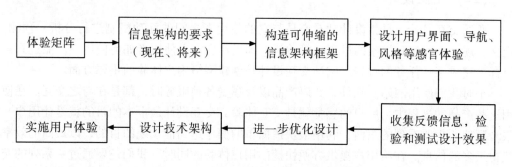

图 13-5 信息架构设计的用户体验流程

信息架构的设计方法有很多,常用的方法是分类法,根据对网站用户的细分,把用户体验细分为多条路径,这些路径在某种程度上是针对最后特定用户的微型站点。

信息架构着重设计组织分类和导航的结构,从而让用户有效地浏览网站内容。信息架构与信息检索的概念密切相关,目的是设计出让用户容易找到的信息系统。因此,信息架构要求建立分类体系,该分类体系应符合网站目标,并满足用户需求。

通常有两种方法建立分类体系:①从上到下。从"网站目标到用户需求的理解"开始直接设计,从满足决策目标的内容和功能开始分类,然后再依逻辑细分出次级分类。②从下到上。从"内容和功能需求分析"开始,将它们分别归属到高一级的类别,从而构建出满足网站目标和用户需求的信息结构。

信息架构的伸缩性是设计时应非常重视的问题,一个具有可伸缩性的信息架构允许把新的内容增加进来。图 13-6 显示了信息架构的伸缩性对新增内容的作用。

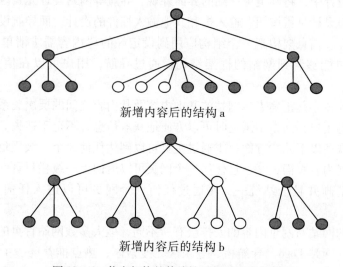

图 13-6 信息架构的伸缩性对新增内容的作用
注:● 指原有内容;○ 指新增内容

（二）交互设计

所谓交互设计，是指设计师对产品与它的使用者之间的互动机制进行分析、预测、定义、规划、描述和探索的过程，简单说，即设计和定义使用者如何使用一产品达到其目标，完成某一任务的过程。网站交互设计是创建网络用户体验的重要方面。

平时我们使用网站、软件、数码产品以及享受各种服务时，都是在与之交互。在使用这些产品的过程中，用户的感觉就是交互体验，交互设计最根本的目的就是让用户一眼看到他所想要看到的东西，利用最快捷简单的操作达到他预期的目的，以最高的效率获得最多的信息。在给用户提供方便快捷的用户体验的同时，我们还要通过一系列的交互细节让用户愉悦。网站的交互设计简单说就是：网站的交互设计＝界面设计＋行为设计。

预测用户的行为，通过设计将用户可能的行为融入界面，真正地满足用户的需求和意愿；通过对一系列交互细节的研究，设计出效率高、使人愉悦、体贴人和足够聪明的网站。

交互设计师主要研究人与界面的关系，其主要工作内容就是设计软件的操作流程、树状结构、软件的结构与操作规范等。网站软件产品在编码之前需要做交互设计，并且确立交互模型、交互规范。交互设计师是系统和用户之间的桥梁，真正从用户的方便和习惯上下功夫，无论是一个弹出窗口还是站点的导航设计，甚至意外出错的提示等，都需要精心设计、反复雕琢。交互设计如果能解除新用户对系统的恐惧，那么将会赢得意想不到的奇效。

二、用户体验导向的网站框架层设计

在框架层设计中，将确定更详细的界面外观、导航等网站设计元素。从软件设计的角度而言，界面设计是指按钮、输入框和其他输入控件的设计；而导航设计是呈现信息的一种界面设计。信息架构把一个结构应用到设定好的"内容需求清单"中，导航设计则是一个用户能够看到网站的框架结构，通过导航，用户可以在信息结构中自由穿梭。

框架层设计核心是正确表达网站的基本内容及其内容之间的层次关系，站在用户的角度考虑，使得用户在网站中浏览时可以方便地获取信息，不至于迷失。合理的网站框架结构主要表现在以下几个方面：①通过主页可以到达任何一个一级栏目首页、二级栏目首页以及最终内容页面；②通过任何一个网页可以返回上一级栏目页面并逐级返回主页；③主栏目清晰并且全站统一；④通过任何一个网页可以进入任何一个一级栏目首页。

不同主题的网站对网页内容的安排会有所不同，但大多数网站首页的页面结构都会包括页面标题、网站 Logo、导航栏、登录区、搜索区、热点推荐区、主内容区和页脚区，其他页面不需要设置如此复杂了，一般由页面标题、网站 Logo、导航栏、主内容区和页脚区等构成。

（一）用户界面设计

用户界面（User Interface，UI）就是人和网站之间的界面。成功的用户界面设计让用户一眼就能看到"最重要的东西"，同时组织好用户最常采用的行动，让这些界面元素用最容易的方式获取和使用；而对于不重要的内容，则要减少它的可视性。因此，设计界面首先要弄清楚用户需要知道哪些东西。

界面设计中常应用的基本元素有：

（1）复选框。即允许用户独立地选择各个选项。

（2）单选框。即允许用户从一组中互斥的选项中选择一个。

（3）文本框。即允许用户等待文字、输入文字。

（4）下拉菜单。在一个紧凑的空间中提供和单选框相似的功能，允许有效地呈现更多选项。

（5）多选菜单。在一个紧凑的空间中提供和复选框相似的功能。

（6）按钮。即允许用户采取行动，可以做很多事情。

（7）Flash。主要作为动画工具来使用，具有较强的灵活性，能使界面对用户的响应更加积极。

妥善配置不同的界面元素，以便达到最好的用户体验效果，是界面设计时应考虑的。

（二）导航设计

任何一个网站的导航设计，必须完成以下三项任务：①为用户提供一种在网站间跳转的方法，即链接的设计。②导航设计必须传达出链接元素及其与内容的关系。例如，这些链接相互之间有什么关系，是否其中有些更重要，链接之间的差异是什么。这些信息有助于用户选择对他们有效的链接。③导航设计必须传达出链接内容和用户当前浏览页面之间的关系，帮助用户理解"哪个有效的选择会最好地支持他们的任务或想要达到的目标"。

很多网站提供多重的导航系统，常用的有以下几种导航系统：

1. 全局导航

全局导航提供覆盖整个网站的通路。不管你想去哪，全局导航都能帮助你到达目的地，如图 13-7 所示。

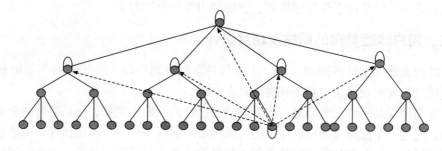

图 13-7 全局导航示例

2. 局部导航

局部导航提供用户在信息框架中到"附近地点"的通路，如图 13-8 所示。

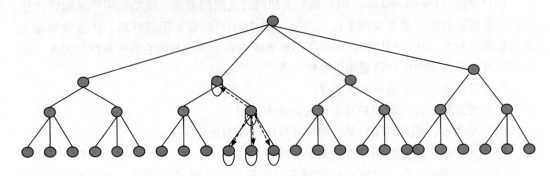

图 13-8 局部导航示例

3. 辅助导航

辅助导航提供全局导航或局部导航不能快速达到的相关内容的快速途径，如图 13-9 所示。

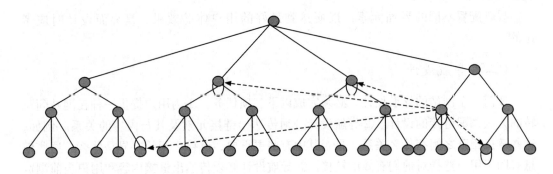

图 13-9 辅助导航示例

目前，还有一些其他的导航系统。例如上下文导航，它是嵌入页面自身内容的一种导航。网站地图也是一种常用的导航工具，它为用户提供一个简明、单页的网站整体快捷浏览方式。网站地图通常作为网站的一个分级概要出现，提供所有一级导航链接，并与主要的二级导航链接起来。网站地图通常不会显示超过两个层次的导航。索引表也是导航工具之一，通常按字母顺序排列，链接到相关页面的列表。

三、用户体验导向的网站表现层设计

网站的表现层设计将网站内容、功能与美学汇集到一起，完成网站产品的最终设计，因此，表现层设计主要在于视觉设计。

视觉设计既是一个美学问题，也涉及战略定位的问题。例如，网站要传达企业的品牌形象，这是一个战略层面的问题。传达品牌形象的环节很多，网站所使用的语言、网站的交互设计，以及网站的视觉效果等。如果你想表达的品牌形象是技术性的和权威性

的，那么使用漫画字体和亮粉色就不合适。

（一）视觉设计的原则

视觉设计应遵循统一、连贯、分割、对比及和谐原则。

1. 统一

统一是指网站作品的整体性、一致性。网站作品的整体效果是至关重要的，在设计中切勿将各组成部分孤立分散，那样会使画面呈现出一种枝蔓纷杂的凌乱效果。

2. 连贯

连贯是指页面的相互关系。设计中应利用各组成部分在内容上的内在联系和表现形式上的相互呼应，并注意整个页面设计风格的一致性，实现视觉上和心理上的连贯，使整个页面设计的各个部分极为融洽，一气呵成。

3. 分割

分割是指将页面分成若干小块，小块之间有视觉上的不同，这样可以使观者一目了然。在信息量很多时为使观者能够看清楚，就要注意到将画面进行有效的分割。分割不仅是表现形式的需要，也是对页面内容的一种分类归纳。

4. 对比

对比就是通过矛盾和冲突，使设计更加富有生气。对比手法很多，例如多与少、曲与直、强与弱、长与短、粗与细、疏与密、虚与实、主与次、黑与白、动与静、美与丑、聚与散等等。在使用对比的时候应慎重，对比过强容易破坏美感，影响统一。

5. 和谐

和谐是指整个页面符合美的法则，浑然一体。如果一件设计作品仅仅是色彩、形状、线条等的随意混合，那么作品将不但没有"生命感"，而且也根本无法实现视觉设计的传达功能。和谐不仅要看结构形式，而且要看作品所形成的视觉效果能否与人的视觉感受形成一种沟通，产生心灵的共鸣。

（二）视觉设计中的色彩运用

色彩是美丽而丰富的，它能唤起人类的心灵感知。一般来说，红色是火的颜色，热情、奔放，也是血的颜色，可以象征生命。黄色是明度最高的颜色，显得华丽、高贵、明快。绿色是大自然草木的颜色，意味着纯自然和生长，象征安宁和平与安全，如绿色食品。紫色是高贵的象征，有庄重感。白色能给人以纯洁与清白的感觉，表示和平与圣洁。

色彩代表了不同的情感，有着不同的象征含义。这些象征含义是人们思想交流当中的一个复杂问题，它因人的年龄、地域、时代、民族、阶层、经济地区、工作能力、教育水平、风俗习惯、宗教信仰、生活环境、性别差异而有所不同。

单纯的颜色并没有实际的意义，和不同的颜色搭配，它所表现出来的效果也不同。比如，绿色和金黄、淡白搭配，可以产生优雅、舒适的气氛；蓝色和白色混合，能体现柔顺、淡雅、浪漫的气氛；红色和黄色、金色的搭配能渲染喜庆的气氛；而金色和栗色的搭配则会给人带来暖意。设计目标，配色方案也随之不同。如果考虑到网页的适应性,则应尽量使用安全色。

颜色的使用并没有一定的法则,如果一定要用某个法则,则效果只会适得其反。通常可先确定一种能表现主题的主体色,然后根据具体的需要,应用颜色的近似和对比来完成整个页面的配色方案。整个页面在视觉上应是一个整体,以达到和谐、悦目的视觉效果。

(三) 视觉设计中的造型组合

在视觉传达中,造型是很重要的一个元素。抛去是图还是文字的问题,画面上的所有元素可以统一作为画面的基本构成要素的点、线、面进行处理。在一幅成功的作品里,需要点、线、面的共同组合与搭配来构造整个页面。

通常我们可以使用的组合手法有秩序、比例、均衡、对称、连续、间隔、重叠、反复、交叉、节奏、韵律、归纳、变异、特写、反射等,它们都有各自的特点。在设计中应根据具体情况,选择最适合的表现手法,这样有利于主题的表现。

通过点、线、面的组合,可以突出页面上的重要元素,突出设计的主题,增强美感,让观者在感受美的过程中领会设计的主题,从而增强用户体验。

造型的巧妙运用不仅能带来极大的美感,较好地突出企业形象,而且能将网页上的各种元素有机地组织起来,它甚至还可以引导观者的视线。

案例一 MidnightTraderb.com 的用户体验设计

MidnightTraderb.com(简称 MidnightTraderb)是一个为投资者服务的零售门户网站,它能够提供综合的、实时的、电子的股票交易新闻和数据。当电子通信网开始呈现指数增长的时候,MidnightTrader.com 的创立者,同时也是一个老练交易者的布鲁克斯·麦克菲利知道此时个人和机构投资者缺乏有用的数据、新闻和实时报价,分析师们也需要完全了解市场参与者的情况。因此,网站应该提供这些投资者所需的新闻和信息。

网站刚开始设计时,MidnightTraderb 采取保守的策略。他们只设计了一个毫无修饰的网站,提供实时的新闻、分析和数据。他们还提供独特的教育内容来更好地向客户提供信息,客户只需每月支付 29.95 美元的订阅费。他们使用这个网站建立了客户对这种服务的需求,跟一些公司建立了内容伙伴关系并利用这种关系进行交易。

MidnightTraderb 利用与 Cyber Corp 和 My Track 这些在线经纪公司之间的伙伴关系,推荐自己的客户到他们那里进行交易。利用与 Screaming Media 和 Comtex 等公司建立的内容合作关系,综合各种新的市场内容提交到企业客户的门户网站上。

在掌握了客户对这种服务的需求后,MidnightTraderb 没有进行任何广告宣传,只是在内容合作伙伴的网站上添加了一行文字"信息来源:MidnightTraderb",就使得公司网站的访问人数以每天 1000 多名的速度递增。

此时,公司进一步完善网站,他们成立了开发团队,包括业主、营销、财务、用户体验、技术和设计人员,经过集中讨论确定了经营目标。这些目标包括:①创建一个独特的品牌网站,提供实时的交易信息;②提高浏览者转变成订阅者的转换率;③收集更好的人口统计信息，为合作伙伴提供帮助；④增加网站访问量；⑤增加终端用户保持率及参与量。

为了实现这些目标，整个团队分成了几个小组，每个小组集中负责整个业务的某个特定领域。业务团队负责撰写各类客户群的价值评估，对业务进行优化。同时，设计团队负责开发信息架构，使之既能实现公司目标，又能提交有用、简单易学的网络用户体验。

提交了信息架构后，设计团队又快速设计出用户界面的一系列略图，使之接受终端用户的测试。然后将链接框架提交给技术团队，让他们设计技术评估计划和战略，用来处理数据集成事宜。技术团队随后为新的设计提交屏幕，并在设计中融入了新的品牌方案。

整个过程大概持续一个月，每个设计步骤都根据经营目标进行检验。第一次发布时，通过放弃多余的功能，如投资组合数据等，专注于提交核心价值。其中一个度量标准是跟踪客户转换率和客户每周活动量，且技术架构必须能够把这种跟踪信息提交给管理层。

MidnightTraderb 的这个过程进行得很好。在可用性测试中，目标用户对网站设计的反应非常积极。网站投资不多，却拥有了可以为数百万用户提供服务的强大收入引擎。

由于客户需要实时、最新的市场数据提交到手机等无线设备上，MidnightTraderb 决定开发无线功能。他们仔细分析了原有的信息架构，并对其进行扩展以便向其他设备提供及时信息。他们还考查了对使用这些设备的客户的价值主张。最后，他们开发了相应的软件对信息架构进行扩展，使其能够向其他设备提交信息。由于最初设计的信息架构具有可伸缩性，使其顺利地完成了对新需求的扩展。

MidnightTraderb 开发的用户体验能同时实现公司经营目标和终端用户目标，经过改进还能适应无线网站。他们之所以能够做到这一点，是因为在开始设计之前仔细考虑了需求，然后围绕需求对用户体验进行构建。MidnightTraderb 的 CEO 布鲁克斯·麦克菲利说："最近很多依靠用户订阅才能维持的网站和自由门户网站倒闭，一个重要的原因就是他们的业务模型是用来吸引客户眼球的。这是错误的，真正重要的不是眼球，而是关系。有吸引力而且看上去简单的用户体验非常重要，能够直接促进关系的发展。提高基于用户的收入与客户保持率更加密不可分。"MidnightTraderb 就是因为集中关注终端用户的需求，其在网站开发上的投资才产生了较好的回报，并且构建了一个能够随业务扩张和终端用户需求而调节的可伸缩框架。

案例二　亚马逊网站的用户体验设计

亚马逊网站是基于用户体验的范例之一。

亚马逊网站不论是大局上还是细节上，都有很多值得学习的地方：

（1）在战略层，亚马逊网站的目标定位为一般性的普通用户，因此它的信息构建和设计是尽量帮助普通用户，为用户提供尽可能多的信息，通过比较推荐，让用户放心地购书。

（2）在范围层，亚马逊网络书店的功能就是通过灵活的技术手段和人性化设计，使用户能够在购书过程中获得积极的用户体验。该网站丰富的信息内容，特色的数据库，快速便捷的搜索功能，不仅使用户可以进行 Web 检索，而且可以进入书中搜寻。通过"一点就通"的设计，用户只要在该网站买过一次书，其通信地址和信用卡账号就会被安全地存储下来。下次再购买时，顾客只要用鼠标点一下货物，基于网络的系统就会帮你完成以后的所有手续。亚马逊还利用软件收集顾客在购物爱好和购物历史方面的信息，随时为顾客购买图书提供建议。

（3）在结构层，亚马逊网站响应的时间非常快，其网站强调专业化设计，栏目设置清晰自然，板块结构分布合理。

（4）在框架层，亚马逊网站的用户界面非常友好，而且导航方便、简洁和顺畅。亚马逊的信息资源整合允许网络读者提供评论，让用户总能知道最新的信息。亚马逊通过对信息资源的深度分析及整合告诉用户畅销的书籍。

（5）在表现层，网站页面简洁明快，功能设置突出用户至上原则，以人为本，以客为尊的经营原则渗透到每个环节，从而保证了网站的有效运行和基于网络的书店经营的发展。

1. 导航的设计

好的体验就是让用户用最少的点击最快达到目的。Amazon 的导航由原来的 Tab 形式改为了下拉菜单的形式，好处是使原本展开较多较复杂的内容变得少而精了。下拉菜单的形式可以容纳更多的内容，并且还可以与操作结合，非常方便。

2. 类目的设计

Amazon 在类目上的做法也秉承了导航的风格，下拉的菜单形式大大节省了空间。且把类目放在左上角的位置更醒目更突出，对于依赖类目的用户来说引导性更强了。

3. 以较大的空间作为产品推荐区

与导航和类目做法截然相反的是产品推荐区域。Amazon 毫不吝啬地把 3/4 左右的空间都用在了产品推荐上，这对于漫无目的闲逛的人很受用。

4. 博客预览

在亚马逊网站首页处的博客入口，设计了一个博客预览，考虑到用户进去不一定看到自己想要的东西，毕竟博客的具体内容你是不知道的，不像分类的目的性那么明确，所以亚马逊在你决定进去之前，先让你预览一下内容。这个设计使得用户不会浪费无谓的时间。

本章小结

用户体验对网络经济的影响已越来越引起人们的重视。本章介绍了用户体验的概念，以及网络用户的体验需求，基于用户体验需求的信息构建等内容。网站的信息构建直接决定了网络用户的体验，用户体验的设计应该从战略层、范围层、结构层、框架层、表现层五个层面进行规划设计。

关键概念

用户体验　体验营销　信息构建

思考题

（1）什么是用户体验？它包括哪些体验内容？
（2）用户体验有哪些特点？
（3）在网站的信息构建中，用户体验要素体现在哪几个层面？各层面分别包括哪些要素？
（4）满足用户体验需求可采取哪些策略？

参考文献

[1] 王晓艳，胡昌平．基于用户体验的信息构建［J］．情报科学，2006（8）
[2] 邓胜利．国外用户体验研究进展［J］．图书情报工作，2008（3）
[3] 欧阳波，贺赟．用户研究和用户体验设计［J］．江苏大学学报（自然科学版），2006（9）
[4] 胡昌平，邓胜利．基于用户体验的网站信息构建要素与模型分析［J］．情报科学，2006（3）
[5] 赵珑．网络经济下用户体验研究［J］．商场现代化，2006（7）
[6] 翁闻彬．以用户体验为中心的交互设计［J］．警察技术，2008（3）
[7] 李威．论交互式网络广告中交互性与用户体验的关系［J］．设计理论，2008（5）
[8] 张海昕，郭丹，刘正捷，陈军亮．中国C2C电子商务网站的用户体验［J］．大连海事大学学报（社会科学版），2007（6）
[9] 郭皎，鄢沛．关于电子商务网站的可用性探讨［J］．商场现代化，2008（3）

第十四章　网络营销的评估与控制

本章学习目标

通过本章学习，应该掌握以下内容：①了解网络营销评估的概念、作用与意义；②了解网络营销风险的特征；③了解网络营销评估的标准、风险分析的方法和管理方式；④了解网络营销安全控制的手段。

第一节　网络营销评估

传统的营销活动，往往依靠一定的评估标准来判断是否达到预期目标。这些标准或是建立在一定数量调查的基础之上，利用一定的方法，而且是多年以来已经形成的公认的方案或行业标准。网络营销的评估，目前还没有一个成形的评估体系，各个网站采取的评估方法不完全一样，制定的评估指标也不完全一致，评估的结果也有所不同。但是，企业在进行网络营销过程中必须知道自己的工作状态如何，所以必须提高网络营销评估工作水平。

一、网络营销评估概述

（一）网络营销评估的概念

网络营销评估，是指通过借助一套定量化和定性化的指标，对开展网络营销的网站的各个方面（包括网站访问量、个人信息政策、顾客服务和产品价格等）进行评价，以期总结和改善企业的网络营销活动，达到提高网络销售效益及网站管理水平的目的。

（二）网络营销评估的作用

网络营销所存在的基础是网络空间，由于网络运行有其独特的规律，所以网络营销评估的作用同其他工作系统略有不同，网络营销评估对于网络营销企业及其网站的发展有着决定性的作用。

（1）通过对网络营销系统运行状况的评估，了解网络营销工作成果，形成对系统的各个组成部分的良性刺激，激励系统正常持续发展。

（2）通过对网络营销系统运行状况的评估，检查网络营销系统运行状况与系统标准之间的差异，并且随时纠正，以确保网络营销系统正常运转，求得网络营销企业的持续发展。

(3) 通过权威结构的评估，迅速扩大网络营销企业及其网站的知名度，利用网络价值规律，提升网络营销企业效率，提高网站和产品的品牌力。

(三) 网络营销评估的意义

1. 网络营销评估是提高企业管理水平的需要

网络营销是企业经营活动的重要组成部分，它既是企业系统的输出端，又是企业创新经营的龙头，如以网络营销评价为依据，企业可以很好地整合资源，再造企业组织，提高企业整体管理水平。

2. 网络营销评估是网络营销管理的需要，是实施高效网络营销的关键环节之一

正如所有管理活动都要有计划、执行、检查和反馈环节一样，网络营销也应包含有评估和反馈环节。企业开展网络营销要实现其预定目的，每轮的营销计划、营销实施过程的成效，哪些方面需要改正，哪些方面需要坚持，所有这些都依赖于对营销的评价。只有搞好评价，才能改进现有的工作。通过网络营销评估，企业能够知道他们所使用的战略与策略是否恰当，是否能为企业带来应有的影响与效益。从这一点上讲，网络营销的评估是实施有效网络营销的关键环节之一。

3. 网络营销评估有利于提高企业知名度

在现代社会中，企业的宣传对提高企业知名度具有不可低估的作用。企业开展网络营销的目的之一就是宣传企业，在世界范围内提高企业的知名度。正确合理地评价企业的网络营销不仅有利于对企业的宣传，树立企业的良好形象，而且可以借助于开展网络营销评估的第三方机构的力量来宣传企业，收到直接广告所达不到的效果。

4. 网络营销评估是提升营销能力的手段

网络营销作为企业市场营销中的一个组成部分，它的改善直接有利于整个市场营销的开展。不仅如此，通过网络营销评估，企业可以获得在传统市场营销评估中没有获得的信息。例如，在网络营销评估中，用户在产品与服务的反馈中提出的意见和用户之间的讨论意见等。也就是说，网络营销评估不仅有利于企业开展网络营销，同时也有利于企业整个营销工作的开展，它能指导企业及时调整营销策略。

二、网络营销评估的标准

企业界流行着的一句话叫作："做企业不赚钱就是罪过。"衡量企业是否成功的主要一条标准是赚钱多少，网络营销企业也不例外，收入、利润和网站的访问量通常被认为是衡量网络营销网站业绩的主要标准。除了收入、利润和网站的访问量以外，还有一些更适合用于衡量业绩的标准。由于各个网站对其网站访问量和用户设立的最初目标不同，各种类型网站所努力追求的成功的定义也是不尽相同的，或者是定义为达到一定水平的网站访问量，或者是定义为销售订货中数量的增加、网站确定的目标决定了网站业绩的具体表述。

网络营销注重的是网站推广。推广网站的目的是为了提升企业的品牌形象，或者增加产品销售，或者为了让更多的人了解本企业和产品。从行销的角度来讲，网站不仅仅是一个企业的网上门面，而且是一个重要的营销工具。

总而言之，衡量一个网站是否成功，所使用的评估标准必须与策划网站之初设定的目标相一致。在网络营销模式中，衡量业绩的最好的标准可能是如何争取和维持自己的客户。

由于不同的企业产品特点不同，营销方式也有差异，也许很难罗列出很多有共性的地方，不过，从建立网络营销网站的目的出发，仍然有一些可供遵循的规律。根据衡量对象的不同，我们把网络营销评估指标细分为衡量企业网络营销网站和产品的品牌形象、网络营销企业经营能力、网络营销企业经营效果以及企业网站技术水平四大类。

（一）衡量企业网络营销网站和产品的品牌形象的指标

由于网络营销突破了传统商业中有限空间的限制，使得消费者对商品的可选择性无限扩张。在面临多种选择的情况下，消费者的选择在很大程度上取决于对品牌的认可。因此在互联网时代，创建良好的品牌是战胜竞争对手的有力武器。品牌对于网络企业具有极其重要意义，以至于人们将网络经济称为注意力经济。网络化生存使竞争趋于白热化和透明化。所以，网络营销企业网站及产品的品牌力成为评价网络营销的重要指标。可以通过下列标准来衡量：

（1）网站以现在媒介中的数量和频率。

（2）网站在媒介中的质量和声誉。

（3）根据网站访问者的滞留时间来测定网络营销网站的水平，滞留时间是指访问者在网站上停留时间的长短。该指标的意义是很明显的，滞留时间越长，接受网站的影响就越大，给网站带来的收入就可能越高，网站的商业价值比越高。

（4）根据网站注册用户数量。注册用户通过提供个人信息登录来获得网站提供的某种服务的用户数量。它直接反映网络公众对网络营销企业网站的兴趣程度。

（5）测量网站的访问量及其增长值。访问量就是网站的访问者数量。它直接反映网络营销企业网站在网络公众心目中的地位。但他们是公司的客户基础，也是公司未来发展的基础。

（6）访问量可以用点击率来衡量。

（7）企业、产品、服务个人或者观点等被大众接受的程度。

（二）衡量网络营销企业经营能力的指标

网络营销企业的经营能力指标由管理者能力和经营实力水平两方面构成，以下从两方面分别阐述。

1. 衡量管理者能力方面

（1）创新精神与能力。由于互联网世界本身就是虚拟空间，创新或创意是互联网世界的生存前提，无论是雅虎的网络门户模式、亚马逊的网上超市模式，还是电子湾的网上拍卖模式都证明，创新使网络企业具有无限的增长动力。

（2）观念水平。在互联网这个极其强调创意的世界中，管理层对网络经济的深刻理解决定了其网络业务的发展前景。如果只是"新瓶装旧酒"，用老的思路来使用新的网络工具，就必然会被互联网经济的迅速发展淘汰。

（3）是否具有升级能力并实现规模经济。一个企业管理能力的高低应该考察它的可持续性的发展。出于网络经济的增长是指数型的，企业依靠自身不断升级，具备适应大环境增长的能力，是决定网络企业成功的关键因素。这种升级主要是对公司管理层素质的考验。

（4）实施战略规划的能力是衡量管理团队的另一个重要指标。实施能力也包括了管理层对外界变化反应的速度以及实施战略的速度。其中，对于变化的预期能力很重要。因为这可以缩短制定、调整和实施战略的时间。所以，实施能力要求管理层能够对现行的战略做出可能的重大改变。

2. 衡量网络营销企业实力水平

（1）数据信息功能。它包括收集和处理消费者行为信息的功能以及不断开发网站的功能。

（2）多渠道购销售能力。多渠道的销售是为网上客户提供便利的一项内容。

（3）公司结构是否开放。对网络公司来说，开放的结构意味着向客户提供除自有品牌之外的其他多个品牌的多种产品；而开放的结构将有助于增加选择的多样性。

（4）客户服务质量。这是根据企业为其网上业务提供的支持服务的范围和质量来进行评价，重点是提供个性化的服务程度。

（5）现有企业规模、客户基础及发展潜力。这是针对处于转型为电子商务平台的老企业而言的。老企业已经拥有一定的生产条件和知识积累，拥有现成的客户和一整套采购、生产、管理、营销的体系，企业的老客户可以自然成为新网络的客户，原来的潜在客户可能因为新网络的好处而成为新客户。

（6）网络营销企业收入多元化。收入来源的多元化指一个企业在其原有的网络业务之外增加收入来源的能力。

（7）产品线的宽度和深度。产品线宽度强调不相关产品种类的丰富程度，如与日常生活这一主题有关的吃穿住行等产品类别的丰富性；而产品线深度强调互补产品种类的齐全程度，如与汽车有关的购买、维修、保险以及汽配等系列相关产品的齐全性。提供多样选择是网络经济的主要优点之一。如果网络企业提供的产品品种不够多，无法为客户提供尽可能多样的选择并最终实现一站式消费、多样产品选择以及大规模个性化服务，那么这样的企业就难以占据优势，也难以生存。

（8）先行优势。即由于率先进入市场而取得的优势。由于这种优势有利于企业吸引注意力、创建品牌或提高赢利能力，所以对于产品区别不大的企业间的竞争尤其重要。不过这种优势的持续时间要根据具体情况来定。与先行优势相关的另一个指标是先达到规模的优势。网络营销企业的规模经济效应比传统企业要明显得多。谁能率先达到规模，就意味着谁能最先占领市场和实现赢利，进而步入良性循环，使企业不断发展壮大。

（三）衡量网络营销企业经营效果的指标

衡量网络营销企业经营效果的指标，可以通过下列方法来确定。

（1）确定和保持顾客和重复购买顾客的数量。这需要企业具备良好的客户关系管理水平。所谓客户关系管理（CRM），是一种商业策略，主要涉及目前的和潜在的用户和对一个商业投资的需求、参与、理解和反应。因此，与其说是一种衡量标准不如说是使用标准。一个完全的客户关系管理解决方案包括：①获取精确的完整的客户数据；②整理并存储这些数据；③对数据进行分析；④将这些分析得到的结果分配给那些直接或者通过电子方式处理客户关系的工作人员，解决相关问题。客户关系管理追求的目标是提供良好的用户服务并且支持长期的、可获取利润的客户关系。

（2）销售额。这是衡量网络营销的直接指标，它可以反映网站经营的状况。

（3）转化率。这是与网站访问数量相互比较的销售额，它反映网站定位的准确度及网站对顾客的促销力度。

（4）市场渗透水平。市场渗透水平一般用市场渗透率来反映。它是一种以百分比的形式来表达的衡量标准，主要是描述已经真正赢得了多少潜在的客户或市场、进行了多少交易。例如，如果想要提高一个健康俱乐部的知名度，必定要知道在巨大的有潜力的用户中真正争取到了多少。这个数目只包括那些对健康感兴趣并且想到健康咨询中心去咨询的客户数。

（5）利润。这是网络营销企业赖以存在和发展的基本条件。

（6）争取和维持用户成本的减少。成本的观点在网络营销中也是适用的。在网络营销经营过程中，人们自然也会考虑到争取一个客户的成本与该客户将要消费的金额之间的比例，也会跟踪调查维持一个客户以及把该新客户转化成老客户所花费的成本。

（四）衡量企业网站技术水平的指标

对于那些以网络营销为导向设计的网站，也就是所谓网络营销网站，除了上述这些基本经营指标外，还需要建立一整套完善的网站技术评估机制。因为网站评价指标与企业网络营销效果之间存在着必然的相关关系，有必要建立起相应的评估标准，以作为评估网络营销人员工作成效的参考。这些指标应该包括网站设计、网站推广、网站流量等方面。

1. 关于网站设计

企业在设计网络营销网站时，首先要满足网站本身对功能、风格和视觉设计等方面的特定要求，也就是所谓主题明确；其次，在网站的设计方面，有一些具体通用的指标，主要有主页下载时间（在不同速率 Modem 情形下）、有无死链接、拼写错误、不同浏览器的适应性、对搜索引擎的友好程度（META 标签合理与否）等；再次，可扩展性，网络营销企业的能力在于其高成长性，而可扩展性是高成长性的基础，一项可扩展性差的业务即较短期内保持高成长，也不可能持久；最后，网络安全性，网上交易的绝大多数都涉及电子现金流，电子现金流的正常运转有赖于网络的高度安全性等。网络安全主要包括两个方面，一是要保证网站不被入侵，防止未经授权的访问、冲击以及病毒的传染，保证系统不被破坏，数据不被窃取，主要的防范手段是各种防火墙技术；二是要保证交易的安全，保证交易者的交易信息不被他人窃取，即使被窃取了也无法破译，主要的防范手段是数字加密以及由认证中心提供数字认证。由第三方提供的数字认证是电子商务中保证支付安全的核心措施。

关于上述这些指标的评价，除了网络营销企业自己进行测试外，还可以参照第三方提供的测试结果，如 Netscape 提供的网站自动测试报告（http://dashboard.netscape.com/company.html）。检测的综合结果分为四个等级：很好、好、一般、差。要根据评价结果具体分析原因。

应该指出，第三方测试的指标体系也只是从某一个角度出发，可能也存在问题，只能作为参考。根据对一些著名网站的测试结果，综合评价指标很好的网站非常少，后来经过研究发现，可能是由于一些指标不太适用，或者指标设计本身存在缺陷。例如，对浏览器的兼容性，是根据各种浏览器的效果来检验的，对于老版本的浏览器如 IE 3.0 和 Netscape 2.0 来说，由于许多新的标准和方法都不适用，所以，浏览器的兼容性差也就不足为奇了。拼写检查指标同样也有问题，由于现在的电子词典大都没有收录新出现的网络专业词汇，对于几个单词组合而成的词汇同样视为拼写错误，例如 chinabyte、webmarketing、enews、marketingman 等，可见这项指标并不能反映实际的情况。虽然最终测评结果说明不了太多问题，但是，这些网站的共同点也很明显，例如没有死链接、HTML 设计较好等，这也许是一个成功网站应该具备的最基本条件。

2. 关于网站推广

网站推广的力度在一定程度上说明了网络营销人员为之付出劳动的多少，而且可以进行量化，这些指标主要有以下方面：

（1）登记搜索引擎的数量和排名。虽然搜索引擎对网站流量的作用在日益减小，但仍不能否定在搜索引擎登记的重要性，搜索引擎对于增加新的访问者仍然有着不可替代的作用。

登记的搜索引擎越多，对增加访问量越有效果。另外，搜索引擎的排名也很重要，虽然在搜索引擎注册了，但排名在第三屏之后，或者在几百名之后，同样起不到多大作用。

（2）在其他网站链接的数量。在其他网站链接的数量越多，对搜索结果排名越有利，而且，访问者还可以直接从链接的网页进入你的网站。实践证明，在其他网站做链接对网站推广起到至关重要的作用。

（3）注册用户数量。注册用户数量是一个网站价值的重要体现，在一定程度上反映了网站的内容为用户所接受的程度，也代表着顾客对网站提供的价值的认可程度。而且，注册用户数量也就是潜在的顾客数量。

3. 关于网站流量

（1）独立访问者数量。这是指在一定时期内访问网站的人数，每一个固定的访问者只代表一个唯一的用户。

（2）页面浏览数。在一定时期内所有访问者浏览的页面数量。如果一个访问者浏览同一网页三次，那么网页浏览数就计算为三个。

（3）每个访问者的页面浏览数。这是一个平均数，即在一定时间内全部页面浏览数与所有访问者相除的结果。

（4）用户在网站的停留时间。在一定时期内所有访问者在网站停留的时间之和。

（5）每个用户在网站的停留时间。所有用户在网站的停留时间与全部用户数的平均数。访问者停留时间的长短反映了网站内容对访问者的吸引力大小。

(6) 用户在每个页面的平均时间。这是指访问者在网站停留总时间与网站页面总数之比,这个指标说明了网站内容对访问者的有效性。

上述指标体系还不完善,只是初步反映了网络营销运营的基本状况。但是可以切实用定性和定量的指标对网络营销计划做出总结,如果各类指标与同类网站相比处于领先地位,那么足以说明该网络营销计划是富有成效的。

三、网络营销评估的方法

(一) 网络营销评估的步骤

1. 确定网络营销总体目标

做任何一件事都必须明确目标,像网络营销这样比较大的项目更需要目标非常明确具体,否则操作人员不知道应该往什么方向努力。这个目标主要根据网络营销策划书来确定并加以细化,如建立网站的目的、任务、目标顾客定位等等。各个企业不同,目标也不相同,应本着一个原则,从目的出发找到手段(如图14-1所示)。

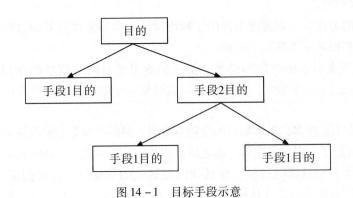

图 14-1 目标手段示意

2. 选择评估方法

对网络营销企业的评估通常采用对比的方法。其方法有二:一是横向对比,通过与具有相同商业模式的网络营销企业进行比较,来估计网络营销企业的相对价值;二是纵向对比,通过对比同行业其他采用相同商业模式的网络营销企业在某成长阶段的评估标准来对本网络营销企业进行估值。

3. 确定评估标准

根据网络营销总体目标所得出的结果,在每一个结点上确定具体的标准和工作规范,应该说,每一个结点的标准都是可以确定的。我们在下一节将专门介绍一些标准。实际运作时,还会发现更适用的标准,只要目的明确,寻找标准不是一件很困难的事情。

4. 选择评估网络营销上做的基准点

网络营销系统评估是一个相对的过程,所以,应该确定可比较的基准点。

5. 网络营销效果与标准进行对比,检查计划目标实现情况

根据目标和标准,以基准点为基础,判断网络营销实际效果,激励成功,补足差距,促进网络营销系统正常运行。

6. 制定评估报告

评估报告应该包括评估目的、评估标准体系、运行实际效果数据及数据分析、综合评估、存在问题与对策等。

(二) 网络营销评估的途径

网络营销企业在不同时期对网络营销系统的评价目的是不同的,有时是要通过评估提升系统水平,有时是要提升网络营销系统的知名度,有时是要针对经营方面的某一问题进行研讨。所以,网络营销评估的途径也各不相同。

1. 运用评估工具

对于大多数网站来说,可以运用统计工具、程序包等来取得和分析相关数据关的程序比较多。要注意分析和研究来自于下列资源的信息:服务器、网络以及操作系统的日志文件,用户注册数据库,交易系统数据库,第三方服务机构提供的数据报表,等等。

2. 第三方评估

在网络营销评价领域中,第三方评估是比较有影响力的。由于第二方评估服务机构是专业网络营销评价组织,所以,它的评估内容也比较广泛,其评估结果的社会认可度也比较高。第三方评价服务机构的服务机制也有差异。有的采用会员制,有的采用企业申请,由行业权威机构受理的形式,也有的专门为特定的公司进行网络营销系统评估服务。例如,中国互联网信息中心就提供第三方流量认证与其他方面的网络评估工作。

3. Forrester 强力评估

Forrester Research 是一个独立的研究咨询公司,Forrester 强力评估是在线用户调查与专家公正分析的结果,这种独特的组合为电子商务网站提供了一个全面的评估。强力评估为消费者提供客观研究调查以帮助他们为选择领先的网站提供较好的决策,电子商务网站也得到了在市场地位中的公正评价。

第二节 网络营销的风险与控制

一、网络营销风险的概念与特征

根据中国互联网信息中心 CNNIC 发布第 34 次《中国互联网络发展状况统计报告》显示,截至 2014 年 6 月,我国网民规模达 6.32 亿,其中手机网民达 5.27 亿,网民中使用手机上网的人群占比提升至 83.4%。网络营销作为一种全新的营销方式在市场经济中扮演着越来越重要的角色,已经成为企业扩大宣传、推广产品和销售服务的重要渠道和企业制定战略发展目标不可缺少的因素,有效的发展网络营销是更好地满足企业和消费者之间利益的重要渠道。但是由于多种因素的影响,企业开展网络营销活动还面临着技术、信用、法律、市场等风险。特别是网络市场的空前开放、竞争的日趋激烈使企业网络营销风险性也比传统营销活动大大增加。如何规避网络营销风险已经成为一个亟待解决的新课题。

1. 网络营销风险的概念

目前国内外学术界对风险的概念有多种解释和规定，但综合起来基本都认同风险是指在一定条件下和一定时期内可能发生的各种结果变动程度的不确定性。这种不确定性一方面是主观对客观事物运作规律认识的不完全确定，还无法操纵和控制其运作过程；另一方面也包括了事物结果的不确定性，人们不能完全得到所设计和希望的结局，而且常常会出现不必要或预想不到的损失。从网络营销的角度来说，风险主要指从事网络营销活动由于主客观因素无法达到预期报酬的可能性。

为便于分析研究，在这里给出网络营销风险的概念。

网络营销风险，是指在网络营销活动过程中，由于各种事先无法预料的不确定因素带来的影响，使网络营销的实际收益与预期收益发生一定的偏差，从而有蒙受损失和获得额外收益的机会或可能性。网络营销风险管理则是指识别、评估和判断网络营销风险，并进行决策采取行动预测风险和减轻后果以及监控和反馈的全部过程。

2. 网络营销风险的特征

（1）客观性。网络营销风险的存在与发生就总体而言是一种必然现象，是一种不以人们的主观意志为转移的客观存在。

（2）可变性。风险的存在，是风险发生的前提条件。由于风险发生的偶然性和不确定性，我们可以推论出风险存在的可变性。因此在一定条件下，网络营销风险是可以转化的。这种转化包括：风险性质的变化、风险量的变化，某些风险在一定的空间和时间内被消除、新的风险的产生。

（3）复杂性。网络营销风险的复杂性首先表现在其发生的原因、表现形式、影响力和作用力是复杂的；其次，网络营销风险形成的过程是复杂的，人们对其产生不能完全了解、全面掌握，在网络营销开展过程中各个环节均可能产生风险，但是风险的强弱、频度及表现是不同的，经营者对其把握存在一定的难度。

（4）偶然性。网络营销风险的存在具有抽象性和不确定性，但风险的表现形式却有具体性和差异性，风险的发生无论是范围、程度、频度还是时间、区间、强度等都可以表现出各种不同形态，并以各自独特的方式表现自身的存在。对网络营销风险的认识只有通过无数次观察、比较、分析和积累总结，才能发现和揭示其内在运行规律。

二、网络营销中的风险

（一）企业网络营销风险产生的主要原因

进入20世纪90年代后，Internet正以惊人的速度发展，它的普及意味着企业网络时代的来临，意味着企业生存方式、组织方式、工作方式的变革，同时也为现代企业提供一个全新的营销概念——网络营销。

新的营销方式正在改写商业企业的规则，正在给各行各业的人们带来新的机会和挑战。然而，尽管网络营销具有许多竞争优势，但并不是说企业只要"触网"就都能成功，它与传统营销同样有着自身的局限性和风险。实际上，由于网络营销才刚刚起步，与之相关的技术、金融、法律以及物流配送等外部环境还不完善，甚至企业内部传统的生产经营模式也会与之相抵触。因此，企业网络营销的开展同样存在着运作障碍和经营风险，其风险产生的主要原因如下：

1. 网络营销的法律法规不健全

由于我国网络营销发展起步较晚，并无相应的法律基础。而网络营销在我国的发展速度又较快，法律法规的建设无法与之同步，从而造成诸多的法律空缺，形成风险隐患。在我国现阶段，网络营销中所涉及的法律法规应包括网络经济贸易中相应的法律规定、网站建设中法律程序、在线交易主体的认定中的法律手段、电子签名与认证的操作、电子合同的法律确认、在线电子支付的规则、网络广告争议解决、网上知识产权保护及网络营销中消费者权益保护等等。

2. 网络基础设施差

由于企业网络营销起步不久，其相应的网络技术不成熟，网络基础设施差，网上交易的安全性特别是数据加密技术还不尽如人意。上网速度慢、网络易堵塞、信息传递出错、交易平台混乱、密码被窃取、遭遇黑客袭击和感染病毒等因素，都将使企业在建立和开展网络营销中风险重重。

3. 消费者的消费观念为传统方式所束缚，难以改变

在我国现阶段，消费者的消费观念和消费习惯一时难以转变。在传统模式中，消费者通过视觉、触觉等多种感觉来判断与选择商品。而在网络当中只能提供商品的图片及少量的文字说明，如果在此条件下有不规范的市场行为将带来严重的负面影响，使人们对网上购物产生怀疑。据调查，有59%的人认为网上商品无实体感，对其质量不放心，而宁愿选择自己去商场购买。这种眼见为实的购买心态及对新事物的不信任感，将在很大程度上增加企业在网络营销过程中的风险。

（二）网络营销风险的类型

互联网是一个开放的系统，构建在这个开放系统之上的电子商务自产生之日起就面临着各种风险。随着网上营销活动的发展，在互联网上的客户日益增多，其中既有真正的网上交易者，也有些心术不正之徒。近年来不断发生的网上商业案例在时时刻刻提醒着人们，网上交易安全问题不容忽视，因为信息一旦被窃，商业的损失将不可估量。

网络营销风险是指在网络营销活动过程中，由于各种事先无法预料的不确定因素带来的影响，使网络营销的实际收益与预期收益发生一定的偏差，从而有蒙受损失和获得额外收益的机会或可能性。

网络营销风险类型包括技术风险、信用风险、管理风险、市场风险、制度风险和法律等方面的风险等。

1. 技术风险

近些年来，随着我国经济的快速发展，虽然网络基础设施的建设也获得了飞速发展，但是还不能完全适应网络营销快速发展的需要。网络营销的发展对安全防范的要求较高。然而，采用假冒流行在线服务站点登录页面盗取密码、身份盗取、电脑数据被盗和移动电话攻击的事件频频发生。

这些技术上的安全问题，将直接影响到网络营销的顺利开展。虽然近年来上网用户急剧增长，网络营销较几年前有了很大的提高，但相对于全国 13 亿多的国民来说，所占比例仍然太小，还造成网络利用率低下，致使网络资源大量闲置和浪费，投资效益低，严重制约着网络营销工作的进一步发展。

从技术上看，网络交易风险主要来自三方面：

（1）冒名偷窃。"黑客"为了获取重要的商业秘密、资源和信息，常常采用源 IP 地址欺骗攻击。

（2）篡改数据。攻击者未经授权进入网络交易系统，使用非法手段删除、修改某些重要信息，破坏数据的完整性，损害他人的经济利益，或干扰对方的正确决策。

（3）信息丢失。交易信息的丢失，可能有三种情况：一是因为线路问题造成信息丢失；二是因为安全措施不当丢失信息；三是在不同的操作平台上转换操作从而丢失信息。

另外，信息在网上传递时，要经过多个环节和渠道。由于计算机技术发展迅速，原有的病毒防范技术、加密技术、防火墙技术等始终存在着被新技术攻击的可能性。计算机病毒的侵袭、"黑客"非法侵入、线路窃听等很容易使重要数据在传递过程中泄露，威胁电子商务交易的安全。各种外界的物理性干扰，如通信线路质量较差、地理位置复杂、自然灾害等，都可能影响到数据的真实性和完整性。

2. 信用风险

信用风险主要来自两个方面：

（1）来自买方的信用风险。个人消费者可能在网上使用信用卡进行支付时恶意透支，或使用伪造的信用卡骗取卖方的货物；集团购买者有拖延货款的可能，卖方需要为此承担风险。

（2）来自卖方的信用风险。卖方不能按质、按量、按时寄送消费者购买的货物，或者不能完全履行与集团购买者签订的合同，造成买方的购物风险。信用风险不是网络交易中所特有的，其在传统交易中同样存在。

3. 管理风险

严格管理是降低网络交易风险的重要保证，特别是在网络商品中介交易的过程中，交易中心不仅要监督买方按时付款，还要监督卖方按时提供符合合同、协议的货物。在这些环节上，都存在着大量的管理问题。防止此类风险需要有完善的管理制度，形成一套相互关联、相互制约的制度群。

人员管理常常是在线商店安全管理最薄弱的环节。近年来，我国计算机犯罪呈现出内部犯罪的趋势，这主要是因工作人员职业修养不高、安全教育欠缺和管理松懈所致。一些竞争对手还利用企业招募新人的方式潜入该企业，或利用不正当的方式收买企业网络交易管理人员，窃取企业的用户识别码、密码、传递方式以及相关的机密文件资料。

世界上现有的信息系统绝大多数都缺少安全管理员，缺少信息系统安全管理的技术规范，缺少定期的安全测试与检查，更缺少安全监控。我国许多企业的信息系统已经使用了许多年，但计算机的系统管理员与用户的注册还大多处于缺乏状态。

4. 市场风险

市场风险的产生主要源于网络市场的复杂性。面对前所未有的广阔的市场空间，企业一方面对网络消费者需求特征的把握更加困难，另一方面竞争对手更多而且更加强大，市场竞争空前激烈。同时，由于网络市场中产品的生命周期缩短，新产品的开发和盈利的难度加大，使得企业面临更大的市场风险。

5. 制度风险

与网络营销风险有关的制度，主要指宏观经济管理制度，其中最主要的是系统的法律制度和市场监管制度。制度的建立和实施是维持良好市场秩序的基石。企业作为市场活动的主体，在制度不健全的市场体系中从事营销活动，必然会遇到市场秩序紊乱带来的制度风险，并引发信用风险、资金风险等一系列潜在风险。而宏观管理制度的缺乏正是目前网络市场的一个重要特征。

6. 法律风险

电子商务的技术设计是先进的、超前的、具有强大的生命力。但必须清楚地认识到，在目前的法律上还找不到现成的条文保护网络交易中的交易方式，在网上交易可能会承担由于法律滞后而造成的风险。

此外，还存在其他方面的不可预测的风险。在对风险源进行分析时，应把一切可能导致风险的因素，包括直接的和间接的因素、内部的和外部的因素、主要的和次要的因素、总体的和个体的因素等，从多角度加以考察、研究，尽可能把风险源考虑多一些、全面一些。对风险源考虑得越仔细、越周密，越有助于采取有针对性的防范措施。

三、网络营销风险管理

（一）网络营销风险的识别

在网络营销风险管理工作中，首要也是最重要的工作就是进行风险识别，即要判定存在哪些风险因素、引起这些风险的主要原因、这些风险因素引起的后果及严重程度等问题。其他风险管理步骤都是根据这一步来完成的。

网络营销中可采用风险识别方法有 Delphi 法、SWOT 法、流程图法、头脑风暴法、环境分析法、损失统计记录分析法等等。但是，网络营销管理人员需要注意每一种风险识别方法都存在一定的局限性。任何一种方法不可能完全揭示出网络营销面临的风险，更不可能揭示导致风险事故的所有因素，因此必须根据具体网络营销的实际以及每种方法的用途将多种方法结合使用。同时，由于经费的限制和不断增加工作成本会引起收益的减少，网络营销人员必须根据实际条件选择效果最优的方法或方法组合。网络营销风险识别是一个连续不断的过程，仅凭一两次调查分析不能完全解决问题，许多复杂和潜在的风险要经过多次识别才能获得较为准确的答案。

（二）网络营销风险的计量

在识别了网络营销所面临的各种风险及潜在损失之后，网络营销管理人员就应对风险进行计量，估计各种损失将发生的频率及这些损失的严重程度，以便于评价各种潜在损失的相对重要性，从而为拟订风险处理方案、进行风险管理决策作准备。

网络营销风险计量主要应包括以下工作：①收集有助于估计未来损失的资料；②整理、描述损失资料；③运用概率统计工具进行分析、预测；④了解估算方法的缺陷所在，通过减少它们的局限性来避免失误。

计量风险以确定网络营销风险事件发生的概率及其损失程度，是网络营销风险管理中最具挑战性的工作。损失的"不确定性"，正是概率统计所研究的对象。根据有关数据建立概率分布，揭示损失发生频率及损失程度的统计规律，将使网络营销管理人员能更全面、更准确地计量风险并进行预测。

（三）网络营销风险管理决策

传统上，人们往往仅凭工作经验和主观判断来处理风险。随着风险的日益广泛和复杂，决策的科学性和合理性将直接影响风险管理活动的效果。网络营销风险管理决策是整个网络营销风险管理的核心。但不同的决策对风险的认识不同，决策的结果也有很大差异。在网络营销风险管理决策中决策者的损失期望值与效用值的确定是关键，也能体现出决策者的特点。网络营销风险管理决策是指根据网络营销风险管理的目标和宗旨，在科学的风险识别、计量的基础上，合理地选择风险管理工具，从而制定出处置网络营销风险的方案的一系列活动。

网络营销风险管理决策应包括以下三个基本内容：

（1）信息决策过程。了解和识别网络营销各种风险的存在、风险的性质，估计风险的大小，也是对网络营销风险管理流程前面两个阶段的深化。

（2）风险处理方案的计划过程。针对某一具体的客观存在的网络营销风险，拟定若干风险处理方案。

（3）方案选择过程。根据决策的目标和原则，运用一定的决策手段选择某一个最佳处理方案或某几个风险方案的最佳组合。

（四）网络营销风险管理决策方案的执行

在网络营销风险管理决策做出后，能否达到预期的风险管理目标，取决于执行。执行成为实现决策目标最为重要的工作。相对于风险管理决策来说，风险管理决策方案的执行更具体、更复杂、更烦琐，有时甚至是长期、艰苦的劳动。因此，网络营销风险管理要高度重视执行工作。网络营销风险管理决策目标是要通过人力、财力、物力、时间、信息等基本要素的管理和组织来实现的。执行对象、执行措施和执行结果等必须是现实的，只有从网络营销实际出发按客观规律办事，并认真准备风险管理决策方案执行所涉及的所有环节，才能收到预期的效果。同时在风险管理决策方案执行中若遇到突发情况，应及时反馈，以便及时调整修订风险管理决策方案。

（五）网络营销风险管理后评价

网络营销风险管理后评价是指在对网络营销实施风险管理方案后的一段时间内（半年、一年或更长一些时间），由风险管理人员对相关部门及人员进行回访，考察评价实施网络营销风险管理方案后管理水平、经济效益的变化，并对网络营销风险管理全过程进行系统的、客观的分析的过程。通过风险管理活动实践的检查总结，评价风险管理问题的准确性，检查风险处理对策的针对性，分析风险管理结果的有效性；通过分析评价找出成败的原因，总结经验教训；通过及时有效的信息反馈，为未来风险管理决策和提高风险管理水平提出建议。

网络营销风险管理后评价内容应包括：风险管理决策后评价，风险管理方案实施情况后评价，风险处理技术后评价，风险管理经济效益后评价，风险管理社会效益后评价，等等。网络营销风险管理后评价的主要评价方法有影响评价法、效益评价法、过程评价法、系统综合评价法等方法。

四、网络营销中的安全控制

一个完整的网络交易安全体系，至少应有三类措施：一是技术方面的措施。包括防火墙技术、网络杀毒、信息加密存储通信、身份认证、授权等。二是管理措施。包括交易的安全制度、交易安全的实时监控、提供实时改变安全策略的能力、对现有的安全系统漏洞的检查以及安全教育等。在这方面，政府有关部门、企业的主要领导、信息服务商应当扮演重要的角色。三是社会的法律政策与法律保障。只有从上述三方面入手，才可能真正实现电子商务的安全运作。

网络营销中的安全控制应包括以下方面。

1. 加强信息安全技术研究

网络营销要适应市场全球化的新形势，信息安全至关重要。加强信息安全研究是我国发展网络营销亟待解决的关键问题。信息安全体系的突出特点之一，是必须有先进的技术系统来支持。在安全技术方面，涉及技术标准、关键技术、关键设备和安全技术管理等环节，而其核心问题有两个：一是有关的安全技术及产品必须也只能是我国自主开发的和国产化的。二是信息安全技术的开发与采用和国产信息安全产品的采购与装备，也应纳入法制的范围。

用户身份识别用于保证通信双方的不可抵赖性和信息的完整性。防范"黑客"的技术措施根据所选用产品的不同，可以分为七类：网络安全检测设备、访问设备、浏览器/服务器软件、证书、商业软件、防火墙和安全工具包软件。

2. 建立健全信用评估体系

诚信在维持良好的市场秩序上起着重要的作用，对于传统企业来说，企业诚信已提上了企业战略日程。而对于网络营销来说，诚信显得尤为重要，建立我国完善的信用评估体系是网络营销得以迅速发展的重要组成部分。

建立完善的信用评估体系要从以下几方面着手：①建立健全科学的信用评级体系。建立科学的信用评级体系要做到国际惯例与中国国情相结合以及传统研究方法与现代先进评级技术和互联网技术相结合。②建立独立、公正的评级机构。信用评级机构不能受到政府、企事业单位和被评级对象的干预。③政府积极支持信用评级机构开展工作。

3. 加强网络营销法制建设

保证市场秩序、维护经济运行是政府责无旁贷的任务。在极具发展潜力的网络市场中，政府首先应致力于法制建设，使企业的经营活动有序开展。

应从以下几个方面加强网络营销法制建设：①加快建立电子签名法等法律法规，解决电子签名、电子合同、电子交易的有效性与合法性的问题。②研究电子商务领域适用的行政许可模式，提出切合电子商务产业发展特点、宽严适中的管理模式。③通过发展网上法庭、网上仲裁、网上公证、网上律师等司法辅助机制，建立灵活的法制环境，以弥补传统法律环境灵活性不足的缺点。④协调管理、技术、法律、标准和商业惯例的关系，使其成为一个有机的整体，互为补充、共同发展，为电子商务的运行和发展提供全面有效的保障。

网上交易安全的法律保护问题，涉及两个基本方面：一是网上交易首先是一种商品交易，其安全问题应当通过民商法加以保护；二是网上交易是通过计算机及其网络而实现的，其安全与否依赖于计算机及其网络自身的安全程度。我国目前还没有出台专门针对网上交易的法律法规，究其原因，还是上述两个方面的法律制度尚不完善，因而面对迅速发展的这种商品交易与计算机网络技术结合的新的交易形式，难以出台较为完善的安全保障法规。所以，我们应当充分利用已经公布的有关交易安全和计算机安全的法律法规，保护网上商务交易的正常进行，并在不断的探索中，逐步建立适合中国国情的电子商务法律制度。

4. 强化企业制度建设

企业的制度建设是有效防范各类风险、减少风险损失的主要手段。为有效防范和控制网络营销风险，企业应着重加强以下几项制度建设：①人员管理制度：明确权责范围，规范员工行为，通过培训教育提高员工的风险防范意识和能力。②风险控制制度：为企业在风险决策、交易管理、危机应急等状况下提供规范的处理方法和操作机制。③监督制度：通过严格的监督监管，保证各项制度措施能够顺利实施并充分发挥效用。

5. 完善国家宏观管理体制

保证市场秩序、维护经济运行是政府责无旁贷的任务。在极具发展潜力的网络市场中，政府首先应致力于制度建设和法制建设，使企业的经营活动有序开展，保证社会信用体系的建立健全；其次，政府应以防范制度风险作为基础，针对所有的网络营销风险，或制定恰当的政策，或进行积极的引导，使企业对风险防范和控制有充分的准备；最后，政府还应加强对风险防范的监督和协调，为企业提供诸如市场信息、产业动态等多方面的帮助，尽可能地使企业减少面临网络营销风险的可能性。

6. 建全网络交易系统的安全管理制度

无论是参与网络交易的个人还是企业，都有一个维护网络交易系统安全的问题，只不过对于在网上从事大量贸易活动的企业来说，这个问题更为重要。网络交易系统安全管理制度是用文字形式对各项安全要求所作的规定，它是保证企业网络营销取得成功的重要基础工作，是企业网络营销人员安全工作的规范和准则。企业在实施网络营销伊始，就应当形成一套完整的、适于网络环境的安全管理制度。这些制度应当包括人员管理制度、保密制度、跟踪审计制度、系统维护制度、数据备份制度、病毒定期清理制度等。

从事网络营销的人员，在很大程度上支配着市场经济下的企业命运，而计算机网络犯罪又具有智能性、隐蔽性、连续性的特点，因而，加强对网络营销人员的安全管理变得十分重要。为保证网络营销系统安全运作，可以遵循下面一些基本原则：①双人负责原则。重要业务不要安排一个人单独管理，实行两人或多人相互制约的机制。②任期有限原则。任何人不得长期担任与交易安全有关的职务。③最小权限原则。明确规定只有网络管理员才可进行物理访问，只有网络人员才可进行软件安装工作。

网络营销涉及企业的市场、生产、财务、供应等多方面的机密，需要很好地划分信息的安全级别，确定安全防范重点，提出相应的保密措施。保密工作的一个重要问题是对密钥的管理。大量的交易必然使用大量的密钥，密钥管理必须贯穿于密钥的产生、传递和销毁的全过程。密钥需要定期更换，否则可能使"黑客"通过积累而增加破译机会。

网络系统的日常维护包括硬件设备的维护和软件、数据的维护。在硬件维护方面，企业应建立定期维护和更新制度，保证硬件的配置和状态能够满足企业的需要。对于软件，实时监控制度是必不可少的，同时还要注意软件的定期升级。数据维护更应引起企业的重视，这方面的制度主要有数据备份制度、设置访问权限制度和病毒控制制度等等。

应急措施必不可少。应急措施是指在计算机灾难事件，即紧急事件或安全事故发生时，利用应急辅助软件和应急设施排除灾难和故障，保障计算机信息系统继续运行或紧急恢复。在启动网络营销业务时，必须制订交易安全计划和应急方案，最大限度地减少损失，尽快恢复系统的正常工作。

案例一　东方钢铁电子商务有限公司在线网络营销绩效评估

东方钢铁电子商务有限公司 2000 年 8 月创建于张江高科技园，注册资金为 0.8 亿元人民币，是从事钢铁行业的 B2B 电子商务公司。主要股东包括宝山钢铁股份有限公司（25%）、宝山钢铁国际贸易总公司（25%）、宝钢信息产业公司（17%）、宝山钢铁集团公司（8%）、益昌薄板公司（5%）、梅山公司（5%）等。同年 10 月发布了交易市场平台"东方钢铁在线（BSTEEL）"，面向包括钢厂、贸易商、服务商及钢材用户在内的钢铁企业，提供全面的商务信息支持及交易服务。

BSTEEL（网址为 http：//www.bsteel.com）的主要功能包括宝钢股份公司的物资采购管理、钢材交易、物资交易和信息中心。其中钢材交易提供宝钢等国内各大钢厂产品的网上交易市场，举办竞价拍卖活动，支持钢厂及大型贸易商开设网上专卖店；物贸交易以宝钢等国内各大钢厂采购目录为核心，涉及煤、耐材、铁合金、矿石等交易品种，采用招投标及询报价方式实施企业的物资采购业务，同时支持钢厂构建采购专营厅；信息中心每日滚动发送全球钢铁行业信息，提供国内外 40 多个市场、近 50 个品种的钢材行情及述评，国内各钢铁企业价格及政策，钢材、原料及产品的海关进出口数据，还可检索百余家钢厂的详细资料。

从 BSTEEL 组建到现在，经过了多次的更新和完善，不断增添新的功能。网络营销有着许多不同于传统营销的特点，这就要求对网络营销系统的绩效进行评估，从而较准确地评估其经营业绩。本案例以 BSTEEL 及其网络营销系统为背景,从网络营销系统的效益、效率及成本三方面,建立绩效考核指标体系和考核方法,以及评估的数学模型。

1. 评估的指标内容及指标

（1）基本效益、效率评估指标。

第一,销售成本利润率。这是指一定时期实现的销售利润与销售成本费用的比率,销售成本利润率越高表示企业为取得收益所付出的代价越小;成本费用控制得越好,获利能力越强。

第二,净资产收益率。这是指一定时期内的净利润与平均净资产的比率,它体现了投资者投入企业的自有资本获取净收益的能力,突出反映了投资与报酬的关系,是评估企业经营效益的核心指标。

第三,总资产周转率。这是指一定时期营业收入净额与平均资产总额的比值,它是综合评估物流企业全部资产经营质量和利用效率的重要指标。一般情况下,总资产周转率越高,周转速度越快,企业全部资产的管理质量和利用效率越高。

（2）物流成本评估指标。

以 BSTEEL 的物流活动为依据,将物流成本分为物流活动成本、信息流通成本和物流管理成本三部分,便于评估物流构成的各环节成本状况,分析物流活动的绩效,从而进行物流成本控制。

（3）顾客服务评估指标。

从物流的角度上分析,顾客服务是所有物流活动的产物,顾客服务水平是衡量物流系统为顾客创造时间和空间效应能力的尺度。识别顾客服务最基本的三个方面是:可得性、作业绩效和可靠性。要形成一个基本的服务平台,需在可得性、作业绩效和可靠性方面,对所有的顾客提供基本服务,明确所要承担的义务水准。

（4）绩效评估指标的标准。

从 BSTEEL 实际情况出发,评估指标的标准采用以下四类。

第一,计划（预算）标准。以事先制定的年度计划以及预算和预期目标作为评估标准。计划标准人为因素较强,主观性较大,如果制定的科学合理会有较好的激励效果。

第二,历史标准。以前一年度的业绩作为衡量标准,进行自身纵向比较。其缺点是评估结果缺乏横向可比性,具有排他性。

第三,客观标准。以冶金行业同类型企业绩效状况作为评估标准,采用这一评估标准,对相关数据进行测算而得出平均值,客观标准较为真实,应用范围广,评估结果可比性强,适合实际评估工作。

第四,经验数据标准。根据经济发展规律和长期的经营管理经验产生的评估标准,例如流动比率、净资产收益率都属国际公认标准。

2. 绩效评估的数学模型

采用线性加权综合评估模型：$X = \sum_{j=1}^{m} f_j x_j$。

对于取定的系统评估指标 x_j（$j=1, 2, \cdots, m$）,则综合评估的结果将取决于权重

系数 f_j 的设定。因此，从这个意义上讲，可以说综合评估的核心问题是如何正确地确定权重系数 f_j（$j=1, 2, \cdots, m$），可采用专家评分方法就各级指标的权重进行分配。

根据上述线性加权综合评估模型，采用倒序方式分别求出二级指标评估值。其中，定性指标 $x_{31} \sim x_{35}$ 取值区间为 $[0, 1]$，由专家打分评定。具体权重与指标加权综合关系如下：

（1）各级权重系数满足归一化条件：

$$\sum_{i=1}^{3} F_i = 100, \sum_{i=1}^{3} f_{1i} = 100, \sum_{i=1}^{7} f_{2i} = 100$$

$$\sum_{i=1}^{5} f_{3i} = 100, \sum_{i=1}^{3} f_{31i} = 100, \sum_{i=1}^{2} f_{34i} = 100$$

（2）指标加权：

$$x_{31} = \sum_{i=1}^{3} f_{31i} \cdot x_{31i}; \quad x_{34} = \sum_{i=1}^{2} f_{34i} \cdot x_{34i}$$

$$X_1 = \sum_{i=1}^{3} f_{1i} \cdot x_{1i}; \quad X_2 = \sum_{i=1}^{7} f_{2i} \cdot x_{2i}$$

$$X_3 = \sum_{i=1}^{5} f_{3i} \cdot x_{3i}$$

（3）绩效评估指标值：

$$X = \sum_{i=1}^{3} F_i \cdot X_i$$

案例二　肯德基"秒杀门"网络促销事件的风险分析

网络促销与传统促销相比在时间和空间上优势突出。因此，网络促销是网络营销的一个重要手段。然而，网络市场的高度开放、传播极为快捷，企业潜在经营风险凸显。2010年的肯德基"秒杀门"网络促销事件，引起了社会的广泛关注和议论。

1. 肯德基"秒杀门"事件

中国肯德基公司原计划于2010年4月6日10时、12时、15时，分三次在淘宝网上的旗舰店推出"超值星期二"秒杀活动，各发布100张半价优惠券，共推出300张"超值星期二"半价优惠券让淘宝用户免费秒杀。优惠券可在本月的四个星期二全天使用。凭此优惠券可以享受购买上校鸡块、全家桶和香辣鸡腿堡、劲脆鸡腿堡半价优惠，更具有诱惑力的是打印、复印优惠券均可使用。2010年4月6日上午，"秒杀"极其火爆，第一轮秒杀顺利举行，很快就有人持券前往餐厅购买该轮优惠的上校鸡块。然而，中午时分，第二轮和第三轮活动尚未开始，有数家餐厅报告称，一些消费者已经拿到了全家桶套餐半价券和香辣/劲脆鸡腿堡半价券，部分员工因不了解情况，已半价出售产品。鉴于这一情况，肯德基于4月6日下午临时取消后两轮秒杀。当天下午，多地肯德基餐厅聚集众多持优惠券的消费者，对于肯德基这种单方取消优惠的做法并没有给出让人信服的理由而十分不满，导致不少肯德基餐厅无法营业，差点酿成群体事件。事后，许多消费者在网上发帖抵制和封杀肯德基。

2. 肯德基"秒杀门"存在的网络促销风险

中国肯德基管理层在这次"秒杀"促销的决策失误,根本原因在于肯德基管理层在网络促销的风险管理的失败。肯德基"秒杀门"这次网络促销存以下几种风险。

(1) 营销推广风险。

营销推广风险是指企业为在短期吸引顾客、刺激购买而采取的一种促销措施,企业促销推广的内容、方式及时间若选择不当,则难以达到预期效果反而产生负面效果。

肯德基"秒杀门"事件中促销推广存在两个重大的错误:其一,优惠券数量自相矛盾。根据肯德基发布的"秒杀"声明,三个时段各发布100张半价优惠券,可是优惠券却"打印和复印"均有效。"秒杀"商品十分优惠,但是数量上是严格控制且极为有限的,中国肯德基在这次促销活动中出现了罕见的错误,这种错误导致无法控制优惠券的数量。其二,在优惠券上没有印"最终解释权归肯德基所有"语句。

(2) 定价风险。

定价风险是指企业为促销产品所制订的价格不当导致企业受损或者利益受损。根据受损程度,定价分为低价风险、高价风险和价格变动风险。

肯德基"秒杀门"事件三个时段的推出优惠券全部都是半折优惠,特别是第三个时段的"全家桶",消费者可以享受32元的优惠,中国肯德基提供这样的优惠是前所未有的,这样优惠的价格含压缩绝大部分的利润。中国肯德基原计划通过"秒杀"来严格控制优惠券的数量,但由于优惠券设计错误又导致了优惠券数量的失控,从而产生了严重低价风险。

(3) 人员管理风险。

人员管理风险是指企业在对人员管理不健全而产生的风险。人员管理风险是网络营销管理风险中的主要风险之一。在这次肯德基"秒杀门"事件中,第二轮和第三轮活动尚未开始,一些消费者已经拿到了全家桶套餐半价券和香辣/劲脆鸡腿堡半价券,有数家餐厅一些员工因不了解情况,已半价出售产品。这说明在这次网络促销中,管理层和销售员出现了严重的信息不对称情况。

(4) 技术风险。

技术风险指网络软硬件安全、数据传输安全、网络运行安全等方面而产生的风险。目前,计算机网络病毒层出不穷,网络犯罪又屡禁不止,严重影响了网络促销的安全。技术风险给企业带来主要危害包括服务器受攻击而无法服务、服务器的数据在存储或传输过程中被未经授权者篡改、增删、复制或使用等,技术风险造成的损失是惨重的。肯德基"秒杀门"事件在网络数据安全管理无疑存在巨大的漏洞。

(5) 制度风险。

制度风险指在网络促销中与现行的法律制度和市场监管制度相冲突而引发信用风险、资金风险、公共关系风险等一系列潜在风险。

肯德基"秒杀门"事件中虽然中国肯德基在第一份声明中以"假券"为由下台,宣布优惠券无效,单方面取消了促销活动并拒绝道歉,实质上是没有兑现对消费者的承诺,涉嫌违反《消费者权益保护法》和《零售商促销行为管理办法》。肯德基决策层没有对这次"秒杀"网络促销的风险进行充分的分析与必要的评估,对产生的风险又没有进行正确有效的管理,是导致本次"秒杀门"事件的根本原因。网络促销比传统促销的确优势显著,但是网络市场由于高度开放、传播迅猛,使得企业在网络促销过程中面临的风险更为多变,管理更为复杂,所以企业在网络促销中的风险管理显得尤为重要。肯德基"秒杀门"事件充分说明了无论企业规模的大小以及营销经验的多少,在进行网络促销之前,必须深入剖析网络促销过程的风险及如何对风险进行有效管理和最大限度的规避,否则将给企业带来不可估量的损失。

(资料来源:邱勋,陈月波,王懂礼. 浅析肯德基"秒杀门"网络促销风险管理. 中国商贸,2010(25))

本章小结

网络营销评估是通过借助一套定量化和定性化的指标,对开展网络营销的网站的各个方面进行评估,以期总结和改善企业的网络营销活动,达到提高网络销售效益及网站管理水平的目的。网络营销评估对于网络营销企业及其网站的发展有着决定性的作用和重要的意义。网络营销评估指标细分为四大类,分别用以衡量企业网络营销网站和产品的品牌形象、网络营销企业经营能力、网络营销网站的经营效果、企业网站技术水平。网络营销评估包括确定网络营销总体目标、选择评估方法、确定评估标准、选择评估网络营销上做的基准点、网络营销效果与标准进行对比及制定评估报告等六个步骤。

网络营销风险是指在网络营销活动过程中,由于各种事先无法预料的不确定因素带来的影响,使网络营销的实际收益与预期收益发生一定的偏差,从而有蒙受损失和获得额外收益的机会或可能性。网络营销风险具有客观性、可变性、复杂性及偶然性等四个特征。网络营销交易风险包括信息风险、信用风险及管理、法律等方面的风险。网络营销的风险管理包括风险的识别、风险的计量、风险管理的决策以及风险管理后评价等几个方面。

关键概念

网络营销评估　网络营销风险

思考题

(1) 什么是网络营销评估及网络营销风险?
(2) 试述网络营销评估的作用与意义。
(3) 网络营销评估指标的类型有几种?
(4) 试述网络营销评估的实施步骤。
(5) 网络营销风险有哪些特征?
(6) 网络营销交易风险包括哪几种?
(7) 如何进行网络营销风险的管理?

参考文献

[1] 薛辛光. 网络营销学 [M]. 北京:电子工业出版社,2004
[2] 育锋. 如何建立网络营销评价标准 [J]. 世界标准信息,2006(1)

[3] 王晶. 东方钢铁电子商务有限公司在线网络营销绩效评价的系统设计 [J]. 东北大学学报（自然科学版），2003（4）
[4] 仲岩. 论网络营销的风险与控制 [J]. 江苏商论，2005（12）
[5] 高军，王睿. 企业网络营销风险分析与规避策略探讨 [J]. 科技创业月刊，2007（9）

后 记

网络营销学是研究如何运用互联网技术提升企业的营销策略及拓展企业在互联网上经营活动空间的学科。它是一门随着技术应用的深入而不断发展的学科,其发展受到技术、商业、艺术的驱动。2013年以来,中国的网络营销发生了以下几方面的重大变化:一是移动互联网营销一马当先。营销的母体是媒体,媒体强则营销强。随着4G应用拉开帷幕,将引发一场大数据革命,视频广告将成为整个行业角逐的焦点。二是大数据营销能力提升。从大数据中寻找对客户新的洞察、对市场新的分析,开拓新的营销模式,已成为企业在市场中确立自身竞争优势的有力手段。因此,营销行业将会大幅度提升自身大数据分析能力,以满足企业精准营销的需求,凸显了科学与营销结合的硕果。三是微营销促使微个体发展。以微信、微博为代表的微营销对微个体的关注,使消费者通过微渠道将口碑、体验充分交流;品牌弱化与碎片化,粉丝经济更为重要。

随着信息技术应用的不断深入,网络营销的方式和方法也发生了很大的变化,这促使我们尽快地在原有《网络营销学》教材的基础上推出新的内容。为此,我们对2009年原版《网络营销学》(以下简称原版)教材进行了修订,并改名为《网络营销学教程》(以下简称本书)。本书进行了如下修改:

(1) 多章内容进行了改写与增补。第一章,对网络营销发展趋势进行了改写,网络营销的基础理论重点介绍了整合营销传播理论、互动营销理论、病毒营销理论和关系营销理论,与原版有较大区别。其他各章分别增补了最新案例,对原版的概念进行了深化,赋予了新的内涵。

(2) 部分章节内容进行了重写。对原版第二章和第三章内容进行了重写。原版第二章是写"网络营销的技术基础",重点介绍硬件、网络技术、应用软件服务基础、网站设计基础;本书的第二章则主要介绍网络营销常用方式和网络营销的传播途径。原版第三章是写"网络营销的市场环境",重点介绍网络营销的宏观环境和微观环境;本书的第三章则是"微营销",重点介绍微博营销和微信营销。本书这两章内容适应了网络营销的发展趋势,更能体现网络营销实践方面的最新进展。

本书由上海海事大学邓少灵副教授任主编，上海海事大学李燕博士和张芳芳博士、西安邮电大学经济与管理学院张鸿教授任副主编。各章编写分工如下：邓少灵撰写第一章、第二章、第三章、第十三章，李燕撰写第九章、第十章、第十二章、第十四章，张芳芳撰写第四章、第五章、第六章、第七章，张鸿撰写第八章，西安交通大学郝思洁撰写第十一章。全书由邓少灵副教授总纂定稿。

在本书在撰写过程中参阅了国内外大量的书籍和网上资料，在此谨向资料的作者和提供者表示由衷的感谢。书中若存在不当之处，也恳请专家与读者指正。

邓少灵

2014 年 10 月于上海